自下而上的改革

中國地方經濟發展
的路徑分歧

劉雅靈 著

REFORM
FROM BELOW

巨流

國家圖書館出版品預行編目（CIP）資料

自下而上的改革：中國地方經濟發展的路徑
　分歧 / 劉雅靈著 . -- 初版 . -- 高雄市：巨流，
　2017.08
　　面；　公分
　ISBN 978-957-732-552-5（平裝）

1. 經濟改革　2. 經濟發展　3. 中國

552.2　　　　　　　　　　　　106011927

自下而上的改革

中國地方經濟發展的路徑分歧

著　　　者　劉雅靈
責 任 編 輯　邱仕弘
封 面 設 計　Charles Chen

發 　行　 人　楊曉華
總 　編　 輯　蔡國彬

出　　　版　巨流圖書股份有限公司
　　　　　　80252 高雄市苓雅區五福一路 57 號 2 樓之 2
　　　　　　電話：07-2265267
　　　　　　傳眞：07-2233073
　　　　　　e-mail: chuliu@liwen.com.tw
　　　　　　網址：http://www.liwen.com.tw

編 　輯　 部　23445 新北市永和區秀朗路一段 41 號
　　　　　　電話：02-29229075
　　　　　　傳眞：02-29220464

劃 撥 帳 號　01002323 巨流圖書股份有限公司
購 書 專 線　07-2265267 轉 236

法 律 顧 問　林廷隆律師
　　　　　　電話：02-29658212

出版登記證　局版台業字第 1045 號

ISBN／978-957-732-552-5（平裝）
初版一刷・2017 年 8 月

定價：500 元

目 錄

推薦序

獻給我欽佩的雅靈老師

吳玉山（中央研究院院士）

　　劉雅靈老師是台灣研究中國大陸經濟改革的重量級學者，她一方面從1987年開始就在大陸進行細膩的田野調查與比較案例分析，是台灣學者中的先行者，一方面她又將田野觀察所得連結巨觀的「準世界經濟體系理論」，來解釋在推動改革開放政策後，大陸各地的經濟制度變遷。我以為甚少有學者能夠如雅靈老師這樣同時在微觀和宏觀面向都析論深入，開拓前人之所未見，而成一家之言。作為一個中國大陸經濟改革的研究同行，我對雅靈老師非常佩服。她毫無疑問是一位國際級的學者，也是我們的楷模。

　　除了田野和理論的功力之外，雅靈老師研究中國大陸的經濟改革還有另外一個特點，便是跨越學門的視野以及長於向歷史溯源。從事大陸經改的研究讓我們充分地體認到各門社會科學之間的關聯性，以及只有採取多學門的眼光才可能掌握住現象的根源。這是因為大陸的經改有其經濟與社會的背景，在本質上是一個政治的重大決定，而又帶來深遠的經濟社會與國際關係的影響。在這個從經濟、社會到政治不斷循環反饋的過程中大陸的經濟制度持續變動，而成現在的面貌。今日的中國大陸和1980年代的經改初期已有霄壤之別，但是要瞭解整個變動的根源與發展，必須要從改革的初期、甚至改革之前的經社環境與政治狀況來探源。雅靈老師的論述兼採社會、經濟與政治的視角，並從中共和中國社會互動的歷史中探尋制度變遷的根源，展現出的廣度和深度，最為令我折服。

　　雅靈老師的成名之作是刊登在 *China Quarterly* 探討溫州模式的期刊論文 "Reform from Below: The Private Economy and Local Politics in the Rural Industrialization of Wenzhou"。這篇大作是以她的博士論文為本，對代表私營企業的溫州模式如何興起進行深度的剖析。雅靈老師在本書所收錄的溫州田野心得（「田野工作挖掘真相」）中，詳細地描述了她在當時是如何突破溫州地方幹部的監控，設法瞭解了溫州農民對於當地私營經濟興起的看法，並以此為基礎，從歷史文獻中尋得了溫州自來獨立發展的原因，從而提出了她對於溫州模式的獨到解釋。透過雅靈老師的描述，我們知道溫州的中共地下黨在1949年之前便不受延安掌控，而與當地的地主與資本家合作，並在共軍抵達之前，便靠著自己的游擊隊，自行接管了地方政權。溫州地下黨「自行解放」的歷史就構成了溫州後來獨特制度發展的根源。此一識見，讓我聯想到詹鶚（Chalmers Johnson）在其名著 *Peasant Nationalism and Communist Power: The Emergence of Revolutionary China, 1937-1945* 中，提及中國和南斯拉夫共黨不靠蘇聯紅軍而「自行解放」，是這兩個共黨政權日後能夠抗拒莫斯科壓力的主要原因。

　　歷史的影響又在另外一個難以想像的地方出現。我的研究發現，在東歐共黨政權崩解的過程當中，匈牙利是先行者，而其途徑和同為先行者的波蘭不同：匈牙利主要是由上到下，由共黨的菁英啟動這個過程，而波蘭則是由下到上，由團結工聯挑戰共黨的威權。匈共究竟有何特性，使其成為自上而下啟動政治轉型的行動者呢？其中一個重要的原因是在匈共最初的組成當中，包含了很大一支原有的匈牙利社會民主黨人，他們的存在與匈共內部的自由主義傳統息息相關，而這個傳統在1989年的關鍵時刻產生了決定性的作用，使得匈共領導人之一的 Imre Pozsgay 成為催動匈牙利民主化的急先鋒，這在各國共黨中是極為罕見的。另外一個探討共黨內部多元歷史傳統及其影響的好例是古大牛（Daniel Koss）在 *Where the Party Rules: The Rank and File of China's Communist State*（即將在 Cambridge University Press 出版）中，討論

中共在1949年之前對於中國大陸各地不同程度的掌握和其建政後推動各項政策的有效性具有密切的相關。古大牛使用大數據所獲得的結論和雅靈老師對溫州模式的看法正好一致：黨中央在歷史上對於溫州的缺乏掌握使得其左傾的政策屢屢無法推動，而當上層的管控一旦放鬆，地方幹部就和民眾一起冒險突破私營企業的禁區，「復辟」了當地的資本主義。以上中國、南斯拉夫和匈牙利的例子顯現了在比較共產主義研究採用歷史制度論的意義，這就是雅靈老師的研究所彰顯的。

　　學習社會學的人鮮有不知道 Immanuel Wallerstein 的「世界體系理論」，但是會把這類的宏觀典範用在分析中國大陸的改革開放卻是鳳毛麟角。我曾經有幸評論了雅靈老師的國科會專題研究報告「中國準世界經濟的形成與發展：1949-1990s」，而大開了眼界。我發現雅靈老師把她細膩的田野功夫從溫州運用到寶雞、蘇南，和珠三角，以探討改革開放的政策把資源配置的主要機制從計畫轉移到市場，對於這些地方的經濟發展模式所帶來的影響。最有意義的，是她把這個比較案例研究和世界體系的理論框架結合在一起，觀察四個地方在中國大陸的「準世界經濟體系」中如何在「核心」、「半邊陲」，和「邊陲」之間流動。這些流動的方向反映了引進市場後復活了各地固有的資源稟賦與制度遺緒，使得市場下的中國準世界和計畫下的中國產生了很大的不同。這真是生動活潑地用宏觀的視野展現了經改所帶來的變動全局，是一手抓住了理解經改影響的總線索。

　　今日中國大陸自然和改革前大不相同，但是在若干重要的方面（例如各地相對發展程度、移工流動方向等）卻與民國時代有其類似之處，其中一個很重要的原因就是中國與世界經濟重新接軌。雅靈老師「準世界經濟體系」的研究讓我們可以抓住這一個環節，明白其後的動因。乍看之下，這與林毅夫等人強調資源稟賦和相對優勢的名著《中國的奇蹟：發展戰略與經濟改革》似乎異曲同工。不過市場並非萬能，國家與官僚也有其能力的限制，雅靈老師所強調的是社會的自發動能、歷史的制度遺緒，與自下而上的改革，是這些諸般因素的交疊互動，才形成改

革後中國的經濟制度面貌。在這些地方，特別可以看出來雅靈老師作為一個社會學家的基本取向，以及和研究大陸經改的經濟學家與政治學家可以互補之處。我師承研究日本經濟奇蹟和東亞發展模式的大師詹鶽，而他是強調官僚和國家在經濟發展中的關鍵意義的。然而較少人知的卻是他有濃厚的歷史取向與對日本的文化理解，以及明瞭國家和官僚必須在市場環境與制度遺緒的條件下運作。我以為從雅靈老師、林毅夫與詹鶽等人的著作當中，我們可以兼容並蓄地找到各門社會科學共通之處，而又可以欣賞各自的分析優勢，多角度與更深入地掌握社會現象。這樣的多元取徑對於研究大陸經改是有其必要的。

溫州的田野調查與對溫州模式的詮釋，和中國大陸「準世界經濟體系」理論的開展，僅是雅靈老師對中國經改研究的一部分，但卻已經足以讓我們深切感受到她能夠結合微觀與宏觀，綜合經濟、社會與政治的視角，並善於向歷史溯源，搭建成一個既深且廣的研究框架，而對大陸的經改提供一家之言的解釋，從而樹立了獨特的風格與研究地位。雅靈老師的理論取向是創新而不從眾的，並不對國際上中國研究的風尚人云亦云，而總是從實際調查的資料出發，掌握了台灣學者在大陸進行田野的優勢，而得出了清新的見解。她從歷史與制度的視角研究諸侯經濟、分析地方政府從發展者變成掠奪者的機制、凸顯中國行政能力的不足、揭示經改造成國家與社會的鑲嵌關係、解構標榜集體企業的蘇南模式、以外資和依賴的角度來看福建晉江與廣東華陽的發展、全面性地比較大陸的農村發展模式、從溫州與無錫的「城中村」看農民收租階級，以及用制度疊加的角度解析資源使用的效率。這些論文篇篇精彩，讀來讓我收穫豐富。我以為研究中國大陸的經濟改革，不能不知道雅靈老師的論述，作為台灣的研究者，更不能不取法雅靈老師的眼光與途徑。最後，從這本蒐集雅靈老師主要著作專書的編輯過程，我更深深地體認到信賢教授和其他雅靈老師的學生與朋友們對她的感情，讓人動容。這本書是彰顯與榮耀雅靈老師學術貢獻最好的方式，在這裡我看到學術社群最真摯溫馨的一面。

能作為本書的先讀者，參與這個感人至深的出版計畫，是我的榮幸。

推薦序

中國地方社會經濟制度的變與不變：
一生的研究志業

熊瑞梅（國立政治大學社會學系特聘教授／系主任）

　　雅靈從社會學的比較制度及制度轉型的理論觀點，作為從事中國地方經濟發展研究的先驅者；雅靈念茲在茲的就是一名知識份子的研究志業，同時也帶領了一群學生繼續這份艱難的工作。這本書的誕生，不僅呈現雅靈這位畢生忠於學術研究，不畏田野訪問困難，且專注於中國地方社會與經濟發展的社會學者的學術成就，也進一步看到她的學術社群和學生如何眾志成城，彼此合作，全力支持完成此書的編輯。

　　我不是從事中國地方社會與制度改革的研究者，為了撰寫這篇序，我將雅靈投稿在《台灣社會學》與《臺灣社會學刊》的論文印出來閱讀。在閱讀的過程中，彷彿體會了雅靈用她誠實的心靈，堅毅的田野研究精神，以及不斷精進學習新的理論知識來解讀蒐集的數據和田野訪問資料。以下，我就以自己有限的能力，重現我閱讀雅靈作品之後的粗淺心得和體認。

　　這本書針對雅靈學術生涯的研究著作，做了很有系統的時間及議題的編輯。從宏觀的準世界體系架構，整合中國不同地方社會在經濟發展歷史過程中，呈現出來的核心與邊陲等系統分化結構特性；再到微觀細緻地分析比較溫州與無錫的地方社會在不同歷史發展階段中，兩地因不同的比較制度優勢與制度互補，及制度企業家的協調運作機制，所展現的制度分歧軌跡。

　　雅靈研究中國地方社會經濟發展的研究策略、研究方法和理論切入

的角度都耐人尋味。她對於田野地點的選擇，滿足了制度比較的條件，有相同地方不同時間的制度比較，也有不同地方不同時間點的比較。在理論解釋上，她也嘗試從宏觀歸納的觀點，整合中國地方官僚體制相同的控制機制，並且從不同地方社會因應政治經濟環境所產生的策略行動，觀察制度分歧模式。

比較制度的田野研究：異與同

從雅靈的作品中，經常看到她進行制度比較的田野單位是跨兩個以上的地方經濟制度。雅靈後期的作品中，有兩篇文章進行溫州與無錫的比較制度研究。一篇是比較溫州、無錫和建始三個地方共同存在的「準計畫行政體制」。在溫州與無錫的制度比較中，她細緻地勾勒出不同地方發展的制度慣性與因應外在環境造成制度改革成效的差異性。溫州在1949年之前和之後，地方社會的經濟與社會關係自主性便很強，地方政府保持弱治理，故地方政府要改革城中村的問題，農民收租階級集體抗爭，使得溫州的城中村轉型停滯。反之，無錫從1949年以來，外來幹部接收並治理地方，徹底壓制農民抗爭，鞏固中央的社會主義體制和政策改革成功。

另一篇是從組織分工（幹部目標責任制）、權力分配（上級政府財政支出責任下移）和制度文化（社會主義父權制）三個官僚制的制度實踐面向，比較溫州、無錫和建始三地「準計畫行政體制」的實踐制度邏輯，例如：地方政府追求短期績效，使用軟預算掩蓋地方企業的低利潤和負債。針對中國地方政府無法有效治理地方經濟，提出不同於既有的中國學者理論觀點和紮實的田野實證研究。

地方長期發展的制度轉型：一個田野，多個時間

雅靈在解釋個案歷史發展的轉折點，有其獨特的理論主張。她長期觀察吳江的制度轉型成私有產權化和出口導向，提出不同於西方中國專家的理論解釋，以不同的社會制度機制，來解釋制度轉型的結果。社

會學家針對近代資本主義發展，解釋東亞南韓、台灣及日本使用不同的制度慣性機制，一樣達成資本主義制度的發展機制。雅靈對於吳江歷史制度轉型分析中，可清楚的看出她對現象本質的社會機制的多種可能解釋，有著制度機制的反省及分析能力。她在解釋吳江企業私有化的制度改革，並未採取「地方政府經濟法人」及制度商品化等論點；反而從社會主義體制下的短缺經濟和地方社會投資飢渴的市場需求等制度慣性，來解釋吳江鄉鎮企業私有化的機制。

　　同樣地，在解釋吳江順利地從進口替代轉型到出口導向的發展模式，雅靈也不從有效的地方政府來看，而從地理位置、台資或外資、社會網絡槓桿等外力的多重社會機制來解釋。她對吳江長期的地方社會數據和田野資料的掌握，使她能細緻地勾勒出促使吳江吸引台資及出口導向的制度轉型。

比較制度的變與不變的軌跡：多個地點、多個時間

　　雅靈進行多個地點及跨時間的制度轉型分析時，早期所採取的制度論比較偏向宏觀的中央國家、地方政府、地方社會經濟制度慣性等互動結構的社會力分析。但近期的溫州與無錫因應金融危機的制度分歧發展軌跡，則看到雅靈帶入組織行動者及行動者間的微觀協調機制等制度力量，用以解釋地方社會經濟制度的分歧。溫州的市場秩序背後由下而上的組織力量，面對 2008 年的金融危機時，能透過商會組織的制度企業家成功地協調市場秩序，應付危機。反之，無錫長久以來配合中央政策的地方官僚，也展現其制度企業家的社會技術，因應金融危機出現產業升級制度創新的發展軌跡。雅靈引進關鍵行動者能夠動員多元資源，產生因應危機的制度創新的制度企業家概念，更看到雅靈在理論上的精進和創意。

結語

　　雅靈的研究關懷大多聚焦在中國地方社會經濟制度轉型的制度慣性和制度創新。她從宏觀與微觀的歷史發展、政治經濟與關鍵行動者的互動機制，比較出中國地方社會經濟發展歷史軌跡中變與不變的社會機制。更可貴的是，這些研究分析都奠基於嚴謹的比較、歷史制度以及從比較制度的發展軌跡出發所做的研究設計。雅靈透過嚴謹的田野訪問，具體掌握行動者共同分享對制度的認知及制度運作的邏輯，讓我們更能理解中國地方社會經濟改革與轉型的制度機制和制度實踐邏輯。

　　藉著閱讀雅靈的論文，我似乎又回到以前經常在校園偶遇雅靈的經驗。我們經常會因為一個學術議題，馬路上你來我往的聊不完，從雅靈生病後，我們就沒有這樣的學術交流機會了。這次為這本書寫序，又讓我和雅靈以文會友，更加認識理解雅靈作為知識份子的情懷與生命志業。

　　人生難得遇到幾位好朋友能分享知識與生活的經驗。我到政大教書後，感謝雅靈為我找到租房，而且竟和雅靈同一棟大樓，因為這樣的緣分，我們在生活與工作上有了更多的分享。為了能為好友盡份心力，我也只能盡心盡力地閱讀重現我對雅靈作品的理解。也許我的解讀不盡正確；但在這個過程中，我又彷彿回到過去經常和雅靈交流的樂趣。

　　作為雅靈的好朋友是我這一生的榮幸。這本專書得以完成，仰賴雅靈一批學生，這批學生在雅靈生病的過程中，對老師關懷照顧，並且盡心盡力地匯整和編輯整本書，學生對她的感情令人動容。我很感激學生邀請我寫序，讓我能在雅靈的書中和她分享畢生學術的成果與榮耀。

編者的話

　　劉雅靈老師於1987年以美國芝加哥大學社會系博士研究生的身分到溫州做田野，開啟她將近三十年的田野調查工作，從時間上來看，劉老師應該算是台灣學者至中國大陸做實地訪談的先驅。劉老師原本計畫將其過去的研究與田野經驗撰寫成專書，但無奈2015年中被診斷罹患「帕金森氏症」，後身體狀況已不允許老師繼續做甚花腦力、體力的學術工作。作為劉老師的學生，雖不具完成老師專著的能力，但我們認為有必要將老師過去一直是有層次、有系統的著作，進行彙整並出版成書，一方面，完成老師部分的心願，另一方面，也讓學界能更瞭解老師最愛的研究工作與成果。此便是本書的出版緣起。

　　本書收錄的論文共計十三篇，另外包含一篇「田野研究」心得短文（見本書〈附錄〉），多為1990年至2011年間，劉老師對中國地方經濟發展與社會制度變遷之研究成果，其中若干論文是已刊登於社會學或中國研究領域的重要著作，但亦有部分著作是發表於學術研討會，或是研究計畫結案報告而未公開出版。按劉老師的研究思路與所呈現的作品，我們將所有論文區分為「市場轉型與制度遺產」、「國家能力與國家社會關係」、「地方經濟發展模式」與「比較研究」等四大主題，期望這十三篇論文能夠完整勾勒出劉老師對於當代中國社會經濟制度變遷的學術貢獻。

　　這十三篇論文所涵蓋的研究時間，正是中國大陸經濟快速發展的階段，同時也是社會主義國家轉型的關鍵時刻。由於東歐劇變與蘇聯瓦解，1980年代末、90年代初，「後社會主義國家轉型」成為比較政治

經濟學與經濟社會學研究的重要課題，中國的發展究竟是會「步上後塵」或是作為一種「異例」而存在也成為研究的焦點，劉老師的研究即是在這種背景下展開。在「市場轉型與制度遺產」主題中所呈現的，就是社會主義計畫經濟的遺產對中國大陸改革開放後，經濟與社會制度變遷的影響。而在「國家能力與國家社會關係」主題中，劉老師所觀察的，是中國國家能力在經濟改革與社會力量崛起過程中的「變」與「不變」。最後兩個主題：中國大陸地方發展模式以及「溫州」與「蘇南」的比較研究，則是在前兩個主題的理論基礎上，對中國經濟社會轉型的觀察。

　　劉老師自芝加哥大學社會系畢業後，1992 年回政治大學社會系任教，不僅將國家社會學、經濟社會學與「後共轉型」等領域中，最新的研究成果帶回台灣，也讓人見識到何謂扎實的田野研究態度。劉老師1992 年於 *The China Quarterly* 所發表的文章（收錄於本書第六章），在豐富的田野基礎上，提出關於溫州發展的精闢解釋，對台灣中國研究社群而言，一方面讓學界熟悉國家社會學的研究路徑，另外一方面也透過社會制度的切入，帶來不同於過去意識型態研究與權力鬥爭論述的新典範。除了溫州外，劉老師田野的足跡可說是踏遍大江南北，包括江蘇（南京、蘇州、無錫）、福建晉江、廣東華陽、陝西（西安、寶雞）、湖北建始、河南（洛陽、鄭州、開封）、山東（濟寧、泰安）、浙江杭州、四川與重慶等，其中不少地點去過的次數多到讓接待的地方官員與政策研究單位學者佩服不已（劉老師田野心得可見〈附錄──田野工作挖掘真相〉一文）。且讓人感動的是，劉老師多次出資帶學生前往各地進行田野，不僅強化學生的研究基礎，也樹立了「認真好老師」的典範，我等都受深深受惠於劉老師。

　　本書能夠順利完成，要感謝的人非常多，首先是中央研究院吳玉山院士與政治大學社會系熊瑞梅教授，在百忙之中能抽空為本書寫「推薦序」，其次是中國社會科學院社會學所王春光教授、中央研究院社會所陳志柔教授、林宗弘教授能為本書各主題撰寫導讀與跋，王春光老師

與溫州市委黨校科研處王健處長無時不刻關心劉老師的身體狀況、陳志柔老師對於劉老師生病期間以及本書出版的各種支援、吳介民老師身體微恙仍持續關心本書出版進度，都令人感動。再者，感謝李宗義博士協助翻譯 "Reform from Below: The Private Economy and Local Politics in the Rural Industrialization of Wenzhou" 一文，也感謝馬浩然、黃麒弘、趙鈺芬、彭思錦等人協助校稿，以及這段時間陪伴、關心劉老師的朋友們，大家一呼百應地集結，都只因我們受教、受惠於劉老師太多。

此外，還要感謝 *The China Quarterly*（© School of Oriental and African Studies, published by Cambridge University Press）、《台灣社會學》、《臺灣社會學刊》、《政治大學社會學報》、《現代化研究》、聯合報系文化基金會、巨流出版社等單位同意授權，我們才能將劉老師已經出版的著作集結成冊。

最後，要感謝巨流圖書公司，「巨流」過去出版了劉老師與黃樹仁老師合譯的《社會學導引：人文取向的透視》以及黃樹仁老師的《心牢：農地農用意識形態與台灣城鄉發展》，現在又能出版本書，可說是美事一樁。要感謝的人真的太多，在此無法一一列舉，我們謹用劉老師的口吻說：「喔⋯⋯那就謝謝你了」。

王信賢　張弘遠　林雅鈴　於指南山麓

主題一　市場轉型與制度遺產

導讀者：張弘遠（致理科技大學國際貿易系副教授）

　　本書在主題一的部分收錄了劉雅靈教授從民國86年到99年間，對於大陸市場轉型的三篇精彩研究。1992年鄧小平南巡講話之後，因為最高領導人的意志與作為，中國經濟開始加速轉型，發展初期由於採取放權讓利的做法，因此一時之間百花齊放，各種不同的發展模式紛紛出現，互領風騷，如何評價這些不同的模式？如何理解不同地方發展模式之間的制度關聯？如何站在宏觀的高度給予審視？對此則未有定論，為此，劉老師尋思以西方依賴理論作為對話基礎，嘗試發展出一個觀察大陸經濟改革的宏觀架構。

　　此外，對於中國經濟改革的發展與變化，外界究竟應該視之為社會主義計畫經濟體系崩解後的自我修正，還是資本主義市場經濟的借鏡援引？過往依賴的指令計畫經濟制度在經濟轉型的過程中所扮演的角色為何？更重要的是，這些既存的因素對於中國經濟影響又是什麼？上述種種問題吸引劉老師的關注，而本主題中的三篇論文便是其研究的過程與紀錄。作為一個社會學者，劉雅靈教授嘗試從文化脈絡、制度建構與個人理性選擇等三個層面，完整建立對大陸經濟改革的理論架構，最終期望能發展出一個屬於社會學脈絡的宏觀敘述。

　　面對大陸經濟轉型所導致的經濟差距與社會失衡，如何建構出一個完整的觀察架構以利分析，對此劉老師運用「準世界經濟體系」作為概念工具，展開其對大陸區域經濟的調查。「準世界經濟體系」概念成形於民國86年劉老師國科會研究計畫的成果——「中國準世界經濟的形

成與發展：1949-1990s」，其借用自華勒斯坦的世界體系理論，劉雅靈教授對其理論內涵加以修正後作為分析大陸經濟動態變遷的工具。

劉老師認為任何理論都必須要能「完整」的預視因果關係的緣起與影響，因而對於當時解釋大陸經濟成長之「古典經濟學說」、「地方政府經濟法人」（local state corporatism）、「社會主義經濟發展」（socialist pathways）等三者理論，其以為尚有未盡之處。首先，古典經濟學說無法說明如粵北、閩東、浙南等欠缺地利但卻能經濟成長的原因；其次，地方政府經濟法人將推動經濟成長歸因於地方政府官員的積極性，但對於若干擁有國營企業基礎或欠缺政府主導角色，卻仍能推動經濟成長的例證無法提供解釋；最後，社會主義經濟發展從國家能力的角度切入，卻又不能合理解釋何以主張社會主義的中共經改卻會造成區域差距的擴大？為此，劉老師提出了準世界經濟體系的概念，利用核心、邊陲、半邊陲的概念來說明大陸經濟分工所產生的不平等交換對於區域差距所產生的影響。

劉老師重新詮釋中國經濟與世界體系間的關係，鑑於中國不平等交換主要是在計畫經濟時期透過官僚體系再分配來完成，經濟改革之後，則是引入市場機制來進行分工，因此這兩個階段的分合適應對於後來大陸經濟也產生了雙軌制的效果，此外，由於大陸引入大量外資，因此與世界經濟體系高度整合，中國經濟自然無法自外於世界經濟體系，所以中國經濟體系屬於一個「準世界經濟體系」。

此一「準世界經濟體系」則透過省與縣之間的「地級市」作為研究與觀察的地點，劉老師透過對浙江溫州、陝西寶雞、江蘇蘇南、廣東珠江流域等地區進行觀察，溫州民營企業的快速發展使其擁有能力改造自身處境，進而從邊陲農村向上升到半邊陲的位置。陝西寶雞過去因為「三線建設」之故，擁有許多國營軍工企業，然而其核心的地位來自於國家再分配機制的資源轉移，所以當其邁入市場經濟之後，由於欠缺鄉鎮企業部門，整體經濟活力不足，再加上重工、輕工比例錯置，經濟

衰退的結果在 1990 年代使其從過去計畫經濟時期的核心地位下滑至半邊陲的位置，而且下滑的趨勢仍在持續。而廣東的珠江三角洲則在開放之後與全球經濟緊密連接，利用香港資本與自身廉價勞動力結合，快速推動輕工業的發展，而如東莞、順德、深圳、惠州等地的經濟表現更是亮眼，遂讓此地上升至半邊陲的位置。至於蘇南則因為社隊企業發展的早，市場經濟的程度較高，因此其快速工業化帶動了鄉鎮企業的發展，也讓環太湖地區成為大陸農村工業化的代表，進而讓此地成為大陸準世界經濟體系中的核心位置。

劉老師透過中國大陸準世界經濟體系來描述各地方經濟起伏發展的現象後，其進一步欲回答導致區域發展差異的制度因素為何，為此她將注意力放在計畫經濟時期的制度遺產對改革開放之後經濟發展的影響，而這個階段的研究重點則以民國 88 年發表於《政治大學社會學報》之〈中國國內市場的分裂：計畫經濟的制度遺產〉一文中。

此文主要欲解釋市場化雖然推動大陸經濟成長，但其國內市場卻明顯出現區域封閉與市場分割的現象，這種諸侯經濟的生態伴隨著經濟快速成長導致了大陸省際貿易發展難於國際貿易的狀況。劉老師認為計畫經濟時期的產業規劃與供需系統強化了國內市場的分割，而其後的財政制度更加深了這種分裂，最終讓國內市場分割成為牽制國際經濟體系形塑大陸市場的制度障礙。

當地方保護主義與市場分割的現象出現後，劉老師開始關注類似的制度障礙對於大陸地方政治經濟治理會造成何種影響？是否會影響市場開放的效益並造成經濟衰敗的結果？相關的研究成果於民國 99 年發表在《臺灣社會學刊》的〈中國準計畫行政體制：鄉鎮政府從企業經營到土地收租的軟預算財政〉一文為代表。

延續之前對於制度障礙的觀察，劉老師發現大陸基層農村的財政系統出現了問題，過往透過制度誘因帶動地方政府推動經濟的做法也逐漸產生流弊，劉老師認為在大陸政體之下，幹部目標責任制讓地方幹部

為了升遷考核而承擔過多工作，而上級政府支出責任下移則導致地方官員為配合上級工作而挪用財政，而整個國家體制背後的父權主義讓中央與省等上級部門無法坐視地方財政惡化導致的治理失能，環環相扣的結果遂讓地方幹部為了短期籌資而成為土地資源掠奪者，同時也因為滿足上級而開始濫用財政工具，導致原先類似於發展型的政府角色轉型成為掠奪租金的政府角色，這種受到制度約束的理性選擇，造成地方官員開始尋求自身的利益最大化選項，讓大陸基層農村出現嚴重的財政紀律問題。

從「準世界經濟體系」到「計畫經濟制度遺產」，再到「準計畫行政體制」，劉老師建構出了一個觀察大陸經濟社會變遷的完整制度架構，這三篇論文雖然完成於不同年代，但由於研究主旨相近且理論脈絡一貫，因而讀起來有如姊妹之作，相互印證，相信能讓讀者得到豐富的收穫。而從這三篇文章的研究論述之中，讀者還可以看到劉老師在處理大陸經濟改革的相關議題上，是如何從宏觀敘述到中層視野，再由中層視野到微觀分析來鋪陳其研究脈絡，而選擇適當的田野地點更有助於其理論工作的發展。

此外，劉老師的相關研究都是以深刻的田野調查為方法，運用個案來協助印證或修正理論，並最終達到概念建構的目標，因而這些研究成果在方法論的學習上也能提供讀者若干啟發。作為一個制度論者，劉老師的努力，為我們提供了一個觀察大陸改革與發展的窗口，讓我們能夠在觀察中國大陸這隻巨龍的轉身過程，可以掌握其變化的律動並覺察相關變遷背後的因果關係。

隨著中國大陸的快速變化，其政治、經濟與社會的面貌已與改革初期大有不同，然而若將時間變數納入考量，透過比較制度的歷史視野，我們仍然能夠看到改革前期、改革初期等相關制度安排對於當前中國大陸發展的影響，而劉老師透過學術研究所建構的分析路徑對此仍具有高度的洞察能力，可以作為後續研究時的理論基礎。

1
中國準世界經濟的形成與發展：
1949-1990s

　　中國自1978年經濟改革以來，不僅歷經經濟制度轉型，成功的從計畫走向市場經濟，而且積極與資本主義世界經濟整合，逐漸成為全球勞力密集產品最大輸出國。早在1993年，中國國際貿易總額就已高達國內經濟總產值的38%，中國已成為全球十大貿易出口國之一（Shirk 1994; Lardy 1994）。然而當中國在資本主義世界體系中創造經濟奇蹟，從貧窮落後的農業邊陲逐漸向上爬升之際，中國國內區域之間的發展差異卻逐漸擴大，尤其進入九〇年代以後，區域發展的失衡已構成中共政權嚴重關切的問題。早在毛統治時期，中共就鑑於國防安全以及沿海與內陸發展差距的考慮，透過國家機器逐步將資源從沿海轉移至內陸，以扶持內陸地區國防重工業的發展，然而沿海與內陸的差距並未因此而縮小。在經濟改革後，原本工商業就相對發達的東南沿海各省，因較早享有經濟特區的建立與對外開放的優惠政策，導致全國的人才、資金、與技術皆流向沿海各省，因而剝奪內陸各省發展所需的稀有資源，此一現象使得貧者愈貧，富者愈富，從而造成內陸與沿海各省的對立衝突與貿易壁壘。為縮減東南沿海與內陸省分之間的經濟差距，中國政府已於九

○年代末提出西部大開發計畫，再度以國家力量投入大量資源來扶持中西部各省的經濟發展以求區域均衡與政治穩定。然而除沿海與內陸之間的經濟差距外，同為東南沿海地區的各省之間發展腳步並不一致，例如福建省的總體發展就落後於廣東省；而且同一省內不同縣市地區的發展差異也很大，例如浙江溫州的發展遠優於隔鄰的麗水地區，江蘇省蘇南地區的發展遠超過蘇北地區，如何解釋中國經濟體系當中區域發展之間的差異？

　　本研究則從新古典經濟學說，地方政府經濟法人團體，以及社會主義經濟發展三個理論，來檢討大陸區域發展失衡的現象。本文認為上述三種理論皆無法完滿解釋中國大陸區域發展失衡及其愈加惡化的現象，唯有將中國建構為一個準世界經濟體系概念（semi-world economy），才能充分解釋大陸自 1949 年以來各區域在改革前後的經濟變遷與上下流動。

　　本文認為中國是一個準世界經濟體，與資本主義世界經濟概念（capitalist world economy）類似，大陸準世界經濟中各地理區域在經濟改革前後透過不同的分配機制形成核心、邊陲與半邊陲的經濟分工結構，在不同的分配機制下不同地區在經濟層級中產生上下流動，而重組核心、邊陲與半邊陲的經濟結構位置，故本文認為中國準世界經濟概念最能解釋大陸自1949 年以來區域發展之間的差異與失衡現象。同時本研究以介於省與縣之間的**地區**（**prefecture or region**）作為大陸準世界經濟中的分析單位，瞭解它們自 1949 年以來在大陸準世界經濟中的分工結構位置以及上下流動的狀況。本文將以浙江溫州、陝西寶雞、廣東珠江三角洲與江蘇蘇南四地區為例，解釋半世紀以來這些地區的經濟流動與變遷來支持中國準世界經濟的理論架構。

一、解釋中國區域發展失衡現象的理論

　　中國由於地理幅員廣大，各地區地理氣候不一，交通便利條件不同，資源稟賦差異等因素，而形成各地人文風貌有所差異；一般言，大

陸東南半部因地理位置優越，海陸交通發達，土壤肥沃，文風較盛，而且又較早與國外疏通貿易，故發展較內陸快速，經濟較為繁榮。雖於1949年中共統治之後，與西方切斷貿易，發展受到壓制，但於1978年經濟改革後，因享受經濟特區與沿海開放城市諸多優惠政策，大陸東南沿海各省不僅恢復歷史上的經濟貿易地位，而且更進一步透過外資的大量投入，發展出口導向經濟，與全球資本主義世界經濟緊密接軌，東南沿海各省人均所得逐漸提高，工商業更加繁榮。相對西部各省，由於地處內陸，交通不便，並缺乏與沿海相同的特殊優惠政策，以致工商業發展落後，人均所得遠低於沿海各省，並未真正享受到大陸經濟整體發展的果實。乍看之下，似乎**新古典經濟學理論**（**The Neo-classical Economic Theory**）所強調地理交通便利、資源稟賦優異、出口導向部門成長（Little 1982）等因素頗能解釋大陸東南沿海與西部內陸發展之間的差距。然而細查之下，同為東南沿海經濟發達地區，各省之間發展卻頗有差異，例如福建省的總體發展就遠落後於廣東省，甚至一省之內各地區之間的發展亦不相同，例如江蘇省蘇南地區的發展遠超過蘇北；又如廣東省珠江三角洲是全中國最富裕地區之一，但粵北山區則為貧困地帶；浙江省東南沿海的溫州小商品生產與貿易發達，但鄰近山區的麗水則為需要政府扶持的貧困地區，顯然這些地區之間的發展差距不能簡單的歸諸於新古典經濟學所強調的地理氣候、土地貧瘠、交通便利、資源豐富與否等因素，那麼應該如何解釋大陸準世界經濟當中區域（尤其省以下的地區）發展之間的差異？

在解釋為何中國經濟改革較前蘇聯及東歐國家成功時，**地方政府經濟法人理論**（**Local State Corporatism**）認為中國地方政府積極利用經濟改革的行政分權與財政誘因，不僅發揮強大行政能力來推動地方經濟發展，並扮演企業家角色，建立集體產權的鄉鎮企業追求地方資本積累（Oi 1992, 1995, 1999），因而促進農村快速工業化，提升中國整體經濟發展。**地方政府經濟法人理論**以地方政府行政效能來解釋中國經濟發展較東歐國家與俄羅斯成功的原因，但卻忽視中國區域發展之間的差距，無法有效解釋地區之間在經濟改革前後的經濟變遷。例如位於西北內陸陝西省的寶雞在經濟改革前是中國政府資源投入的重工業核心地

區，但在市場經濟興起後因地方政府不善利用市場機會，錯失發展鄉鎮企業契機，因而在九〇年代嚴重落後沿海各省，在中國準世界經濟體系中從原先的重工業核心逐漸下滑；又如浙江溫州在計畫經濟時代屬偏遠落後的農業地區，但在經濟改革後農村家庭企業卻緊扣市場機會，不顧地方政府的壓制積極發展私營經濟，一躍而脫離農村的貧窮落後而邁向經濟發達的工商業社會。**地方政府經濟法人理論**過度美化中國地方政府的行政效能，並忽視中國準世界經濟體系中地區發展失衡的現象。

在強調縮減地區發展差異的觀點中，**社會主義理性再分配觀點**（**Socialist Rational Redistribution Theory**）認為社會主義體制的優越性在於當多數生產工具收歸國有之後，社會中唯一合法壟斷經濟剩餘價值者則為國家機器，透過國家機器而非市場的理性運作來進行公正分配，生產關係當中原有的勞動剝削與疏離感便隨之消滅（Kornai 1992; Konrad and Szelenyi 1979）。在此一意涵下，社會主義理性再分配觀點同時意味著透過國家官僚體系的理性運作，能轉移富裕地區的資源以補助貧困地區的發展，因而足以平衡社會主義體制中區域發展差異的現象。例如中國大陸在毛統治時期，因鑑於沿海工業發達與內陸落後的不均衡，遂透過國家計畫經濟，將大批資源投入內陸西部地區，發展國防重工業，以平衡沿海與內陸之間的發展差距。尤其在「三線建設」時期，毛為與蘇聯備戰，將大量資源從沿海轉移到內陸，並在內地偏遠山區建立軍事國防工業（Kirby and Cannon 1989）。雖然區域均衡發展從未成為毛最重要的戰略目標，但是國家安全考慮與三線建設策略，顯示中共以國家官僚體系理性再分配機制轉移資源去矯正歷史上中國區域發展不均衡的雄心。但是意想不到的後果是，透過國家理性的資源再分配，區域發展不均衡的現象不但沒有被消除，反而越惡化，大陸人均收入相對差距不斷擴大。根據大陸學者分析，中共在第一個五年計畫期間（「一五」），全國人均收入相對差異係數[1]為65.6%，「二五」期間上升為85.0%，「四五」期間進一步上升為94.0%，在「五五」期間達到最高點98.1%（胡鞍鋼、王紹光、康曉光 1996：160）。大陸在經濟改革後，

1　根據大陸學者，人均GDP差異係數是以統計學中的標準差與平均值的比例計算而得（胡鞍鋼、王紹光、康曉光 1996）。

東部沿海不僅吸引大量外資，並且匯聚內陸各省的資金、人才與原料，因此更惡化大陸東南沿海與西部地區之間的差距，故社會主義理性再分配的理論，無法解釋為何中國政權在社會主義體制的統治下，區域發展失衡的現象益趨嚴重。雖然中共政權已於九〇年代末提出西部大開發計畫，再度以國家機器力量重新分配資源，以平衡東西部之間的發展差距，但截至目前為止，西部開發政策中獲利最多的居然是位於東部各省的大企業與建設開發公司，居於弱勢的西部各省縱使享有中央賦與的優惠政策，仍然遲滯不前（張弘遠 2001）。

二、中國準世界經濟體系的建構

若要瞭解中國區域之間的發展差異及其內部生產組織的經濟分工，則必須把中國建構成一個準世界經濟（the capitalist world-economy）的概念，在此概念下來分析與解釋中國不同區域在不同時期的經濟變遷。歷史社會學者 Wallerstein 認為，世界體系（a world system）是透過不同文化社會之間的經濟交換網絡而發展成形（1974; 1979），尤其當資本主義生產模式開始形塑全球國際經濟分工，透過核心、邊陲與半邊陲不同區域之間的產品交換與貿易活動，逐步整合世界各地，將其融入資本主義世界體系之中，此一體系於十六世紀起逐步出現。在 Wallerstein 的分析架構中，邊陲國家所產生的農業剩餘通常透過與核心國家工業產品的不等價交換而被轉移到後者，這不僅促使核心國家更進一步發展，同時惡化邊陲國家原有的工業基礎，[2] 造成去工業化或低度發展的惡性循環（Wallerstein 1979; Frank 1969; Chase-Dunn 1989）。

Wallerstein 認為世界體系可區分為世界帝國（world empire）與世界經濟。世界經濟在資本主義生產模式之下不僅具有核心／邊陲的經濟分工與剝削關係，而且世界經濟必須在眾多獨立國家構成的國際體

2　Wallerstein 舉中世紀的波蘭為例，在與西北歐進行穀物貿易並交換前者的工業產品之時，不僅波蘭原本發達的手工業呈現倒退，而且布爾喬亞階級逐漸凋零，波蘭貴族遂立法強制限制農民的流動，使封建制度再度在東歐生根（1979: 39-42）。

系（a interstate system）之下才能維持，若世界體系中只存在一個大一統的政治體制，境域之內所有經濟生產與交易活動皆受制於此一政治體制的控制，則此世界體系為世界帝國（1979: 6-7），但 Wallerstein 關注的是資本主義世界經濟自十六世紀以來的形成與發展。近年來學者 Chase-Dunn（和 Frank[3]）從比較歷史觀點，透過人類學與考古學的研究，逐步放寬 Wallerstein 世界體系的概念建構，以不同的積累模式（mode of accumulation）來比較人類歷史中不同的世界體系並解釋世界體系的歷史變遷與融合（Chase-Dunn and Hall 1997: 41-3）。Chase-Dunn 認為一個世界體系當中連結不同社會文化的機制不一定是貿易交換，可能是戰爭或政治強制帶來的進貢積累模式（tributary mode of accumulation），因此一個世界體系內部不必然須要存在核心／邊陲的剝削層級，也不必一定要有國家與階級的形成，更不一定要有資本主義的商品生產模式（Chase-Dunn and Hall 1997: 27-40）。在 Chase-Dunn 的世界體系概念意義下，雖然中國侷限在單一政治架構而非國家體系中，而且中國的市場經濟活動是臣屬於政治控制的再分配形式，中國毫無疑問既是世界體系，[4]又與世界經濟雷同。

　　綜合 Wallerstein 與 Chase-Dunn 的觀點，本文認為雖然中國境內不具眾多獨立國家形成的國際體系，但中國地理遼闊幅員廣大，地區之間資源稟賦、人口密度與城鎮發展等均有巨大差異，不僅在經濟生產關係上可以很清楚的界定出核心／邊陲關係的經濟分工，而且中國境內依自然地理條件可區分為幾個頗具獨立國家意義的經濟地理區域。例如 Sinner 在研究傳統中國城市發展的時候，就根據自然條件將中國區分為九個經濟地理區域（Skinner 1977: 212-3），[5]每一區域內部不僅有其核心城市及農村邊陲，而且區域之間由於高山或河流阻隔，使得每一區域

3　Frank 也加入對世界體系概念建構的修正，認為 Wallerstein 所建構的資本主義世界體系太歐洲中心化，忽略了亞洲地區早期發達的經濟貿易（Frank 1998）。

4　Wallerstein 與 Chase-Dunn 皆視傳統中國為一世界體系（Chase-Dunn and Hall 1997: 27）。

5　Skinner 將中國劃分為九個地理區域；雲貴、嶺南、東南沿海、長江上游、中游、長江下游、西北地區、北方地區與滿州地區。清末全中國都市化最高也是最富裕的地區為長江下游，其次為嶺南兩省，再下則為東南沿海的閩浙地區，而全中國最窮以及都市化程度最低則為雲貴地區以及長江上游地帶（1977: 234）。

自成一獨立完整格局，各自追求經濟上的自給自足，類似個別獨立自主國家，進而促使中國國內市場體系呈現分裂（劉雅靈 1999），故中國雖由大一統中央政府進行控制，但仍可視為一個具有眾多經濟獨立區域的準資本主義世界經濟。

中國雖可界定為一個準世界經濟體系，但與資本主義世界經濟不同。首先，在中國準世界經濟體系中，核心、邊陲與半邊陲區域之間不等價交換產生的經濟剝削在計畫經濟時期是透過國家官僚體系再分配而形成，但在經濟改革期間，它們與資本主義世界經濟相同，都是以市場力量所形成的不等價交換決定地域之間的經濟分工。其次，中國自從1978 年經濟改革後就再度成為資本主義世界經濟中的一個次級體系（a sub-system），一方面中國透過香港與亞洲（包括日本、南韓、台灣、東南亞各國）及西方進行貿易，另一方面，中國大陸從台灣、香港、日本、南韓、美國、以及歐洲各國吸引大量外資，因此中國與資本主義世界經濟已緊密結合，中國已成為全球國際生產體系中不可分割的一部分。第三，資本主義世界經濟中的個別國家是獨立自主的，在其之上並沒有一個至高無上的世界政府進行政治控制，而中國經濟體系當中的組成單位——地方政府——不是各自獨立的單一國家，他們必須聽命中央政府的行政命令並執行其政策。因此在中國經濟體系當中決定資源分配的不僅是市場力量，同時也是來自至高無上中央政府的行政干預與政治命令。由此觀之，中國經濟體系不能簡單的用世界經濟概念加以界定，中國經濟體系只是一個準世界經濟體系。

然而與資本主義世界經濟相同的是，中國準世界經濟是一個歷史體系（historical system），是在歷史過程當中發展出來的。中國早在唐宋時期，海陸貿易就十分發達，以絲綢、陶瓷等商品與世界各國發展貿易網絡。[6] 但自十五世紀明代中葉以後，中國選擇閉關自守，切斷與日本、朝鮮、東南亞、中亞與非洲各國的貿易與外交關係，而成為內在導向的自給自足經濟體系。雖然中國在十九世紀末被西方國家以武力逼迫開放門戶，而與之進行貿易活動，成為資本主義世界經濟中的偏遠

6　Chase-Dunn 稱中國早期與印度及羅馬帝國之間的絲綢貿易網絡為 prestige-goods networks（1997: 53）。

邊陲，但中國作為資本主義世界經濟體系邊陲地區的時間極為短暫，因
1949年中共政權建立後，中國又再度切斷與西方資本主義經濟的貿易
關係，並自食其力追求社會主義工業化。直到1978年當中國進行改革
恢復市場經濟時，中國才又重新擁抱資本主義世界經濟。自此中國與亞
洲及西方國家的貿易活動快速增加。雖然中國已是資本主義世界經濟的
一個次級體系，但中國仍維持其準世界經濟體系，因為中國內部市場龐
大，而且透過國家政治干預與市場競爭，形成核心、邊陲與半邊陲區域
的經濟分工，這些區域在經濟改革後，憑藉各自經濟實力進行發展，已
在大陸準世界經濟體系中產生不同的經濟流動。

分析單位的選擇

　　本文選取中國行政體系中的地級市作為分析單位，地級市介於省與
縣之間，其管轄範圍包含地級市所在都會區之外，還包括周圍農村各縣
與縣級市。例如溫州市管轄兩個城市行政特區以及周圍農村地區八個縣
與一個縣級市。本文認為地級市是研究中國準世界經濟中區域發展差異
與經濟變遷的最佳分析單位，而非省與縣。就縣而言，全中國有兩千多
個縣，縣數龐大造成資料搜集困難。就省而言，省的面積過大，通常一
省之不同地方發展差別極大，因此省也不是最恰當的分析單位來瞭解中
國準世界經濟中區域的經濟流動，反而地級市面積大小介於省與縣之
間，又較能反應同一地理區域內各縣發展狀況的一致性，因此地級市成
為本文探討區域經濟流動的最佳分析單位。

　　本文採用中國準世界經濟中的核心、邊陲與半邊陲概念去鑑定中國
大陸不同地區自1949年以來位居經濟分工位置的改變。換言之，大陸
準世界經濟概念可使我們瞭解一個地區在過去計畫經濟時期以及今天市
場經濟體系下，所處經濟分工位置的變化與流動。本文將以大陸四個地
區的發展來說明中國準世界經濟體系概念的解釋力，這些地區包括浙江
溫州、陝西寶雞、江蘇蘇南、與廣東珠江三角洲。本文認為溫州在大
陸準世界經濟中是從計畫經濟時代的農業邊陲爬升到經濟改革後的半邊
陲，由於市場經濟的恢復，溫州利用其比較優勢在短期內迅速發展私營

工商業，轉變過去貧窮落後農村之面貌，並逐漸向核心邁進；而陝西寶雞則是在計畫經濟時代因享受國家資源與優惠待遇一躍而成為新興核心工業區，但在市場經濟引進後，無法善用市場機會而從經濟分工的核心跌落到半邊陲，其工業產品無法在全國性市場上競爭，因而呈現經濟停滯局面。在分析與解釋上述這些地區的經濟上下流動之前，我們必須進一步瞭解中國準世界經濟在大陸經濟改革前後不同的運作機制。

中共國家官僚體系資源再分配協調機制

本文認為，中國準世界經濟體系的發展自 1949 年以來經歷兩個階段。第一個階段，自中共建國到 1978 年之間，大陸準世界經濟是由國家官僚體系再分配機制所形塑。中共建國後，為在短期內迅速達到工業化目的，設計計畫經濟制度以取代市場機制，由國家全面壟斷經濟剩餘價值的再分配，重新佈局工業發展，來推動全國現代化。然而以國家政治目的為考慮所建構的發展策略，卻不經意的在大陸區域之間創造出類似資本主義世界經濟中的核心，邊陲與半邊陲的經濟分工結構。

中共從五〇年代初第一個五年計畫開始，當大多數私有生產工具被消滅並實行公私合營與國有化時，便將大多數資源投入於國營部門，往往那些被中共中央選擇為重點投資的地區，就成為中國準世界經濟中的核心工業區。例如「一五計畫」期間中共在北京（如首鋼）、南京（煤山）和上海建立大型煉鋼工廠；並在內地如武漢、包頭、四川、蘭州、烏魯木齊、成都等地投入資金陸續建立鋼鐵工廠（Kirby and Cannon 1989）。此一時期，中共發展的重心除在沿海地區加強建設外，亦重視東北、武漢、四川成渝地區、陝西關中地區、與甘肅蘭銀地區的發展，在當地進行大規模重點建設。當重工業發展成為中國計畫經濟的核心時，農業領域的投資則相對削減，而且農業剩餘被中央政府以壟斷性的統購統銷政策剝奪，用來支持城市地區的快速工業化。

中共從第二個五年計畫到第四個五年計畫期間，工業重點建設由沿海轉向內陸，尤其當中蘇關係在五〇年代末期呈現緊張，中共遂將投資重點從鋼鐵轉向軍事國防工業，並以中西部為發展據點。尤其六〇年代

末中蘇關係惡化，中共為與蘇聯備戰，開啟所謂的「三線建設」。[7]此
一時期，中共不僅迫使沿海許多具有戰略價值的大型企業遷至內地，而
且在內陸偏遠山區建設大規模的國防軍工大企業，並設立許多與國防軍
事建設相關的科技研究機構。在「三線建設」中中共以大量國家資源在
中西部堆砌新興核心工業區，投資計二千億人民幣，建設成兩萬九千個
與軍事國防相關的企業、[8]研究機構、與交通網路（Kirby and Cannon
1989）。但與資本主義世界經濟不同的是，中國準世界經濟中靠國家機
器資源再分配所建立的重工業核心區多分佈在內陸各省偏遠山區，形同
孤島。

　　中國內陸偏遠地區原屬荒涼落後的農牧自然經濟，並無任何條件發
展資本技術密集的高科技與重工業，但由於中共透過國家力量干預，使
得原先不具發展條件的中西部偏遠山區在短期內改善交通及通訊設施，
並獲得水電充沛供應，以發展工業。然而這些因政治目的所建立起來
的工業區，相當孤立的分散於各省山區，不僅無法形成連片塊狀的工業
區，更被大片經濟落後的農村切割與包圍，工業區與周圍落後農村兩者
相互隔離，不僅欠缺投資的多元效果，也不具備工業生產的擴散效應，
以致工業核心區無法帶動周圍農村經濟發展，[9]形成區隔經濟（enclave
economy）（劉雅靈 2000）。整體而言，1949 年之後在中國準世界經濟
中，根據中共國家資源再分配機制而形成的工業核心區包括平津（北
京－天津）地區、上海、武漢、東北重工業區以及「三線建設」所建立
起來的邊遠偏僻山區相當分散的重工業區，如四川（成都與重慶）、雲
貴、粵北、甘肅藍銀地區、鄂西、湘西與陝西關中等地。在這些工業核
心區域內，企業職工與科技人員均屬城鎮戶口，他們或隨沿海工廠內
遷，或從政府其他單位遷調，享有政府提供的各項城市福利設施：免費

7　中共的「三線建設」戰略將中國區分為三個區域：一線指易受攻擊的沿海與東北內蒙邊
　　界的邊疆地區，二線指沿海以內的居間緩衝地帶，三線則包括不易觸及的內陸各省，
　　包括四川、貴州、雲南、陝西、山西、青海、甘肅等省以及冀西、豫西、鄂西、湘西、
　　粵西和桂西北等地（蔣清海 1990；當代中國的陝西編輯委員會 1991）。
8　這些重工業分佈在核子、航空（西安）、航天（寶雞）、冶金（貴州）、鋼鐵、機械、化
　　工、紡織、電子、建材、能源等領域（雷起荃、趙曦、張燁 1993）。
9　透過訪問，陝西寶雞即為典型的例子。

醫療服務、低價宿舍、免費教育（幼稚園、小學與中學），低價糧食與副食品供應等，這些工業核心區內的職工福利待遇是透過工農產品不等價交換，剝奪邊陲農村剩餘價值，並犧牲農村消費而形成，而且他們享受比農民高一級的社經地位。[10] 與資本主義世界經濟相同，中國準世界經濟中的工業核心也是不斷抽取邊陲與半邊陲地區的農業剩餘資源而發展的，但不同的是，在資本主義世界經濟中核心與邊陲的不等價交換是在全球市場中進行，而中國準世界經濟體系中的不等價交換是在國家官僚體系理性再分配機制下以政治強制所完成。

在計畫經濟時期，中國準世界經濟中的邊陲包括那些從未享受過中共國家投資與特殊待遇的偏遠農村、山區與沿海漁村。實際上，除了早期土地改革與農業集體化之外，中國邊陲農村地區甚少享受過中共國家照顧與資源分享，反而邊陲農村一直被迫輸出農業剩餘提供核心與半邊陲快速工業化。更惡劣的是，屬於邊陲的中國農民幾乎完全排除於城市工業化成果分享之外，他們是國家資源再分配政策下的犧牲者，農村地區因此無法自我發展而呈曲扭經濟（disarticulated economy）。

中國準世界經濟體系中的半邊陲則指那些圍繞在核心工業區周圍的小城鎮地區及城市郊區，最典型的例子是上海的衛星城鎮——蘇南地區，包括蘇州、無錫與常州地區。大陸準世界經濟體系中的半邊陲地區並未獲得太多國家投資與照顧，但卻必須提供核心地區快速工業化所需的資源與農業剩餘。然而半邊陲地區因地利交通之便或自然資源較豐富，故比農村邊陲容易發展小規模的社隊企業，甚至承包核心工業區的零件加工與生產，有時候半邊陲地區獲得核心工業區的資金與技術支持來建立本身的工業體系（劉雅靈 2001），並與周圍邊陲農村進行不等價交換以抽取農業剩餘。就像資本主義世界經濟中的半邊陲，中國準世界經濟體系中的半邊陲一方面被核心工業區所剝削，但另一方面，也從邊陲農村農業剩餘獲得補充。

---

10 透過田野訪談，中國大陸的農民有被視為二等公民的被歧視感覺，不僅無法享受到城鎮居民的福利醫療待遇，而且其上升流動的機會有限。

市場協調機制

　　中國準世界經濟自1978年以後經歷了第二階段的發展。由於中共承認計畫經濟理性再分配的失效，遂重新認可市場協調機制，進行資源分配，以期提高經濟效益。例如自七〇年代末，中共政權逐漸在農村放棄集體農業的人民公社制度，恢復傳統的小農經營，1985年中共取消農產品的統購統銷，恢復農村糧食市場，並進一步於1993年正式取消農產品價格的控制以及城市農副產品的價格補貼，完全由市場供需決定糧食價格。同時，中共對工業產品的計畫分配與價格管制也逐步取消。這些制度改革均可視為中共企圖遠離計畫經濟並努力營建市場經濟。然而隨著地方政府經濟管轄權限的擴張與財政承包制的實行，為增加地方財政收入與財源的開闢，各地方政府遂採行類似重商主義政策，採取各種非經濟措施保護本地企業，並擅自越權提供優惠待遇以吸引外資。例如地方政府設立路障與關卡，攔截經由外縣或外省進入本地的貨運卡車，收取過路費與貨物稅；禁止本地生產的廉價農礦原料賣給外省，為保護本地工業也禁止外省相同工業產品進入本地，同時各地方政府各顯神通，犧牲國家整體利益擅自給予外商在稅收、土地，能源、與融資等方面的優惠，以爭取外資。各地方政府儼然獨立國家，為追求一己利益，置中央政府行政命令於不顧。在此意義下，大陸經濟體系更接近資本主義世界經濟的概念。

　　當中共政權在經濟改革中逐步確立市場協調機制，並開始重視非國營經濟部門的發展之後，中國準世界經濟體系中的核心、邊陲與半邊陲結構性位置便產生了重大轉變。一方面國家理性再分配機制的功能與使用範圍被縮減，另方面生產與消費改由市場機制來協調，大陸準世界經濟中的每一地區皆開始利用其比較利益發展地方經濟，彼此相互競爭以分享大陸準世界市場。但和計畫經濟時代不同，大陸準世界經濟中經濟分工的結構性位置分佈已不再由國家官僚體系理性再分配所決定，而是由各地區在市場中的貿易交換來決定它們的發展與上下流動，例如浙江省的溫州農村地區，自經濟改革後比大陸其他地區早一步發展市場經濟，因而已從過去政治力量所決定的農村邊陲爬升到半邊陲地區；而陝

西的寶雞地區和重工業所在的東北地區，在中央政府中斷國家投資與補貼後，又不善利用市場誘因發展經濟與其他地區競爭，故由原先的工業核心下滑到半邊陲的位置。另一方面，原屬半邊陲的蘇南地區與珠江三角洲在經濟改革期間，因善用市場機會積極發展大規模鄉鎮集體企業與出口導向的加工產業，在積累大量財富之後已爬升到大陸準世界經濟的核心地區。

本文認為中國經濟可界定為一個準世界經濟體系，就像資本主義世界經濟一樣，中國準世界經濟體系基於經濟分工與不等價交換，也區分為核心、邊陲與半邊陲的分工結構。然而不同於資本主義世界經濟，中國準世界經濟體系中核心、邊陲與半邊陲的劃分在計畫經濟時代是由國家官僚體系的理性再分配所決定，而在經濟改革後才合併市場力量，讓各地區在市場競爭中，各自發揮優勢彼此競爭，打破原有的政治分工結構限制，產生自由流動。除此之外，在中國準世界經濟體系之上存在一個至高無上的中央政府，制約了準世界體系中各級地方政府的行動能力。本文認為中國準世界經濟體系概念最能解釋大陸各地區自1949年以來的經濟流動與變遷。下文則以浙江溫州、陝西寶雞、江蘇蘇南、與廣東珠江三角洲為例，探討它們半世紀以來在中國準世界經濟體系當中所產生的經濟變遷與流動。

三、中國準世界經濟體系中的經濟變遷與流動

向上流動的溫州

溫州位於浙江省東南沿海丘陵地帶，東濱東海，南接福建，西面是麗水山區，北接台州丘陵地帶，境內河流由西向東，切割山脈，流入東海。溫州位於甌江下游南岸，是浙南地區政治、文化、經濟與交通中心，也是閩北物資集散地。行政區域上溫州屬地級市，下轄一市，八縣

以及兩個城區。[11] 溫州境內多山，腹地狹小，[12] 僅有沿海地區散佈河流切割的沖積平原，適合農作。由於三面環山，並缺乏鐵路系統，溫州陸路交通不便，自成一隔隔絕於大陸內部，反而以海運與大陸其他港口城市聯絡，以及內河航運聯繫溫州下轄各縣較為方便。

溫州港發展相當早，遠在戰國時期，東甌國（今溫州）便已發展海上交通，出現港口雛形（周厚才 1990）。唐代溫州港已成為中國沿海的貿易港之一，並和日本進行貿易。北宋時期，溫州造船業十分發達，成為當時重要造船基地。而且溫州盛產蠲紙、漆器、瓷器、茶葉、柑橘與海鹽，這些貨品多由溫州取道海上運往大陸沿海各港口，再轉銷到各地，而瓷器與漆器多運到明州（今寧波）與泉州轉銷國外。由於當時商業發達，北宋政府的商稅收入頗為可觀。[13] 南宋時期，溫州商業更形發達，貿易活動愈形擴張，溫州成為國際貿易港口，政府並設立市舶司，管理海外貿易與稅收，以重商主義政策支持政府龐大的財政支出。明代由於海禁政策與倭寇為患，溫州對外貿易削減，商業衰落。由於溫州設置守軍防範倭寇入侵，正常貿易途徑不可行，走私貿易遂興起，[14] 對溫州商業繁榮頗有貢獻。清初海禁解除，溫州海內外貿易則又恢復，但後來清廷限制所有對外貿易皆由廣州十三行辦理，溫州的海外貿易與商業發展遂再度受到限制（周厚才 1990）。直到1876 年中英煙台條約簽訂，溫州才又再度開放為對外通商口岸，並設立英人管轄的甌海關。

溫州開埠後，許多外國洋行進入溫州行商，[15] 此時溫州的進出口貿易主要以對上海的轉口貿易為主，溫州港進口的洋貨與土貨皆從上海轉運而來，在溫州銷售或轉售鄰近地區，[16] 而溫州出口的土貨也大部分通

11 溫州下轄瑞安市，甌海、永嘉、樂清、洞頭、平陽、蒼南、文成、泰順八縣，以及鹿城、龍灣兩區。

12 溫州山地面積占全境面積的78.2%，平原只占17.5%（張仁壽、李紅 1990）。

13 北宋熙寧十年（1077 年），溫州城內商稅已超過當時設立市舶司的對外貿易口岸明州，溫州當年的城市商稅達二萬五千三百九十貫六文，超過明州的二萬二百二十貫二十文（周厚才1990: 8）。

14 溫州商船與日本以及葡萄牙商船當時的走私貿易絡繹不絕（周厚才 1990）。

15 這些外國洋行包括美國美孚火油公司、英國亞細亞火油公司、英美煙草公司、英瑞煉乳公司、太古白糖公司等，他們大量傾銷洋貨，但也大量收購溫州土貨外銷，如茶葉、紙傘、煙葉、明礬等（陳守庸 1990；陸雨之 1990）。

16 洋貨以香煙為例，如溫州從上海進貨英美煙草公司的香煙，在溫州銷售，因銷路良好，

過上海轉銷國內外各地（陳守庸 1990；陸雨之 1990）。反而溫州直接對外貿易量很少，占溫州全年總進出口貿易值比例很低，[17] 主要原因在於溫州陸路交通不便，缺乏鐵路運輸，市場腹地狹小，無法將進口的洋土貨就地銷售。溫州的轉口貿易到 1930 年達到最高峰，此後便陸續衰退，雖然在抗戰初期，大陸沿海因封鎖而使溫州貿易吞吐量大增而短暫繁榮，但溫州終被日軍攻陷，[18] 此後到 1949 年溫州貿易一蹶不振。

溫州的現代機器工業於二十世紀初開始興起，多分佈於紡織等輕工業，[19] 而且規模不如沿海大城市。抗戰初期，由於溫州是大陸沿海未被封鎖的港口，內陸所需物資全由溫州進口，因此溫州的海上貿易空前繁榮，全國各地商人均雲集溫州買賣與進貨，溫州的現代工業更進一步發展，金融業也隨之興盛。但抗戰結束後，國共內戰隨之興起，由於戰亂頻仍，物價高漲，貨幣貶值，嚴重影響到溫州工商業的持續發展。

簡言之，溫州自古以來並非中國工商業高度發展的核心區，雖然歷史上溫州曾為國際港口，對外貿易興盛於一時，但由於地理交通的限制，以及市場腹地的不足，溫州一直未能獲得充分的發展。更由於明清兩朝長期海禁與限制對外貿易，溫州工商業的發展一直起伏不定。雖然清末溫州開闢為通商口岸有助於溫州的貿易活動與工商業發展，但其發展始終落後於上海，蘇州，杭州，與寧波等地。因此，溫州在 1949 年共產政權建立之前，工商業發展居於全國次要地位，既非窮鄉僻壤的偏遠農村，也非工商業極度發達的大城市核心地區，溫州的工商業發展極為依賴國內外貿易活動（尤其以國內轉口貿易為主），當貿易活動擴張，本土工商業極為繁榮，當港口阻塞或國內外貿易活動被限制時，工

商人遂於鄰近處州（海門）設立銷售網點（陳守庸 1990；陸雨之 1990）。此外溫州亦從湖州引進綢緞，設立綢莊，販售土貨。

17 縱使溫州在開埠後進出口貿易（轉口貿易）有所進展，但速度緩慢，例如1908 年溫州直接對外貿易值為 143,084 海關兩，只占溫州全年進出口貿易總值的 5.7%，當時溫州往來貿易的國家為日本、香港、新加坡、蘇門答臘、檳城等。出口以明礬與煙葉為主，進口以白糖、煤油、棉物為主（周厚才 1990: 66）。又如 1919 年溫州進出口總值（轉口貿易）雖達到 4,062,117 海關兩，但只占全國各通商口岸貿易總值的 0.21%，僅為寧波港進出口總值的七分之一（周厚才 1990）。可見溫州是以進行轉口貿易為主。

18 抗戰期間溫州於 1941 年、1942 年、1944 年三度被日軍攻陷。

19 當時溫州的工業有織布廠、肥皂廠、草席廠、煉乳廠、火柴廠、麵粉廠、針織廠、煙捲廠、制革廠等（周厚才 1990）。

商業則蕭條，故於1949年以前，溫州當屬中國準世界經濟體系中的半
邊陲。

社會主義時期的溫州

　　溫州在1949年共產政權建立後，首先接收國府時期的官僚資本，
並陸續將許多私營企業改造為公私合營，並進行手工業合作化運動。在
中共「一五計畫」期間（1953-1957），由於溫州接近台灣，地處前線，
又位於當時美國封鎖中國東南沿海範圍內，溫州從開始便不曾被中共中
央考慮為投資建設地點，沒有獲得「一五計畫」期間任何重點建設項
目。故當時浙江工業發展主要靠地方投資，改造舊有企業，並發展地方
手工業以支持農業生產（當代中國的浙江編輯委員會 1989）。雖然中共
在1956年改變策略，開始著重沿海地區工業的發展與佈局，浙江因而
分享到中共國家部分投資，但投資地點以杭州、寧波以及浙贛鐵路沿線
的重工業為主，[20] 溫州並未獲得照顧。在七〇年代中共「三線建設」時
期，也只有浙西山區的「小三線」獲得中央投資，興建了生產兵器、通
訊設備、工具模等小型企業。整體而言，中共於毛時期在浙江省的投資
無論就金額與幅度，均無法與內陸及東北重工業區相比，而且溫州向來
就不被中共考慮為發展的重心（當代中國的浙江編輯委員會 1989）。

　　由於溫州地處前線，無法得到政府的投資與照顧，溫州的發展一直
呈現停滯局面。以溫州和寧波相比，從1949年到1981年，中共在溫州
的總投資為6.55億元，平均每年只有0.2億元，不及同期寧波的四分之
一。而1957年溫州與寧波的工業總產值幾近相同，但日後由於中央政
府一直持續投資寧波，到1980年，溫州工業總產值已不及寧波的一半
（張仁壽、李紅1990）。[21] 溫州因自始缺乏中央支持，故推動經濟發展的
力量來自民間部門。尤其自五〇年代始，公私合營轉為國營企業後，溫
州地方政府又推動手工業合作化，但民間個體經營仍十分蓬勃，如個體

---

20 此一時期中共在紹興建立鋼鐵廠，浙贛鐵路沿線建立衢州化工廠，在杭州興建鋼鐵廠、
　　鍋爐廠、中型機械廠、汽輪機廠、軸承廠等（當代中國的浙江編輯委員會 1989）。
21 溫州工業產值在當年只有寧波的41.79%。

經營生產的紙傘、算盤、面磚、衛生紙，以及農村土布等產量在五〇
年代均呈大幅度成長（鄭達炯 1991）。[22] 雖然溫州民間個體經營發達，
但不時遭受政治壓制，例如在 1958 年的「大躍進」及人民公社運動時
期，地方政府為迎合上級的政治要求，關閉個體家庭手工業經營，打壓
市場交易，取消農村副業，強調「以糧為綱」政策，迫使農村人口只能
從事農業生產，並嚴厲批判棄農經商。故溫州在五〇年代末因個體經營
的家庭手工業慘遭打擊，經濟蕭條，手工業生產垂直下降，甚至低於中
共建國前的水準。

溫州民間手工業在六〇年代初稍有恢復，但「文化大革命」時期又
將溫州的個體手工業視為「資本主義復辟」，予以嚴重打擊。更由於當
時溫州派系林立，武鬥時起，不僅溫州地方政府幾近癱瘓，社會失序嚴
重，而且從 1973 年到 1976 年，溫州約 70% 的國營與集體企業停工，
當時年工業總產值比六〇年代減少 60% 以上（張仁壽、李紅 1990）。
溫州因停工停產，大多數企業停發工資，溫州工業發展停滯，許多失業
工人遂下鄉與農民興辦工廠、家庭作坊、運輸隊、建築隊，甚至從事商
業供銷員，溫州市場經濟因而興起，民間地下經濟蓬勃發展，取代了國
營集體經濟。

簡言之，溫州在毛統治時期，因地緣位置不佳，被剝奪國家資源再
分配的分享，不僅缺乏經濟發展所需的交通與基礎設施建設，[23] 而且傳
統發達的私營工商業與農村副業被嚴重打擊與壓制，造成溫州經濟一
蹶不振，生產長期倒退。[24] 更由於中共強調片面的農業生產，將溫州近
80% 的勞動力侷限在人均 0.46 畝的耕地上（鄭達炯 1991），強迫從事
農業耕種，但因農村普遍抵制公社制度，造成農業生產效益不佳，因此

---

22 溫州個體手工業從業人員在 1949 年為 1.95 萬人，產值為 900 萬元，但在 1956 年從業人
員增加為 2.5 5 萬人，產值為 3219 萬元。紙傘的年產量由 1949 年的 28 萬把上升為 1957
年的 487.7 萬把；算盤的產量由 1949 年的 2.1 萬個上升為 1957 年的 113.8 萬個；草席產
量由 1951 年的 8.8 萬條上升為 1959 年的 322.5 萬條（鄭達炯 1991: 137）。

23 溫州地近台灣，處於備戰前線，喪失中共投資交通基礎設施的可行性，甚至在七〇年代
中共停止溫州港的疏濬整理工作。總之，中共在浙江省所進行的鐵路，公路，機場擴建
與能源等交通建設，地點均不在溫州。

24 從 1966 到 1976 年期間，溫州工業產值遞增率每年平均只有 0.5%，而農業只有 0.6%（張
仁壽、李紅 1990: 11）。

溫州居民的生活水準比中共建國前更形下降，[25]1978年經濟改革前，溫
州全市人均收入僅56元，低於浙江省人均水平，[26]因此溫州的經濟發展
在大陸準世界經濟體系中從1949年以前工商業發達的半邊陲掉落到窮
困的農村邊陲地區，不僅工商業蕭條，而且農業資源被剝奪並轉移去支
持城市工業的發展。

資本主義的溫州

　　由於溫州一向就失寵於中央政府的資源分配，因此溫州的國營與集
體經濟十分脆弱。當經濟改革開始，溫州地方政府亦因財政困窘無力發
展原本就薄弱的集體經濟，便順其自然，讓具有歷史傳統的家庭手工業
與個體私營經濟去主導溫州的經濟發展。由於溫州獨特的地方經濟制度
——薄弱的集體經濟與強韌的個體經營傳統，溫州的家庭手工業與小工
廠歷經毛時代數次政治打擊，皆屹立不倒，並於經濟改革後發展如雨後
春筍。自1985年起，溫州的家庭工業與私營企業的總產值便已超過當
地工業產值的一半（61.6%）。家庭工廠以小商品製造為主，包括再生
晴綸（acrylic）的紡紗及織布，並發展再生晴綸成衣與毛毯的加工，此
外尚有低壓電器開關的裝配，鞋具的加工，標牌與標籤的製造等。溫州
的家庭經營除了手工業之外，更廣及交通運輸，商業與服務業等（Liu
1992）。進入九〇年代以後，建立在過去家庭生產的基礎上，溫州發展
出許多私營與股份合作企業，[27]逐漸形成溫州經濟的主力。

　　溫州家庭小商品製造帶動了地方市場的發展，1986年溫州共有大
小市場472個，其中全國性的專業市場有十幾個，市場上商販雲集，
全國各地的供銷員與批發商到此進行交易與批貨，故溫州市場經濟十分
活躍。進入九〇年代，溫州的市場更形發達，幾乎工業生產所需的眾多

25　溫州在毛統治時的流行民謠，如「平陽討飯，文成人販，洞頭靠借貸吃飯」，足以反應當
　　時溫州農村貧窮落後的狀態。
26　浙江省農村人均收入1952年為78元，1956年為84.8元（當代中國叢書編輯部1989）。
27　溫州股份合作企業實際上是地方政府大力提倡的產物，為避免溫州單一所有制的私營企
　　業被宣揚為資本主義，溫州地方政府遂規定企業內部紅利分配比例以及強制公共積累的
　　執行，以此作為股份合作企業的界定。

原料與生產要素，如 90% 的鋼材，80% 的水泥，87% 的煤炭，和大量的木材、棉花、化學肥料與農藥等，均透過市場交易而非國家官僚體系的分配而獲得，此外溫州的資金市場，勞力市場，信息技術與房地產市場等均早已發展（張仁壽 1993）。

溫州早在六〇年代與七〇年代便有不少個體農民供銷員，到外地推銷溫州的家庭手工產品，[28] 在經濟改革後，溫州的個體供銷員超過十四萬人以上，不僅引進地方家庭工廠生產所需的原料、資金、與技術人員等，更組織地方產品外銷的網路。換言之，溫州家庭工廠與私營企業所生產的日常生活小商品，[29] 不僅滿足溫州地方市場的需要，更大量外銷大陸其他各省。溫州經濟之繁榮，即是建立在溫州地方產品的外銷上。需注意的是，溫州小商品的外銷市場並非全球性的國際市場，其外銷市場是溫州地方以外的大陸全國性市場。在經濟改革之初，當大陸各地方政府尚未摸清發展方向與因應策略之際，溫州早以其發達的個體私營經濟，善用市場誘因（market incentive）而搶占大陸準世界經濟體系中的全國性市場。但溫州小商品所占有的大陸準世界經濟體系全國性市場是屬廉價市場（low-price market），因溫州小商品生產的技術設備落後，又採用再生原料，產品品質極為低劣，但大陸原為計畫經濟體系，民生消費品極為匱乏，在改革之初，縱使溫州小商品品質不佳，然價格低廉，故仍具有廣大銷路，所以溫州個體私營經濟所生產的小商品在大陸農村的低廉市場頗受歡迎。

由於商品經濟發達，溫州在經濟改革後不到十年間，經濟結構便已從農業轉向工商業（表1）。

---

28 據調查溫州無照商販在1970 年為5,200 人，1974 年為6,400 人，1976 年為11,115 人（張仁壽、李紅 1990）。

29 溫州家庭工業與私人工廠所生產的小商品，包括再生原料加工的再生晴綸衣褲與毛毯（蒼南縣宜山地區為主）、再生塑膠袋、塑膠鞋、與塑膠紙、低壓電器開關（樂清縣柳市鎮為主），小商標、徽章與塑膠皮套（蒼南縣金鄉鎮為主），以及鈕扣（永嘉縣）等。

表1 溫州經濟結構的轉變：1978-1988 年

	農業產值	工業產值	服務業
1978 年	63.5%	36.5%	23%
1988 年	27.86%	72.14%	38%

資料來源：鄭達炯（1991），溫州改革——理論思考與實踐探索。

　　由於溫州工商業發達，農村過半勞動力均在工商業領域就業，溫州農村人均收入已由 1978 年的 56 元上升為 1991 年 1,044 元，到 1993 年更高達 1,474 元（張敏杰 1996），[30] 而大陸全國農民人均收入在 1992 年才達 784 元（江流、陸學藝、單天倫 1993），[31] 溫州農村的生活水準已高於全國平均。溫州沿海平原地區人民收入更高，約 80% 的住戶年均收入在 10,000 元以上；小型私營企業主年平均收入為八萬元；而更有年收入在千萬元以上的經商大戶。[32] 由於居民收入增加與生活改善，[33] 九〇年代的溫州逐漸脫離了國家資源再分配計畫經濟體制下大陸農村原有的城鄉二元結構，溫州經濟快速發展的果實似乎較均勻的被全體農村與城鎮居民所分享。[34] 由於溫州經濟發展以個體私營為主，民間較為富裕，因此在經濟改革後，溫州的地方建設多由民間出資興辦，例如溫州的小城鎮建設，[35] 道路橋樑的修築，電視臺轉播站，公園娛樂設施的建構等，都是農民集資興建。

　　溫州自 1984 年被中共國務院選為沿海開放的十四個城市之一，而且又在 1987 年被定為經濟實驗區，溫州欲更進一步提升產業升級，從外延快速增長（extensive growth）階段進入內延擴張與技術改進（intensive growth）的永續發展。為達此一目標，溫州地方政府不斷加

---

30 溫州市政府預測在二十一世紀初期，溫州人均收入將高達 2,285 元（溫州市未來研究會 1991）。

31 溫州永嘉縣橋頭鎮農民在 1992 年人均收入已高達 5,000 元（孫頷 1993）。

32 溫州由於生活水準較高，當地流行的社會俚語為「萬元戶是貧困戶，十萬元戶剛起步，百萬元戶馬馬虎虎」。

33 溫州社會財富分配不均已被當地人詬病，如小型私營企業主年均收入為 8.03 萬，而其職工收入 2,672 元，收入差距近 21 倍；中型私營企業主年均收入為 38.81 萬元，而其職工收入為 4,848 元，收入差距近 79 倍（張敏杰 1996）。

34 不可否認，溫州西部山區仍然屬貧困區，有部分農戶仍生活在貧困縣以下。

35 溫州最為稱道的是蒼南縣的龍港鎮，被譽為「中國第一座農民城」，它是完全以地方農民集資建立起來的（李浩然 1991）。

強基礎建設。為改善交通運輸，溫州自籌85%的資金建設機場，已於1990年7月完成，目前溫州機場已成為浙江省僅次於杭州效益最高的機場；溫州地方政府又利用民間充裕的游資進行舊城改造，拓寬道路，疏濬港口，建立輸電網路，改善自來水品質等。溫州今日的發展，在短短不到二十年的時間裡，已從過去偏遠的邊陲農村，發展為大陸沿海富裕的中等城市。溫州在大陸準世界經濟體系中已脫離了原來貧困的邊陲農村已爬升到半邊陲，並逐漸向核心都會區邁進。

溫州依靠本土資本而發展致富的經驗可媲美台灣，兩地都是從世界經濟體系中的邊陲爬升到半邊陲的自主性發展。然而與台灣不同，溫州是大陸準世界經濟體系中次於省的地級市，其外銷市場為溫州以外的大陸農村市場，而台灣為主權國家，其外銷市場為資本主義世界經濟中的全球性市場（global market）。本文認為溫州發展成功的關鍵在於它比大陸其他農村地區較早開始進行市場取向的小商品生產，而且它比大陸其他地區搶先一步占有全國性偏遠農村市場；溫州和早期的台灣發展類似，工業生產均以中小企業和家庭工廠為主，生產方式不僅勞力密集，而且技術簡陋。由於產品品質不佳，行銷走低價位路線，溫州與台灣所占有的市場都是廉價商品市場，但不同的是，台灣的外銷產品絕少使用再生原料，而且台灣的中小企業將產品外銷到世界市場的核心國家，而溫州再生小商品是以大陸準世界經濟體系中的邊陲農村市場為主。

溫州私營工商業的發展一直備受爭議，且不時受到政治運動的打擊，如在1989年「天安門事件」之後，政治上的風聲鶴唳威脅到溫州的私營經濟發展，在高壓的政治氣氛下，溫州市政府遂大力鼓吹社會主義色彩較濃的股份合作企業取代單一所有制的私營經濟（Whiting 1999）。[36] 溫州市政府並公佈在溫州經濟所有制結構比例中，股份合作制企業比重高達40%，而個體私營企業比重只占27.5%（孫頷1993）。[37] 縱使多次政治打擊，溫州的經濟仍然持續擴張。溫州在八〇

---

36 透過作者的田野訪談，溫州許多改名為股份合作制的私營企業，其實並未真正遵照市政府的規定進行擴大再生產，提留公共積累，與縮小比例分紅。它們之所以改名為股份合作企業，目的是為得到政治保護，而非信仰社會主義。

37 溫州所有制結構比例中，國營企業占16.5%，鄉鎮集體與城市大集體占16%，其餘為私營與股份合作制（孫頷1993）。

年代中，就因工商業發達而用盡本地剩餘勞動力，而不斷吸引大量附近
山區與外省勞工。然和台灣類似，溫州廉價勞動力的比較利益正逐漸喪
失，而且又面臨大陸其他農村鄉鎮企業與家庭工廠的競爭，因此溫州正
努力尋求產業技術升級。溫州近年的發展和過去計畫經濟體制下的均貧
相比較，雖然社會貧富差距在擴大，但其發展成果較為均勻的被整體農
民所分享，而且由於溫州發展的投資動力來自本土，外資比例很低，因
此並沒有產生像拉丁美洲國家依賴發展中區隔經濟（enclave economy）
的現象，反而過去計畫經濟偏重工業發展所造成的城鄉二元結構因農村
個體私營經濟的繁榮而逐漸瓦解，溫州已從大陸準世界經濟體系中上升
到半邊陲，是自我努力向上提升較為成功的案例。

向下滑落的寶雞

　　陝西寶雞的發展與溫州截然不同，它位於大陸西北內陸，歷史上雖
然貧窮落後，但中共建國後卻獲得國家青睞，贏得大量資源，在中共大
力投資下寶雞建立許多國營軍工大企業，一改過去貧窮落後的面貌，與
溫州自生自滅的偏遠貧困完全不同。

　　寶雞市位於陝西省關中平原的西部，北與西和甘肅為鄰，南接秦
嶺，東接西安，下轄十縣。[38] 和溫州類似，寶雞全境多山，其中山地面
積占 80%，平原占 20%（寶雞卷 1992）。寶雞是歷史古城，在戰國時
代即已發展個體經濟與手工業，並與四川和甘肅進行貨物交流。但因地
處內陸，人口少且對外交通不便，工商業發展非常緩慢，侷限於自給自
足的自然經濟，地區之間的商品交換程度很低，而且手工業技術原始，
很少直接參與全國性市場的商業貿易活動。寶雞文化建設落後，直到清
末洋務運動時，寶雞地區才開始興辦學堂、[39] 設銀行、修建公路與設郵

---

38 寶雞市下轄眉縣、麟游、岐山、扶風、太白、鳳翔、千陽、寶雞、隴縣、鳳縣十縣，面
　積18,196平方公里。
39 清末因推行「新政」，改傳統書院為學堂，如鳳翔府的鳳邑書院與鳳翔縣的正誼書院在
　1904年合併為鳳翔府八邑中學堂，除傳統書經外，亦引進新知識，如地輿、兵事、天
　文、算學、礦物、理化、植物等課程。寶雞各縣在當時亦設小學堂與蒙學堂，教授地
　理、算數、體操等課（梁福義 1990）。

電局等，寶雞的發展顯然遠落後於同時期沿海的溫州。

　　根據大陸學者，寶雞的發展與興起歸功於抗戰前後的公路與鐵路交通建設（王順榮 1991；楊洪、朱小秋 1994），在西北公路與鐵路建設之前，寶雞幾乎不存在現代化機械工業，僅具有傳統手工業，如釀酒、縫紉、織布、磨麵、鐵工與造紙等。因此直到民國二十六年隴海鐵路通車後，寶雞才出現半機業化的現代工業。抗戰期間當隴海鐵路自西安通車至寶雞，大陸沿海許多工廠因戰爭而內遷，包括上海榮德生家族的申新紡織廠從漢口遷至寶雞，並於戰爭後逐步發展為具有紡織廠、麵粉廠、造紙廠、機器製造廠的申福宏企業集團。此外，國民政府亦於抗戰時期在寶雞興辦雍興公司，在蔡家坡鎮與虢鎮興建西北機器廠、蔡家坡紡織廠、虢鎮酒精廠、業精紡織廠、益門鎮冶鐵廠與酒精分廠，並在隴縣建煤礦廠（寶雞卷 1922）。和溫州相比，寶雞的現代工業數量並不多。[40] 此外，在抗戰期間寶雞當地亦建立許多工業生產合作社。產業當中以紡織為主導，其次是機械工業（寶雞縣縣誌編纂委員會 1988）。因此寶雞的工業發展從一開始即為外來移植，而非本地的資金、人才、技術發展使然。

　　在抗戰期間，由於國民政府陝西省第九區行政督察專員工署由鳳翔縣遷至寶雞，寶雞遂成為關中西部政治文化與交通中心（寶雞卷 1992）。在交通建設方面，當時除隴海鐵路外，又興建寶天（甘肅天水）鐵路（1945 年通車）。[41] 公路建設除修建寶雞與四周各縣的聯絡幹線外，亦修築寶雞通四川、甘肅、與西安的公路。[42] 此外在寶雞城北建有軍用機場通重慶與蘭州（王順榮 1991；楊洪、朱小秋 1994）。寶雞在抗戰期間交通運輸發達，因而帶動當地工商業的繁榮與銀行業的發展。

　　必須注意的是，雖然寶雞在抗戰期間工商業發達，但繁榮地區僅只限於工業所在地的縣城與其周圍鄉鎮，寶雞附近各縣農村仍然維持傳

---

40 根據1945年統計數字，寶雞市主要工廠有 46 家，其中紡織廠 22 家，麵粉廠 2 家，鐵工機器廠 12 家，酒精廠 2 家，火柴廠 2 家，其他 6 家（寶雞卷 1922）。

41 寶天鐵路上有輕便支線通鳳縣雙石鋪（寶雞卷 1922）。

42 例如寶廣路通四川廣元、寶平路通甘肅平涼、寶天路通甘肅天水、長益公路自益門鎮通長安、寶鳳公路通鳳翔、寶岐公路通岐山等（王順榮 1991；楊洪、朱小秋 1994）。

統農業耕種，展現自給自足的自然經濟。抗戰結束後，寶雞的經濟開始衰落，一些工廠遷回原址，許多工業生產合作社亦關門，寶雞的發展因而停滯，許多銀行停業，機場關閉，以及輕便鐵路拆除。寶雞的工業在當時雖已使用機器生產，但亦有為數不少的傳統手工業。[43] 此外寶雞教育文化水準低落，1940 年以前只有小學，1942 年始建中學，[44] 並且從事工商業活動者本地人很少，只占全部就業人數的 8%，工商業者多為外地人，由此反應寶雞本地人現代性較低，經商意識淡薄，以及工商業的移植性高。寶雞縣城基礎設施薄弱，道路、自來水、電力均不足，抗戰後期全靠申新紡織廠剩餘電力提供市區照明，因此工商業發展後繼無力，一般人民生活水準低落（寶雞卷 1992）。

綜合言之，寶雞由於地處內陸，自古以來便因對外交通不便，經濟活動以農業生產為主，維持生活上的自給自足（subsistence economy）。寶雞少有參與全國性市場的商業貿易活動，雖然歷史上寶雞也有短暫時期與日本貿易而工商業發達（梁福義 1990），但多數經濟活動侷限於鄰近區域性之間的商品交易。又由於內陸雨水稀少，寶雞在歷史上承受過多的自然災害，其中以旱災和蟲災居多，造成人民生活窮困，經濟停滯，人口外流而動亂時起（梁福義 1990）。因此從中國準世界經濟架構觀察，寶雞在 1949 年以前屬於貧困落後的邊陲農村地區，對外貿易活動很低，是屬於半邊陲西安的農業腹地。

社會主義時期的寶雞

中共於 1949 年接收寶雞之後，首先將國民政府所屬事業雍興公司下屬的各企業工廠，改制為寶雞市第一批國營企業。並於 1951 年起對當時市內的民族資本家企業集團——申福宏系統進行公私合營，並進行手工業合作化（寶雞縣縣誌編纂委員會 1988）。

寶雞比溫州幸運，在完成公私合營改造之後，中共並未任寶雞自生

---

43 以紡織業為例，寶雞當時約有 1500 多台手工織布機。此外，尚有許多手工作坊，如染坊、彈花、鐵匠爐、車馬挽具、磚瓦、酒坊、造紙、木器、油漆、縫紉、石匠等（寶雞縣誌工業誌 1988）。
44 除初中教育外，寶雞到 1949 年只有三班高中（寶雞卷 1992）。

自滅，反而寶雞因內陸地理區位而被中共選為發展重工業的核心地區之一，寶雞市自五〇年代起便接受中共國家官僚體系資源再分配，使寶雞成為陝西省僅次於西安的重投資區，從邊遠農村一躍而成為大陸準世界經濟的核心地區。從「一五計畫」時期起，寶雞就享有不少國家重點建設項目。[45] 整體言，從 1953 年至 1960 年期間，中共在寶雞的投資以交通、機械、與電子工業為重點，建構一批大中型企業，多集中在寶雞市區。

中共在「二五」期間，由於「大躍進」運動，全國進行動員發展工業，寶雞許多新建的集體工廠被升級為地方國營企業，下屬各縣亦發展農村社隊企業，開辦農機修造。寶雞市內許多工業合作社也改辦為城市街道企業，生產日用品。同時，中共繼續對寶雞進行投資，設立許多大中型企業，[46] 因此寶雞的工業產值持續增加。[47] 由於中共資源大量投入，寶雞的工業產值在 1958 年就開始超越農業（寶雞卷 1992），從偏遠農村轉蛻變為新興工業城市。

當六〇年代中葉（1966-1971）中共與蘇聯關係惡化，為準備戰爭，中共開始調整工業佈局，寶雞被選為「三線建設」戰略的重地之一。此一時期，中共在寶雞的投資達到最高潮。例如中共將大量國家資源投入於軍事國防的機械、電子、與原材料企業（如設立紅旗化工廠、寶雞有色金屬家工廠、地方軍工企業勝利機械廠等），同時將沿海大批大中型企業內遷到寶雞（如秦川機床廠、寶雞橋樑工廠、寶雞鑱車廠分別從沿海的上海、瀋陽、與大連遷到寶雞），大批技術管理人員與生產建築工人也從上海、山東、遼寧等地匯集寶雞。此外，為提升寶雞農村生產力，中共在當地投資設立氮肥廠；中共水電部與鐵道部也在寶雞興建一些為本系統服務的機械加工企業。「三線建設」和過去不同的是，

---

45 這些重點建設包括長岭機器廠、寶成儀表廠、寶雞石油鋼管廠、寶雞發電廠、群力無線電器材廠、與西鳳酒廠等（寶雞卷 1992）。

46 這些大中型企業包括烽火無線電廠、凌雲無線電廠、渭河工具廠、寶雞儀表廠、寶雞燈泡廠、寶雞酒精廠等。

47 但在六〇年代初（1960-62），中共在大躍進之後進行調整，遂對寶雞工業投資銳減，地方國營降為原有集體企業，農村社辦工業停止，全市工業產值急速下降。然此一時期，寶雞新建大中型企業多分佈於市區，隔離於周圍農村。

此一時期企業所在地多分佈於寶雞市區以外的各縣農村。

寶雞「三線建設」的成就，是用國家資源大量投入而完成，如大批軍工業（航天部 7103 廠、建光機器廠、前進機械廠等）、機械工業（如從北京與哈爾濱遷來的陝西汽車製造廠、陝西汽車齒輪廠、關中工具廠等）、農機工業（如各縣市建立農機修造廠、機引農具廠、岐山電機場等）、黑色冶金建築材料等工業均迅速發展，此外輕紡工業也受到重視。由於寶雞機械電子工業以生產工具、通訊與導航設備為主，故使寶雞在六〇年代成為全國電子工業基地之一（寶雞卷 1992）。

除工業建設之外，中共亦在寶雞投資交通建設興建公路與鐵路，意欲將寶雞建為西北地區連接甘肅與四川的交通樞紐。例如寶成鐵路（寶雞至成都）於 1958 年通車，是寶雞通往西南（在成都連接成渝鐵路）的交通運輸要道。為增強運輸量，中共又將寶成鐵路修成為中國第一條電氣化鐵路，於 1975 年完成（王順榮 1991）；隴海鐵路寶雞至甘肅天水與蘭州在 1953 年修復通車後，使寶雞得以與蘭新鐵路銜接直通中亞；此外許多鐵路支線也陸續進行電氣化，同時寶雞公路建設亦以寶雞為中心向四面開展，南達四川，北至甘肅與寧夏，東通中原，並與區域內各縣、鄉、鎮的支線公路相通，形成縱橫交錯的公路網絡體系（韓自興 1994）。[48] 由於鐵路與公路的投資興建，使寶雞成為關中西部的工商業重鎮。

由於中共在建國後大力投資於寶雞的工業與交通建設，運用國家力量迅速改變寶雞的經濟結構，寶雞已從偏遠農村蛻變為工業大城（表2與表3）。

---

48 寶雞公路除重要省道的國家投資外，許多縣屬公路為當地人民集資興建（韓自興 1994）。

表2 寶雞市工農業總產值結構的變化

年份	1949		1978		1988	
項目	全市	市區	全市	市區	全市	市區
工農業總產值						
農業總產值	88.30	23.50	27.60	1.20	15.60	1.20
工業總產值	11.70	76.50	72.40	98.80	84.40	98.80
輕工業	10.50		33.80		40.20	
重工業	1.20		38.60		44.20	

資料來源：寶雞卷（1992: 34）。

表3 寶雞市產業產值比重

年份	第一產業	第二產業	第三產業
1980	28.6%	48.3%	23.1%
1988	24.3%	51.0%	24.7%

資料來源：寶雞卷（1992: 34）。

　　從表2與表3可知，寶雞在中共全力投資下，自1949年以後已從貧窮落後的農村邊陲一躍而成為工業產值年高達70%以上的工業大城，[49] 產業結構也從農業轉向工業與服務業，寶雞在短短幾十年內已成為西北地區工業與交通樞紐，儼然成為大陸準世界經濟中的核心工業區，然而寶雞所有重工業發展所需的資金、技術、人力等資源完全從外遷入，而非本土自生的。中共國家官僚體系以強制手段，將農業剩餘轉移到城市，使國營企業的職工享受國家支持的各種福利待遇與服務，因此在中共國家機器資源再分配的干預下，寶雞享受剝削農村剩餘價值的核心地位。

寶雞的下滑

　　經濟改革之後，中共政權扭轉偏向重工業發展的經濟政策，開始著重生產民生消費品的輕工業發展，並引進市場機制促使國營企業成為自負營虧的經濟實體，以減少政府財政負擔。自此寶雞便失去中共國家官

---

49 寶雞工業產值於1958年首次超過農業產值（寶雞卷 1992）。

僚體系的偏愛，資源投入逐漸減少。當沿海地區因享受特殊政策待遇，大力發展市場經濟之時，寶雞卻仍固守原有之計畫集體經濟，原地踏步，期待國家的繼續投資。雖然寶雞已於1983年被中共列為對外開放城市以及中等城市體制改革試點之一，必須以自身力量去開創本土經濟的發展，但寶雞顯然遠落後於中共所賦與它的改革目標。

　　中共雖在八○年代停止對寶雞進行新的工業建設，但對國營企業技術設備更新的投資繼續不斷，使寶雞從外延擴大式發展進入到內涵周延性發展，但此時資金的投入多來自陝西省的積累而非中央政府資源，而且投資重點也一反過去偏向重工業的強調，開始扶持輕工業的發展，如提倡鄉鎮企業、個體私營經濟、第三產業的發展，然而寶雞的國營重工業比重在八○年代仍然獨居鰲頭（表4）。

表4　1980-1988年寶雞市工業所有制的結構變化

經濟類型	1980年全市	1988年	
		全市	市區
全部工業總產值	100	100	100
全民所有制（國營）	85.2	72.40	86.30
集體所有制	14.7	13.60	13.50
其他經濟形式	0.10	0.80	0.20

資料來源：寶雞卷（1922: 66）。

　　在公有制經濟占絕對多數情況下，寶雞當地的鄉鎮企業與私營經濟在過去受到相當大的政治壓抑，發展甚為落後。[50] 尤其寶雞的鄉鎮企業缺乏當地國營軍工大企業技術與資金的合作支持，生產技術落後，設備簡陋老舊，技工水準低落，因此鄉鎮企業產品品質低劣，市場銷路不佳。[51] 在中共對寶雞的整體投資驟然減少之際，鄉鎮企業與個體經濟發展不足，寶雞的經濟呈現停滯，後勁不足，例如大中型企業產品老舊，

50　1994年與寶雞地方幹部會談得知為發展地方經濟，寶雞必須學習沿海各地大力推展鄉鎮企業與私營經濟，尤其解除對私營經濟的歧視。

51　作者曾訪問寶雞農村鄉鎮企業的鍊鋅廠，當地農民使用約一個世紀前的簡陋設備，以木材與麥桿等燃料在高窯裡提煉鋅磚，又因為鍊鋅溫度無法控制穩定，所鍊出的鋅磚品質無法控制。

技術密集型產品比例小，產品市場占有率低，一般產品庫存積壓嚴重，當地日常消費品市場高達70%被外省產品占有。換言之，寶雞偏向重工業的不均衡發展，鄉鎮集體企業與私營經濟又裹足不前，使得寶雞當地商品自給率很低，市場占有率不足（馬洪、房維中 1990）。再以輕紡工業為例，寶雞當地紡織原料不足，棉紗需靠外地供應，造成紡織品運費昂貴而提高成本。又由於棉紗品質不一，影響到產品品種、規格、與花色，在市場上無法與沿海地區的棉紡織品競爭。在煙草加工業方面，寶雞當地煙草生產不足，需靠外地供應原料，有時煙葉無法及時運到，嚴重影響煙捲生產，而且寶雞多數香煙品質粗糙，無法在本地市場上競爭，更遑論全國性市場。寶雞的釀酒工業也呈現管理統籌不善，生產不具經濟規模，技術落後，再加上原料供應不足，無法滿足當地消費者的需要。此外，寶雞的造紙業、燈泡業、玻璃業、製鞋業等皆因生產設備老舊，技術落後，產品品質與規格品種皆不能滿足市場需要，無法與外地產品競爭（寶雞市地理誌編寫組 1987）。因此寶雞經濟的停滯蕭條，不僅在於本地工業產品不能滿足當地市場需要，更無法在大陸準世界經濟體系中與外地產品競爭。由於寶雞鄉鎮企業發展緩慢，全市勞動力人口無法從農業領域轉移出去，到八〇年代末期仍有近58%的農業勞動人口（表5），而且第三產業就業人數偏低。就寶雞地區人民收入而言，1989年市區人均收入為1110.84元，農村人均收入為627.85元，遠比溫州地區為低，[52]可見寶雞的發展遠落後於沿海地區。

表5　寶雞市就業勞動力分佈，1980-1988年

年份	第一產業	第二產業	第三產業
1984	65.3%	22.6%	12.1%
1989	57.6%	26.4%	16.0%

資料來源：王景文、張良銘（1991），〈寶雞模式〉，城鄉協調發展研究，頁176。

　　當沿海地區商品經濟、鄉鎮集體經濟和私營經濟同步進行時，寶雞仍停留在等待國家繼續投資與計畫資源分配的心態，寶雞市場化腳步遠

---

52 1988年溫州農村人均收入為832元。

落後於沿海地區。故當中共停止繼續投資時，寶雞便從過去中共偏愛的核心地位下滑至大陸準世界經濟的半邊陲，若是挽救不及，寶雞會繼續下跌至邊陲。

根據寶雞幹部表示，八〇年代寶雞發展的焦點是平衡城市農村地區之間發展的差距。寶雞因在計畫經濟時期為國家投資重點，此一工業移植式的發展，自外地引進大量資金、人才與高級技術，人工化的提升寶雞工業水準，造成寶雞市區以及國營重工業所在地與周圍仍處於自然經濟體系的農村之間，形成強烈的傳統與現代的對比。寶雞農村仍然採用原始的獸畜耕種方式，手工業也是採行古老的手搖器具操作，一切以人力代勞，對照於城市工業的機械電子與航空精密儀器的製造，相距有如天淵之別。又由於國營重工業職工享有國家在住房、醫療、教育、就業、副食品補助等的福利待遇，國營企業職工完全不必與周圍農村居民產生任何有意義的互動，因此造成重工業所在地區與周圍農民老死不相往來，農民甚至不准擅自進城或進入國營工業所在地從事農貿活動，更不具有城鄉通婚往來的社會活動。

寶雞的國營重工業剝削周圍農村廉價的自然資源與經濟作物，但並未給予農村任何工業援助與回饋，反而還自我設限，隔離周圍農村，不相往來。更嚴重的是，寶雞重工業發展所產生的工業廢物、廢水與廢氣，不斷污染毒害農村河流、水源與農田，經常迫使周圍農民進行抗議，甚至發生嚴重衝突，導致城鄉關係十分惡劣（王景文，張良銘1991），因此寶雞地區的發展呈現嚴重經濟二元結構（dual economy）現象。

寶雞雖然過去享有中共國家投資的優勢發展高科技重工業，但是這種外來移植性的投資對寶雞整體發展並未真正產生正面效果，這些國營與國防軍工大企業以先進技術從事生產，與寶雞當地手工業所使用的老舊技術完全脫節，造成城鄉之間的生活差距更為擴大，形成寶雞重工業所在地的區隔經濟（enclave economy）。寶雞的農民長期被排斥在工業化之外，不僅無法分享到工業發展的果實，而且承受城市重工業的資源剝削，農村工業技術落後，以致農村經濟停滯不前，處於工業化之前的自然經濟狀態。可見中共對寶雞重工業的移入與投資，完全出於政治與

國防的目的，而非考慮推動當地的農村經濟發展。寶雞重工業發展的成果只讓持有城市戶口的軍工大企業職工享有，而且重工業自成一格局，與本地工業完全脫離，這種曲扭經濟（disarticulated economy）的現象，即是西方學者所界定的依賴發展（dependent development）特性之一。但與資本主義世界經濟中的依賴現象不同，寶雞的依賴發展不是由西方核心國家的外來投資，而是由中共國家官僚體系的資源再分配所造成。

寶雞今天的發展，若欲從中國大陸準世界經濟中的半邊陲爬回原先的核心位置，已無法再依賴政府的資源再分配，而必須靠自身的力量。但若國營企業改革無力，不能成為推進改革的動力，促進寶雞商品在全國市場占有率，寶雞的經濟狀況則不甚樂觀。

珠江三角洲的力爭上游

珠江三角洲位於廣東最富庶的沿海平原地區，由東江、西江與北江聯合沖積而成，行政區域上珠江三角洲除包括廣州市與深圳、珠海兩特區外，還包括沖積平原上的十七個縣市。[53] 自古廣東居民就在珠江三角洲圍墾造田，將低窪地挖成塘，四周堆泥為基，然後塘內養魚，基上種桑、蔗、果、木等作物。基塘生產在明代已很普遍，早期基塘主要種植龍眼、荔枝等水果，後因國際市場需要蠶絲與蔗糖，生產則從果基魚塘轉變為桑基魚塘，後又轉變為蔗基魚塘。故明清時期，珠江三角洲的自然經濟狀態即瓦解，商品經濟取而代之（吳永銘、倪兆球 1988）。

珠江三角洲是近代中國工商業最發達的地區之一，例如清代佛山的冶鐵業即已出名，[54] 石灣地區（佛山）以陶瓷業著稱。[55] 明末清初廣州附近的紡織工廠有2,500多家，每家工廠雇用20工人左右，總計約50,000人左右。此外，廣東的蠶絲業也很發達，自十九世紀下半葉起

---

53 這十七個縣市是佛山市、中山市、南海市、順德市、東莞市、番禹市、江門市、台山市、高明縣、寶安縣、斗門縣、增城縣、三水縣、開平縣、恩平縣、新會縣、與鶴山縣。

54 當時佛山有炒鐵戶40餘所，炒鐵工匠達二萬人（黃啟臣、孫公麟 1987）。

55 當時石灣有陶窯107座，容納男女工人三萬有餘（黃啟臣、孫公麟 1987）。

廣東生絲出口興盛，至二十世紀已占廣東出口貨值的80%，絲蠶業為廣東商業之命脈，而繅絲業為廣東工業主幹（辛亥革命前），同時許多廣東絲商既經營絲廠又兼營銀號錢莊（黃啟臣、孫公麟 1987）。

　　隨手工業和商業興起，廣東的城市與墟鎮也相繼興起，在萬曆三十年（1602）廣東全省約有墟市 424 個，其中以順德、南海、東莞、新會最多。至清中葉以後各縣墟鎮市集大增，[56] 而廣州、佛山、陳村、石龍成為四大商業重鎮，客商麇集，市集亦多。自明中葉起，三角洲因工商業繁榮，城鎮人口增長，已從餘糧區變為缺糧區（持續四百多年直到 1949 年）（吳永銘、倪兆球 1988）。

　　廣東對外貿易十分發達，唐宋時在廣州設置市舶司，廣州對外貿易額已居全國港口之首，成為全世界最繁忙的港口之一。宋代在佛山增設市舶司分處。北宋時期，廣州關稅收入占全國90%，聚居廣州的外商達十萬多人。清代閉關自守，自康熙二十三年（1684）才恢復對外貿易，並設立粵海關管理海外貿易。乾隆時期又宣佈廣州為唯一通商口岸，所有貿易活動，均由廣東十三行辦理，它們是清代專門經營對外貿易的洋行（李金明 1988）。由於進出口貿易的壟斷，使廣州商業空前繁榮。

　　鴉片戰爭後，珠江三角洲現代工業開始發展。1872 年出現全中國第一個使用機器生產繅絲的工廠，兩年後南海縣出現四家繅絲廠。到 1900 年僅順德一地就有 200 家蒸汽繅絲廠。火柴工業也同時興起，廣州番禺等地辦起火柴工廠、橡膠廠、肥皂廠等。根據 1912 年的統計，當時廣東的工廠數目（2426）和使用動力的工廠數（136）都居全國首位（全國使用機器動力的工廠有 363 家）。當時使用機器最廣泛的是繅絲業，機器的蒸氣引擎在順德縣製造，絲斧在南海石灣製造，碾米廠的機器也是在廣東製造（邱捷 1983）。

　　廣東的航運交通在早期就很發達，二十世紀初廣東先後成立三家鐵路公司：潮汕鐵路公司（1903）、新寧鐵路公司（1904）、廣東全省粵漢鐵路公司（1906），這些鐵路公司包攬廣東境內與全國的鐵路運輸，

56　如各縣增為順德72 個、南海132 個、新會69 個、番禺129 個（吳永銘、倪兆球 1988）。

前兩個公司主由廣東籍僑商投資，後者由廣東內地的資產階級興辦（邱捷 1983）。此外，當時在廣州登記的內河輪船每年都保持兩三百艘（全國共八、九百艘），[57]僅廣州一地搭乘內河輪船往返內地的旅客就達一、二百次，可見交通頻仍（邱捷 1983）。因此從廣東的手工業、商業、現代工業、對外貿易、交通運輸的發展來觀察，珠江三角洲自明清以來當屬中國準世界體系的核心區。

社會主義時期的珠江三角洲

中共政權建立後，廣東的對外經濟被切斷，珠江三角洲遂開始沒落，又因珠江三角洲毗鄰資本主義發達的香港與澳門，地處國防前線，故和溫州一樣，從一開始便被排擠在中共重點投資地區之外，而且廣東被中共中央認為不適合發展工業。廣東因地處熱帶與亞熱帶之間，適合發展農業，故廣東經濟建設被設計以發展農業為重點，輕工業與地方工業發展為輔，並改造地方個體與私營經濟（中國地區發展與產業政策 1990）。中共政權建立後廣東首先接收國民政府時代的企業，如順德糖廠、東莞糖廠、廣東造紙廠、廣東飲料廠、南洋兄弟煙草公司等，將其轉換為地方國營企業，並擴建原有的造紙廠與棉紡廠以及新建地方糖廠（當代中國的廣東〔上〕1991）。

在「大躍進」期間，廣東與大陸其他各省相同，為迎合中共中央的政策，將地方資源投入重工業發展，忽視輕工業的投資與改善，結果導致小商品與日用消費品嚴重短缺，輕工業生產急速下降。

「三線建設」時期，中共在韶關、梅縣、肇慶等粵北山區建立一批「小三線」企業。[58]「小三線」建設是中共出於國防政治考量在廣東做的投資，但地點均非在珠江三角洲（當代中國的廣東〔上〕1991）。

除工業建設外，中共亦在廣東進行交通建設，因廣東位於華南海防前線，為配合國防安全需要，廣東省遂修建國防公路聯絡福建與海南

---

57 1911 年廣州登記的內河小輪船共 310 艘，其中華船 300 艘，洋船 10 艘（當年全國內河華船 851 艘，洋船 169 艘）（邱捷 1983）。

58 如廣東礦山通用機器廠與連南軸承廠等（馬洪、房維中 1990）。

島。[59] 鐵路也是以先恢復粵漢鐵路通車為主，後又修建黎塘至湛江的鐵路。但和工業建設相同，這些投資地點均遠離珠江三角洲（當代中國的廣東〔上〕1991）。

和溫州相同，珠江三角洲幾乎不曾分享到國家資源。就廣東省而言，從 1953 年到 1980 年，大陸全國人均占有國家固定資產投資為 869 元，廣東只有 483 元，就人均建設投資而言，全國平均為 1,500 元，廣東則為 1,000 元，比全國平均低了三分之一（馬洪、房維中 1990）。在社會主義改造期間，珠江三角洲過去賴以繁榮的個體私營經濟備受打擊，取而代之的是地方國營、集體、手工業合作社。珠江三角洲失去作為官僚體系再分配的核心，而被迫發展農業以支持它省工業化。由於缺乏中央政府的投資，以及過去的私人企業完全被剷除，再加上六〇年代中共與蘇聯關係緊張，中共中央將許多企業轉移至三線山區，三角洲的工業所剩無幾，除中央與廣東省在三角洲投資的某些糖廠與紙廠外，珠江三角洲只有農機加工維修與簡單的日用輕工業產品，而且工業技術水準落後，故珠江三角洲遂從 1949 年以前的工商業核心跌落為中國準世界經濟的農村邊陲。由於三角洲在此一時期強調農業生產，廣東在六〇年代每年運出約五億公斤白米（貿易糧）支持外省工業發展，絕大多數為三角洲所生產。

珠江三角洲的上升

大陸經濟改革後，珠江三角洲成為全中國經濟發展最快速的地區之一，從 1981 至 1990 年每年平均增長 14.4%，快速的經濟發展，已改變三角洲原有的產業結構（表6）。由於工業持續發展，農業部門生產逐漸萎縮，三角洲從改革前糧食輸出省轉變為外省糧食輸入的地區。

---

59 如汕漳公路（汕頭到漳州）、海榆中線、海榆西線、烏那線、與廣海北縣素東段，計五條（當代中國的廣東〔上〕1991）。

表6　珠江三角洲產業結構的轉變

	農業	工業
1978	27.1%	72.9%
1990	10.2%	89.8%

資料來源：王光振等編（1993），珠江三角洲經濟社會發展研究。

　　珠江三角洲的發展，與溫州靠個體家庭資金積累不同，也不像寶雞靠中央政府投資，而是中國與資本主義世界經濟結合的典範，以香港外來資金推動地方經濟發展。尤其當香港在七〇年代廉價勞力的比較利益喪失，遂大舉將勞力密集產業移入珠江三角洲，由港商提供之資金、原料、技術設備，利用三角洲的廉價勞力進行加工與裝配，再透過港商外銷到西方國家，這就是所謂的「三來一補」。三角洲東莞市的發展尤為「三來一補」外銷經營的典型，往往是鄉鎮政府出面與外商簽訂合約，進行加工，進而帶動東莞全市的發展。而順德市以鎮辦集體企業帶動周圍農村工業發展，[60] 順德企業科技水準較高，產品銷售以國內市場為主，但其外銷市場的開拓與東莞的「三來一補」不同，是自創品牌自行外銷。除此之外，三角洲各縣市個體私營企業均很發達。在資金投入與生產規模逐漸擴大之際，三角洲的產業結構亦在升級，從勞力密集型生產逐漸轉向資本技術密集企業，如從電子電器裝配、紡織服裝、玩具、製鞋、與塑膠手提袋等製造，逐漸轉向生產電子通訊器材和家用電器產品，如順德過去生產電風扇聞名，現以冰箱、冷氣、高級電鍋、瓦斯爐、微波爐等為主，並占有大陸國內市場相當比例；深圳與惠州市成為全國最大電話生產基地；廣州與惠州興起石油與石化工業；惠州的汽車工業正在起步；廣州與佛山有摩托車工業等（王光振 1993）。三角洲因鄉鎮企業發達，在佛山、東莞、中山、寶安等地，不僅當地剩餘勞動力已完全用盡，並已引進外省勞工，吸收約三百萬外省民工。同時三角洲的工業亦大量吸收內地技術、管理與經營人才，並從廣州聘星期日工程師。

　　1978 年以前三角洲的出口以農產品、當地土產，以及初級產品為

---

60 順德的鄉鎮企業所有制以公有制為主體，其中集體占70%。

主，占出口產品結構的60%，工業產品只占約40%。進入九〇年代，出口結構大幅度轉變，農副產品只占30%，工業產品占70%，尤以服裝、電子、家電、綿布、抽紗、玩具等為主。三角州的發展以出口導向和進口替代同時進行，同時銷售國內與國外市場，一方面以廉價勞力的「三來一補」參與國際分工以占有國際市場一席之地，另一方面以進口替代發展產業使產品奪取國內市場，尤其前述彩電冰箱等家電產品行銷國內，故三角洲產品1/3銷售國外，1/3銷售國內，1/3銷售廣東（王光振 1993）。

三角洲因工業發達，人均收入已達全國最高地區之一。如1991年，全國人均收入為1,558元，而三角洲為3,893元；廣州5,417元、東莞4,959元、佛山4,536元、中山3,828元、江門2,658元、深圳6,896元、珠海5,516元。

顯然透過自身力量，珠江三角洲已從過去計畫經濟時期的邊陲，晉升到大陸準世界經濟的核心地區；又因為與資本主義世界經濟接軌，三角洲已成為全球產業最大加工基地之一，在國際資本主義體系中已從邊陲爬升到半邊陲。珠江三角洲的成功，一方面靠大陸國內市場的占有，另一方面則來自與資本主義世界經濟的結合而占有國際市場。

向上流動的蘇南

蘇南位於江蘇省長江以南，上海以西，包括蘇州市，無錫市與常州市三市下轄的十二縣市。[61] 蘇南地區為長江沖積平原，境內河川密佈，又有鐵路、公路及運河貫穿全境，交通極為便利；東接上海，西接南京，北為長江，南為太湖，與杭州、嘉興、湖州接界。全區地勢平坦，氣候溫和，土壤肥沃，號稱「魚米之鄉」。

蘇州、無錫與常州三市自古以來工商業發達，是中國手工業發展的重心。早在春秋戰國時期，蘇州商業即已開展，[62] 至唐宋時期，蘇州不

---

61 蘇南的十二縣市包括：吳縣、吳江市、昆山市、太倉縣、常熟市、張家港市、無錫縣、江陰市、宜興市、武進縣、金壇縣、溧陽市等。

62 例如吳國時期，蘇州即有糧食市場（劉志寬、繆克澧、胡俞越 1990）。

僅農業生產技術領先全國，而且絲織業與造紙業發達。無錫與常州因地近蘇州，手工業與商業亦聞名於全國。明清兩朝，蘇州城商業空前繁榮，手工業更見興旺，尤以棉紡織業與絲織業為主。蘇州農村所生產的棉紡織品與布匹已突破傳統小農經濟規模，[63] 成為全國市場的重要商品。無錫與常州的棉織業與蘇州齊名。蘇州的絲織業作坊多集中在城鎮，其品質居全國之冠。[64] 由於棉織與絲織手工業發達，明清兩朝政府均在此設立官辦的織造局，同時蘇州地區逐漸衍生近代資本主義生產方式，為中國資本主義最早萌芽地區（劉志寬、繆克澧、胡俞越 1990）。無錫地區在太平天國之後絲蠶業亦興起，又由於十九世紀下半葉國際市場中生絲需求急速膨脹，無錫農村積極發展桑蠶工業，到十九世紀末，無錫地區的生絲產量已超過傳統生絲生產區的蘇州而居於全國首位（吳柏均 1995）。常州除與蘇州和無錫在歷史上分享絲織業盛名外，棉織業、梳蓖業與蜜餞業等均甚發達（當代中國的江蘇 1989）。

　　蘇南除紡織品手藝精良外，三地所生產的紙張、印刷、出版品、手工藝品、食品業，香燭煙業與金融典當業等均聲名遠播；蘇州與無錫前後成為全中國最大的米市，長江以南的稻米糧食匯集於蘇南，再經由大運河北上至北京或南行到閩浙等缺糧之地。由於蘇南地區商業發達，當地建有不少各省會館，同時蘇南地區的商人也遍行全國（劉志寬、繆克澧、胡俞越 1990）。

　　蘇南的工商業在鴉片戰爭上海開埠後逐漸衰弱，洋商進駐上海傾銷洋貨，蘇南的絲綢與棉布手工業首遭衝擊而衰落，[65] 但在納入資本主義世界經濟之後，蘇南工業亦因對國際市場的逐漸調適而有所發展。例如 1863 年，務洋派官僚在蘇州設立洋炮局，製造火炮彈藥。蘇州亦在 1897 年建立第一個民族工業蘇綸紗廠，1906 年建蘇州電廠；在第一次

---

63 蘇州棉紡織業在明清時期集中在蘇州府東北部的嘉定、昆山、太倉、常熟等州縣，與當時的松江府所屬各縣為江南棉紡織業的中心（范金民、夏維中 1993）。

64 蘇州的絲織業在明清時期多集中於蘇州府內以及太湖沿岸吳江縣與吳縣境內的各城鎮（范金民、夏維中 1993）。

65 除因洋貨對農村手工業造成的打擊外，清末蘇州又慘遭三年太平天國戰亂，工商業破壞，富商大賈逃離，蘇州米市因而西移至無錫。二十世紀初期京滬鐵路與滬杭鐵路相繼開通後，江浙各地的貨物直銷上海，而且上海洋貨透過鐵路與水運直銷各地，蘇州作為貨物中轉地位喪失，但仍是中國近代工業發展最早的城市之一。

世界大戰之後建火柴廠、造紙廠、鐵機廠等（蘇州市卷 1988）。無錫在十九世紀末亦開展現代工業，以棉紡織業、繅絲業以及食品工業為主。如棉紡織業一開始即以機械設備和蒸汽動力的工廠形式出現，因此在二十世紀初無錫棉紡業在全中國具舉足輕重地位；繅絲業亦以機器替代人力，無錫繅絲廠的規模均大於上海；此外無錫又發展麵粉、碾米與榨油等食品加工業（吳柏均 1995）。當時無錫的工業資本額占全中國第五位，工業人口次於上海居第二，工業產值次於上海與廣州占第三位（裴叔平、沈立人、陳乃醒 1993），因此無錫有「小上海」之稱。常州二十世紀初，棉紡業與無錫齊名，[66] 連帶發展食品加工、肥皂、印刷與機器等業。故蘇南地區在歷史上就享有工商業盛名，也是中國近代工業發展的搖籃，因此在1949年之前和珠江三角洲同為大陸準世界經濟體系中的核心地區。

社會主義時期的蘇南

蘇南與溫州及珠江三角洲相同，在中共建國後，並未被獲得青睞而成為中共重點投資地區，[67] 又因為蘇南在歷史上一向是資本主義的集中地，私營工商業發達，故中共對蘇南的工業建設以改造私營工商業並發展地方工業為主，而且透過對國府官僚資本的沒收建立地方國營企業。不同於上海的大中型國營企業，蘇南被排除中共國家資源的再分配，故必須建立在已有的工業基礎上，自力更生自求發展。

蘇南有史以來即以紡織與食品加工的輕工業為主，一向不具發展重工業的條件，然而自實行公私合營與農業集體化後，重工業發展成為全國與地方政府追求目標，中共中央鼓勵地方對重工業進行投資並在政策上給予優惠待遇，故蘇州、無錫與常州地方政府遂拋棄已有輕工業的比較優勢，埋頭發展與本土條件不符的重化、鋼鐵、冶金、機械等工業。雖然自六〇年代以來，蘇南重工業產值比重不斷上升，[68] 但盲目發展重

---

66 據聞早期上海的紡織工人中，一半為無錫人，另一半為常州人。
67 中共在江蘇省歷年來投資的軍工國防大企業與重工業多分佈於上海、南京與徐州等地，蘇南等地的投資主體多為地方政府。
68 無錫在1960年，重工業在全市工業產值比重由17.6%上升為35.3%，此一快速上升是重

工業的後果，導致蘇南資源極度浪費，日常生活用品嚴重短缺，經濟生活水準下降。

蘇南地區在文革期間，利用城市工業停產機會，大力發展鄉鎮企業。早在五〇年代公私合營期間，蘇南的農業生產合作社便以副業形式開始經營集體工業，將農村中原先從事手工業者以及不適務農者組織起來，興辦與農業有關的工業生產活動，如修理農具，燒窯製磚，開採石頭，代客修船與食品加工等，這是蘇南地區鄉鎮企業的濫觴。在六〇年代初上海遣返約33,000名老工人回蘇南家鄉，其中許多以其熟練技術在農村建立大隊或公社辦的小作坊，在文革期間，蘇南各縣市又獲得不少城市下放的知識份子與幹部，[69] 其中不少是具有工業管理經驗的工程技術人員，兩者相互結合，又利用農村中龐大的剩餘勞動力，遂大辦農村社隊企業，從事小商品製造以補足城市工業停產所造成的物品短缺（中共無錫市委政策研究室 1984）。此一時期蘇南發展了與農業生產有關的電力器材、農機農具、化肥農藥、塑膠薄膜與建築材料等社隊企業，同時一些社隊企業也為城市工業進行零件生產或承包加工（王淮水、吳大聲 1987）。在蘇南各地中無錫縣鄉鎮企業的發展最為突出，早在1975年，無錫縣農村鄉鎮企業產值就已超過縣國營集體產值的總和，而且早在1974年無錫縣就成為全中國鄉鎮工業產值超億元的大縣（無錫縣經濟委員會 1990）。

簡言之，在經濟改革前蘇南與江蘇省不是中共國家投資的重點，中共點綴性的投資散佈在蘇北地區。在七〇年代初全中國統一實行「三線建設」戰略時，江蘇省分配到中央政府小部分資源進行「小三線」建設，[70] 但地點均非在蘇南。雖然蘇南早期工商業發達，民生富裕，但因中共政權堅持社會主義公有制政策與嚴厲打擊私人資本，蘇南早期繁榮的私營工商業活動則被一網打盡，農村只侷限於農業生產活動，個體手工業完全被禁止。與溫州及珠江三角洲相同，蘇南在私營經濟備受打擊

　　工業過度畸形投資所致。

69 如無錫當時就接收了2,400多名下放的幹部、知識份子與工程技術人員（無錫縣經濟委員會 1990）。

70 中共中央投資一億多元，在偏遠地區興建企業 13 個，其中還有 5 個企業是建在安徽省（當代中國的江蘇 1989）。

與排除於中共國家資源分享之外，民間物資匱乏，人民生活窮困。縱使在毛統治時期，蘇南農村社隊企業有所發展，但人均收入仍低，例如1980年無錫縣農村人均收入為46.06元，甚至低於偏遠邊陲的溫州農村。[71] 因此蘇南在社會主義統治下，在中國準世界經濟中從歷史上工商發達的核心區跌落至半邊陲，某些地區甚至下滑到以農業生產為主的邊陲農村。

進入核心的蘇南

經濟改革後，中共一改過去對江蘇省的冷漠，開始將資源大量投資於江蘇的基礎建設，蘇南也因此而受惠。尤其在交通建設上，蘇州、無錫與常州三市和上海、南京及杭州之間的公路網系統的擴建，使蘇南公路運輸成為全中國最發達地區之一。同時京杭大運河的疏濬，張家港市港口的修建，使得蘇南水運網路更加暢通。此外，無錫與常州的機場也相繼開放，使蘇南對外交流更為容易（當代中國的江蘇1989）。

蘇南和溫州都因獨特優越的條件比大陸其他地區及早發展鄉鎮企業，但是蘇南的鄉鎮企業以鄉村一級的集體企業為主，與溫州的個體私營經濟不同。蘇南因地近上海與南京，在文革城市企業停產造成商品匱乏時，農村社隊企業應運而生，因此蘇南鄉鎮企業一開始即順應市場的需要而生產。經濟改革後，蘇南鄉鎮企業發展更為突飛猛進，1985年三市的工業總產值已突破百億元，蘇州與無錫兩市排名全國第四與第五，僅次於北京、天津與上海（裴叔平等1993）；而無錫縣的工農業總產值在1984年至1986年期間一直居於全國各縣之首（李炳坤1987）。到1992年蘇南鄉鎮工業再次跳躍，其工業總產值首次超過中國最大工業城市上海，成為全中國最大的工業區（徐逢賢、茅志中、袁菊英1993）。

蘇南鄉鎮工業已成功的突破了大陸城鄉二元結構的壁壘，走向農村工業化的道路，其產業結構與勞動就業結構均已呈現工業化國家的面貌（表7）、（表8）。

---

71 溫州農村人均收入在1978年就已達56元，高於1980年的蘇南農村。

表7　蘇南產業結構比重

年份	第一產業	第二產業	第三產業
1978	22.0%	61.9%	16.1%
1989	15.4%	62.8%	21.8%

資料來源：裴叔平、沈立人、陳乃醒編（1993），蘇南工業化道路研究，頁41。

表8　蘇南勞動力結構的轉變

年份	第一產業	第二產業	第三產業
1952	80.1%	9.5%	10.4%
1989	28.9%	52.4%	18.8%

資料來源：裴叔平、沈立人、陳乃醒編（1993），蘇南工業化道路研究，頁42。

　　蘇南快速工業化已使當地成為全中國收入最高地區之一，如1994年蘇南農民人均收入3,264元，蘇州市為3,957元，無錫市為3,127元，常州市為2,707元（高德正、洪銀興 1996: 360），遙遙領先當年全國農民平均收入；在 1993 年蘇南三市人民所創造的國民生產總值平均每人超過1,000 美金（張建國 1995）。由於地區富裕，收入增加，蘇南是全中國第一個實施九年制普及教育的地區。進入九〇年代之後，蘇南鄉鎮企業的行銷仿效珠江三角洲，不以國內市場為滿足，更大力開創國際市場。如蘇州市平均三分之一的鄉鎮企業為三資企業，為國際市場而生產。蘇南地區的發展顯然是已從毛統治時期所處的半邊陲，依靠市場動力晉升到大陸準世界經濟體系的核心位置。欲維繫蘇南核心位置於不墜，[72] 今日蘇南各縣市無不積極吸引外資，不僅與珠江三角洲競爭，更欲以外資作為推動地方經濟轉型的手段，以便更上一層樓。

　　以上分析顯示，蘇南與溫州和珠江三角洲類似，過去都不是中共國家投資的重心，甚少分享到國家資源的再分配，又因為個體私營經濟備受壓抑，因此這些地區在政治體制的干預下，從大陸準世界經濟體系中的核心或半邊陲下跌，由於它們失去中共中央資源再分配的分享，必須依靠自身的力量與過去的積累以求生存。當經濟改革開始，市場機制再度被引進，這些地區以其傳統手工業的基礎，善用市場誘因發展鄉鎮企

---

72 作者於2000 年在蘇南吳江的田野調查。

業而致富，不論鄉鎮企業所有制結構是私有制或集體制，這三個地區的鄉鎮企業都是依靠市場動力透過競爭而得以爬回到大陸準世界經濟體系中的核心與半邊陲的位置。

　　寶雞在大陸準世界經濟中的下滑，與大陸其他重工業核心地區的逐漸沒落類似，除平津、上海與武漢等地區外，它們原先的工業基礎都相當薄弱，幾乎都是靠中共國家官僚體系資源的再分配，一躍而成為核心工業區，但在經濟改革後，因「軟性預算」的結構限制，皆不善利用市場機制去追求利潤積累，很快就被那些充分利用市場誘因而致富的地區趕上，在中共逐漸放棄國家官僚理性再分配機制之際，大陸原先屬於工業核心的地區，如關中的寶雞，東北重工業區，以及因「三線建設」而興起的一些核心工業區，都已逐漸從大陸準世界經濟中的核心下跌至半邊陲或邊陲地區。

四、結論

　　本文建構中國準世界經濟體系概念，幫助我們瞭解大陸各地區在經濟發展過程中所產生的變遷與流動。在經濟改革前，大陸準世界經濟體系中的核心、邊陲與半邊陲經濟分工是由國家官僚體系理性再分配機制所形塑，而在市場機制被引進以及個體私營經濟恢復之後，大陸內部各區域又經歷不同的發展，原先的經濟分工結構被市場機制所打破，引發了不同區域之間的上下流動，儼然資本主義世界經濟中各國透過經濟分工而產生發展或低度發展。

　　中國準世界經濟體系概念作為一個分析工具，有助於我們進行大陸各地區發展差異的比較研究，並幫助我們解釋區域之間流動與變遷的過程。

參考文獻

一、中文書目

中共無錫市委政策研究室（1984）無錫縣發展鄉鎮工業的基本經驗。**農業經濟問題** 11: 43-47。

王光振、張炳申、趙瑞彰編（1993）**珠江三角洲經濟社會文化發展研究**。上海：人民出版社。

王淮水、吳大聲（1987）試論蘇南模式和農村進步。**農業經濟** 10: 51-60。

王景文、張良銘（1991）寶雞模式。載於周爾鎏，張雨林主編，**城鄉協調發展研究**，頁147-188。南京：江蘇人民出版社。

王順榮（1991）我國電氣化鐵路基地——寶雞。**地理知識** 6: 4-5。

石沛征（1988）試論『佛山經濟模式』的特徵。**特區與開放城市經濟** 6: 59-64。

江流、路學藝、單天倫（1993）**1992-1993 年中國：社會形式分析與預測**。北京：中國社會科學出版社。

百縣市經濟社會調查編輯委員會（1992）**寶雞卷**。北京：中國大百科全書出版社。

吳永銘、倪兆球（1988）珠江三角洲地區工業佈局特點與類型的研究。**珠江三角洲城市環境與城市發展**，頁125-165。廣州：中山大學出版社。

吳柏均（1995）**中國經濟發展的區域研究**。上海：上海遠東出版社。

李金明（1988）明代廣東三十六行新論。**學術研究** 3: 63-7。

李炳坤（1987）冠軍縣的成因及其面臨的挑戰與發展：江蘇省無錫縣經濟發展的調查分析。**財經研究** 12: 25-30。

李浩然（1991）**龍港發展模式**。上海：上海社會科學出版社。

周厚才（1990）**溫州港史**。北京：人民交通出版社。

邱捷（1983）辛亥革命前資本主義在廣東的發展。**學術研究** 4: 71-8。

胡鞍鋼、王紹光、康曉光（1996）**中國地區差距報告**。台北：致良出版社。

范金民、夏維中（1993）**蘇州地區社會經濟史**。南京：南京大學出版社。

孫頷（1993）浙江發展：市場經濟的個性和經驗。**農業經濟問題** 5: 40-45。

徐逢賢、茅志中、袁菊英（1993）蘇南模式的新發展。**經濟研究** 2: 49-55。

馬洪、房維中編（1990）**中國地區發展與產業政策**。北京：中國財政經濟出版社。

高德正、洪銀興編（1996）**蘇南鄉鎮企業：歷程、機智、效應、趨勢**。南京：南京大學出版社。

張仁壽（1993）溫州模式與市場經濟。**農業經濟問題** 10: 25-29。

張仁壽、李紅（1990）**溫州模式研究**。北京：中國社會科學出版社。

張弘遠（2001）中國大陸經濟改革中政府角色與企業行為。**國立政治大學東亞研究所博士論文**。台北：國立政治大學。

張建國（1995）蘇南模式。**經濟管理** 3: 56-60。

張敏杰（1996）溫州「第二次創業」考察。**國民經濟計畫與管理** 9: 96-106。

梁福義（1990）**寶雞史話西安**。陝西旅遊出版社。

陳守庸（1990）英美煙草公司在溫州的經營活動。載於溫州市政府政協文史資料委員會編，**溫州文史資料第六輯**，頁251-257。杭州：浙江省新聞出版局。

陸雨之（1990）金三益綢緞局及其經營特色。載於溫州市政府政協文史資料委員會編，**溫州文史資料第六輯**，頁263-266。杭州：浙江省新聞出版局。

無錫縣經濟委員會、無錫縣鄉鎮企業管理局（1990）**無錫縣工業志**。上海：上海人民出版社。

黃啟臣、孫公麟（1987）明清時期廣東人口與田地的變動。**學術研究** 3: 46-58。

楊明（1992）珠江三角洲地方政府經濟管理職能轉換的理論與實踐。**學術研究** 5: 10-12。

楊洪、朱小秋（1994）試論西北近代交通建設。**西北大學學報（哲學社會科學版）** 24(4): 60-65。

楊振漢、馮邦彥、梁秩森（1989）珠江三角洲商品經濟發展態勢及其問題。**特區與開放城市經濟** 6: 56-64。

溫州市未來研究會（1991）**九十年代的溫州：1990-2000**。溫州：溫州市未來研究會。

當代中國叢書編輯委員會（1989）**當代中國的江蘇（上）（下）**。北京：當代中國出版社。

——（1989）**當代中國的浙江（上）（下）**。北京：當代中國出版社。

——（1991）**當代中國的廣東（上）（下）**。北京：當代中國出版社。

——（1991）**當代中國的陝西（上）（下）**。北京：當代中國出版社。

雷起荃、趙曦、張煒（1993）中國西部工業化發展道路研究（上）。**財經科學** 4: 8-13。

——（1993）中國西部工業化發展道路研究（下）。**財經科學** 5: 10-15。

裴叔平、沈立人、陳乃醒（1993）**蘇南工業化道路研究**。北京：經濟管理出版社。

劉志寬、繆克澧、胡俞越（1990）**十大古都商業史略**。北京：中國財政經濟出版社。

劉雅靈（1999）中國國內市場的分裂性：計畫經濟的制度遺產。**國立政治大學社會學報** 29 期10月：1-32。

——（2000）廣東華陽的依賴發展：地方政府與外資企業的利益共生。*Issues & Studies: A Journal of China Studies and International Affairs* (Monthly in Japanese) Vol. 29, No. 7, April: 57-72.

——（2001）強制完成的經濟私有化：蘇南吳江經濟興衰的歷史過程。**臺灣社會學刊** 26: 1-54。

蔣清海（1990）**中國區域經濟分析**。重慶：重慶人民出版社。

鄭達炯（1991）**溫州改革——理論思考與實踐探索**。上海：復旦大學出版社。

韓自興（1994）解放後寶雞縣公路建設概況。**寶雞文史資料第十一輯**，頁16-24。西安：陝西人民出版社。

羅一星（1985）明清時期的佛山商人。**學術研究** 6: 81-9。

寶雞市地理誌編寫組（1987）**陝西省寶雞市地理誌**。西安：陝西人民出版社。

寶雞縣縣誌編纂委員會（1988）**寶雞縣誌工業誌**。西安：陝西人民出版社。

蘇州市卷（1988）蘇州市卷。**上海經濟區工業概貌**。學林出版社。

鐘陽勝（1987）珠江三角洲經濟成長新階段的矛盾與模式。**學術研究** 6: 28-34。

二、英文書目

Chase-Dunn, Christopher (1990) *Global Formmation: Structures of the World Economyomy*. Oxford: Basil Blackwell.

Chase-Dunn, Christopher, and Thomas D. Hall (1997) *Rise and Demise: Comparing World Systems*. Boulder, Co.: Westview Press.

Frank, Andre Gunder (1969) *Capitalism and Underdevelopment in Latin America*. New York: Monthly Review Press.

—— (1998) *Reorient: Global Economy in the Asian Age*. Berkeley: University of California Press.

Kirby and Cannon (1989) "Introduction." Pp. 1-19 in *China's Regional Development*, edited by David S. G. Goodman. London: Routledge.

Konrad, George, and Ivan Szelenyi (1979) *The Intellecturals on the Road to Class Power*. New York: Harcourt Brace Jovanovich.

Kornai, Janos (1992) *The Socialist System: The Political Economy of Communism*. Princecton: Princeton University Press.

Lardy, Nicholas R. (1994) *China In the World Economy*. Washington, D.C.: Institute for International Economics.

Little, Ian Malcolm David (1982) *Economic Development: Theory, Policy, and International Relatons*. New York: Basic Books.

Liu, Yia-Ling (1992) "The Reform from Below: The Private Economy and Local Politics in Rural Industrialization of Wenzhou." *The China Quarterly* no 130, June: 293-316.

Oi, Jean (1992) "Fiscal Reform and Economic Foundations of Local State Corporatism in China." *World Politics* 45 (October): 99-126.

—— (1995) "The Role of Local State in China's Transitional Economy." *China Quarterly* December: 1132-49.

Shirk, Susan L. (1994) *How China Opened Its Door*. Washington, D.C: The Brookings Institution.

The World Bank (1994) *China: Internal Market Development and Regulation*. Washington D.C.: The World Bank.

Wallerstein, Immanuel (1974) *The Modern World-System I*. New York: Academic Press.

—— (1980) *The Modern World-System II*. New York: Academic Press.

—— (1979) "The Rise and Future Demise of the World Capitalist System: Concepts for Comparative Analysis." Pp. 1-36 in *The Capitalist World-Economy*. London: Cambridge University Press.

Whiting, Susan H. (1999) "The Regional Evolution of Ownership Forms: Shareholding Cooperatives and Rural Industry in Shanghai and Wenzhou." Pp. 171-200 in *Property Rights and Economic Reform in China*, edited by Jean C. Oi and Andrew G. Walder. Stanford, CA: Stanford University Press.

2
中國國內市場的分裂——
計畫經濟的制度遺產[*]

　　中國大陸自 1979 年對外開放吸引外資以來，國際貿易對大陸總體經濟發展的貢獻逐步增加，尤其 1992 年中共中央確立社會主義市場經濟體制之後，大陸國際貿易成長與外資流入更是傲視全球，從 1985 年到 1992 年，中國國際貿易出口每年成長 17%，進口每年成長 15%（The World Bank 1994b），在短短幾年之內，大陸的外匯積累迄今已高達一千四百多億美金（中國時報 1998/11/17, p.14），而且自 1993 年起，大陸國際貿易總額已高達國內經濟總產值比重的 38%，大陸已經成為世界十大貿易出口國（Shirk 1994; Lardy 1994）；除此之外，全球流入中國的國際資本亦逐年增加，僅 1996 年投入中國的外資就達到 400 億美金，僅次於當年的美國（Huang 1998: 3）。當中國與資本主義世界經濟體系關係因透過國際貿易與國際投資而逐漸增強之際，中國受到國際政治經濟建制的影響與約束亦日益增多，例如隨著國際跨國公司、港商與台商進入中國投資的企業數目日漸增加，外國政府與中國進行

＊　本文原載於 1999 年《國立政治大學社會學報》第 29 期（頁 1-32），經該刊同意後轉載，特此致謝。

經濟技術合作與資源共同開發的項目亦增多，國際資本與各國政府遂逐漸發揮影響力，要求北京不僅履行經濟契約與遵守國際法規，並促使北京改革原有外貿制度，理性化貨幣價格，穩定經濟改革的道路，以配合國際貿易與外商投資的制度保障要求：當亞洲金融危機爆發，日本受其國內泡沫經濟拖累而無力紓解亞洲各國困頓之際，大陸接受西方國家的勸告堅守人民幣幣值，以防止亞洲金融風暴持續惡化。由此觀之，當中國與資本主義世界經濟體系逐漸整合之際，中國的國內政治經濟結構必然受到國際建制所強調的經濟自由化與市場化的影響（Frieden and Rogowski 1996: 43）。[1]

　　然而根據西方學者的研究，雖然中國的國際貿易與國際投資在全球經濟中表現優越，而且遙遙領先比中國經濟體大七倍的前蘇聯（Evangelista 1996），[2]但中國與世界經濟整合的程度與效果似乎不如預期（Shirk 1996, 1994）。在研究大陸國際貿易發展之際，中外學者發現大陸在經濟改革之後國內省際貿易的發展卻遠落後於整體國際貿易的成長，雖然大陸國內市場的發展蓬勃興盛，個體私營的銷售網點增長迅速，但卻呈現國內市場區域封閉與分割的現象（The World Bank 1994a；陳甫軍 1994；Lyons 1987；王才楠 1984），不僅省際之間市場壁壘，省以下的縣、市各地區也呈現區域市場封鎖現象。換言之，大陸國內省際之間的物資流通因許多關稅與非關稅障礙而無法達到國內市場的統一與整合，而且大陸各地區與部門也並未依照各自所具有的比較利益來進行專業化生產與貿易交換，反而各地區與部門一味追求違反經濟效益與經濟分工的全面性（所謂的「大而全」與「小而全」）發展，各地方為保護本土經濟利益與產業發展，不僅禁止外省產品流入，而且阻止本地重要物資與生產原料外流它省，從而妨害大陸國內市場中的物資流通與交換。根據世界銀行的分析，中國大陸從 1985 年到 1992 年，國內省際貿易中省際內銷每年成長速度 4.8%，省際外銷每年成長 6.9%，

1　根據 Frieden 與 Rogowski 的分析，一個國家對外貿易愈發達，其經濟制度的自由化與市場化愈易發生。

2　1988 年蘇聯的外銷總值僅占全國生產總毛額的1.6%，而同年的中國卻是13.6%（Evangelista 1996: 159）。

不僅低於同一時期國際貿易的成長，也遠低於國內零售貿易9%的成長（The World Bank 1994a），似乎大陸各省在地方經濟利益保護下儼然成為經濟上的獨立王國，各省國際貿易的發展易於國內各省之間的省際貿易交換，為什麼大陸的省際貿易遠比國際貿易發展更困難？為何大陸國內市場呈現區域壁壘與分裂現象而難以整合為全國性統一的市場？

　　本文認為雖然中國進行社會主義經濟改革並透過國際貿易和國際投資與世界經濟進行整合，但國際化程度仍不足以促使大陸經濟全面市場化以及形塑大陸全國性統一市場制度的建立，雖然大陸國際化程度較深的沿海各省省際貿易較為發達，但地處內陸與世界經濟體較隔離的地區則多採取市場保護與封閉的態度，以關稅及非關稅方法排斥外省產品並阻止本地物資外流以保護地方產業（The World Bank 1994a），故整體而言，大陸市場的物資流通仍然受到地區封閉的限制，並未因大陸外貿急速擴張、外資流入與世界經濟緊密接合而形成全國性統一市場。是哪些因素阻止大陸發展全國性統一市場？作者認為大陸市場的區域封閉與市場分割不僅是當代經濟改革期間因地方分權所造成，更是毛統治時期計畫經濟的制度遺產——「條塊經濟」所造成根深蒂固的影響，顯然大陸與世界經濟整合的程度尚未突破中國原有計畫經濟的制度障礙。本文強調大陸計畫經濟時期的制度遺產——「自力更生」與「三線建設」的政策目標，是構成大陸國內市場分裂與切割的制度基礎，同時經濟改革後所採行的地方財政承包制度，更增強大陸地區市場的壁壘與封鎖，本文認為計畫經濟的制度餘留與地方分權的保護主義削弱了國際經濟力量形塑大陸全國性統一市場的發展。

一、中國市場經濟的發展及其區域封閉現象

　　大陸自1978年經濟改革後，市場經濟體系的發展已頗具成就（陳介玄 1998），首先全中國各省出現為數眾多的各種地方性農貿市場、綜合商品交易、生產原料市場、與專業產品市場等，甚至勞動力市場、房屋土地市場、資金市場、信息市場、與金融證券市場等也都逐步發展。

隨著市場交易的興盛以及各地市場數目的增多，大陸產品價格也逐漸脫離政府管制邁向市場價格，例如在價格改革過程中，中央政府逐年放寬對各種消費物品價格的控制，尤其在1992年中共確定社會主義市場經濟體系之後，以市場的供需來決定產品價格已成趨勢，表1顯示，不論是社會商品零售總額，農產品收購總額，或是生產資料銷售總額，其中商品價格的交易由市場決定的比重已經大幅度上升，分別從1990年的53%、51.6%與36.4%，上升到1996年的92.5%、79.0%與81.1%，而以政府指定價格與指導價格完成交易的比重大幅下滑，故各種產品的價格開放有助於大陸全國性市場體系的發展。

表1　1990-1996年政府管理商品價格比重　　　　　　　　　　（單位%）

品名	價 格 形 式	1990	1991	1992	1993	1994	1995	1996
社會商品 零售總額	政 府 定 價	29.8	20.9	5.9	4.8	7.2	8.8	6.3
	政府指導價	17.2	10.3	1.1	1.4	2.4	2.4	1.2
	市場調節價	53.0	68.8	93.0	93.8	90.4	88.8	92.5
農產品收 購總額	政 府 定 價	25.0	22.2	12.5	10.4	16.6	17.0	16.9
	政府指導價	23.4	20.0	5.7	2.1	4.1	4.4	4.1
	市場調節價	51.6	57.8	81.8	87.5	79.3	78.6	79.0
生產資料 銷售總額	政 府 定 價	44.6	36.0	18.7	13.8	14.7	15.6	14.0
	政府指導價	19.0	18.3	7.5	5.1	5.3	6.5	4.9
	市場調節價	36.4	45.7	73.8	8.1	80.0	77.9	81.1

資料來源：中國物價年鑑（1997）。

除此之外，中共中央逐年開放國家計畫控制下的重要物資分配，如工業產品在1980年計有837種產品是由政府計畫分配，但到1993年只剩下11種；過去由中央政府商業部所掌控分配的輕工業消費品，也已由1978年的274種減少到1993年的14種（The World Bank 1994a），故隨著經濟改革的逐步深化，市場逐漸取代計畫成為重工業生產原料與輕工業消費品分配的主要機制。同時隨著物價改革的深化，自1993年起，大陸的物價管制更進一步放鬆，各省市逐漸取消糧食與副食品的糧票配給，中央政府不再對城鎮居民進行糧食補貼，完全由市場供需決定糧食價格，這是大陸自1985年以來取消糧食統購統銷更進一步

的改革。由於大陸官方逐步取消價格管制，使許多產品的官定價格與市場價格差異縮小，例如市場價格與官定價格之間的差距從 1975 年的 84%（市場價格高於政府價格 84%），降到 1980 年的 48%，到 1991 年只有 5% 的差異（中國統計年鑑編輯部 1997），由此而促進全國性市場垂直整合的效果，但消費品市場整合的效果優於工業原料的市場整合效果。[3]

　　然而隨著計畫經濟物資分配的範圍縮小與物價管制的大幅開放，是否促使大陸全國性市場發展以及全國性市場中的貨物流通？就貨品在市場上的流通方面而言，根據大陸官方統計資料，中國零售貿易總額逐年增長，1996 年的增長速度為 12.3%，而且全中國各地個體與私營零售網點的成長如雨後春筍，尤其以縣及其下屬鄉鎮農村成長最快，但是貨物行銷系統仍然掌握在政府控制的國營與集體零售網點體系中，因為國營與集體商業批發與零售的貿易總額遠超過個體與私營商業網點的總和，不論就貨品購進與銷售額度言，國營與集體商業在 1996 年各占全國零售貿易總額比重的 90.9% 與 90.4%，遠高於個體私營零售體系，細節見表 2 與表 3。

表2　中國批發、零售貿易網點（1996 年）

項目	合計	市	縣	縣以下
國有經濟	15,989,164	5,467,645	2,558,850	7,962,669
集體經濟	657,560	337,889	194,967	124,704
私營經濟	199,392	136,114	15,313	47,965
個體經濟	13,928,679	4,465,961	2,201,932	7,260,786

資料來源：中國市場統計年鑑（1997）。

---

[3] 由於部分重工業生產原料至今仍然接受政府分配與價格控制，故工業生產原料市場流通的效果不如按市場決定價格的輕工業消費品。

表3　中國批發、零售貿易業商品的購銷（1996年）　　　（單位：萬元）

項目	購進		銷售	
總計	385,497,278.5		425,468,574.2	
國有經濟	246,465,479.0	63.9%	272,886,746.9	64.1%
集體經濟	104,370,096.1	27.0%	112,106,380.1	26.3%
私營經濟	5,967,652.5	1.6%	6,977,684.2	1.6%
聯營	4,280,286.0	1.1%	4,856,467.2	1.1%
股份經濟	20,882,764.5	5.4%	24,165,940.1	5.7%

資料來源：中國市場統計年鑑（1997）。

　　中國在放鬆價格管制的過程中，同一產品的官方指定價格（計畫經濟部分）與市場價格差距不停在縮減，經濟學家通常從計畫與市場這兩種價格的趨同（price convergence）來表現市場效益（market efficiency）的大小，由於這兩種價格的差異目前已縮小至5%以下，顯然大陸的物價改革已發揮市場效益，但是大陸不同地區之間相同產品的價格差異卻有增大的趨勢。例如生產原料鋼材，若無省際或地區貿易障礙存在，其價格應該在各地差異不大，若有差異，則是反映運輸成本、地方人民收入、與地區市場供需的均衡程度等。但是根據世界銀行的分析，大陸鋼材價格在全國省際之間呈現分化現象，以1991年為例，全國鋼材價格平均為每噸1,984元，但河北省為1,857元，重慶市則高達2,435元（1994a: 35）；水泥價格（425號）1993年北京每袋為320元，天津為285元，而福州則高達540至550元（中國建材編輯部1994）。雖然許多生產原料的地區價格變異逐漸在縮減，但縮減幅度不夠大，不足以形成無貿易障礙的全國性統一市場（見表4a與表4b）。就民生消費品言，大陸地方政府為保護地方經濟利益，往往擅自調整中央政府規定的物價，例如強行提高在本地銷售的外地產品價格，如變相的關稅，以削弱外地產品在本地市場的競爭力，或通過地方財政補貼本地產品以降低價格，來提高本地產品的銷售量（陳誦軍1994: 5）。我們若以區域價格趨同來測量大陸全國市場整合效果，雖然消費產品的市場整合通常高於生產原料，但是因區域之間存在地方保護主義與貿易障礙，妨害大陸全國市場中的貨物流通，故不論是生產原料或輕工業消費品，

產品價格在區域之間均呈現分化現象。[4]世界銀行認為中國雖經歷二十年的經濟改革，價格逐漸開放而且各種交易市場與生產原料市場皆迅速擴張，但全國統一性的國內市場仍未達成，因為價格趨同在區域之間的變動幅度仍大，由此反映大陸國內市場的區域封閉與分裂。[5]

表4a　不同地區之間計畫價格與市場價格之間的變異（1987-1991年）

	1987			1991		
	計畫價（a）	市場價（b）	b/a	計畫價（a）	市場價（b）	b/a
全中國						
鋼材	1047	1516	145	1780	1984	111
銅	6381	6944	109	14664	16582	113
鋁	4483	6433	143	8436	9072	108
水泥	111	133	120	175	194	111
木材	310	475	153	441	616	140
煤	45	64	142	83	141	170
重慶市						
鋼材	1142	1471	129	1885	2435	129
銅	6707	6700	100	16000	16563	104
鋁	4825	5600	116	8000	8750	109
水泥	102	129	126	142	143	101
木材	320	483	151	470	579	123
廣東省						
鋼材	1071	1456	136	1767	1958	111
銅	6004	8671	144	15346	16007	104
鋁	4850	6759	139	8427	9001	107
水泥	145	190	131	213	234	110

4 經濟學家測量物價在地區之間的分化。首先會按不同地區的運輸成本、地區人民收入的差異，以及地方市場供需等變項來估算不同地區同一產品的價格，然後再比較估算價格與地方實際物價之間的差異，若兩種價格之間的差異達統計顯著水準，則可宣稱物價在區域之間呈現分化。然而世界銀行的經濟學家並未針對大陸不同地區之間價格分化進行統計分析，只擷取大陸學者現成觀點。

5 世界銀行此一論點是建立在1991年的資料上，而且世銀的經濟學家並未進行不同區域之間物價分化的統計分析。若要持續此一論點，作者應當進一步求證1991至1998年之間的地區價格變異，但因物價資料難以蒐集，而且物價在區域之間變異的統計分析龐大到足以構成一篇獨立的論文，此已超出本研究的範疇。

	1987			1991		
	計畫價（a）	市場價（b）	b/a	計畫價（a）	市場價（b）	b/a
木材		585			690	
煤	71	85	120	144	167	116
江蘇省						
鋼材	800	1500	188	1704	2058	121
銅	5650	7100	126	11275	16966	150
鋁	4000	6200	155	7758	9348	120
水泥	75	145	193	185	195	105
木材	195	410	210	517	741	143
煤	70	100	143	113	147	130
浙江省						
鋼材	1050	2000	190	1710	1930	113
銅	5800	15700	271	12400	16500	133
鋁	2750	12000	436	8100	8990	111
水泥	130	195	150	170	220	129
木材						
煤	70	140	200	120	150	125
山西省						
鋼材	760	1080	142	1768	2006	113
銅	7300	13010	178	14013	17550	125
鋁	4500	8800	196	8508	8738	103
水泥	48	85	177	164	171	104
木材	280	460	164	439	563	128
煤	35	50	143	85	107	126
河北省						
鋼材	1079.3	1447.85	134	1718.45	1857.07	108
銅	6335.84	6680.02	105	14814.53	15924.7	107
鋁	5223.13	6284.69	120	8239.7	10076.55	122
水泥	108.57	134.47	124	163.57	179.51	110
木材	320.37	418.13	131	431.23	555.47	129
煤	35.72	40.82	114	61.98	87.33	141

資料來源：The World Bank (1994a) *China: Internal Market Development and Regulation.* Washington D.C.: The World Bank.

表4b 1993-1995 年大陸不同地區之間水泥價格的變異

1993 年價格（元／噸）

產品名稱	北京	天津	上海	武漢	成都	昆明	寧波	長春	福州
普通水泥425	320	285	380	300	460	---	330-380	288	540-550
普通水泥525	340	300	420	390	480	380	420-430	310	---
礦渣水泥425	310	275	380	330	---	340	---	268	400
礦渣水泥525	330	290	395	---	---	390	---	285	---

1994 年價格（元／噸）

產品名稱	北京	天津	上海	武漢	成都	昆明	寧波	長春	福州
普通水泥425	335	305	350	320	330	390	305	270-280	540
普通水泥525	375	335	400	410	360	410	430	320-330	560
礦渣水泥425	295	285	360	300	---	375	---	280	390
礦渣水泥525	350	315	390	380-390	---	410	---	320	410

1995 年價格（元／噸）

產品名稱	北京	天津	上海	武漢	成都	昆明	寧波	長春	福州
普通水泥425	335	310	365	320	320	341	380	320	430
普通水泥525	365	385	450	410	350	371	440	360	---
礦渣水泥425	345-358	300	415	300	---	321	340	310	330-370
礦渣水泥525	---	---	440	380-390	---	360	395	350	---

資料來源：中國建材（1996, 1995: 50, 1994: 49-50）。北京：國家建業材料工業局。

　　除分裂性的全國產品市場外，大陸的勞動力市場亦呈現地區分割而無法整合；尤其九〇年代以來，大陸國營企業推動股份制改革，在市場競爭威脅下，為提高企業經營效益與工人勞動生產力，國企大量裁減冗員，造成大陸許多城市出現大量「下崗」工人，形成無業遊民，威脅社會治安，因此安置「下崗」工人的生活退路與再就業遂成為地方政府與國營企業的責任。不論地方政府採取類似凱因斯經濟理論以政府投資創造就業機會，或將「下崗」工人推向市場進入私營經濟領域就業，地方政府與國營企業均優先雇用本地失業與待業者，並給予進入個體私營經濟創業的「下崗」工人特殊優惠待遇，如免費申請個體營業執照與稅率減半等優待，然而地方政府對城市「下崗」工人的優惠待遇卻不經意的排除了外來尋找就業機會的農村農民，視他們為威脅城市待業工人的競爭者，因此地方政府在地方利益驅使下，優先照顧本地居民的就業而排斥外來者。雖然勞動力市場已在大陸不同地區有所發展，但其範圍卻侷限於地方的待業人口，有些地區甚至大力排除地方之外的農村剩餘勞動力，如瀋陽（Solinger 1999），故大陸的勞動力市場亦呈現地區封鎖與分裂現象。

　　綜上所述，自大陸經濟改革二十年以來，不論產品市場或勞動力市場均未形成全國統一性市場，因地方保護主義始終存在，而且隨著經濟改革中的經濟放權，更強化全國市場的切割與分裂。中西學者均指出大陸國內市場的分裂現象為地方政府的利益追求所驅動（曹贏超等 1993；陳甫軍 1994；Oi 1992, 1995；王才楠 1984）。尤其經濟改革後，中央政府指令性計畫範圍縮減，又採行財政承包制度，促使地方政府經濟權力擴大，成為推動地方經濟發展的主要力量。為增加地方財政收入，大陸各級地方政府儼然主權獨立國家，以「進口替代」政策，實行地方市場封鎖，以發展並保護地方產業；各省與不同地區甚至不惜違離中央政策，設置各種關稅與非關稅障礙，妨害省際與區域之間的貨物流通，例如各地方政府在交通要道設置路障與關卡，並在鐵路交會處設置檢查站，對它省路過的貨物強行收取各種非法規費，而且阻止本地原料外銷它省。

　　雖然經濟改革中地方政府權力的擴張更強化地方保護主義，導致大

陸地區市場的封閉性，但本文認為大陸國內市場的分裂與地區封閉其來有自，並非經濟改革之後的產物。大陸全國市場的分裂與區域封閉是毛統治時期計畫經濟的制度遺產，始自毛提倡「自力更生」的策略；由於當時的計畫經濟強調以省而非全國整體為計畫單位，導致各省追求經濟獨立，因而形成大陸條塊狀區域經濟與分割性的國內市場；雖然今天區域性的計畫經濟已被市場經濟逐步取代，但是區域性計畫經濟的制度遺產並未因市場引進而消失，而且大陸不同區域之間也並未因市場改革而發展區域經濟分工，各地區並未完全按照各自所具有的比較利益發展專業化生產以進行地區之間的產品交換，而且各地區因追求自力更生而造成重覆建設，不僅產業結構類似，亦因地方市場過小而缺乏經濟規模，由於地方政府尋求經濟自保與經濟獨立的自力更生，導致大陸國內市場嚴重分裂，此一計畫經濟時期的現象延續至今。故大陸早期計畫經濟所產生的「條塊區域經濟」在改革二十年之後仍然無法消除，雖然此一現象因與國際經濟體系緊密接合而且逐步開放價格管制而減弱，但仍然無法擺除大陸地區市場的切割與封閉性。本文將從大陸早期計畫經濟的制度遺產，以及經濟改革後更行增強的地方保護主義來闡釋大陸國內市場的分裂性與區域封閉的現象。

二、毛統治時期的區域計畫經濟與三線建設

中共計畫經濟制度在毛統治時期雖歷經幾次變革——不停徘徊在由中央各部或地方各省來掌控國營企業——但區域計畫經濟始終以省為單位，計畫經濟的目的是期望各省能達到經濟上的自給自足，使一省之內生產與需求之間得以平衡，從而使建立在各省的經濟自足上達到全國的供需均衡。由於中共計畫經濟強調各省在經濟上的自力更生，農業與工業生產均傾向滿足省內需要，故省際之間物資、人力、與資金的流動便受到忽視，因而全國經濟呈現塊狀區隔，造成日後經濟改革時期統一性全國市場難以發展。

與前蘇聯集權式的中央計畫經濟不同，中共在毛統治時期是實行由

中央政府統籌但由各省與中央各部自行制訂與實施的計畫經濟，由於省成為主要制訂與執行計畫的單位（Naughton 1996），目標在追求各省的經濟滿足，各省之間物資流動與經濟合作開發便居於次要地位。簡言之，中國的計畫經濟分為兩個層次，一者是由中央政府各部會提出的計畫，一者是由省為單位提出省的計畫，兩者並行，但由中央政府計畫委員會（計委）進行整合與統籌。在制訂年度計畫過程中，中共中央各部會主要針對分散在全國各省市相關的國營企業提出不同的管理控制計畫書，上呈中央計委審查；例如中共中央國務院下屬的機械部，控制全國各省市生產機械工具的國營企業單位，因此機械部每年必須向中央計委提報計畫書，責成其下屬各相關企業單位在機械工具的生產與需求之間達到平衡，年度計畫書中包括下屬各企業生產計畫的制訂，生產所需資金、原料與人力的配置，以及最終產品的分配銷售等。各企業所在的省則提供相關的輔助性工作，包括負責企業內政治意識型態的宣揚，中央與省屬企業之間的生產合作事項，提供地方政府調控的生產要素等。在七〇年代受中共中央各部直接管轄的國營企業大約有2,000到3,000個，而由各省直接進行控制的國營企業數目高達70,000個（Lyons 1990），故中央各部所制訂的計畫就管轄範圍言不如各省所提的計畫範圍大。

與中央各部會相同，大陸各省每年必須提報年度計畫呈報中央計委，主要由各省的省計畫委員會負責訂定省內的經濟生產與分配，針對省內實際所需，一方面向中央提出必要的建設項目金額，另一方面對省直屬國營企業進行生產與資源調配，最終求得省內供需的均衡。省制訂的計畫獲中央政府通過後，便由省府下轄各廳局進行計畫執行，組織並分配由省調控的生產要素，包括外省輸入進來的生產原料與成品，以及中央政府調配進入的物資，同時省亦組織省內產品的分配與省際之間的輸出。由於省管轄的企業數目較中央各部為多，故省分配與調撥的物資種類亦較中央各部為多且更詳細，例如上海市政府在1978年所分配的物資超過8,000種，而同時中央政府各部只有1,000種（Lyons 1990）。除此之外，省還負責大集體企業，集體農場，非農合作社，與個體企業的計畫與管理，由此可見中國大陸計畫經濟體系單位以省為主，計畫的

目的是達到各省內部需要的滿足，因而造成省際之間的貿易交換需求降低，大陸從而發展成區域的「塊狀經濟」，各自為政。

以汽車生產為例，自1950年大陸發展全國規模最大的長春第一汽車製造廠進行小汽車生產後，在「大躍進」時期又陸續發展北京、天津、上海、南京、與武漢等地的汽車製造與裝配廠，生產裝配多種不同功能的汽車與卡車，甚至許多汽車零件製造廠也宣稱具有裝配汽車的能力，到1970年代全中國各地的大小汽車廠已多達130家，幾乎每一省都有汽車裝配生產線（除西藏外）（Lyons 1987）。然而除幾個大汽車廠外，其餘皆為未達生產規模與經濟效益的小車廠，如在1970年代末期中國最大汽車製造廠年產量不過六萬餘輛，其他小廠不過千餘輛或百餘輛，而美國福特汽車廠在二十世紀初期（1917）的年產量就已高達八十萬輛（Lyons 1987）。換言之，在大陸的計畫經濟體制下，各省為追求經濟自主，滿足汽車的自我需要，各省不斷向中央政府爭取資金、人才、技術要求建立汽車廠，以滿足地方市場的需要，因此大陸汽車製造與裝配工廠數目雖然劇增，但每一工廠因生產規模小，未達經濟效益，生產成本甚高。由此可見，大陸各地的汽車生產並不是建立在地方比較優勢上而進行省際之間的貿易交換，也不是靠中央政府的全國性計畫調控來滿足，而是在省際貿易不足，中央調配不敷的狀況下，各省各自建立汽車製造廠來滿足一己之需，而且各省往往為保護自己的汽車工業，禁止它省汽車輸入，可見大陸全國汽車市場的切割與分裂是計畫經濟體制造成的特有結果。

除汽車工業外，大陸的農業機械工具與機械製造業，甚至農業生產均以滿足省內需求為主，而非省際輸出。如農業機械製造與裝配廠遍佈全中國，縣以下的裝配修理廠就多達兩千多個，但是這些公社建的小農機廠由於所裝配的各式農業機械模型不同，設計不同，不具統一標準規格，以致這些農業機械的零件不能彼此通用，不僅各省之間不能通用，同一省內各縣市之間也無法通用（Lyons 1987），由此反映大陸農業機械工具市場被切割的嚴重性。由於各式農業機械在全國性市場的流通率幾近於零，在省內市場上流通亦有困難。換言之，農業機械的流通市場已被切割到縣市以下的農村公社，而且只局限於同一省內鄰近幾縣之間

的農村地區。

　　但在大陸全國市場因計畫體制而呈現分裂之際，省際之間的貿易合作與交換並不是完全不存在。由於省與中央各部都是經濟計畫制訂者，因而成為許多國營企業的雙重上級，直屬中央的企業同時接受地方省的管轄，一些直屬省管轄的國營企業亦受中央相關各部的干預，因此省與部各自制訂的計畫必須由更高一級的中央計委來進行統籌與調節。[6]中央計委決定省與各部的預算，監督它們的計畫執行，決定它們的投資總規模，訂定產品價格，並責成中央物資部組織省際與部際之間產品的交換以及物資流動，以保證全國供需的均衡，故在計畫經濟時代，省際之間因計畫需要亦產生貨品流通與交換，但這是以政治手段而非市場協調去強制執行省際之間的物資交換與合作。同時各省之間也會召開省際會議，協調各省所需物資的交換，透過省計畫外的合作安排使各省得以滿足生產所需；例如陝西省寶雞市下轄的寶雞叉車廠，生產搬運貨物的舉重叉車，透過陝西省的省際調撥計畫，除供應陝西省本身需要，更提供全中國各地的碼頭、港口、礦區與企業的需要。[7]更由於中央政府在進行物資分配時，並未完全消耗物資的實際產量，故促成計畫外的物資流通；以煤為例，1970 年中共中央計委只分配全國煤實質產量的一半，因此使省際之間，甚至各省企業之間保有計畫外物物交換的可能，讓產煤的省與缺煤的省或企業用實物來進行交換，例如在毛統治時期，江蘇無錫的企業獲得山西的燃煤就是透過物物交換或產品交易而來（Lyons 1990），因此計畫經濟體制以政治控制力強行調撥省際之間的物資，又使得「區域塊狀經濟」之間產生物資流動。

　　整體而言，在毛統治時期，由於計畫經濟以滿足各省的需求為主，若各省都能達到經濟自主與獨立，而不需它省的經濟支援，在理想狀態下省際之間的產品交換與物資流動最終應降為零。換言之，大陸的計畫經濟不經意的導致全國經濟體系分裂為以省為區域單位的塊狀經濟，各區域為追求經濟上的獨立自主，理想狀況下會終止省際之間的貿易交

6　省在制訂年度計畫時是遵照中央計委的指導參考相關各部所制訂的計畫來進行省內計畫的籌編。

7　本人於 1994 年初訪問寶雞叉車廠，此一訊息由廠長提供。

換；而且由於各地區必須達到經濟自給自足，不依靠外省的援助，每一省都必須建立基礎重工業與輕工業，因此造成各省的產業結構均類似，不斷在省計畫中向中央要求建立與它省相同的生產線，造成重複建設。又因各省生產為滿足省內地方市場需要，由於市場太小，使企業不易達到生產的經濟規模，造成生產成本過高，而且各地並未按照已有的比較優勢，發揮專業化生產進行經濟分工，因而造成資源嚴重浪費，缺乏經濟效益。但由於在計畫經濟體制中，中央、省與部之間的計畫協調未盡完善，而且各省的自然資源分佈不均，各省無法在生產資料，技術與人力上達到自我滿足，故中央政府必須出面來主導協調省際之間的物資交換，不僅保證各省均能達到經濟自主，而且保證全國的供需均衡；同時省與省之間，企業與企業之間亦會透過協商進行物物交換與協調合作，以滿足各自需要，因此在各省追求經濟獨立之際，省際的貿易合作與交換又為必要；然而與資本主義經濟體系的市場交換不同，在計畫經濟時代，大陸省際之間的物資流通與交換往往是在政治控制之下強制完成的。但必須注意的是，在大陸計畫經濟體系之中雖仍存在省際與企業之間的物資流通，但是塊狀的區域經濟已經形成，各地區為追求區域內經濟自給自足，不僅產業結構趨同，又因區域之間缺乏生產的經濟分工，導致相同產業在各地區之間各自為政，產品在不同地區之間缺乏標準規格化，以致產品無法在區域之間流通，形成地區市場的封閉性。此種塊狀經濟與地區市場的封閉現象，並非只與省級行政區一致，往往省以下的縣市與鄉鎮農村都呈現經濟壁壘現象。

　　大陸在計畫經濟時期因強調地區性的經濟自主而導致全國經濟的塊狀分裂與壁壘，但經濟的塊狀分裂有其歷史基礎。由於中國地理遼闊幅員廣大，地區之間資源稟賦、人口密度與城鎮發展等均有巨大差異。自清代以來，西方學者在研究傳統中國城市發展的時候，就根據自然地理條件如河川山岳的分佈而將中國區分為九個發展區域（Skinner 1977: 212-3），[8]每一區域內部都可按人口密度、交通匯集、與資源匯聚等優勢而鑑定出核心城市及農村邊陲，形成區域之內核心城鎮與邊陲農村之

8　Skinner 將中國劃分為九個地理區域：雲貴、嶺南、東南沿海、長江上游、中游、長江下游、西北地區、北方地區與滿州地區。

間的經濟交易；而區域之間由於距離遙遠，通常為高山或河流所阻隔，造成區域之間甚少交通貿易往來，形成每一區域尋求內部的自給自足，導致全中國塊狀經濟的分裂與封鎖。雖然中國塊狀經濟的發展其來有自，但是區域之間並非完全呈現經濟隔離，往往區域之間的交通要道反可助長貨物流通；例如長江下游江南地區就以長江作為交通管道，與中游武漢甚至上游的四川盆地進行貿易活動，江南地區又以大運河與中國北方區域進行物品交易，更以海運與兩廣及浙江福建發展海上貿易。[9]換言之，中國雖然自古以來就因地理條件而自然形成塊狀經濟，但是區域之間的貿易活動並未停滯，只要交通條件許可，全國性的貿易活動在區域之間仍然存在。然而毛的計畫經濟並未助長與改善區域之間的貿易交換，反而透過國家官僚體系資源再分配機制，切斷區域之間自然發展的市場交換，強制執行省的計畫經濟，雖然中央政府在各省之間進行物資調撥，似乎在幫助推展省際貿易，但實際上是達到省在經濟上的自給自足，因此毛的計畫經濟不僅增強中國歷史以來的區域塊狀經濟，促使經濟壁壘，而且惡化區域之間的發展失衡。

　　根據 Skinner 的分析，中國九大經濟地理地區的發展差異甚大，按內部人口密度，經濟分工，商業發達以及區域之間貿易頻繁與否等條件，清末全中國都市化最高也是最富裕的地區為長江下游，其次為嶺南兩省，再下則為東南沿海的閩浙地區，而全中國最窮以及都市化程度最低則為雲貴地區以及長江上游地帶（1977: 234）。由於中國區域之間發展缺乏平衡，毛在五〇年代初期實行計畫經濟時，曾考慮促進區域發展均衡（Yang 1997: 16），遂透過國家資源再分配機制，除在東北及沿海地區加強建設外，將投資重點放在內陸偏遠省分進行大規模重點建設，如武漢、四川成渝地區、陝西關中地區，與甘肅蘭州與銀川地區；同時又扶持鋼鐵工業的發展，例如在北京（如首鋼）、南京（煤山）和上海建立大型煉鋼工廠；並在內地如武漢、包頭、四川、蘭州、烏魯木齊、成都等地投入資金陸續建立鋼鐵工廠（Kirby and Cannon 1989）。

　　然而區域發展的均衡畢竟不是毛計畫經濟的核心，尤其自六〇年代

9　根據 Skinner 的分析，長江下游與雲貴地區、長江上游的源頭地帶、及西北地區貿易困難，因交通不便。

中蘇關係惡化以及美國在越南的戰爭，強化毛的不安全感，並增強其備戰心態，為國防安全考慮，毛開啟所謂的「三線建設」，並成立特別委員會，決定三線建設重工業地點的選擇。為因應戰爭需要，毛認為應大量發展軍事重工業，但建設地點應分佈在內陸各省的偏遠山區，同時為減輕沿海地區重工業在戰爭中損耗過多，應將沿海各省的重要工業內遷；因此中共從六〇年代中葉以後遂將投資重點轉向國防軍事工業，並以中西部為發展據點。在這段期間，中共不僅迫使沿海許多具有戰略價值的大型企業遷至內地，而且在內陸邊遠山區建設大規模的國防軍工大企業，並設立許多與國防軍事建設相關的科技研究機構。中共的「三線建設」戰略將中國區分為三個區域：一線指易受攻擊的沿海與東北內蒙邊界的邊疆地區，二線指沿海以內的居間緩衝地帶，三線則指包括不易觸及的內陸各省，包括四川、貴州、雲南、陝西、山西、青海、甘肅等省以及冀西、豫西、鄂西、湘西、粵西和桂西北等地（蔣清海 1990；當代中國的陝西編輯委員會 1991）。[10] 中共在「三線建設」時期，總共建設成兩萬九千個與軍事國防相關的企業、研究機構、與交通網路（Kirby and Cannon 1989）。由於「三線建設」強調以「山區、分散、洞穴」為原則，故新建立的工廠與研究機構多分佈在內陸各省的偏遠山區或山洞，如同孤島。[11] 根據大陸學者統計，從 1953 年到 1988 年中共在中西部的總投資額累積達三千五百多億人民幣，占此段時期全國總投資額的22%，在這些地區先後建立核子、航空（西安）、航天（寶雞）、冶金（貴州）、鋼鐵、機械、化工、紡織、電子、建材、能源等工業，其中以基礎工業與軍事工業為主（雷起荃、趙曦、張煒 1993）。

　　由於「三線建設」的著眼點在國防安全與軍事建設，並選擇內陸各省邊遠山區交通不便之處投產，往往在建設之前必須先建構能源與交通基礎設施，耗費大量資源而且增加貨物的運輸成本，完全不顧投資的經

---

10 這是中央政府所規畫的「大三線」建設地區，此外尚有一線沿海各省及二線緩衝地區自行規畫的「小三線」建設區，其投資金額則來自各省財政。

11 雖然如此，「三線建設」又沿著各省鐵路沿線分佈，如分散在隴海－蘭新幹線，京包－包蘭－藍青幹線，以及成渝、成昆、川黔、黔貴、貴昆等鐵路沿線（雷起荃、趙曦、張煒 1993）。

濟效益。[12] 一般言，中共「三線建設」所在地多屬荒涼落後的農村自然
經濟區，這些地區原先並不具備任何本土條件發展資本技術密集的高科
技產業與重工業，但是透過中共國家力量從外移接各式國防軍事工業與
研究機構，而且所有人才、資金與技術也都是靠國家力量從外地遷入，
以致這些高科技重工業與周圍農村原始落後的生產技術脫節，不僅無法
彼此整合，而且這些國防重工業相當零星孤立的分散在三線各省偏遠山
區，不能有效連成一體進行溝通，形成區隔經濟（enclave economy），
結果不同技術水準的工業區犬牙交錯式的分佈在大片經濟落後的農村
地區。這些工業區包括四川（成都與重慶）、雲貴、粵北、甘肅蘭銀地
區、鄂西、湘西與陝西關中等地（雷起荃、趙曦、張煒 1993），工業所
在地中的企業職工與科技人員均屬城鎮戶口，他們或隨沿海工廠內遷，
或從政府其他單位遷調，享有政府提供的各項城市福利待遇，如免費醫
療服務，低價宿舍，免費教育（幼稚園、小學與中學），低價糧食與副
食品供應等；他們所享有的福利待遇是建立在與周圍農村進行不等價工
農產品的交換上，剝奪農村剩餘價值，並犧牲農村消費，也因此他們
享有比農民高一級的社經地位。[13] 但是由於區隔經濟與周圍本土產業脫
節，使得重工業所在地的企業職工與科技人員與周圍農村老死不相往
來，不僅缺乏社會互動，更未以技術擴散來幫助農村建立社隊企業，提
升周圍農村經濟發展（王景文、張良銘 1991）。由此可見，中共「三線
建設」的目的並不是靠國家力量與投資來幫助落後地區整體發展，反而
零星分散的重工業區各自為政，被周邊經濟落後的農村切割與包圍，在
大陸原有的區域塊狀經濟之中又劃分出更小的塊狀區域，極端惡化原有
的區域封閉現象。

　　毛統治時期的計畫經濟與三線建設所造成的塊狀經濟如何影響到各
省的實際發展？以下將檢視廣東省與福建省的實際發展為例說明。

---

12 透過訪問，陝西寶雞即為典型的例子。

13 透過田野訪談，中國大陸的農民有被視為二等公民的被歧視感覺，不僅無法享受到城鎮
　　居民的福利醫療待遇，而且其上升流動的機會有限。

廣東省

根據大陸學者的分析，廣東在毛統治時期產業結構呈現一種封閉式的「大而全」與「小而全」現象（馬洪、房維中 1991），完全違背廣東的實際經濟條件和比較優勢。換言之，就廣東的資源稟賦、亞熱帶氣候、與地近香港的地理條件，廣東較適合發展經濟作物的農業、輕工業以及商業為主的服務業。廣東有史以來商業貿易極為發達，唐宋時廣州對外貿易額已居全中國港口之首，唐在廣州設置市舶司與外人僑居的蕃坊，是中國歷史上第一個專門管理對外貿易與兼管外交事務的海關官署，明中葉廣州還曾經舉辦每年冬夏兩季的外貿交易會；清代採取閉關自守政策，自康熙二十三年（1684）才開始實行對外貿易，並設立粵海關管理海外貿易，乾隆時期又宣佈廣州為全中國唯一通商口岸，所有貿易活動，均由廣東十三行辦理，它們是清代專門經營對外貿易的洋行（李金明 1988）。鴉片戰爭後，廣東開始發展現代工業，如使用機器生產繅絲的工廠，火柴廠、橡膠廠、肥皂廠等（邱捷 1983），而且廣東的鐵路與河運在民國政府時期均有高度發展，與國內各省互通有無，因此從廣東的手工業、商業、現代工業、對外貿易、交通運輸的發展來觀察，廣東自明清以來與國內各省貿易以及國際貿易均甚發達。

但中共政權建立後，廣東的對外經濟遂被切斷，[14] 商業貿易逐漸沒落，又因廣東鄰近資本主義發達的香港與澳門，地處國防前線，故廣東從一開始便被中共中央計畫經濟的重點投資所排除，而且廣東被認定適合發展農業而非工業。廣東於 1954 年起成立省計畫委員會，統籌省的經濟發展方針，指導省內縣市地區與部門的計畫編制，編訂國營與集體企事業單位的年度實物生產、流通與分配、以及與監督省內生產計畫的執行等；除省外，並在下轄地區與市縣設置相應的計委組織，負責相關事宜。然而在毛統治期間，廣東省計委只公佈了第一個五年計畫，第二至第四個五年計畫只編寫草案或題綱，未曾公佈（當代中國的廣東編輯部〔上〕1991: 232）。雖然如此，廣東的發展方向受制於中央政府呼籲

---

14 中共政權建立後，一方面是西方國家的圍堵，一方面是共產國家的鐵幕政策，中國與資本主義世界的貿易關係大量縮減，但與香港仍維持經貿關係。

各省尋求經濟獨立自主的目標，不時提出廣東應建立獨立的工業體系，因此廣東被迫選擇一條與自身比較利益完全不同的道路，放棄已具相當基礎的輕工業而去建構基礎重工業，與此同時，廣東強化糧食種植的農業而非適合地利條件的經濟作物與熱帶果蔬。例如廣東在五〇年代末「大躍進」時期，為配合中央政府的計畫政策，將地方資源投入重工業發展，企圖在三年內達到煤炭與鋼材的自給，因為省內重要資源均投入重工業建設，輕工業得不到支持與投入，結果導致小商品與日用消費品嚴重短缺，但是廣東工業產值在此時已超過流通與消費的第三產業，進入到六〇年代末期，廣東工業又取代農業而躍居為全省總產值的第一位，細節見表5。

表5　廣東省產業結構的改變（1952-1987年）

年份	第一產業	第二產業	第三產業
1952年	50.0%	21.4%	28.6%
1965年	42.6%	32.2%	25.2%
1978年	32.0%	44.8%	23.2%
1987年	30.2%	38.1%	31.7%

資料來源：當代中國叢書編輯委員會編（1991），當代中國的廣東（上）。北京：當代中國出版社。

由於資源典藏不豐，廣東有史以來發展以輕工業為主，並無一般所謂能源、機械製造、原材料等基礎重工業，但在中央政府經濟自給自足的政策目標指導下，廣東被迫發展不具比較優勢的重工業。尤其在第四個五年計畫期間（1970-1975），廣東因應中央政府提出備戰的三線建設，在省內劃定小三線，以粵北韶關、梅縣、肇慶等山區為中心從事國防重工業發展，如建設廣東礦山通用機器廠與連南軸承廠等（馬洪、房維中 1990）。除此外，廣東全省各縣皆被動員往邁向「小而全」，建立小型煤礦、鋼鐵、機械、有色金屬、水電等工業。然而小三線建設因響應中央政府策略「邊設計、邊施工、邊生產」的做法，事先缺乏良好規畫，故經濟效益低落，例如1970年廣東省在陽山縣建設北江鋼鐵廠，因廠址選擇不當，交通運輸困難，以致生產不正常，連續九年虧損，

於1979年十月關閉。同一時期，廣東又建設韶關鋼鐵廠、大寶山礦廠、梅田礦物局與四望蟑礦物局，但由於文革期間的破壞，許多工廠處於停產或減產狀態，造成龐大經濟損失（當代中國的廣東編輯部〔上〕1991: 503）。以政治為目的經濟發展使廣東的產業結構產生重大改變，重工業的產值比重，從1952年的12.37%，上升到1978年的42.56%（見表6），不僅增長速度快於輕工業，而且到1978年廣東的主要工業除食品與紡織外，重工業的機械與化工亦成為支柱產業。

表6　廣東省（1951-1978年）輕重工業比重的改變

年份	輕工業	重工業
1952年	87.63%	12.37%
1957年	82.13%	17.87%
1962年	76.69%	23.31%
1965年	71.54%	28.46%
1970年	64.79%	35.21%
1975年	60.76%	39.24%
1978年	57.35%	42.65%

資料來源：馬洪、房維中編（1991），中國地區發展與產業政策，頁886。北京：中國財政經濟出版社。

　　由於廣東在計畫經濟時期，發展方向因政治外力干預而遭曲扭，被迫以農業生產支持本省與外省的工業化。但是廣東的農業在此一時期也未按照比較優勢發展，廣東海岸線長並屬亞熱帶氣候，適合漁業養殖以及熱帶經濟作物與水果的種植，但廣東在計畫經濟追求糧食自給自足前提下，忽視本身所具有的優越氣候與地理條件，農業生產以單一的糧食種植為大宗，排擠經濟作物與熱帶水果的種植。由於珠江三角洲被指定為稻米生產區，不僅必須滿足省內人民的需要，廣東在六〇年代更被指定每年必須運出五億公斤稻米（貿易糧）支持外省工業發展，這種只按政治目標追求經濟自我滿足而置比較利益於不顧的做法，形成廣東塊狀經濟的特色。

　　雖然廣東在計畫經濟體制下形成塊狀經濟的自給自足，但是省際之間仍然維持物資流通，一方面因廣東自然資源有限，無法完全自給，重

工業發展所需原料均需從外省調入，另一方面又因為省與中央計畫編制不完善，生產指標訂定過高，導致中央物資不敷分配，助長各省與部門之間搶購資源和設備。尤其在大躍進運動之後，全國物資短缺，分配更加不足，計畫內物資經常無法兌現，由於中央物資調撥管道已不可靠，廣東必須自尋門路求得解決，故廣東不得不以計畫外管道，或以物易物的方式尋求物資能源。例如中共中央在1961年並未安排供應廣東工業生產所需的純鹼，廣東遂用地方特產，以熱帶果蔬與水產品交換內蒙古所產的天然鹼，並親自派出卡車到內蒙去搶運；又如在六〇年代初期廣東急缺燃煤，許多企業及地方物資部門用以物易物方式自行派車到產地運煤；更有縣級物資局單獨派車到全國產煤地去運煤，如順德縣從1960到1965年就用這種物物交易方式運回煤炭23.3萬噸（當代中國的廣東編輯部〔上〕1991: 252）；在大陸文革期間，工業生產因政治動亂而減產或停產，經濟秩序大亂，物資供應更加困難，廣東在此一時期（1969）因建築坪石梅田鐵路大量短缺標準軌及配件，而中央政府又停止供應相關物資，廣東省物資部門遂透過計畫外管道，用物物交易方式獲得遼寧鞍山鋼鐵廠的支持，使鐵路建築順利進行（當代中國的廣東編輯部〔上〕1991: 253）。

廣東的發展在計畫經濟時期就因追求自給自足而違反比較利益的經濟分工原則，全省去追求所謂「大而全」，縣市地方追求「小而全」，形成大塊中小塊交錯的封閉區隔經濟體系；在地區封閉的經濟體系當中，因物資在市場交易的可能性已被排除，當省際或地方之間出現物資流通，勢必是屬於計畫內調撥而且得到計畫當中的政治認可，唯有中央與省的計畫欠缺完善，企業生產原料供應不足之際，才出現省際或區域之間的計畫外物資流通與以物易物的現象；如上述廣東省所出現的省際計畫外物資流通現象即屬於此，是補充計畫不完善的手段。

福建省

福建在毛時期的發展與廣東類似，在相當封閉的狀態下發展工農業，只追求政治目標「以糧為綱」與「以鋼為綱」，曲扭本地的資源優

勢與比較利益，完全忽視省際之間經濟分工的發展，去追求不切實際的地區經濟自主。雖然在第一個五年計畫時期，福建將地方資源投入本省輕工業，但完全以滿足地方市場需要為主，如「就地取材、就地加工、就地推銷」（當代中國叢書編輯委員 1991），並非外銷它省提供全國市場需求，因此福建只是全中國市場分裂中的一塊而已。和廣東相同，福建在農業生產上追求單一糧食種植，壓制經濟作物，尤其在文革期間，福建為保證中央政府對糧食的統購統銷，將許多地區適合當地氣候與地利條件的傳統作物全部強制消除，如拔除柑橘、甘蔗、荔枝、茉莉花等經濟作物，強迫種植水稻，甚至在海岸線上圍海造田，破壞水產養殖，這種完全不顧地方氣候地理優勢，只盲目追求滿足一省糧食需求的做法，是計畫經濟的負面後果。在工業生產上福建亦被迫放棄地方輕工業的優勢，因應台海之間的戰備需要，一味追求軍工大企業與「小三線建設」重工業的發展，運用政治力量去干預輕重工業之間的比重（見表7），導致福建工業結構歪曲，資源嚴重浪費，投入產出效益低落（當代中國叢書編輯委員 1991）。

表7　福建（1950-1985年）輕重工業比重的改變

年份	輕工業（％）	重工業（％）
1950	96	4
1957	83	17
1960	58.5	41.5
1962	72.8	27.2
1965	68.9	31.1
1978	58.5	41.4
1985	62	38

資料來源：當代中國叢書編輯委員會編（1991），當代中國的福建（上）。北京：當代中國出版社。

　　福建雖企圖維持經濟自主的塊狀經濟，但由於自然資源貧乏，在計畫經濟時期為發展軍工企業就必須靠中央政府調撥重要物資，如調進煤碳、石油、有色金屬與礦砂等原料，而且福建全省冶金與化工等產業發展所需原料，就高達三分之二需靠省外調進或國外進口，故塊狀經濟之間若有貿易交換，主要靠政治力量在強制推動。在經濟改革前，福建

與外省之間的物資流動靠中央調撥與計畫外的物物交換，以福建具有優
勢的木材、經濟作物與水產品交換外省的煤碳、石油、糧食與日用消費
品。在經濟改革後，福建與外省（尤其毗鄰省分）貿易增加，尤其輸出
以農副產品為原料的加工工業產品，福建從內地購進低價原料予以加工
再反銷內地它省或出口國外，例如福建的食品工業、縫紉皮革、文教藝
術品、造紙、電子工業等工業產品均為省際之間的重要貿易品（見表
8）。福建在經濟改革後省際貿易量似乎比經濟改革前的物資計畫調撥有
所增加，但是否已打破塊狀經濟封閉自主的現象，仍有待更進一步的資
料分析。

表8　福建產業的市場效果（1991年）

產業	調出率（%）	占工業品調出比重
冶金	14.5	2.06
媒炭	6.9	0.36
化工	28.6	16.39
建材	7.2	2.17
森工	21.9	7.42
機械	15.2	9.06
電子	35.1	8.16
食品	30.6	22.09
采鹽	28.5	0.45
紡織	8.2	1.98
縫紉皮革	77.1	12.12
造紙	34.8	6.14
文教藝術	54.9	9.94
其他	25.3	1.64

資料來源：馬洪、房維中編（1991），中國地區發展與產業政策，頁632。北京：中國財政經濟出
　　　　　版社。

綜上所述，廣東與福建在計畫經濟時期均違背經濟分工原則，被迫
發展不具比較優勢的重工業，導致產業結構曲扭，人民生活被犧牲，但
是這種情形也出現在自然資源豐富的省分地區。例如山西省的煤礦儲存
量占全中國三分之一，產量達五分之一，1980年山西省的煤產量占中

共中央調撥計畫的70%，而且其中66%是供應京津、華東與東北重工業區使用，但是由於山西省過去只注重煤礦的挖掘與開採，將山西建設成為能源基地，卻忽略了農業、輕工業、交通運輸以及與煤炭相關的其他工業的發展，導致山西省輕工業產品嚴重不足，大約省內56.7%的輕工業產品需由外省調入，而且農業發展也未受到重視，以致糧食生產不足需由外省支援；雖然煤炭、焦煤與電力是山西省外銷他省的重要物資，但這些物資多屬未經加工的初級原料產品，附加價值低，故山西省人民生活並未因煤炭能源工業的發展而獲得更大好處（馬洪 1983: 281-3；馬洪、房維中 1990: 226）。簡言之，不論資源貧瘠的廣東與福建，或資源相對豐富的山西，在毛計畫經濟與「三線建設」時期，均盲目追求粗放外延式的高成長，以重工業為發展主體，忽視地區的比較利益與經濟分工原則，以求各省在經濟生產上的自力更生。這種發展策略不僅違反經濟效益原則，而且造成全國市場的塊狀封閉，省際之間或區域之間若有物資流通，往往是在中央政府強制之下產生，而計畫外的物物交換，是補足中央與省計畫的不完善；換言之，在計畫經濟時期，中國各省與地區之間的物資流通均是被動的按計畫而行，區域塊狀經濟的自給自足成為發展目標，而且塊狀之中又有更小塊的獨立封鎖現象。

三、改革中的經濟分權

大陸1978年經濟改革後，計畫經濟體制被削弱，計畫內物資調撥項目逐漸減少，市場遂取代行政手段成為資源配置的主體，但由於各省與地區之間仍然處於相對封閉與經濟自主的狀態，各省與地區為在市場上尋找生產所需的物資，往往彼此在互惠的基礎上建立合作關係以保障生產原料的穩定供應，因而許多物資匱乏的省分會成立省際橫向協作機構，來保障欠缺物資的供應。例如福建省於1984年成立省協作辦公室，主管省際之間橫向聯合協作的經濟事務，在福建省之下，各市、縣也相繼成立主管橫向協作的相應部門，不僅促進省際物資交換，同時打破省以下各縣、市地區的封鎖，促進省內與全國地區之間貨物的互通有

無，因而有助於全國性市場的建立。由於福建過去一向欠缺生產原料，尤其煤、石油、鋼材、化工原料、有色金屬、棉紗等，在中央政府縮減計畫分配範圍後，省與下轄市縣就必須在市場上尋求滿足，因而協作辦公室應運而生，與各省或各地區不同單位或企業建立合作關係，或投資當地的礦場開發，取得原材料的保證供應（余金滿 1992）。甚至這些協作辦公室會協助本地企業，在全國各地舉辦各種形式的商品展銷會，推銷本省產品促進省際貿易，[15] 故行政體系所建立的協作辦公室在促進大陸省際之間的經濟交流與合作，進而打破各省與地區的經濟封閉，達到全國性統一市場的建立。

然而當地方政府在經濟改革中因經濟與財政自主權擴大，在地方財政利益的驅使下，往往動用行政力量阻撓市場貨物的流通，甚至為保護地方利益進一步切割與分裂全國性市場。尤其當計畫經濟範疇逐步縮減，市場經濟制度確立，大陸各省、市、縣在地方權力增大之餘，地方領導人為求任內優良表現以便日後在官僚體系內快速提升，在職期間通常大力鼓吹地方經濟發展（Oi 1992, 1995; Walder 1995）。根據大陸學者的分析（Wu 1993），地方分離主義式的塊狀經濟從改革以來歷經三個階段；首先發生於改革初期的1980-1982年，當時各地方政府為追求地方稅收的增長，競相建立初級農產品加工業的進口替代，因為投資額低，回收快，而且利潤高；地方政府又為保護新興的地方加工業與地方市場，禁止外地相同產品進入本地銷售，限制本地供銷業者只能出售本地產品並禁止到外地採購類似產品，並禁止本地短缺的貨物外銷他省等。當中共中央開始對沿海地區實施優惠政策之後，地方保護主義進入第二階段的發展（1985-1988年），由於沿海的發展步調快於內陸地區，大量需要生產原料與能源供應，這正與內陸地區發展加工業所需相衝突，因而引發了各地爭奪原料與能源的「戰爭」，例如廣東與湖南及貴州的「稻米大戰」、內蒙古的「羊毛大戰」、雲南的「煙草大戰」，以及各地搶奪棉花與蠶繭的衝突。塊狀經濟發展的第三階段是1989年以後，對經濟過熱進行整頓治理，雖然當時的通貨膨脹被壓制，但城市職

---

15 本人訪問廣東博羅與福建晉江時，除省協作辦公室外，縣市政府的外經貿局，工商局、鄉鎮企業管理局等部門會聯合到外省開辦展銷會，幫助本地企業推銷產品到外省。

工收入下降，造成市場疲軟，生產財與消費品都呈現滯銷狀態，地方政府為進一步保護地方市場，便訴諸於更高更廣的貿易障礙藩籬，阻擋外地物品在本地市場的流通：例如懲罰銷售外地啤酒的本地經銷商，而且強行徵收外地啤酒20%的傾銷稅，某些省則強加200元在本地銷售的每一台外地生產的電視機，使外省電視無法與本地產品競爭，有些地區甚至規定當地商店販售貨物中至少60%必須是本地貨物，若違反此一規定則吊銷營業執照；生產資料在全國市場的流通也受到阻礙，如新疆與河南生產的棉花、山西的煤、遼寧的鋼鐵、黑龍江的大豆，各省都設法將計畫外的生產保留給本地加工業，禁止流入外省（Wu 1993）。

　　除物資流通在全國市場中受阻外，大陸地方政府為求經濟產值的大幅增高，往往忽視地方的比較利益與資源稟賦，將有限的地方資源與資金不斷投入新的生產項目，並與其他各地攀比，盲目追求別處已有的生產線，這種不顧地方比較優勢，忽略專業化生產的經濟分工，並且盲目重複建設的做法，與過去計畫經濟時代地方追求自力更生的做法類似。由於各地產業結構的雷同，彼此之間的競爭也愈激烈，但是各地罔顧經濟分工忽視專業化生產，不僅提高生產成本，而且造成大量資源無謂的浪費；在吸引外資的做法上，各地方政府不僅擅自越權提供外商各種優惠待遇，減免各種稅捐，甚至違法提供低價土地與能源，犧牲地方農民與國家集體的利益；例如中央政府規定，凡是外資企業從事內銷的物品需徵收17%的內銷稅，但廣東各地的做法差異很大，有些縣市則擅自降低到6%。[16] 由此可見，大陸地方政府在經濟分權之後為保護地方經濟利益，限制產品與原料在省際之間流動，這不僅妨害全國性市場的發展，似乎更加惡化計畫經濟時期所導致的全國性市場分裂現象。

　　在各省實際發展過程中，廣東的經濟發展突飛猛進，因較早引進外資與先進技術，除發展產品外銷的國際貿易外，廣東也頗為注重大陸國內市場的開發，尤其珠江三角洲地近香港，接受「西風」影響較大，其農工業產品在大陸國內市場上頗受歡迎，根據廣東學者的分析，珠江三角洲工業產品的銷售市場有三：全部工業產品的三分之一外銷國際

---

16 本人在晉江安海鎮訪問時，當地幹部抱怨福建省太過僵化，不敢變通中央政策，因而舉例廣東東莞市能將北京規定的外資企業內銷稅17%降至6%。

市場，三分之一銷售國內市場，剩餘三分之一供應省內地方市場（王光振、張炳申、趙瑞彰 1993），故廣東在經濟改革後省際貿易激增，似乎逐漸突破過去計畫經濟的區域封閉與割據的局面；同時在省際貿易擴張之際，廣東也開始注意地方比較優勢而發展專業化生產的經濟分工，以追求利益的最大化，例如珠江三角洲的稻米生產比重已從 1980 年的 67.1% 下降到 1990 年的 49.2%，漁牧業產值比重則從 32.9% 上升為 50.8%（王光振、張炳申、趙瑞彰 1993），早已棄置「以糧為綱」追求封閉自主的自然經濟。

　　但是在廣東省際貿易發展的過程中又出現省際之間貿易壁壘貨品禁運的現象，例如廣東在經濟改革後因配合氣候地理優勢，在農業上發展經濟作物與熱帶水果種植，稻米便無法自給，從八〇年代起廣東便需要從鄰省進口稻米以補不足。廣東於 1990 年接洽鄰省湖南有關外銷米價訊息，但嫌湖南省官定外銷米價過高，便跳過政府直接向湖南農民購買，以高於湖南省官定收購價但低於官定外銷價成交，但湖南省政府不斷阻撓地方農民將稻米賣給廣東，時時派遣安全人員防守與廣東接界的要道，阻止湖南稻米進入廣東，而廣東省也不甘示弱，採取相同報復行為（The World Bank 1994a），顯然地方政府為維護本土經濟利益不惜阻斷貨物流通，因而切割大陸全國性市場。

　　由於地方政府在經濟改革中財政自主權增大，為增加地方財政收入，地方幹部往往巧立名目，收取各種遊走在法律邊緣的費用，甚至徵收許多非法的規費；例如各省在公路幹道與鐵路交會點設置路障，收取過路貨物的費用，成為變相的貨物流通稅，廣東與福建在九〇年代初便設有不少路障關卡專門收取貨物過路費。例如福建的南平火車站是閩北十縣的鐵路交通樞紐，各縣貨物到此匯集運往福州，故南平市稅務局在火車站的提貨中心設立工作點收取 38 種不同的費用與過路費，成為福建省內區域之間貨物流通的障礙（The World Bank 1994a）。廣東省境內過去亦有不少地方政府設置的關卡與路障，但在 1992 年被明令全數裁撤。本人去年在廣東博羅縣做田野訪談時，不僅在通往鄰縣各交通要道有道路收費站，收取過路費，而且縣內許多鄉鎮之間也設道路收費站，因為進鎮的道路是由鎮內自籌而非縣與省的撥款，故需收費；福建

晉江也有類似現象。不可否認，區域之間若收費關卡設置過多，成為變相的貨物流通稅，類似清末的釐金制度，不僅增加貨物運輸成本，更阻撓貨物流通，尤其這些公路並不是造價昂貴的高速公路，實在沒有必要設置如此多的收費關卡，阻礙區域之間的貨物流動，造成市場分裂。

四、結論

　　當中國大陸開放門戶與資本主義世界經濟體系進行整合時，西方與東亞資本迅速流入中國，一方面欲利用大陸廉價勞力與生產要素進行加工以便外銷國際市場，另一方面著眼於大陸龐大的國內市場以便進行內銷，但卻意想不到大陸國內市場卻呈現區域封閉現象，地方政府為保護地方企業與市場，不惜以種種變相關稅與非關稅方式阻撓物資在省際與地區之間的流通。雖然中國大陸已進行世界貿易組織（WTO）談判多年，並承諾遵守降低關稅性貿易障礙等多項國際規範，但大陸承襲毛時期計畫經濟與三線建設的區域封閉塊狀經濟制度，再加上經濟改革後地方分權更加強化原先塊狀經濟的制度遺產，導致大陸與世界經濟整合的國際化過程仍無法有效穿透此一社會主義計畫經濟的制度障礙。雖然中共已於1994年實行分稅制，企圖改變財稅承包制所造成的地方分權，但是截至目前為止，分稅制仍然無法在全中國各地有效執行，而且中央政府仍難以在地方上有效落實國家政策，因此中國國內市場的統一仍難在短期內實現。

參考文獻

一、中文書目

中國統計年鑑編輯部（1997）**中國統計年鑑1997**。北京：中國統計出版社。

──，（1997）**中國物價年鑑**。北京：中國統計出版社。

中國建材編輯部（1994-1996）**中國建材**。北京：國家建業材料工業局。

王才楠（1984）**中國社會主義市場問題研究**。吉林：吉林人民出版社。

王光振、張炳申、趙瑞彰編（1993）**珠江三角洲經濟社會文化展研究**。上海：上海人
　　民出版社。

王景文、張良銘（1991）寶雞模式。載於周爾、張雨林編，**城鄉協調發展研究**，頁
　　147-188。南京：江蘇人民出版社。

余金滿編（1992）**福建省經濟開發現在與未來**。北京：經濟管理出版社。

李金明（1988）明代廣東三十六行新論。**學術研究** 3: 63-67。

邱捷（1983）辛亥革命前資本主義在廣東的發展。**學術研究** 4: 71-78。

馬洪（1982）**中國經濟調整改革與發展**。太原：山西人民出版社。

馬洪、房維中編（1991）**中國地區發展與產業政策**。北京：中國財政經濟出版社。

國家統計局貿易物資統計司（1997）**中國市場統計年鑑1997**。北京：中國統計出版
　　社。

曹贏超、姜四清、劉長江、商陽宏（1993）輕工業管理中的計畫與市場結合，載於馬
　　洪、孫尚清編，**市場經濟與計劃經濟**。北京：北京經濟科學出版社。

陳介玄（1998）市場在政治與社會之間的移轉性作用：大陸市場形成的內部性意義。
　　國科會社會組專題計畫成果發表會，1月16-17日。台北：中央研究院。

陳甫軍（1994）**中國地區間市場封鎖問題研究**。福州：福建人民出版社。

當代中國叢書編輯委員會編（1991）**當代中國的廣東（上）**。北京：當代中國出版社。

──（1991）**當代中國的福建（上）**。北京：當代中國出版社。

──（1991）**當代中國的陝西（上）（下）**。北京：當代中國出版社。

雷起荃、趙曦、張煒（1993）中國西部工業化發展道路研究（上）。**財經科學** 4: 8-13。

──（1993）中國西部工業化發展道路研究（下），**財經科學** 5: 10-15。

蔣清海（1990）**中國區域經濟分析**。重慶：重慶人民出版社。

二、英文書目

Evangelista, Matthew (1996) "Stalin's Revenge: Institutional Barriers to Intemationalization
　　in the Soviet Union." Pp. 159-185 in *Intemationalization and Domestic Politics*, edited by

Robert O. Keohane and Helen V. Milner. Cambridge: Cambridge University Press.

Frieden, Jeffry A., and Ronald Rogowski (1996) "The Impact of the International Economy on National Policies: An Analytical Overview." Pp. 25-47 in *Intemationalization and Domestic Politics*, edited by Robert O. Keohane and Helen V. Milner. Cambridge: Cambridge University Press.

Huang, Yasheng (1998) *DFI in China: An Asian Perspective*. Hong Kong: The Chinese University Press.

Kirby and Cannon (1989) "Introduction." Pp. 1-19 in *China's Regional Development*, edited by David S. G. Goodman. London: Routledge.

Lardy, Nicholas R. (1994) *China In the World Economy*. Washington, D.C.: Institute for International Economics.

Lyons, Thomas P. (1987) *Economic Integration and Planning in Maoist China*. New York: Columbia University Press.

—— (1990) "Planning and Interprovincial Coordination in Mao's China." *China Quarterly* no. 121 (March): 36-60.

Naughton, Barry (1996) *Growing Out of the Plan*. Cambridge: Cambridge University Press.

Oi, Jean. (1992) "Fiscal Reform and Economic Foundations of Local State Corporatism in China." *World Politics* 45 (October): 99-126.

—— (1995) "The Role of Local State in China's Transitional Economy." *China Quarterly* December: 1132-49.

Shirk, Susan L. (1994) *How China Opened Its Door*. Washington, D.C: The Brookings Institution.

—— (1996) "Intemationalization and China's Economic Reform." Pp. 186-206 in *Intemationalization and Domestic Politics*, edited by Robert O. Keohane and Helen V. Milner. Cambridge: Cambridge University Press.

Skinner, William G. (1977) "Regional Urbanization in Nineteenth-Century China." Pp. 211-249 in *The City in Late Imperial China*, edited by G.William Skinner. Taipei: SMC Publishing INC.

Solinger, Dorothy J. (1999) "Migrants, Layoffs, and Labor Market formation: Data from Three Cities." Paper presented at the International Conference on 'PRC Reforms at Twenty' Convened by the Sun Yat-Sen Graduate Institute of Social Science and Humanitites, National Chengchi University, Taipei, Taiwan, April 8-9, 1999.

Walder, Andrew G. (1995) "Local Governments as Industrial Firms: An Organizational Analysis of China's Transitional Economy." *American Journal of Sociology* 101(2),

September: 263-301.

The World Bank (1994a) *China: Internal Market Development and Regulation*. Washington D.C.: The World Bank.

—— (1994b) *China: Foreign Trade Reform*. Washington D.C.: The World Bank.

Wu, Jianqi (1993) "On the 'Boick Economy': Its Birth, Consequences and Cure." *Chinese Economic Studies* Fall: 9-22.

Yang, Dali L. (1997) *Beyond Beijing: Liberalization and the Regions in China*. London: Routledge.

3
中國準計畫行政體制：
鄉鎮政府從企業經營到土地收租的軟預算財政[*]

一、前言

　　中國歷經三十餘年市場經濟轉型巨變，不僅產業所有權結構已從國有與集體逐步邁向私有化，[1]中國更成為全球經濟分工體系中的世界工廠，透過國際貿易和投資與全球資本主義體系緊密擁抱。中國經濟發展的動力始於 1980s 年代的地方分權，中央政府不僅採取有利地方財政收入的財稅承包制度（fiscal contracting system），同時將經濟治理權下放地方基層（Whiting 2001; Zhang 1999; Oi 1992），藉此提高地方發展經濟與增收財稅的動機，因而創造中國農村在 1980s 年代的經濟奇蹟。然而分權治理採取的包稅制不利於中央政府財政收入，反而促使地方財稅實力增強，造成中央財稅收入占國內經濟總產值（GDP）比重在八〇年代逐漸下滑，從 1978 年的 47% 下降到 1993 年的 13%（Jin and Zou

*　本文原載於 2010 年《臺灣社會學刊》第 45 期（頁 163-212），經該刊同意後轉載，特此致謝。

1　2005 年中國非公有制企業占全國 GDP 比重為 65%。

2003），以致中央財政入不敷出，無法在全國不同區域之間做有效的財稅再分配，中國政府遂在 1994 年採行分稅制改革，重新劃分中央與地方的財稅收入，糾正過去偏袒地方財稅收入的包稅制，使財稅收入再度集中於中央政府（Zheng 2004; Yang 2004）。中央政府採行分稅制之後，中央財稅占國內經濟總產值的比重的確有所上升。

　　然而就在中央財政收入改善之際，中國農村基層財政卻逐漸惡化，尤其鄉鎮政府財政赤字與債務逐漸加重，不僅內陸省分貧窮農村入不敷出，借債度日，中國沿海富裕省分的農村也背負龐大財政赤字與債務，甚至愈富裕的沿海農村地區，財政赤字愈嚴重（段應碧、宋洪遠 2006: 5）。中國農村基層財政赤字到底有多嚴重？因為缺乏官方統計數字，無從得知。但根據中國財政部的推算，中國農村基層債務規模總額在 2004 年達到 6,000 億至 1 兆人民幣之間（財政部財科所 2004）。[2] 為何在新世紀之初中國經濟快速發展與成長之際，中國農村財政卻積累如此高額赤字與債務？放眼東歐後社會主義國家，基層政府財政赤字主要來自東歐各國劇烈的社會變遷、民主轉型、經濟生產衰退、市場制度建構與社會福利改革（Campbell 1996; Haggard and Kaufman 2001; Haggard, Kaufman, and Shugart 2001; Tanzi 2001; Wetzel and Papp 2003），但中國相對缺少政治動亂，經濟又快速成長，社會福利改革才剛起步，而且中國市場經濟轉型相對成功，在這些有利條件下，如何解釋中國農村基層政府近二十年的嚴重財政赤字與債務？

　　研究中國地方財政的學者，認為 1980s 年代地方政府大力推動的農村鄉鎮企業發展、2001 年中央政府推行的農村稅費改革與 2006 年的農業稅取消，均造成鄉鎮財政赤字（Kennedy 2007；段應碧、宋洪遠 2006；朱鋼、譚秋成、張軍 2006: 1）。鄉鎮企業雖曾造就中國農村經濟奇蹟，但在八〇年代末即不敵新興私營與外資企業的經營競爭，不僅

2　由於中國政府缺乏農村財政赤字與負債的統計數據，各機構與學者所採用的農村負債數字呈現分歧。例如段應碧、宋洪遠認為中國鄉村兩級債務總額在 2004 年為 5,500 億到 8,000 億元之間（2006: 2），而朱鋼、譚秋成、張軍引用自中國財政部財科所，認為農村基層債務規模在 6,000 億到 1 兆元之間（2006: 2）。若將中國農村債務擴大到縣市級政府，根據台灣《中國時報》引用大陸的報導，地方政府債務至今已達 7 兆人民幣（中國時報 2010/6/4, p. A20）。本文則取其中，引用中國財政部的估算。

虧損累累，而且負債經營。為避免鄉鎮企業破產倒閉，鄉鎮政府要求地方銀行與信用合作社對鄉鎮企業做財務紓困，導致地方金融機構背負大筆呆帳。為減輕鄉鎮債務，鄉鎮企業遂不可避免走向私有化，當企業全盤私有化，利潤不再上繳鄉鎮政府，鄉鎮財政收入逐漸惡化。中央政府又於 2001 年推行稅費改革，取消農民所有費用繳交，嚴重擠壓農村預算外收入。2006 年中央政府進一步廢除農業稅，雖使農民從稅費禁錮中得到完全解脫，但更加惡化農村財政收入。雖然這些改革均造成中國鄉鎮基層近二十年的財務困窘，但是稅費改革與農業稅取消於二十一世紀之後才開始實施，遠在這之前，中國農村基層就已出現嚴重的財政赤字，而且發展鄉鎮企業衍生的債務，也難以解釋中國農村鄉鎮政府普遍的財政赤字與債務，因為許多沒有發展鄉鎮集體企業的沿海與內陸農村也陷於財政困窘，例如溫州與湖北山區。

　　如何解釋中國農村近二十年的財政困窘？雖然西方學者提出地方政府公司法人論述（local state corporatism）與軟預算約制觀點（soft budget constraints）來討論農村基層財政問題，但他們都忽略在中國行政體制中造成鄉鎮財政赤字與債務的「中國準計畫行政體系」的制度安排。本文的主要解釋變項為「中國準計畫行政體制」的制度設計，[3] 中國雖早已遠離計畫經濟年代，並走出計畫經濟的陰影，但本文認為農村基層政府受制於「準計畫行政體系」中「幹部目標責任制」（target responsibility system）、「上級政府支出責任下移」（cost shifting）、「國家父權主義」（state paternalism）的制度約束，導致農村幹部為如期完成上級下達的年度政策指標，不惜犧牲財政紀律與背負債務，追求個人政績與晉升的利益最大化。「中國準計畫行政體系」結合 1994 年的分稅制改革，不僅壓縮基層幹部與上級政府在財稅分配中的議價權力，壓低農村基層背負債務的交易成本，而且在政治折扣率升高之際，基層幹部的理性抉擇為窮盡地方資源、追求政策完成與官位晉升，不僅犧牲地方長遠發展與稅源培養，而且迫使地方基層政府轉變為資源掠奪的收租

3　作者認為有效解釋中國農村鄉鎮財政赤字與債務的主要原因，除「中國準計畫行政體制」的制度安排外，就是中國政府於 1994 年推行的分稅制。因已有諸多中外財政學者討論分稅制造成地方財政困窘，本文則集中於「中國準計畫行政體制」的討論。

者（rentier），甚至成為負債者。唯有在地方政府面臨財政危機破產之際，社會主義的國家父權制才會伸出援手，進行財務紓困，從而惡化與複製農村基層財政軟預算弊病。

本文考察溫州、無錫、湖北建始三地農村基層財政，透過田野調查蒐集資料以驗證本文之論述。作者於 2004 年至 2009 年的寒、暑假輪流到溫州與無錫做訪問，並於 2008 年的夏季考察湖北建始縣的經濟發展。溫州是中國農村私營經濟最發達的地區之一，無錫是以地方政府力量推動經濟發展的典型代表，而建始是湖北西南部山區的貧困農村，透過三地基層財政比較，不論地區富裕或貧窮，均發現共同的財政赤字與負債，並進而驗證在「**中國準計畫行政體系**」的制度安排下，農村基層幹部的行為模式已從企業家轉變為收租者，甚至不惜以財政赤字及債務，追求幹部個人利益最大化。

作者田野調查範圍以縣屬下級的鄉鎮為主，訪問對象包括村民、村幹部、鄉鎮書記與幹部、鄉鎮財政局、國土資源所等幹部、縣市政府幹部、縣市財政局、國土局、規劃局、農業局等官員以及地方企業等。為保護所有受訪者，本文中的鄉鎮名稱皆取其漢語拼音的第一字母，唯有當各鄉鎮名稱第一字母相同時，才使用中文名稱中第一字的漢語拼音，而村落則全部使用中文名稱第一字的拼音。在解釋「**中國準計畫行政**」的制度安排如何促使鄉鎮政府從企業家轉變為收租者，並陷入財政軟預算約制陷阱之前，讓我們先瞭解中國農村近二十年的財政危機。

二、中國農村基層的財政赤字與負債

從古至今，不論古代帝國或現代國家，統治者均追求國家收入最大化，不僅以國家財富建立直接受統治者指揮的常備軍隊，來保衛國土安全與維護國內秩序，更用財稅提供公共建設與服務，滿足人民生活所需，以增加國家統治的正當性（Mann 1988; Skocpol 1979; Tilly 1975）。因此統治者被視為財稅徵收最大化的掠奪者（Levi 1988）。在現代民主國家，統治者的政績表現必須以國家財稅作為後盾，從事各項

基礎建設與推行社會政策，因此現代國家必須具備強大汲稅能力，增強國家財富，作為施政基礎（Block 1987）。在討論現代國家治理能力時，許多學者均視國家稅收占一國經濟總值（GDP）的比重來衡量國家汲取財稅能力的高低（Migdal 1988; Wang 1995）。姑且不論此一比重是否為測量國家汲取能力強弱的有效指標（Hood 2003），中國政府在1980s 年代中央與地方財稅分配中採取分權讓利的包稅制度，造成中央政府稅收占 GDP 比重逐年下滑，導致中央政府財政赤字，難以進行全國財稅的統籌分配（Wang 1995；王紹光、胡鞍鋼 1994）。

　　包稅制原是傳統中國使用的一種落後徵稅方法，中央政府無力測知地方經濟實力與財富收入，無法按實際財富予以課稅，只能下達地方固定稅收配額，地方只要繳足配額，其餘財稅全歸地方所有（Huang 1974）。由於包稅制不是按照實際財富課徵，結果往往是「肥了地方，瘦了中央」。中國政府用包稅制作為促進地方經濟發展的政策工具，此一制度誘因促使地方興辦鄉鎮與村辦集體企業，以政府企業家角色推動地方經濟發展，不僅創造中國農村八〇年代的經濟奇蹟，表現地方治理績效，而且包稅制提高地方財稅自主權，使地方經濟發展的成果以財稅形式留在地方，繼續推動地方建設與發展。故財稅承包制促使地方政府扮演企業家角色，振興地方經濟（Oi 1992, 1999）。

　　然而為扭轉中央財政赤字，改正包稅制的惡果，中國政府遂於1994 年做財稅改革，採行現代國家使用的分稅制，再度將稅收集中於中央政府，企圖提升中央稅收占全國 GDP 比重。分稅制首次將中國全國財稅劃分為中央稅、地方稅、中央與地方共享稅，並在財稅分配中明顯偏袒中央政府，將重要稅收與稅種集中於中央，次要劃歸地方，因而犧牲地方財稅收入。分稅制並重整全國稅收行政體系，由國稅部門徵收中央稅與共享稅，地稅部門負責地方稅，以確保中央政府財政收入的穩定（World Bank 2002；王紹光、胡鞍鋼 1994）。2002 年中央政府進一步將個人與企業所得稅從地方稅改變為中央與地方共享稅，再度擴張與增強中央汲稅能力（Yang 2004: 89）。分稅制的改革果然提高中央政府稅收占 GDP 的比重，從 1995 年的 10.74% 提高到 2002 年的 18.5%，並且增加中央政府轉移支付的能力（Yang 2004: 73）。表 1 是中國歷年

中央與地方財稅分配概況，其中明白顯示 1994 年實行的分稅制確實改善中央政府財政赤字。

表1[4]　中央與地方政府（省）預算收入與支出（1953-2009 年）

（單位：百萬元人民幣）

年度	收入		支出		收支平衡	
	中央	地方	中央	地方	中央	地方
1953	17.702	3.622	16.205	5.716	1.497	-2.094
1960	14.280	42.949	27.863	36.505	-13.583	6.444
1978	17.577	95.649	53.212	58.997	-35.635	36.652
1979	23.134	91.504	65.508	62.671	-42.374	28.833
1980	28.445	87.548	66.681	56.202	-38.236	31.346
1981	31.107	86.472	62.565	-31.458	51.276	35.196
1982	34.684	86.549	65.181	-30.497	57.817	28.732
1983	49.001	87.694	75.960	-26.959	64.992	22.702
1984	66.547	97.739	89.333	-22.786	80.769	16.970
1985	76.963	123.519	79.525	-2.562	120.900	2.619
1986	77.842	134.359	83.636	136.855	-5.794	-2.496
1987	73.629	146.306	84.563	141.655	-10.934	4.651
1988	77.476	158.248	84.504	164.617	-7.028	-6.369
1989	82.252	184.238	88.877	193.501	-6.625	-9.263
1990	99.242	194.468	100.447	207.912	-1.205	-13.444
1991	93.825	221.123	109.081	229.581	-15.256	-8.458
1992	97.951	250.386	117.044	257.176	-19.093	-6.790
1993	95.751	339.144	131.206	333.024	-35.455	6.120
1994	290.650	231.160	175.443	403.819	115.207	-172.659
1995	325.662	298.558	199.539	482.833	126.123	-184.275
1996	366.107	374.692	215.127	578.628	150.980	-203.936
1997	422.692	442.422	253.250	670.106	169.442	-227.684
1998	489.200	498.395	312.560	767.258	176.640	-268.863
1999	584.921	559.487	415.233	903.534	169.688	-344.047
2000	698.917	640.606	551.985	1036.665	146.932	-396.059
2001	858.274	780.330	576.802	1313.456	281.472	-533.126
2002	1038.864	851.500	677.170	1528.145	361.694	-676.645
2003	1186.527	984.998	742.010	1722.985	444.517	-737.987
2004	1450.310	1189.337	789.408	2059.281	660.902	-869.944
2005	1654.853	1510.076	877.597	2515.431	777.256	-1005.355
2006	2045.662	1830.358	999.140	3043.133	1046.522	-1212.775
2007	2774.916	2357.262	1144.206	3833.929	1630.710	-1476.667
2008	3268.056	2864.979	1334.417	4924.849	1933.639	-2059.870
2009	3589.614	3258.074	1527.984	6059.380	2061.630	-2801.306

資料來源：中國財政年鑑（2009）。

4　表1數據的意義，一方面中央支出部分並未包括對地方的稅收返還和轉移支付，另方面地方收入並未包含這兩項，因此自 1994 年實行分稅制之後，就帳面觀察，中央收入大於地方支出，呈現收支平衡。

　　值得注意的是，分稅制是中央與省的財稅分配制度，但省與下級縣市及鄉鎮之間的財稅分配則相當分歧，各地不一。有採分稅制者，但也有沿襲舊有財稅承包制（Jin and Zou 2003; World Bank 2002）。但不論採行哪一種財稅分配制度，每一級政府均仿效中央財稅集中做法，省與縣市均只考量自己的財稅需要，而犧牲下級財政的收支平衡。由於每一級政府均變成財稅掠奪者，並未考量下級政府的財政需要，導致基層政府財政赤字嚴重，必須尋找預算外收入與自籌資金，甚至負債，才可能維持正常運轉。本文研究重心放在鄉鎮，到底中國鄉鎮政府財政赤字與債務有多嚴重？由於中國缺乏官方正式統計數據，我們很難瞭解鄉鎮政府所背負的實際債務。縱使有個別鄉鎮政府公佈年度財政債務，但通常為低估（Lin 2003）。前已述及，根據中國財政部估算，全國農村到 2004 年已累積負債 6,000 億至 1 兆人民幣之間，而且中國農村債務已占全國 GDP 比重的 5% 到 10% 之間（朱鋼等 2006: 185），不僅內陸各省農村出現財務赤字，沿海富裕農村累積債務更為嚴重。例如無錫農村鄉鎮 2004 年平均負債人民幣 1.34 億元，折合美金 1,700 萬元（無錫市統計局 2005），遠超過同年台灣平均鄉鎮負債的四倍。 2004 年台灣平均鄉鎮負債為 1.33 億元台幣，折合美金 420 萬元。[5]由於財稅收入嚴重不足，中國鄉鎮政府只有依賴預算外收入，或巧令名目，對農民與企業集資攤派，或亂收費用與罰款，廣增農民稅費負擔。除分稅制外，如何解釋中國農村基層負債嚴重之現象，迫使鄉鎮基層政府從創造稅收的企業家走向土地資源掠奪的收租者？

三、文獻回顧

　　當代研究中國財政的學者，雖少見將地方政府當做資源掠奪者看待，但許多學者均已認識到近二十年來中國農村鄉鎮財政赤字與債務的

5　根據台灣審計部，2004 年全台灣 20% 的鄉鎮呈現財政赤字與負債，平均每個鄉鎮
　　負債台幣 1.33 億元（折合美金 420 萬元）。見審計部網站，http://www.audit.gov.tw/
　　Public/Doc/60/20060929142513103nJvt.pdf（2010/08/29）。

嚴重性（朱鋼等 2006；段應碧、宋洪遠 2006；方寧 2004；宋洪遠等著 2004）。為何鄉鎮政府自八〇年代末以來陷於財政困境，必須背負債務才能解決行政開支與政策執行？地方政府公司法人論述雖然強調地方政府強大的行政能力，以企業家角色在 1980s 年代成功推動地方經濟發展與稅收成長（Oi 1992, 1999），但此一論述也認識到近來鄉鎮治理中的財政失控與赤字負債，並將原因歸諸於鄉鎮幹部毫無保留的忠貞奉獻於地方治理，不惜陷於債務也要完成政治任務，以表現政治忠誠（Oi and Zhao 2007）。然而地方政府公司法人觀點忽視追究造成地方幹部力求政治忠貞表現的制度因素，並將其視為理所當然。本文認為，除分稅制影響外，「**中國準計畫行政體系**」制度安排中的「幹部目標責任制」與「上級逃避支出責任」所形成的財政兩難，是迫使鄉鎮幹部犧牲地方財政紀律，追求政策目標以實現個人短期晉升利益的罪魁禍首。**地方政府公司法人**觀點忽視幹部的政治忠貞表現是「**準計畫行政體制**」下的理性抉擇使然。

軟預算約束理論[6]觀點從市場紀律（market discipline）以及科層體制的層級監督（hierarchical supervision）機制，相當有效解釋地方政府為何出現債務堆砌、財政赤字與缺乏支出責任而成為債務積欠者。**軟預算約束理論**認為一個國家不論是否具有財稅自主性，均依賴市場紀律與層級監督這兩種機制去規訓與硬化地方財政預算（harden the budget constraints）（Rodden and Eskeland 2003b）。哪一種機制較能發揮功效端視一個國家的財政與政治制度而定。例如市場機制在享有高度財政自主的民主國家運作較佳，例如美國州政府與加拿大省政府；而層級監督機制在挪威與匈牙利發揮較佳功效去硬化地方財政。而中國這兩種機制功效均差，以致地方基層遍布軟預算約束（Rodden and Eskeland

---

6 軟預算約束概念最早由匈牙利經濟學者 Kornai（1998）提出，描述社會主義體制下的國營企業，缺乏經營效益，不時虧損。而社會主義國家為追求全民就業與社會平等，不時對經營虧損的企業挹注資金，提供補貼與稅收優惠，進行拯救，造成企業的軟預算制，這和資本主義體制下企業經營不善即倒閉的硬預算約束截然不同。Kornai 視企業軟預算行為是一種病態（pathology）表徵，必須以資本主義體制下私營企業的硬預算行為做表率進行改革。Kornai 雖未有軟預算弊病的專有名詞，但從他對企業無懼於虧損倒閉以及缺乏經營效益的討論，可以充分瞭解企業軟預算行為是一種弊病（1986），因此本文以軟預算約制與弊病交互使用。

2003a）。

　　為何市場紀律與層級監督機制在中國均無法發揮功效？就市場紀律言，中國地方政府不具徵稅自主性，在地方財政入不敷出時又被禁止向銀行借貸（Lin 2003），當地方政府陷於財政困境時，中國農民又無法像美國人民在民主體制下可用選票罷黜債務堆砌與破產的地方政府，並以信用與證券市場監督地方財政，顯然市場紀律約束機制根本不存在於中國。就層級監督機制言，**軟預算約束理論**指出省級政府人事任命的行政自主權以及省以下實行分稅／包稅的雙軌制，共同削弱了中央政府對省級財政的層級監督（Jin and Zou 2003）。然而**軟預算約束理論**的觀察焦點只鎖定在中央與省級政府間的財稅分配，不僅缺乏討論農村基層縣與鄉鎮之間的財政監督，更未能從國家「**準計畫行政體制**」產生的財政兩難，解釋層級監督機制的失靈。雖有少數研究討論農村鄉鎮基層的財政軟預算現象（黃驥弘 2005），但並未觸及層級監督機制的失效問題。

四、「中國準計畫行政體系」的制度安排

　　軟預算約束理論相當適切的描述中國地方政府不負責任與散漫的財政紀律，也提出層級監督機制在中央與省之間弱化的原因。但本文認為唯有「**中國準計畫行政體制**」的概念建構，才能有效解釋中國農村鄉鎮基層的財政赤字與負債，以及行政體系中層級監督機制在農村基層失效的原因。「**中國準計畫行政體制**」脫胎於大陸學者建構的「**中國分權式壓力型體制**」概念（榮敬本、崔之元、王拴正、高新軍、何增科、楊雪冬 1998: 28-35），本文結合制度論與行動者理性選擇，說明中國農村基層政府在「**準計畫行政體制**」約束下不僅從企業經營走向收租者，並且逐漸向負債者靠攏。

　　「**中國準計畫行政體系**」的制度設計帶有社會主義計畫經濟色彩，上級政府為確保地方貫徹中央政策，遂將政策任務在行政體系中層層分解，並以量化指標下達，以便下級政府執行並完成政策任務（榮敬本等 1998）。尤其在八〇年代中國實行地方分權後，雖然中央政府逐步放

棄計畫經濟，但為確保中央政策在地方落實，計畫式的政策目標分配與實踐逐漸增強。例如為落實人口與計畫生育政策目標，中央政府控制全國人口增漲幅度規模，責令各省訂定生育政策目標。在農村基層則由各縣實際操作計畫制訂與責任落實，之後再將政策目標分解到各鄉鎮，指令鄉鎮政府如期完成縣下達的政策任務，並接受縣政府的年度政績考核。雖然計畫行政體系中的政策指標設定並未像計畫經濟生產任務那樣精確，但同樣強調計畫落實的強制性，甚至使用政績考核來獎懲幹部是否達到政策目標的要求。這種上級政府下達政策指標，責令下級如期完成，並嚴格執行政績考核的做法，雖無計畫行政之名，但已經具有計畫行政之實，因此本文將這種制度安排稱之為「**準計畫行政體制**」。

「**中國準計畫行政體制**」中的制度建構之一是「**幹部目標責任制**」（Edin 2003; Tsui and Wang 2004；榮敬本等 1998），使用幹部政績考核強制完成政策任務。例如鄉鎮必須完成縣政府下達的計畫生育、稅收成長、外資引進、經濟發展、農村基礎教育普及等具體政策指標，為確保政策目標與任務的達成，上級政府要求基層幹部必須與之簽訂契約，在簽訂契約時就先將基層幹部的部分薪資挪出作為獎金，若在一定期限內完成任務，幹部領回扣押的薪水作為獎金，若幹部無法如期完成任務，則沒收扣押的薪水作為懲罰（Edin 2003；榮敬本等 1998）。此外，幹部的政績考核還受政策任務完成的優先順序影響，例如有些政策任務列為首要優先，一定要完成，如稅收任務、計畫生育、經濟成長等。有些任務則歸類為硬性或軟性，在優先任務沒有完成下，不論其他硬性與軟性指標表現再好，幹部考績則一筆勾消，即是「一票否決制」，中央政府用此政治壓力貫徹國家意志（Tsui and Wang 2004; Edin 2003；榮敬本等 1998）。

「**中國準計畫行政體制**」的制度建構之二是「**財政支出責任下移**」。與計畫經濟不同之處，在「**準計畫行政體制**」之下，各地縣級政府並未提供基層政策執行所需的財政經費，而且鄉鎮基層預算內收入有限，通常只能維持基本人事與行政開支，難以應付上級下達的政策性任務。縱使有時上級政府提供部分補助，但遠不符實際所需，地方政府必須自籌經費提出配合款項，導致鄉鎮基層只得向地方農民和企業集資與攤派，

或向個人與金融機構借款，追求預算外收入才得以完成政策任務（朱鋼
等 2006；段應碧、宋洪遠 2006；宋洪遠 2004；World Bank 2002；榮
敬本等 1998: 40-48）。這種上級政府向下轉移財政支出的做法，使基層
政府陷於財政困窘，因此「**準計畫行政體制**」只問政策落實而輕忽支出
責任，因而擴大地方財政壓力。上級政府逃避政策執行的財政支出責
任，其來有自。在過去毛統治年代，農村基層政策的落實皆仰賴地方經
費自籌，因此中國農民向來必須與國家爭奪糧食剩餘，以便讓較多糧食
留在農村，支付農村自公社以降的行政支出、幹部薪資、地方服務與建
設費用等（Oi 1989）。在八〇年代實行財稅承包制時，由於中央財政長
期赤字，遂將財政支出責任下移，省級政府上行下效，也將支出責任層
層下移，最典型代表是八〇年代推行的農村九年基礎教育普及政策。在
上級未提供相應之教育經費前提下，各地農村被迫支付校舍建築與教師
薪資，因而累積大筆債務（趙鈺芬 2006）。顯然中國政府習於將中央政
策落實的經濟重擔交由地方負責，不僅形成地方預算外經費自籌的路徑
依賴（path dependency），也是基層財政入不敷出、債務積累的主要原
因。

　　「**中國準計畫行政體制**」的制度建構之三，是社會主義體制其來有
自的父權主義照顧。[7]中國自八〇年代末實行的「**準計畫行政體制**」，雖
迫使農村基層在政績考核壓力下完成政策目標，但上級輕忽其財政責
任，意想不到的後果卻是基層財政赤字與負債。為彌補鄉鎮財稅之不
足，農民稅費負擔日漸繁重，鄉鎮政府進而掠奪土地資源，不僅拍賣土
地，而且做土地商品化開發與坐收土地租金，使之成為鄉鎮預算外收入
最大來源。然而鄉鎮預算外收入遠不及日趨繁重的政策任務所需，負債
成為不可避免。類似過去計畫經濟時代國營企業無懼於財務虧損的軟
預算弊病，「**中國準計畫行政體制**」下的基層政府無懼於財政赤字與債

7　匈牙利經濟學者 Kornai，認為計畫經濟體制下的社會主義國家，以照顧子女的父母方式
　　經營企業，每當企業發生虧損與困難，政府就做急難救助，免除企業破產倒閉的危機。
　　一方面企業虧損責任不在企業，因為企業承擔太多與經營無關的政治任務與員工福利照
　　顧。另一方面，社會主義國家為達到全民就業，也不允許企業倒閉，以免工人失業，因
　　此國家必須救助企業，形成社會主義的國家父權制，也造成企業的軟預算行為（1992:
　　55-57, 144-145）。

務，因為社會主義國家的父權主義，絕不會坐視基層政府破產倒閉而不救援。上級政府財務紓困與債務勾消的父權照顧，正是最近幾年中國政府對農村債務消解的最佳寫照。[8]

本文認為「**準計畫行政體制**」比「**壓力型體制**」，在概念上更清楚呈現中國政府透過準計畫式的行政制度安排，確保地方落實中央政策，並凸顯地方為完成政策目標的財政困窘。尤其「**中國準計畫行政體制**」的制度安排——幹部目標責任制、上級財政支出責任下移、國家父權主義——形塑並影響基層幹部的理性選擇與行為，促使幹部從企業經營走向土地資源掠奪的收租者，並無懼於負債。

五、「中國準計畫行政體制」下的幹部理性抉擇

本文採用政治學者 Levi 的理性選擇觀點，從幹部與上級談判稅收分配的議價能力（bargaining power）、資源掠奪與背負債務的交易成本（transition cost）、個人政治折扣率（discount rates）的考量出發（1988），討論在「**中國準計畫行政體系**」的制度結構下，形塑基層幹部的理性思維，不僅促使鄉鎮政府坐收地租，並以債務積欠完成上級政策任務，實現幹部個人利益最大化。

雖然在「**準計畫行政體制**」的「**上級財政支出責任下移**」壓力下，基層幹部寄望以政策落實為由，能獲得上級較多財力支持，增加鄉鎮預算內收入。但分稅制壓縮基層幹部在財稅分配上的議價空間，各級政府均仿照中央，犧牲下級，優先滿足自身財政需要。縣鄉之間的財稅分配，不論兩者間採取固定比例分成、遞增分成，或財政補貼，鄉鎮幹部的議價能力均視鄉鎮與縣的關係好壞與談判結果而定。但不論鄉鎮與縣的關係如何，通常預算內收入只能滿足鄉鎮編制內人事費用，而鄉鎮額外行政開支、編制外人事經費、鄉鎮政策執行與建設經費，則需靠預算

8　作者於 2008 年在溫州與建始農村的田野調查，許多負債嚴重的鄉鎮皆獲得上級政府的財政紓困，勾消債務。

外收入與自籌經費來完成，[9]因而分稅制削弱鄉鎮幹部在財稅分配上的談判能力。

　　在 2001 年以前，中國基層農民的稅費負擔除繳交村提留與鄉統籌外，[10]還需繳交農業稅與農業特產稅，這些均為農村基層預算內收入。但為落實政策目標或追求政績工程表現時，鄉鎮政府在預算內收入不足的前提下，必須向農民強行集資與攤派。隨「**準計畫行政體制**」的確立，地方政策任務日漸繁多，地方財政愈趨捉襟見肘，鄉鎮政府巧令名目的苛捐雜稅，讓無以為繼的農民更為不滿，雖然上級政府會透過轉移支付，補助鄉鎮基層以落實中央政策，但通常補助有限。農民稅費負擔日漸加重，許多地方農民每年被迫繳交攤派費用高達 7、80 種，[11]引發抗爭非法收費的集體行動增加（Bernstein and Lu 2003），幹部稅費增收的交易成本因而擴大。

　　為維護地方安寧與社會秩序，並防止農村暴動，中央政府嚴厲禁止農村幹部非法收費，於本世紀初先後做稅費改革與取消農業稅，解除農民所有稅費負擔。但為解決上級轉移支付不足與支出責任下移的問題，農村土地開發遂成為鄉鎮預算外收入的主要來源。尤其城鎮擴張與開發區建設都亟需用地，農村土地供不應求，造成地價暴漲，鄉鎮政府便視土地為財政收入的金母雞，巧令名目變更農地使用，進行土地拍賣、出租與商業用途，農村基層政府遂成為最大地主，長期坐收租金。然而當土地租金不足支付政策執行成本時，欠債成為必要。社會主義的父權照顧，不僅降低鄉鎮負債成本，而且使基層無懼於倒閉破產，幹部深信上級終會伸出財政援手，勾消基層政府的債務積累，使之繼續正常運作。

9　作者 2004、2005 年訪問溫州與無錫鄉鎮財政局。

10　中國農民在稅費改革前，除要繳交農業稅之外，主要稅費負擔就是繳交三提留與五統籌，也就是村提留與鄉統籌，包括公積金（水利、水壩等建設費用）、公益金（造橋、貧困戶）、管理費（村主任、會計等幹部薪資、客人招待費等）為三提，而鄉統籌包括教育費附加（村辦教育）、計畫生育費、民兵訓練費、民政優撫費、民辦交通費為五統。但在稅費改革後，「三提五統」的繳交已終止。

11　自八〇年代末中央政府為平息農民不滿，曾規定鄉鎮政府向農民收費時，不得超過農民前一年平均收入的 5%，但很少有地方能遵守此一規定，地方收費超過此一上限是常態，農民不滿與怨言增加。

　　從鄉鎮幹部任期長短的理性考量出發，[12] 若在時間上幹部衡量未來的回報對眼前利益不具增值效果（Levi 1988: 32-33），也就是幹部認為未來的地方發展對個人目前的政治晉升幫助不大，幹部的政治折扣率升高，這會鼓勵幹部積極尋求短期政績表現，忽視地方長遠經濟發展與稅源培養。若幹部的政治折扣率降低，表示幹部會選擇未來稅源培養勝於目前的資源掠奪。由於中國農村鄉鎮幹部的短期任職，每三或五年在地方上輪調一次，未來發展的回報無助於幹部的短期升官，這促使幹部採行急功近利的短視手段，不惜犧牲農民權益，以資源掠奪或負債方式來實現個人晉升利益最大化，遂使地方財政紀律趨近崩潰，陷於財政軟預算弊病。

　　本文強調在「**中國準計畫行政體系**」的制度架構下，上級政府以政策落實考核地方治理績效，並迫使鄉鎮政府自行消化政策執行成本。此一制度設計進而形塑幹部的理性考量，選擇在鄉鎮企業私有化之後走向坐收地租與負債經營，無懼於破產倒閉，因而瓦解中國農村基層的財政紀律。本文的因果架構分析以圖 1 顯示。本文認為中央政府的分稅制、稅費改革、取消農業稅均惡化中國農村基層財政，並已被中西學者充分討論，本文則側重「**中國準計畫行政體制**」對幹部理性選擇的影響，從企業家走向土地收租。

　　本文比較浙江溫州、江蘇無錫與湖北建始的農村財政，說明「**中國準計畫行政**」的制度架構形塑溫州、無錫與建始農村幹部的行為模式，從企業家走向收取租金的地主，甚至以債務積累實現個人利益最大化。

---

12 根據 Levi，時間在理性選擇理論中具有重要角色，導致統治者在政策選擇上視不同的政治折扣率而定。若統治者視未來價值高於眼前利益，則政治折扣率低，因此統治者選擇未來稅源培養勝於目前的資源掠奪。若統治者政治折扣率高，表示未來對統治者不具意義，也就不會考慮發展的政策選擇，因而選擇短期資源掠奪（1988: 13）。

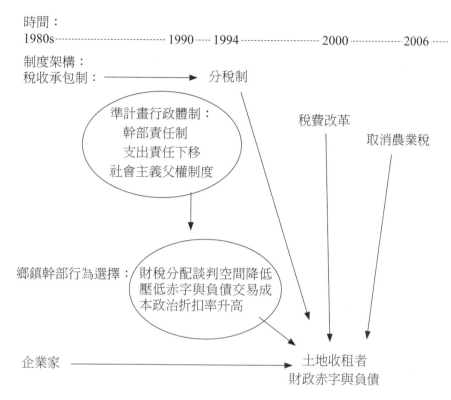

圖1　中國準計畫行政體制影響地方政府行為選項的因果關係分析

六、「中國準計畫行政體制」下溫州、無錫、建始農村的土地租金與債務積累

（一）鄉鎮政府的土地徵用、債務積欠、軟預算財政

　　浙江溫州與江蘇無錫均為中國行政體系中的地級市，[13] 管轄的行政區域包括地級市中的市區、周圍的縣、與縣平行的縣級市，以及鄉鎮。本文田野調查的對象以鄉鎮為主，訪談地點包括溫州市[14] 下轄的瑞安市

---

13 中國行政區域劃分為直轄市（如北京市、上海市等）、省（省級市）、地級市、縣（縣級市）、鄉鎮、村。所以地級市管轄之下的行政單位包括市區、縣（縣級市）、鄉鎮、村。

14 溫州為浙江省地級市，下轄三個區（鹿城、龍灣、甌海行政區），二個縣級市（樂清、瑞

（縣級市）、平陽縣、甌海區與龍灣區的鄉鎮。無錫市[15]由於早就兼併面積廣大的無錫縣農村，因此將原本無錫單一老市區擴大為七個。作者在無錫市的田野地點包括北塘區、新區、惠山區、南長區、濱湖區下轄的鄉鎮。此外，建始縣位於湖北省西南部山區，是少數民族土家族聚居之處，隸屬恩施州（等同於地級市）自治區管轄。作者在此區的調查地點僅侷限於建始縣內的各鄉鎮。[16]

　　溫州與無錫均為中國沿海省分最富裕地區，自八〇年代初期就因善用地方資源秉賦與比較優勢，分別以農村私營經濟與鄉鎮集體企業，創造地方經濟奇蹟。建始縣與溫州、無錫的富裕不同，地處山區邊陲，長期對外交通不便，欠缺工商業活動，經濟以雜糧作物為主，農民生活困苦，收入偏低，被列為全國貧窮縣，長期接受上級政府財政補助。溫州、無錫、建始（恩施）在 2000 到 2008 年間城鎮與農村人均所得見表 2。

　　縱使溫州與無錫的發展路徑完全不同，兩地農村基層債務自九〇年代末則日益嚴重。前已述及，無錫農村鄉鎮 2004 年平均負債 1.34 億人民幣，遠超過同期台灣鄉鎮負債。溫州市政府並沒有鄉鎮負債的統計數字，只能從作者田野調查中零星得知，例如平陽縣 K 鎮在 2004 年累積債務 1.4 億人民幣，甌海縣 G 鎮在 2005 年的隱性與顯性債務共計 570 萬人民幣，瑞安市 F 鎮在 2003 年債務為 1,517 萬人民幣，同市的 C 鎮在 2005 年累積 290 萬人民幣債務等。[17]而建始縣在 2008 年累積債務超過 3 億元，下轄的 Hua 鄉積欠近 200 萬元債務，Ye 鎮 170 多萬元債務，而 San 鄉債務超過 200 萬元。[18]

安），與蒼南、平陽、泰順、文成、永嘉五縣。

15 無錫為江蘇省地級市，下轄二個縣級市，即江陰市與宜興市，以及七個市區（崇安、錫山、惠山、北塘、南長、新區、濱湖）。這七個市區，除原有崇安是老市區外，其餘六個包含廣大農村地區。

16 湖北建始縣處於群山之中，下轄九個鄉鎮，公共交通不便。建始田野調查在 2008 年與政治大學國際關係研究中心第四所的學者以及東亞所研究生助理共同組成研究團隊，在中國社會科學院社會所引荐下前往。

17 在作者連續多年的溫州田野調查中，除單獨或有時與助理及研究生共同調查外，只有 2005 年春季，作者委託研究生黃騏弘二赴溫州，繼續鄉鎮財政的訪問，因此只有 2005 年溫州的訪問資料是作者與助理共享。

18 作者 2008 年訪問建始縣財政局、Hua 鄉、Ye 鎮與 San 鄉財經所幹部。

表2　溫州、無錫、恩施、建始城鎮、農村人均所得（2000-2008年）

（單位：人民幣）

	2000	2001	2002	2003	2004	2005	2006	2007	2008
溫州市									
城鎮人均收入	12,051	13,200	14,591	16,035	17,727	19,805	21,716	24,002	26,172
農村人均收入	4,298	4,683	5,091	5,548	6,202	6,845	7,543	8,519	9,469
無錫市									
城鎮人均收入	8,603	9,454	9,988	11,647	13,588	16,005	18,189	20,898	23,605
農村人均收入	5,262	5,524	5,860	6,329	7,230	8,004	8,880	10,026	11,280
恩施州									
城鎮人均收入	4,792	5,775	—	6,492	6,600	7,063	7,592	8,274	9,446
農村人均收入	1,560	1,476	1,465	1,498	1,593	1,643	1,848	2,143	2,519
建始縣									
城鎮人均收入	3,912	5,197	5,287	5,604	6,146	7,250	7,394	8,085	9,165
農村人均收入	1,447	1,407	1,416	1,448	1,556	1,616	1,823	2,102	2,490
全國									
城鎮人均收入	6,280	6,860	7,720	8,472	9,442	10,493	11,759	13,786	15,781
農村人均收入	2,253	2,366	2,476	2,622	2,936	3,255	3,587	4,140	4,761

資料來源：2000-2008年溫州市國民經濟與社會發展統計公報；無錫市經濟與社會發展統計報告2000-2008；關於恩施州2000-2008年國民經濟與社會發展統計公報；2008年建始縣國民經濟與社會發展統計公報；中國統計年鑑2009。

　　溫州與無錫工商業較發達的農村，自2001年農村稅費改革後，地方農民就免除「三提五統」的費用繳交，完全由鄉鎮預算外收入與自籌資金支付鄉鎮行政開支與公共建設經費。然而位於偏遠山區的貧困農村，因欠缺工商業發展，農村預算外收入很少，就必須靠村幹部向縣市的扶貧辦公室以及各部門申請經費補助，此時村與縣市政府的人際關係成為獲得補助的重要關鍵。[19]

1. 幹部目標責任制與上級財政支出責任下移

　　在「中國準計畫行政體制」確立後，下達農村的政策指標日趨增加，但始終缺乏政策執行的配合經費。農村幹部為實現優先指標，並追

---

19 作者2004年訪問溫州瑞安市C鎮下轄的Wan村書記。

求政績表現，債務堆砌成為必然。根據溫州平陽縣幹部：[20]

> 目前鄉鎮的行政與建設工作全由上級下達，由縣轉交鄉鎮完成，並且經費支出全由鄉鎮負責。例如平陽縣要求每個鄉鎮要建養老院，供養鎮上老人；鄉鎮還要建救助站收容流浪漢與乞丐，這些建設經費都必須來自鄉鎮自籌。此外，平陽縣為贏得全省教育先進縣的榮譽，全縣必須要有三分之二鄉鎮是教育強鎮。而作為教育強鎮，必須在鎮中心至少要建有小學、中學與職技學校。這些建設經費都必須由鄉鎮自行設法，故舉債成為鄉鎮基層幹部政績表現的必要手段。

又根據溫州瑞安市 C 鎮幹部：[21]

> C 鎮是半山區的貧窮鎮，我們每年從上級得到財政撥款 70 萬元，這就是預算內收入，全部用於發放幹部薪資。我們有預算外收入，包括社會撫養費與城市建設配套費。社會撫養費就是計畫生育罰款，城市建設配套是農村建新房舍時按建築面積收取的費用。[22] 但我們需執行的政策任務多，財政入不敷出，目前 C 鎮已負債290 萬元。

　　由於社會扶養費曾是 C 鎮重要預算外收入來源之一，故 C 鎮並不熱心執行計畫生育工作，以便可以徵收超生罰款。但若上級政府將計畫生育當作優先完成的政策任務，鄉鎮勢必要積極推動，但因此預算外收入就減少，不利於鄉鎮財政。在「**中國準計畫行政體制**」下，上級政府一方面要求落實政策任務與政績考核，另一方面又要地方自籌執行政策的經費資源，顯現兩者間的財政矛盾。然而在農村稅費改革之後，被視

20　2005 年田野調查，訪問溫州平陽縣幹部。
21　作者 2004 年訪問溫州瑞安市 C 鎮鎮委書記。
22　城市配套設施費，是農村建新房時，鎮會收取一筆按建築面積大小課徵的費用，若一平方公尺收取 20 元，則一棟 100 平方米面積的住房就必須繳交 2,000 元城市配設施費。

為優先政策的計畫生育經費，目前已由上級政府撥款補助，不再由鄉鎮自籌，以減少鄉鎮財政負債。[23] 有時鄉鎮幹部為追求片面政績表現，例如爭取評鑑為「文明強鎮」，則需要建設道路與橋樑等基礎設施，但經費從何而來？根據溫州瑞安市 F 鎮財政局幹部：[24]

> 基礎設施中的道路建設通常可以申請到上級政府提供的專項補助，但鄉鎮必須拿出部分配合款。例如為籌措道路建設配合款 1,000 萬，我們向上級借款部分，向農民集資部分，鎮自籌部分。我們目前已累積 1,517 萬元的財政赤字，另有應付未付的隱藏赤字 1,889 萬元，以及尾欠未付的工程款項。

雖然鄉鎮提出的基礎建設計畫可獲得上級政府經費補助，但遠不及鄉鎮所需，不足部分必須自籌。顯然幹部片面追求政績表現的工程建設，犧牲鄉鎮財政，用赤字與債務堆砌邀功，求得個人政治晉升的利益最大化。

由於地方財稅短缺，許多預算外收入管道又被稅費改革所圍堵，農村土地已變成許多鄉鎮主要收入來源，根據溫州平陽縣 K 鎮財稅局幹部：[25]

> 每年從上級下撥到鎮的經費主要用於吃飯的人事費，若要做其他建設則必須自籌，土地則是本鎮最主要的預算外收入來源。 2003 年我們賣地獲利 1.52 億元，但在分配此一利潤之前，縣國土局先拿走 20%。農民獲得每畝 6.6 萬元的補償，剩下則由縣與鎮財政局各以三和七比例分成。

為彌補預算內收入之不足，溫州鄉鎮必須靠賣地籌措經費，落實上級下達的政策目標。在上述案例中，農民並未拿到一畝 6.6 萬元的失地

---

23 建始縣為貧困縣，計畫生育的推動經費來自上級的轉移支付。
24 2005 年訪問溫州瑞安市 F 鎮財政局幹部。
25 2005 年訪問溫州平陽縣 K 鎮財稅局幹部。

補償，往往村政府先扣除一定比例作為行政經費，剩餘才分給農民。而且在土地拍賣的利潤分配中，鎮獲得總利潤的大部分，剩下由縣財政局與國土局分享。[26] 在溫州農村土地拍賣中，獲利最大的是鄉鎮政府，而農民是最大輸家。

　　相較之下，無錫農村債務，除部分來自過去鄉鎮集體企業的虧損與經營不善外，農村債務的迅速積累，來自上級指派的社會保障政策任務。無錫農村於 1992 年在上級政府政策要求下開始時做養老保險，但當時出於農民自願而非強制參加，而且農村養老保險訂定的標準很低，農民自己繳交部分保費，村鎮支付大部分費用，退休之後老農每月可領取 67-70 元養老金，但目前在村財政支助下，此項目已增加到每月 315 元。[27] 由於農村社會保障體系的財政負擔完全由農村基層自理，沒有上級政府與中央財政補助，農村財政負擔加劇，這是全世界少見的。

　　無錫城郊農村於 2003 年併入市區，城郊農民順理成章轉變為城市居民，為保障這些新興城市居民的生活，原有村集體必須為他們辦理城市社會保障，以便銜接與城市居民相同的養老待遇。為使一個尚未退休的農民加入無錫市養老保險體系，以便他日後可以每月領取與城市居民相同的 800 多元養老金，農民必須一次性支付 53,000 元，補足與城市養老保費的差額，[28] 但這項費用卻由村支付絕大部分，根據無錫 Liu 村幹部：[29]

　　　我們村在併入無錫市之後，雖有失地農民的社會保障，但村仍須為 240 名尚未退休的村民購買養老保險，以便使他們在退休後可以銜接與城市居民相同的養老待遇。為此，尚未退休的村民必須每人補繳 53,000 元，其中村為他／她支付 90%，即 47,700 元，而村民自己支付剩餘的 10%，為 5,300 元。此外，我們還要照顧已退休的農民，提高他們每月的養老金從 60 元到 315 元。縱使如此，他們仍

26　2005 年訪問溫州平陽縣 K 鎮財政局幹部。
27　作者2005 年訪問無錫市土地資源局與社保中心幹部。
28　作者2005 年訪問無錫市土地資源局幹部。
29　作者 2005 年訪問無錫 Liu 村書記。無錫「土地換社保」的政策始於 2003 年，可是 Liu 村並未因此政策獲利，反而村民與無錫市養老保險的銜接全由村來支付。

然不滿，跑到鎮政府去上訪抗議。在上級政策要求下，我們還要為全村村民辦理醫療保險。我們村每年光支付社保就需要 500 多萬元，作為村支書，我去哪裡籌這麼多錢？

在政策指標要求下，Liu 村在 2005 年已完成 180 位村民的城市養老保障銜接。縱使財政困窘，村仍然必須完成政策任務。幸虧 Liu 村擁有許多土地資產，每年坐收大筆土地租金，支付龐大的社會福利開支，但是村書記仍感力不從心，認為村經濟合作社即將入不敷出，產生債務。

無錫 H 鎮與 Liu 村類似，依靠拍賣土地與收租作為自籌資金，應付上級支出要求。根據 H 鎮幹部：[30]

我們鎮過去一直依靠鎮辦企業的利潤上繳作為主要收入，但在企業全盤私有化之後，我們則仰賴土地拍賣作為收入來源。自 2003 年我們併入無錫市轉變為 H 街道，土地拍賣出讓金全被無錫市占有，我們就停止拍賣土地，轉而出租土地給企業與工廠，並建商品房與店舖出租，收取租金，以此作為養老與健保基金。

無錫 Yiu 村也靠與土地經營相關的租賃收入維持村務運作。根據 Yiu 村幹部：[31]

我們村的財政收入過去靠村辦企業上繳利潤，現在靠收取租金。第一、所有村辦企業必須每月繳交土地租賃費。第二、我們建商店與市場攤位出租，每月收取固定租金。第三、我們與建商合作蓋商品房出售或出租。

除養老外，無錫農村被上級政府要求落實小康社會的政策目標，必須提供村民醫療保險與失業培訓，更形加重農村財務重擔。尤其無錫

---

30 作者2005年訪問無錫 H 鎮幹部。
31 作者2004年訪問無錫 Yiu 村副書記。

城鎮與工業發展迅速，徵地日多，失地農民缺乏就業技能，農村失業率很高。為此上級政府下達失業救濟與縮減失業人口的政策指標，村與鎮必須提供農民職業訓練，幫助解決失業問題，但前提是村與鎮必須支付職業訓練與失業救助經費。由於農村預算外收入與自籌資金日減，而「**準計畫行政體制**」下的政策任務並未減少，造成無錫農村鄉鎮債務在2004 年平均高達1 億以上。

建始縣各鄉鎮的債務幾乎全由政策任務造成，例如普及九年義務教育的經費積欠、農村修路的工程費用拖欠等。[32] 建始縣亟欲脫離貧困，想用發展工商業來振興地方經濟與增加收入。尤其當前東部沿海各省企業向內地轉移之際，建始必須建立工業園區，做好基礎建設，吸引外地與外資企業。但建始縣如何籌措經費做工業區建設？仿效東部沿海城鎮的做法，建始縣首先在縣城周邊農村徵地，繼之成立壟斷性的城市建設公司，以建設公司之名將拍賣土地所得之暴利投資於工業開發區，做基礎建設。建始縣將土地拍賣所得，全歸縣財政所有，剝奪鄉鎮與村的分享。根據建始縣財政局幹部：[33]

> 目前縣政府徵用農地，一畝賠償農民 5 萬元，村政府留用其中33%，用於還債與公益費，其餘 67% 才分配給失地農民。另外縣政府額外補償一畝 2.5 萬元，交給縣養老保險局，作為日後農民養老金與就業培訓之用。政府將徵用地轉為國有土地之後拍賣，工業區一畝地可賣到 30 多萬元，[34] 農民徵地賠償無法與此相比，縱使心生不滿也沒用。城市建設公司不僅投資本縣工業區的建設，也將國有土地賣給本地少數與政府關係好的房地產公司，做壟斷性商品房建設，故本地商品房貴得不得了。

建始為山區貧困縣，失地農民的職業訓練費用完全由縣政府承擔，

---

32 作者2008 年訪問建始縣 Ye, Hua, San 鄉鎮財經所幹部。
33 作者2008 年訪問建始縣財政局幹部。
34 根據建始縣清江工業區的幹部，園區內一畝地價格賣給外來投資工廠是 11 萬元，此與縣財政部官員說法有出入。

但在無錫卻由村財政支付，難怪愈富裕的農村地區，政策性支出責任愈重，易於造成財政負債。另一方面，中國土地法規定農村土地為集體所有，但建始縣政府如同地方上權勢最大的地主，透過城鎮規劃做農地徵用，在土地所有權轉變為國有之後，壟斷土地增值利益，排除村與鎮的分享。與無錫相同，建始縣透過城市建設公司強行徵用與拍賣土地，籌措縣城與開發區建設經費來發展地方工業。這種土地掠奪的無本生意與地租壟斷，使鄉鎮與村一無所獲。[35]

2. 社會主義體制下財政紓困的父權主義

「**中國準計畫行政體制**」要求農村基層自籌經費以落實上級政策目標，導致溫州、無錫、建始各鄉鎮均陷於財政赤字與債務，但鄉鎮幹部似乎對財政困窘與欠債並未產生太多焦慮。一方面各地農村均有債務，分擔本鄉鎮積欠債務的缺陷。另一方面，鄉鎮幹部深信上級政府最終一定會伸出救援之手，化解鄉鎮債務。因為鄉鎮債務之形成，在於落實上級政策，上級政府絕不會坐視鄉鎮破產而不救助。溫州瑞安各鄉鎮的債務已在 2008 年化解，同年建始縣各鄉鎮債務也由上級政府紓困解決，顯然「**準計畫行政體制**」下的國家父權主義已對各級鄉鎮伸出財政援手，消彌其債務。[36] 自此上級政府已三令五申，各鄉鎮在消解債務後不得再出現赤字與負債，並嚴格要求誰欠誰還，用此加強財政紀律，但此要求是否有效，仍待後續觀察。

綜觀中國農村，不論富裕或貧窮，「中國準計畫行政體系」的制度特色——幹部目標責任制、上級政府支出責任下移、社會主義國家父權主義——共同形塑影響溫州、無錫與建始三地的鄉鎮、縣、市政府，從企業經營走向坐收土地租金的地主，仰賴地租的預算外收入，來完成上級下達的政策指標，並無懼於成為負債者。社會主義的父權照顧持續軟化農村基層的財政紀律。

---

35 建始縣下轄鄉鎮對縣政府壟斷地價上漲的收益十分不滿，因為徵地所在的鄉鎮與農村皆未分享獲利。作者 2008 年訪問建始縣 Ye、Hua 等鎮的財經局幹部。

36 作者 2008 年分別在溫州與建始農村調查，得知各鄉鎮債務已由上級政府分年勾消。

（二）從企業家到土地收租與債務堆砌：農村幹部的理性選擇

「中國準計畫行政體系」的制度安排，如何影響鄉鎮幹部的理性抉擇？當中央政府為爭取農民政治信任與支持，採取稅費改革、取消農業稅、嚴格管制農地等政策來保障農民生計，減緩鄉鎮政府財稅掠奪角色之際，鄉鎮政府自然要求在財稅分配中能得到縣的財政照顧，以免出現財政赤字。但縣級政府通常比照分稅制中上級政府財稅集中的做法，犧牲鄉鎮財政以滿足自己財稅收入，導致鄉鎮政府利用與縣級政府的人際關係，來爭取財稅分配的議價空間。

1. 鄉鎮幹部稅收議價權力的壓縮

溫州各鄉鎮與上級縣市的財稅分配方式呈現多元不一，有類似中央與省之間的分稅制，也有沿用過去的包稅制，超過定額者按固定或遞增比例分成。溫州平陽縣 K 鎮與上級縣政府的財稅分配即採固定比例分成。從表 3 溫州 K 鎮在 2004 年的鎮總預算收入觀察（25,895 萬元），由於國稅（A）的收入全數上繳中央政府，[37] 它不算在 K 鎮的實質收入內，K 鎮只能就地稅（B）與上級政府分成。

表3 中 K 鎮的實質總收入，計有預算內收入、預算外收入與自籌資金三項。其中預算內收入包含固定分成收入、上級轉移支付、城市維護費、教育附加費（向企業徵收）、教育費附加（向農戶徵收）、其他政府補貼等。由於 2001 年中國已開始農村稅費改革，各種附加費用應該取消，但它仍保留在 K 鎮2004 年的鎮財政收入中，表示中央政策並未在地方落實，各地執行的彈性很大（Li 2006）。而 K 鎮預算外收入與自籌資金包括土地出售利潤、城市基礎建設費、利息與其他收入。

---

37 企業的增值稅等於國稅，由地方國稅局徵收，全數繳交中央政府。但中央政府會返還25% 給地方，省及其以下各級地方政府則按不同比例分享稅收返還。

表3　溫州平陽縣 K 鎮2004年總收入　　　　　（單位：萬元人民幣）

預算內收入	**3351.67**
鎮分享稅收	3056.74
固定分成收入	2861.84（20%）
政府之間轉移支付	194.9
特殊收費分享	168.83
城市建設維護費	59.64
教育附加費（企業徵收）	109.19
統籌	126.1
教育費附加（農戶收取）	59.1
其他政府補貼	67
預算外收入與自籌資金	**4616.3**
土地買賣利潤	4379.8
城市基礎建設費	192.7
利息與其他收入	43.8
鎮總實質收入	**7965.6**
鎮總預算收入	**25895**
國稅（A）	7283
地稅（B）	14160
其他（C）	4452

註：K 鎮收入並未包括稅收返還，因 K 鎮與平陽縣之間的財稅分配是財稅包幹制，而非 1994 年
　　採行的分稅制。
資料來源：K 鎮財政局（2005）。

　　由於 1994 分稅制改革促使稅收層層向上級政府集中，K 鎮2004
年稅收中固定分成收入只占地方稅 20% 左右（0.202=2861.84/14160
[A]），表示 80% 的地方稅被上級縣政府拿走，滿足縣的財政需要。根
據 K 鎮財政局長，不論 K 鎮每年上繳稅收額度多寡，K 鎮預算內收入
一年只維持在 3,000 多萬元上下（在表 3 中是 3,351.67 萬元），僅能用
於鎮幹部的工資發放，[38] 故鄉鎮只能靠預算外收入、自籌資金或上級政
府轉移支付去完成上級下達的政策指標取得政績。

　　表4 顯示 K 鎮預算外收入與自籌資金占全鎮總收入一半以上，比
例逐年變動，從 2001 年的 78.58% 到2004 年的 57.95%，而且其中
賣地收入占預算外與自籌資金比重最高，在 2003 與2004 兩年均超過
95%，故 K 鎮的行政開支與政績建設全靠土地徵收後的賣地收入。前
已述及，在溫州農村土地拍賣的利潤分配中，鄉鎮是最大贏家，而在無

---

38 2005 年訪問溫州平陽縣 K 鎮財政局幹部。

錫則為地級市政府。此外，K 鎮每年還有上級下達必須完成的稅收增長指標。稅收增長指標在中國農村地區被視為優先政策任務，故與上級議價的空間很小。

　　在分稅制之下有些鄉鎮被財務困窘逼迫，會截留下屬村級補助款，優先滿足自己財政開支需要。根據溫州瑞安市 C 鎮下屬 Wan 村支部書記：[39]

表4　溫州平陽縣 K 鎮預算外收入與自籌資金[40]　　（單位：百萬元人民幣）

	2001	2002	2003	2004
預算內收入	16.78	21.062	37.37	33.493
預算外收入與自籌資金	61.5532	24.5708	82.58	46.163
1. 土地買賣利潤	53.3419	20.5	79.77	43.798
	（86%）	（83%）	（96.7%）	（95%）
2. 城市建設維護費	1.3909	0.3818	2.62	1.927
3. 教育附加費[1]	5.0732	3.2957	－	－
4. 戶改費[2]	1.2249	－	－	－
5. 利息與其他收入	0.5223	0.3933	0.19	0.438
總收入	78.3332	45.6328	119.95	79.656
預算外收入與自籌資金／總收入（%）	78.58%	53.84%	68.85%	57.95%

註：1 費改稅實施前，「教育附加費」屬於「鄉統籌」，是中央政府規定可徵收的預算外收入。費
　　改稅實施後，鄉統籌取消，不過該鎮把教育附加費改列預算內收入。表 4 的預算內收入數
　　字與表 3 略有出入。
　　2「戶改費」是指農村戶口更改為城鎮戶口時所收取的費用。
資料來源：K 鎮財政局（2005）。

　　我們村屬於半山區的貧困村落，幾乎完全沒有村集體經濟收入，在
　　稅費改革取消三提五統之後，我們已無法支付村幹部薪資、行政開
　　支、與社會服務的提供。作為村支書，幸虧我與市政府一些官員關
　　係好，便利用個人關係向市政府不同部門輪流說項，獲得及時補助
　　款。但問題在於這些補助款皆經過鎮政府，才抵達村裡。鎮政府就
　　經常截留市裡撥給我們的補助款項，上一次我到鎮裡與鎮委書記拍
　　桌子大吵，才要回被鎮截留的補助款。到目前為止，鎮還積欠我們
　　1 萬元。

---

39 作者2004 年訪問溫州瑞安市 C 鎮 Wan 村支部書記。
40 參考黃騏弘碩士論文（2005: 27）。

由此可知，自分稅制實施之後，不論縣與鄉鎮採行何種財稅分配制度，均使稅收集中於上級政府，優先滿足縣與鄉鎮政府的支出需要，甚至侵占村級政府的財稅收入與補助款，這已嚴重壓縮基層政府在財稅分配上的談判空間。

無錫市郊惠山區的 S 鎮鄉鎮企業極為發達，集體資產非常豐富，財政收入也相對充裕。[41] 根據 S 鎮鎮長，S 鎮在 2003 年預算內收入（5,200 萬元）只占上繳總稅收（4 億元）的 13%，比上述溫州 K 鎮（20%）還低，可見分稅制的確使稅收集中於上級政府。S 鎮當年可用收入計 1.72 億元，其中 1.02 億是預算外收入，預算外收入占 S 鎮總收入的 60%。[42] 在經濟發達的農村地區，預算外收入明顯高出預算內收入。正因為如此，溫州與無錫經濟發達的鄉鎮，在稅收繳交方面與上級政府的議價空間被壓縮。

湖北建始縣因貧窮落後，鄉鎮經濟有欠發達，預算外收入幾乎為零，故財政收入全部來自上級政府撥款與轉移支付。除了申請上級濟貧補助之外，建始縣鄉鎮與縣政府在財政分配上的議價空間不大，但上下級政府幹部間的人情熟識有時會影響補助款的申請。根據建始縣 San 鄉的 Shi 村書記：[43]

> 我們村向縣建設局申請示範村建設項目資金，經費共 20 萬元，可以用來做路燈、設置垃圾桶、興建村運動場等。這筆錢來自省裡，用做貧窮縣建設。縣政府原先要將這筆錢撥給鄰近 Pan 村的，但我們積極爭取申請，後來就給了我們。除了我們是少數民族村外，我們村一向長期接受新農村建設與扶貧救助的資金，與縣政府各部門接觸機會較多，熟識度也大，而 Pan 村就沒有了。

由此可知，人情關係在農村基層申請救助資金與補助款上仍有稍許

---

41 無錫市在 2004 年做城市總體規劃，重組行政空間與縮減鄉鎮數目，以減輕農民稅費負擔。惠山區以行政命令促使 S 鎮與周圍兩鎮合併，作為無錫市郊周圍的衛星城鎮之一。作者2005 年訪問無錫市規劃設計院幹部。

42 作者2004 年訪問無錫惠山區 S 鎮鎮長。

43 作者2008 年訪問湖北建始縣 San 鄉的 Shi 村書記。

作用，但對上下級政府之間的財稅分配談判上已失去效用。尤其分稅制之後，溫州、無錫、建始的鄉鎮財稅分配議價權力已被嚴重壓縮。

2. 鄉鎮負債的低交易成本

中央政府為鞏固農村的政治支持，平息農民稅費抗爭，不僅在世紀之初做稅費改革，而且進一步取消農業稅，壓縮農村幹部的財稅掠奪角色。在經濟較為發達的溫州與無錫農村，農民在最近幾年不僅不必繳交任何費用，甚至還享受村集體資產經營的分紅與福利待遇（劉雅靈 2009）。尤其城鎮擴張中獲得增值的農村土地，已成為基層主要財稅（預算外）收入來源，鄉鎮政府不僅用此做農村基礎建設，而且提供村民社會福利。但在偏遠貧窮農村，土地生財利益有限，只能靠上級政府的轉移支付補助農村基層行政開支。縱使如此，偏遠地區的農村仍想盡辦法增加土地的附加價值，使土地成為預算外收入來源。根據溫州瑞安偏遠 C 鎮副鎮長：[44]

> 我們鎮北邊靠山區有許多古老房子，有的已有好幾百年歷史，如果我們鎮能徵收買下，與建設開發公司合作（許多開發公司是退休老幹部搞的），重新蓋別墅再賣出去，這種房地產生意可以賺許多錢。但若我們鎮因為這些古老房子被瑞安市定為文化古鎮，這就失去商機不能開發了。目前不少開發公司來找我探消息，想要開發北邊山區的古老房子，認為有賣點，但我們要先做規劃才行。在申報瑞安市文化古蹟時，我會將一些老房子申報為古蹟，當然不會全部都申報，剩下一些老房子可以拆遷建新房，這樣就可以為鎮賺到錢。

一般言，地處偏遠的農村鄉鎮，因欠缺工商業發展與土地生財機會，造成預算外收入薄弱，基層政府只能負債經營。縱使如此，C 鎮仍想辦法，想靠文化古蹟發財，促使土地增值，增加鎮預算外收入。

---

44 作者2004 年訪問溫州瑞安市 C 鎮副鎮長。

　　溫州平陽縣的 K 鎮，雖然工商業發達，但追求政績的工程很多，財政赤字嚴重，積欠龐大債務，根據 K 鎮財政局幹部：[45]

　　我們鎮工商業發達，雖然稅收可達好幾億元，但與縣分成之後，只有 3,000 萬元預算內收入，連發放現任幹部與教師薪資、退休人員的養老薪俸，以及環境衛生、城市管理工人的薪資都不夠，更遑論行政開支與建設經費。目前我們靠賣土地籌措經費，但是各級政府部門都分享賣地利潤，當預算外收入不足時，鎮就只好靠借錢來周轉。我們一年需要融資 2,000 到 3,000 萬元，都是靠企業做擔保向銀行借錢，當然也因為我與銀行行長是同學及朋友關係，彼此熟識，銀行才敢借錢給我們。目前鎮財政在帳面上有銀行借款 7,000 萬元，若再加上工程欠款，我們累積債務大約 3 億元左右。

　　中國政府明令禁止地方政府向銀行貸款以支持地方財政支出，K 鎮財政局成立空殼的鎮投資開發公司，用其名義向銀行借貸，再將款項轉給鎮政府使用。表 5 是 K 鎮從 2001 到 2004 之間的借貸記錄，以鎮投資開發公司或鎮政府等名義向不同銀行、農村信用合作社、縣政府土地局、縣財政局、企業等借貸。
　　透過類似 K 鎮的借貸方式，中國許多鄉鎮已成為地方銀行最大債務人。從債務供給面談，因地方政府或者享有地方銀行人事任命權，或地方政府提供銀行人事的福利待遇，以致銀行往往服從地方政府行政指令，貸款支助其下轄的國營、集體，甚至鄉鎮企業，導致國有銀行在八〇年代積欠大筆無法回收的呆帳。又由於中國各大銀行均為國營，與一般私營銀行不同，不為貸款風險負責，不論銀行積欠債務高低，中國政府不會讓銀行關門倒閉，導致銀行軟預算弊病，不為經營虧損負責。因此鄉鎮政府遇到財政赤字入不敷出時，便以各種名目向銀行借債。正因為鄉鎮政府負債的交易成本被銀行軟預算弊病壓低，導致他們無懼於欠債，因而當鄉鎮政府的資源掠奪角色被中央政府稅費改革擠壓時，很快

----

45 2005 年訪問溫州平陽縣 K 鎮財政局。但根據 K 鎮鎮長，K 鎮的財政赤字是 1.4 億元，與財政局數字有出入。

便轉變為負債者。

表5 溫州平陽縣 K 鎮借貸款項 2001-2004[46] （單位：萬元）

債權者	債務者	擔保者與抵押品	借貸總額	借期	月利	年利
農業銀行	鎮投資開發公司	X 成衣公司	500	2003/07/31-2004/07/15	2.655	31.86
	鎮投資開發公司	土地	450	2004/04/01-2004/11/10	2.3895	28.674
	鎮投資開發公司	土地	500	2004/04/14-2004/11/20	2.655	31.86
	鎮投資開發公司	土地	500	2004/05/17-2004/11/30	2.655	31.86
	鎮投資開發公司	土地	500	2004/06/10-2004/12/10	2.655	31.86
	鎮投資開發公司	土地	500	2004/06/28-2004/12/31	2.655	31.86
建設銀行	鎮投資開發公司	X 皮具公司	500	2003/12/19-2004/12/18	2.675	32.1
	鎮投資開發公司	E 成衣公司	1,000	2004/01/17-2005/01/16	5.79	71.64
中國招商銀行	鎮工業園區	---	900	2004/01/18-2005/01/18	3.9825	47.79
	鎮投資開發公司	B 成衣公司	2,000	2004/01/17-2005/01/17	8.85	106.2
農村信用合作社	鎮工業園區	D 開發公司	300	2004/06/01-2005/05/15	1.9912	23.895
	鎮投資開發公司	D 開發公司	300	2004/05/02-2005/04/05	1.9912	23.895
縣土地局	鎮政府	---	700	2001/12/31- 逾期	4.095	49.14
	鎮政府	---	2,000	2003/01/27-2004/01/26	7.965	95.58
	鎮政府	---	1,000	2004/02/06		
縣財政局	鎮政府	---	350	2004/03/20	---	---
	鎮政府	---	1,000	2004/04/07	---	---
X 皮革公司	鎮政府	---	170	2002/02/10- 逾期	0.9945	11.934
Total			12,670		54.1789	650.15

資料來源：K 鎮財政局（2005）。

　　從債務需求面談，地方政府陷於財政困境，往往不是地方政府幹部個人造成。各級政府都很清楚，「**中國準計畫行政體制**」在不提供經費前提下要求地方完成政策指標，並用此考核地方幹部治理績效。幹部為追求個人政績表現，面對預算外收入縮減之壓力，鄉鎮幹部為完成政策任務只得四處借貸。一方面銀行有國家撐腰絕不會倒閉，另方面上級政府也瞭解鄉鎮債務並不是現任幹部的責任，往往是前任政府積壓產生，

---

46 參考黃騏弘碩士論文（2005: 35）。

因此不能將債務責任完全推給現任政府。

　　不論從債務供給或需求面談，鄉鎮政府負債的交易成本均被壓低，這就落入軟預算約制的陷阱，造成鄉鎮政府普遍的財政赤字與債務，故上級政府對鄉鎮財政平衡的考核非常寬鬆。根據溫州瑞安市 F 鎮財政局幹部：[47]

　　溫州市政府非常清楚農村基層的財政困難，在考核農村鄉鎮幹部政治表現時，通常對財政平衡考核給予很低的比例，在考核總分 1,000 分當中只占 50 分（5%），這對幹部考核成績沒什麼影響，所以鄉鎮財政是否達到收支平衡在政績考量中並不重要。

　　相較之下，無錫惠山區 S 鎮雖然經濟發達，但也背負債務。一方面是鄉鎮企業過去欠款的累積，另方面是 S 鎮的銀行貸款。此外，S 鎮有發展農村社會福利的政策任務，導致財政緊縮。根據 S 鎮幹部：[48]

　　我們鎮支出大項中包括農村教育、地方建設、農民社會保障等。目前鎮的財政收入不足以完全支付這些項目。為補足財政缺口，我們首先要做土地徵收，用土地換社保；其次 S 鎮要發展商業與服務業等第三產業，帶動市場經濟。為農民辦理社保，是無錫市的重大政策。我們鎮目前有 70% 的企業為農民做低水平的社會保障，這在無錫已屬超前。然而惠山區有超過 10 萬農民需要做社保，至少需要 30 億元的資金。資金來源將是大問題。

　　正因為無錫農村集體經濟實力較為雄厚，遂被江蘇省要求開辦農村社會保險，至少包括養老與醫療保險。對無錫郊區農村言，農村能獨自承擔低水準的養老保險，已經不容易，更何況要與城市的養老津貼看齊。無錫許多農村在過去八〇年代就為鄉鎮企業積欠不少債務，尚待償清。現又為追求上級政府下達的社會保障政策目標，陷於財政困窘，債

---

47 2005 年訪問溫州瑞安市 F 鎮財政局長。
48 作者 2005 年訪問無錫惠山區 S 鎮鎮長。

臺高築的局面。但與溫州相同，無錫鄉鎮的債務普及似乎並未造成基層
幹部的焦慮緊張。

建始農村貧窮落後，預算外收入原本就少，更無力負擔上級要求的
政策任務，積欠債務成為必然。近年建始農村推動的社會福利，包括養
老保險與合作醫療，由上級政府提供 80% 的經費補助。[49] 建始農村的
債務積累已由上級恩施州一筆勾消，可見社會主義的父權照顧與財務紓
困，降低基層負債的交易成本。

3. 鄉鎮幹部的高政治折扣率

中國農村基層幹部任期時間的長短，會影響幹部在資源掠奪與追求
長遠發展之間做選擇。由於農村幹部任職短暫，三、五年便輪調外地，
以致幹部認為未來地方長遠發展對個人目前的政治晉升幫助不大，因此
在高政治折扣率之下，幹部只顧追求個人短期任內政績最大化表現，忽
視地方長期發展與稅基培養。基層幹部選擇資源掠奪式的賣地，甚至背
負債務，求得個人在權力體系中爬升。又因為鄉鎮基層負債的交易成本
被國家父權主義壓低，軟預算約制變相鼓勵地方政府負債度日，或以債
養債，用 B 銀行貸款歸還 A 銀行的到期債務。鄉鎮幹部任滿後他調，
積累的債務便由新任幹部接手。幹部不必為任期內的債務負責，就算被
追究個人責任，也是為達到上級政策指標的公共責任，而非個人私利。
換言之，鄉鎮政府債務積累是「準計畫行政體系」的制度安排所致，使
個人得以逃脫責任，而且上級政府對鄉鎮債務積累的考核要求不高，造
成幹部對地方未來發展的關切降低，反倒是幹部個人短期內的政績考量
與晉升最為重要。根據溫州平陽縣 K 鎮幹部：[50]

> 為什麼鎮領導如此熱衷工程建設？當然一方面為顯示政績，另一方
> 面有利可圖。很簡單，鎮若有工程建設，到縣裡做工作報告時才會
> 有內容，沒有一些工程的話你拿什麼去報告？而且當了三年領導如
> 果連個工程都沒有，上面也會認為你當什麼領導？稅收也一樣，如

---

49 作者2008 年訪問湖北建始縣財政局幹部。
50 2005 年訪問溫州市平陽縣 K 鎮財政局幹部。

果連這些稅收指標都辦不到，那你當什麼稅務局長？財政也一樣，連錢都借不到，領導會覺得你當什麼局長，下面的人也會罵你，怎麼都不給錢，薪水都發不出，這樣日子就很難過了。

無錫城郊鄉鎮的重要政績考核，偏重在稅收上繳、城鎮居民就業率、農民安置房建設、城鎮綠化、農村集體資產的股份化等項目。[51] 根據無錫市南長區 Y 街道幹部：[52]

我們鎮改為街道後，政績考核中增加城市建設改造、農村拆遷、安置農民工作、經濟增長等。城市中的農村改造，尤其拆遷工作困難，消耗精力時間，若農民變成釘子戶，我們就使用司法手段強行拆屋。

顯然在高政治折扣率之下，溫州鄉鎮幹部不顧鄉鎮財政能力，無錫幹部不惜以強制手腕對付認定補償不公的農民，都只為追求個人短期政績表現。

以上得知，中國鄉鎮基層幹部在「**準計畫行政體制**」的制度安排下，已從幹部企業家轉變為資源掠奪的土地收租者，更進一步邁向負債者。這種行為模式在現實情境中未必以理念型出現，很可能是各種角色的混合，以致幹部既做土地資源掠奪又背負債務。由於「**準計畫行政體制**」缺乏提供鄉鎮基層充裕財政，分稅制又使各級政府只顧自己財稅需要，不僅壓縮鄉鎮在財稅分配上的談判空間，而且忽視對下級的財政支出責任，這就導致基層為落實政策目標而嚴重負債。然而社會主義的父權照顧與銀行的軟預算弊病均壓低基層負債的交易成本，使基層幹部無懼於欠債。鄉鎮幹部在高政治折扣率之下，只為追求短期政治晉升，不僅做資源掠奪經營，而且犧牲地方長遠發展。因此中國地方治理績效是以債務堆砌呈現，形成中國農村鄉鎮自九○年代以來債務普及現象。

---

51 作者2009年訪問無錫市濱湖區的 He 鄉鎮，現已改為街道。
52 作者2009年訪問無錫市南長區原為鄉鎮的 Y 街道。

七、結論

　　本文探索中國在經濟高度成長階段為何農村基層卻出現嚴重財政赤字與負債。雖然**地方政府公司法人**理論與**軟預算約制理論**均認為中央政府對基層政策落實的強制力已逐漸增強，但卻無法有效解釋威權政府的層級監督機制為何在農村基層失靈，不僅無法強化基層政府的財政紀律，而且從資源掠奪走向負債。本文提出「**中國準計畫行政體制**」的觀點，強調「幹部目標責任制、上級政府財政支出責任下移、社會主義父權照顧」的制度安排，形塑幹部個人理性思維與行動選項，造成鄉鎮基層與上級政府在財稅分配中議價能力的削弱、降低鄉鎮負債的交易成本，以及提高幹部任期的政治折扣率，這些均促使基層幹部只顧追求個人短期政績而犧牲地方長遠發展的理性抉擇，並使農村基層幹部從企業家走向資源掠奪的土地收租者，甚至負債。中國各級政府已於 2007 年開始伸出財政援手，拯救農村基層財政，逐步勾消鄉鎮與村政府累積的債務，社會主義父權制度已使基層政府免於破產危機。雖然中國威權體制已加強層級監督機制，勒令在債務取消後不會容忍基層政府再度負債，但農村基層幹部的軟預算心態已經形成。假若「**中國準計畫行政體制**」不變，繼續拒絕提供基層政策執行的經費資源，而且政府間轉移支付又缺乏制度化的透明，當上級政府財務解救已成為基層之預期，財政軟預算弊病將持續複製，基層財政紀律勢必惡化，地方政府陷於長期債務成為不可避免。

參考文獻

一、中文書目

方寧（2004）**中部地區鄉鎮財政研究**。北京：清華大學出版社。

王紹光、胡鞍鋼（1994）**中國國家能力報告**。香港：牛津大學出版社。

朱鋼、譚秋成、張軍（2006）**鄉村債務**。北京：社會科學文獻出版社。

宋洪遠等（2004）**中國鄉村財政與公共管理研究**。北京：中國財政經濟出版社。

段應碧、宋洪遠（2006）**中國鄉村債務問題研究**。北京：中國財政經濟出版社。

財政部財科所（2004）鄉村政府債務化解對策研究。**財政論壇**，2004 年第 4 期。

黃騏弘（2005）中國大陸地方財政之研究：以鄉鎮政府為例。**國立政治大學政治學研究所碩士論文**。台北：國立政治大學。

無錫市統計局（2005）無錫市鄉鎮財政運轉趨緊。**江蘇農村調查**，24 期。

榮敬本、崔之元、王拴正、高新軍、何增科、楊雪冬等（1998）**從壓力型體制向民主合作體制的轉變：縣鄉兩級政治體制改革**。北京：中央編譯出版社。

趙鈺芬（2006）中國農村基層教育的階層化：偏遠地區教育資源分配的不均等。**國立政治大學東亞研究所碩士論文**。台北：國立政治大學。

劉雅靈（2009）中國都市化過程中「農民收租階級」的興起：溫州與無錫城中村的轉型路徑與福利政策。**台灣社會學** 18 (12): 5-41。

二、統計與報刊資料

台灣中國時報（2010）地方債劇增，恐升至 7 兆人民幣。**中國時報**，p. A20，6 月 4 日。

中華民國審計部（2010）**民國 93 年度鄉鎮縣轄市財務審計綜合報告：丁、財政情形分析**。取用日期：2010 年 8 月 29 日。http://www.audit.gov.tw/Public/Doc/60/ 20060929142513103nJvvt. pdf。

中華人民共和國財政部（2009）**中國財政年鑑 2009**。北京：中國財政雜誌社。

中華人民共和國國家統計局（2009）**中國統計年鑑 2009**。取用日期：2010 年 8 月 29 日。http:// www.stats.gov.cn /tjsj/ndsj/2009/indexch.htm。

無錫市統計局（2010）**無錫市國民經濟與社會發展統計公報 2000-2008**。取用日期：2010 年 8 月 29 日。http://www.wxtj.gov.cn/tjxx/tigb/118073.shtml。

溫州市政府（2010）**2000-2008 年溫州市國民經濟與社會發展統計公報**。取用日期：2010 年 8 月 29 日。http://www.wenzhou.gov.cn/co13583/index.html。

恩施自治州發展和改革委員會（2010）**關於恩施州 2000-2008 年國民經濟與社會發展統**

計公報。http://www.esfg.gov.cn/html/ guihua_juhua。取用日期：2010 年 8 月 29 日。

湖北省統計局（2010）**2008 年建始縣國民經濟與社會發展統計公報**。取用日期：2010
年 8 月 29 日。http://www.stats-hb.gov.cn/structure/xxgk/tjgb/ xjtigbzw_31234_1.htm。

三、英文書目

Block, Fred (1987) "The Ruling Class Does Not Rule." Pp. 51-68 in *Revising State Theory*.
Philadelphia: Temple University Press.

Bernstein, Thomas P., and Lu Xiaobo (2003) *Taxation Without Presentation in Contemporary
Rural China*. Cambridge: Cambridge University Press.

Campbell, John L. (1996) "An Institutional Analysis of Fiscal Reform in Post- communist
Europe." *Theory and Society* 25: 45-84.

Edin, Maria (2003) "State Capacity and Local Government Agent Control in China: CCP
Cadre Management from a Township Perspective." *The China Quarterly* Vol. 173 (March):
35-52.

Haggard, Stephan, and Robert R. Kaufman (2001) "Introduction." Pp. 1-22 in *Reforming
the State: Fiscal and Welfare Reform in Post-Socialist Countries*, edited by Janos Kornai,
Stephan Haggard and Robert R. Kaufman. Cambridge: Cambridge University Press.

Haggard, Stephan, Robert R. Kaufman, and Matthew S. Shugart (2001) "Politics, Institutions,
and Macroeconomic Adjustment: Hungarian Fiscal Policy Making in Comparative
Perspective." Pp. 75-110 in *Reforming the State: Fiscal and Welfare Reform in Post-
Socialist Countries*, edited by Janos Kornai, Stephan Haggard and Robert R. Kaufman.
Cambridge: Cambridge University Press.

Hood, Christopher (2003) "The Tax State in the Information Age." Pp. 213-233 in *The Nation-
State in Question*, edited by T. V. Paul, G. John Ikenberry and John A. Hall. Princeton N.J.:
Princeton University Press.

Huang, Ray (1974) *Taxation and Governmental Finance in Sixteenth-Century Ming China*.
New York: Cambridge University Press.

Jin, Jing, and Heng-fu Zou (2003) "Soft-Budget Constraint on Local Governments in China."
Pp. 289-324 in *Fiscal Decentralization and the Challenge of Hard Budget Constraints*,
edited by Jonathan A. Rodden, Gunnar S. Eskeland and Jennie Litvack. Boston, MA: MIT
Press.

Kennedy, John James (2007) "From the Tax-for-Fee Reform to the Abolition of Agriculture
Taxes: The Impact on Township Governments in North-west China." *The China Quarterly*
Vol. 189 (March): 43-59.

Kornai, Janos (1986) *Contradictions and Dilemmas: Studies on the Socialist Economy and Society*. Cambridge: MIT Press.

―― (1992) *The Socialist System: The Political Economy of Communism*. Princeton: Princeton University Press.

―― (1998) "The Place of the Soft Budget Constraint Syndrome in Economy Theory." *Journal of Comparative Economics* Vol. 26, Issue.1.

Levi, Margaret (1988) *Of Rule and Revenue*. Berkeley, CA: University of California Press.

Li, Linda Chelan (2006) "Differentiated Actors: Central-Local Politics in China's Rural Tax Reforms." *Modern Asian Studies* Vol. 40, No. 1 (Feb.): 151-174.

Lin, Shuanglin (2003) "China's Government Debt: How Serious?" *China: An International Journal* Vol. 1, No. 1 (March): 73-98.

Mann, Michael (1988) "The Autonomous Power of the State: Its Origins, Mechanisms and Results." Pp. 1-32 in *States, War and Capitalism*. Oxford, UK: Blackwell.

Migdal, Joel S. (1988) *Strong Societies and Weak State: State-Society Relations and State Capabilities in the Third World*. Princeton, N.J.: Princeton University Press.

Oi, Jean C. (1989) *State and Peasant in Contemporary China: The Political Economy of Village Government*. Berkeley: University of California Press.

―― (1992) "Fiscal Reform and the Economic Foundations of Local State Corporatism in China." *World Politics* Vol.45, no.1 (October): 99-126.

―― (1999) *Rural China Takes Off*. Berkeley, CA: University of California Press.

Oi, Jean C., and Shukai Zhao (2007) "Fiscal Crisis in China's Townships: Causes and Consequences." Pp. 75-96 in *Grassroots Political Reform in Contemporary China*, edited by Elizabeth J. Perry and Merle Goldman. Cambridge, MA: Harvard University Press.

Rodden, Jonathan A., and Gunnar S. Eskeland (2003a) "Introduction and Overview." Pp. 3-31 in *Fiscal Decentralization and the Challenge of Hard Budget Constraints*, edited by Jonathan A. Rodden, Gunnar S. Eskeland, and Jennie Litvack. Boston, MA: MIT Press.

―― (2003b) "Lessons and Conclusions." Pp. 431-465 in *Fiscal Decentralization and the Challenge of Hard Budget Constraints*, edited by Jonathan A. Rodden, Gunnar S. Eskeland and Jennie Litvack. Boston, MA: MIT Press.

Skocpol, Theda (1979) *State and Social Revolutions: A Comparative Analysis of France, Russia, and China*. Cambridge: Cambridge University Press.

Tanzi, Vito (2001) "Creating Effective Tax Administrations: The Experience of Russia and Georgia." Pp. 53-74 in *Reforming the State: Fiscal and Welfare Reform in Post-Socialist Countries*, edited by Janos Kornai, Stephan Haggard, and Robert R. Kaufman. Cambridge:

Cambridge University Press.

Tilly, Charles (1975) "Reflections on the history of European State-Making." Pp. 1-85 in *The Formation of National States in Western Europe*, edited by Charles Tilly. Princeton, NJ: Princeton University Press.

Tsui, Kai-yuen, and Youqiang Wang (2004) "Between Separate Stove and a Single Menu: Fiscal Decentralization in China." *The China Quarterly* Vol. 177 (March): 71-90.

Wang, Shaoguang (1995) "The Rise of the Regions: Fiscal Reform and the Decline of Central State Capacity in China." Pp. 7-113 in *The Waning of the Communist State: Economic Origins of Political Decline in China and Hungary*, edited by Andrew G. Walder. Berkeley, CA: University of California Press.

Wetzel, Deborah, and Anita Rapp (2003) "Strengthening Hard Budget Constraints in Hungary." Pp. 393-428 in *Fiscal Decentralization and the Challenge of Hard Budget Constraints*, edited by Jonathan A. Roadden, Gunnar S. Eskeland, and Jennie Litvack. Boston, MA: MIT Press.

Whiting, Susan H. (2001) *Power and Wealth in Rural China: The Political Economy of Institutional Change*. Cambridge: Cambridge University Press.

World Bank (2002) *China: National Development and Sub-National Finance, A Review of Provincial Expenditures*, World Bank Report Number 22591-CHA. Washington D.C.: World Bank.

Yang, Dali L. (2004) *Remaking the Chinese Leviathan: Market Transition and the Politics of Governance in China*. Stanford, CA: Stanford University Press.

Zhang, Le-Yin (1999) "Chinese Central-Provincial Fiscal Relationships, Budgetary Decline and the Impact of the 1994 Fiscal Reform: An Evaluation." *The China Quarterly* Vol. 157 (March): 115-141.

Zheng, Yongnian (2004) *Globalization and State Transformation in China*. Cambridge: Cambridge University Press.

主題二　國家能力與國家社會關係

導讀者：王信賢（國立政治大學東亞研究所教授）

　　國家能力與「國家社會關係」一直是劉雅靈教授研究的重心，可說是其觀察中國大陸制度轉型與變遷的重要視角。這個主題也反映在她所開設的熱門課程——國家社會學（Sociology of the State），此課劉老師幾乎每隔一兩年就會開一次，且往往為了因應同學修課完畢後又一再地旁聽，每次都得大幅更動書單，劉老師後來也開玩笑地表示，這實在增加他備課負擔。本人即修習與旁聽此課程三次，不僅受益匪淺，也從中深刻理解到一位學者該有的嚴謹治學態度。

　　劉老師對學生的要求與訓練非常嚴格，主要有兩方面，第一是對於理論的理解與概念的定義極其要求，若無法做這些基本功，儘管在課堂上口若懸河，最後只會落得一個下場，就是劉老師帶著堅毅的眼神悠悠說出：「你知道你剛在說什麼嗎？」接著現場就會一片靜默。第二個要求就是「講求證據」，前述第一個要求僅是第一關，若僅憑著對理論的熟稔，並透過邏輯推演某些現象，即便是有道理，但劉老師接著就會中英對照緩緩地說出：「What's your evidence？你的證據在哪？」常常讓發言者啞口無言，現場還是一片靜默。正因這種嚴格的態度，同學們私底下常開玩笑稱老師為金庸小說中的「滅絕師太」，但這位「師太」是極其溫柔的，對同學非常關心，常請農曆新年時仍留在台灣的外籍生到家裡吃年夜飯、自掏腰包協助同學赴大陸做田野調查等。前述的兩項要求，一直是劉老師的治學態度，也都呈現在本書中的各篇文章中。

　　Michael Mann 關於國家權力的論述一直為劉老師所推崇，其

將國家權力區分為專制控制力（despotic power）與基層行政能力（infrastructural power），前者是一種強制分配的力量，國家執政者可不經由社會的同意而遂行其意志，後者則是國家有效執行政策、徵稅（尤其是個人所得稅）、發展經濟，以及推動社會福利保險與提供就業等的能力。本主題的〈薄弱的國家基層行政能力：大陸的稅收與土地政策〉與〈國家／社會關係研究途徑：理論與實例〉這兩篇文章都呼應了Mann 的觀點，當然也是劉老師長年於中國大陸各地田野調查、觀察其國家社會關係變化的總結。

在〈薄弱的國家基層行政能力：大陸的稅收與土地政策〉一文中，劉老師主要將論述重點擺在「國家能力」，其認為中國向來「專制控制力」非常強，但「基層行政能力」卻極為薄弱。改革開放前的農業集體化無法真正在地方落實、稅收能力不足都是明證，而改革開放後諸多政策的執行也是如此，例如在土地管理方面，中共一直無法精確掌握土地面積且登記混亂，在企業登記方面，地方幹部為了私利，協助私營企業「戴紅帽子」偽裝成集體企業；同樣地，在稅收方面，同一地區企業稅率不一，地方稅務機關擁有極大的裁量權，再加上計劃生育的執行不徹底，都可看出地方政府的自利行為，更凸顯出中國基層行政能力的不足。

本文約完成於 1995 年，並刊登於 1996 年，當時主流觀點是王紹光與胡鞍鋼在《中國國家能力報告》一書中關於國家汲取能力下降的主張，王與胡認為由於「財政包乾」與「分灶吃飯」政策導致地方「經濟諸侯」的出現，中央稅收也深受影響。而劉老師在文中持完全不同的觀點，其認為中國國家汲取稅收能力從未強過，此種孱弱的能力是導致改革前中央採用集權式財政分配方式，改革後又採用落後稅制的主因。因此，中央財政汲取能力原本就不足，何來「弱化」之說？本文最後強調，改革開放後，不僅原本專制能力被削弱，由於專業人才不足、地方陽奉陰違與貪腐情事嚴重等，也導致基礎行政能力的建立遲遲無法推進。

　　而〈國家／社會關係研究途徑：理論與實例〉一文將中國國家與社會關係的研究理論分成兩個範疇，一是國家與社會的對立關係，另一則是國家與社會的鑲嵌與融合關係。前者包括極權主義、分裂威權主義、間歇性極權國家，甚至包括國家統合主義與地方統合主義等，其都預示著國家與社會的對立與零和關係。然而，中國改革雖以經濟體制為核心，但市場轉型所導致的制度變遷與創新，不經意地從經濟跨入政治與社會範疇，透過制度介面之間的環環相扣，進而牽動國家與社會關係的轉變。

　　這種「非意圖」的結果，造成國家與社會的鑲嵌合作關係，也出現社會部門影響國家的契機。一方面，國家希望透過經濟改革改善生產效益，進而強化國家競爭力與維護國家政權穩固，故對社會部門的發展需採「導引」非「強制」手段。因此，改革開放後專制控制力的弱化，並非是受到社會的挑戰，而是國家主動放權的結果。而另一方面，社會部門也意圖影響政府政策以達利益訴求，多數民間社團組織由於不挑戰黨國領導，不僅能在威權體制的夾縫中生存，且也可能贏得國家改革的讓步，進而在與國家互動過程中展現影響力。因此，不同於過去國家與社會間的相互對立，兩者在「各取所需」的狀況下彼此鑲嵌，進而影響社會發展。

　　如前所言，國家社會關係一直是劉老師的主要研究興趣，而此一理論關懷不僅呈現在這兩篇，也貫穿本書其他章節。這兩篇文章發表的時間約間隔十年，我們可以從中看到劉老師相關論點的變與不變，其中不變的是，中國國家權力一直是強於專制控制力而弱於基層行政能力，同時我們也發現，中國近一、二十年來諸多宣示與改革，包括胡錦濤時期的「加強黨的執政能力」和習近平上臺後所強調的「依法治國」和「反腐」等，都是致力於強化國家基礎行政能力。而觀點有所調整的是，隨著社會發展的多元化，各類民間組織、業主委員會興起，雖然國家仍佔主導作用，但已經出現彼此相互影響與共變的結果，此乃國家為追求經濟發展利益而主動放權所帶來的「副產品」。

　　劉老師的研究具有相當的時代性意義，相關觀點不僅協助我們釐清中國國家能力與政權特質的概念界定，並標示出當前國家社會關係的變化，也對政治社會學、比較政治以及後社會主義國家轉型的相關研究有所啟發。更重要的是嚴謹的治學態度，包括對理論對話的重視與經驗證據的要求等，成就了好多學生，也影響了好多研究者，劉老師不是「滅絕師太」，而是那把劍中藏有武林絕學、舉世無雙的「倚天劍」。

4
薄弱的國家基層行政能力——
大陸的稅收與土地政策[*]

一、導言

　　中國大陸自 1978 年實行經濟改革以來，社會經濟結構已產生相當大的轉變。一方面農村實行包產到戶式的小農經營，致使人民公社的集體經濟瓦解。又由於個體私營經濟與市場機制的恢復，農村工業，商業，與服務業得以迅速發展。1987 年，大陸農村非農產業的收入第一次超過農業生產，這不僅說明大陸農村經濟結構已呈現多元化，社會階級結構分化，而且大陸農村日趨邁向工商業化。另一方面，大陸城市自 1984 年所進行的國營大集體企業的改革，企圖透過企業承包、租賃、廠長責任制、人事制度改革，並配合政府金融財稅與經濟權力下放等各方面的改革，以提升國營企業的生產經營效益，並將企業從照顧職工福利的社會組織轉變成一個在市場上自負盈虧的經濟實體。1992 年中共十四大全會確立市場經濟以來，國營企業的改革更進一步邁向股份制，

＊　本文原載於1996 年《現代化研究》第 5 卷（頁 37-47），經該刊同意後轉載，特此致謝。

企圖以改變產權所有制以提高企業的經營效益。同時中共鼓吹深化改革，全國各地爭相設立經濟開發區，提供優惠待遇，以吸引外資技術。大陸城市改革已導致大陸社會職業流動，分配差距擴大，與文化價值觀的改變。在大陸農村與城市產生巨變之時，中共對社會經濟的控制又逐漸放鬆，使大陸人民在中共政權控制下享受到前所未有的社會經濟自由。

　　當中國大陸國家與社會關係因經濟改革而產生轉變之際，引發許多探討大陸國家與社會關係轉變以及政治社會多元化可能性的論文著作。在眾多討論當中，中外學者皆認為隨著中共中央經濟管理權下放，以及對地方政府的讓權讓利，地方經濟諸侯因而坐大；大陸個體私營企業與地方集體企業的快速發展，不僅向國營經濟挑戰，而且鬆動國營企業單位對社會個人生活與人身的控制；中共黨員幹部與一般民眾在毛逝去後，對社會主義意識型態的狂熱已減退，因而削弱中共政權對社會的政治動員能力；再加上個體與私營企業在原料資金的獲得，生產與銷售的活動上皆不受政府的政治控制，享受相當的經濟自由，大陸民間已展現與國家控制相對立的市民社會雛形（謝文 1992；趙惠生 1992；蘇紹智等；Whyte 1992），這是中共政權建立四十餘年所未有的現象。縱使如此，大陸學者仍認為大陸民間社會力量仍然薄弱，無法和具有市民社會基礎的東歐國家如波蘭與捷克相比，因此「國強民弱」仍是不證之事實。

　　中外學者皆觀察到中共國家機器的專制控制力（despotic power）正逐漸減弱，但他們將國家的政治控制能力與國家基層行政能力混為一談。一個獨裁者可能對社會進行全面監視與控制，但未必有良好行政效力以推行國家政策，因此中外學者皆忽略探討中共政權國家基層行政能力（infrastructural power）的強弱，尤其是探討中共政權是否有能力在地方上有效執行與貫徹其意志和政策。本文認為中共政權從建國以來雖然展現強大的專制控制力量，將社會中所有個人，團體與經濟活動皆納入其管轄與控制範圍內，但中共國家機器的基層行政能力卻相對薄弱，尤其表現在經濟改革前農業集體化政策在地方上的落實，經濟改革後中共土地管理、企業登記，與稅收執行等政策方面，中共國家機器皆無法

有效執行與管理。

　　本文認為中外學者皆忽略將中共國家能力區分為專制控制能力與基層行政能力兩種，而且中共國家機器的基層行政能力自政權建立以來就遠比專制控制力薄弱，並非如大陸學者所認為中共國家能力原先很強，是經濟改革所衍生的地方分權才造成中共國家能力下降。本文強調當中共國家機器對社會的專制控制力因經濟改革而逐漸減弱，而且基層行政能力又弱到無法有效執行中央政策，管理與規畫能力低落，官僚紀律敗壞，這會降低中共官僚體系有效處理地方緊急災難與危機的能力。長此以往，中共政權有可能因基層行政能力無效而面臨癱瘓與瓦解。

二、中共國家基層行政能力

　　國家基層行政力量，乃指國家政策貫穿市民社會的程度，它包括國家有效執行政策的能力、徵稅的能力、蒐集社會個人情報資料的能力、發展經濟的能力、以及推動社會福利保險與提供就業的能力等（Mann 1984）。因此發展與增強國家基層行政能力是國家邁向現代化的重要條件之一。中共政權建立後，雖然在蒐集社會個人情報資料方面以及建立戶口制度上展現強大能力，但在許多重要政策執行上卻虎頭蛇尾。

　　例如，中共在農地管理登記方面，中央政府無法防止地方政府或生產單位在耕地統計或生產能力上以多報少，因此也無法精確瞭解各地方或各生產單位的財政收支，因而也無法像現代西方國家或臺灣般實施量能課稅的現代租稅原則，只能像明清政府般採取層層定額攤派的原始租稅手段。在經濟改革後，大陸各地方政府也因能力與經驗不足，無法有效管理鄉鎮集體與私營企業，以致戴「紅帽子」的假集體企業遍佈大陸農村，以及鄉鎮政府幫助其下轄之鄉鎮企業漏稅。又因為中共中央無力約束與規範其黨員幹部行為，導致貪污腐敗橫行。隨著基層行政能力薄弱而來的現象是，只要不公然反對中國共產黨的統治，下級單位內部對於上級政令產生相當程度陽奉陰違，消極抵制的空間。上有政策，下有對策。例如中共三令五申，不准地方政府任意增加農民的稅捐，但地方

幹部任意攤派農民各式名目的稅捐，仍是今日大陸農村的普遍現象。中共厲行節育，但未報戶口的超生超育比比皆是。

本文以中共在經濟改革前，農業集體化政策在地方上執行的效力，以及中共中央與地方的財稅分配政策，來闡明中共國家基層行政能力的薄弱；並以經濟改革後地方政府對農地與企業管理登記之混亂，以及稅收能力之不足，來說明中共政權並未因經濟改革而增強其行政能力，反而中共官僚體系之腐敗無能，幹部專業知識與訓練的不足，法令規章之不足，以及中央政府嚴重財政赤字，使得中共國家機器無力承擔艱鉅的經濟改革任務。

（一）經濟改革前中共政權薄弱的基層行政能力

中共政權自建立起即表現強大的黨政軍專制力量，不但有效控制所有社會組織的領導權，並且透過整肅政治異己強制推行極不受社會歡迎的國家政策，如農業集體化、人民公社等。雖然如此，中共政權相對薄弱的基層行政能力卻無法在地方上長久有效維持這些政策的穩定，如浙江溫州某些縣並未能徹底貫徹農業集體化政策，而且中共徵稅方法與現代國家所採用的量能課稅法相比亦十分落後，農地管理與登記亦混亂不實。

1. 農業集體化政策

中共政權於1955年土地改革後極力推行農業集體化政策，不僅將農戶個別擁有的土地轉變為集體財產，而且將生產工具如耕牛、斧、鋤等收歸公有。中國農民對農業集體化接受能力極低，普遍進行消極抵制，除抗繳生產工具外，並在集體耕地上普遍怠工，以致農業集體化難以進行。例如當時浙江省即因多數農民拒絕合作導致農業集體化停滯不前，故浙江某些地區遂採變通的承包責任制，由互助組或生產隊以季節或年度為時間單位承包土地耕種。溫州地區則採更激進做法，將承包單位從較高集體層次的互助組及生產隊降為個別農戶，進行土地與生產的承包。早在1956年，由於溫州推行農業集體化失敗，便開始嘗試「分

田單幹」式的個體小農承包。在溫州永嘉縣燎原公社，由各生產小隊與公社簽約，進行定額糧食生產，每一生產小隊又將其所簽定的合同發包給個別農戶來進行生產。因此集體的土地便又分回給個別農戶，而且產量超額部分則歸農戶所有（林白 1987）。此一做法即是中共 1978 年經濟改革中所採行的農業生產承包責任制的前身。

　　溫州永嘉所進行的小農承包制，不僅刺激農民生產的積極性，而且產量大增。永嘉縣的做法獲得當時溫州與浙江省領導的支持，並上報中共中央提供農業集體化之外的不同選擇。正當溫州農民享受「分田單幹」之際，1958 年「大躍進」運動開始批判溫州的小農承包是反社會主義，反革命與資本主義復辟。溫州許多幹部，包括永嘉縣委副書記，都被整肅、嚴懲、與降職。重要的是，溫州分田單幹式的小農承包並沒有因中共國家機器的鎮壓而完全消滅，每當政治運動高潮過後，「分田單幹」又悄悄恢復。例如永嘉縣的許多農村在 1966 年至 1975 年之間又恢復小農經營，因而造成永嘉許多地方幹部在 1976 年以違反中央政策，損害集體經濟罪名被整肅（林白等 1987）。同樣的事件在溫州其他縣不斷重演。由於「分田單幹」，溫州的公社制度基礎動搖，而且浙江全省約 40% 的公社被摧毀（楊宜 1987）。

　　溫州的「分田單幹」並不是一個個別的例子，在 1960 年代初期，大陸其他地區如安徽與江西省也出現了小農承包的個體經營。由於大躍進運動造成大陸農村普遍饑慌，再加上自然災害，導致嚴重饑荒。中共政權遂被迫和緩激進的農業集體化腳步，甚至對農民讓步，將農業生產決定權從公社降至生產大隊與小隊，而且允許農民保有自留地。安徽省許多公社便放棄了集體耕種，由生產大隊與小隊承包糧食生產，他們將集體土地又重新分配給農民，進行農戶個體經營，結果農民生產力在很短時間內不僅恢復而且提高（楊天書 1989）。此外，江西省許多公社在當時也執行了大規模的「分田單幹」，因小農經營需要額外幫手，而當地勞動力不足，遂引發外省勞動力從蘇北與安徽流入（中央委員會1967）。雖然小農經營提高農民生產動機與產量，但與集體經濟的共產主義相違背，安徽與江西的省委書記與許多地方幹部都因「分田單幹」在文革期間均遭整肅，甚至江西某些地區還遭中央所派遣的紅軍進行鎮

壓，掃蕩「分田單幹」，強制執行農業集體化。

以上這些例子說明雖然中共國家機器專制力量極強，可以在很短時間內推行民間極不歡迎的農業集體化政策，快速過渡到共產主義階段，但是因為中共採政治運動方式，依賴共產主義意識型態的狂熱來動員社會，並用暴力脅迫手段，以達到政策執行的目的，而非以制度化的程序與法規來執行，故在官僚體系中在下者為逢迎上級，政策往往執行過度，不僅造成民怨與災難而且下級隱瞞不報。中共領導人事後又為彌補政策執行過度所造成的錯誤與災難而進行讓步，然而每當中共國家機器鎮壓略加收斂，放鬆它的政治控制力時，偏離中央政策的小農經營便悄悄恢復。這時又需要國家機器發動下一波的政治運動進行整肅與打擊，才能糾正原先的政策偏離。由此可見中共官僚組織的基層行政能力在執行中央政策方面遠不如它的專制控制力有效，也正因為如此，中共國家國家官僚體系從上到下普遍陽奉陰違。

2. 中共國家稅收能力

大陸學者在討論中共國家汲取稅收能力時，認為在經濟改革前由於中共政權採行中央集權式的財政管理，國家財政收入占全體國民總收入（GNP）的比例高達 30% 以上，約略相當現今西方國家規模，因而認定中共國家能力很強。但是經濟改革後，由於中共中央採行地方分權的財稅承包制，導致中央政府的財政收入大幅滑落，至 1992 年，只占國民總收入的 14.2%，遠低於西方工業國家，因此中共國家能力大減，形成弱中央與強地方（王紹光、胡鞍鋼 1993: 44）。本文乃持相反觀點，認為中共國家機器汲取稅收的能力從政權建立以來就很弱，中共中央在改革前未出現財政赤字，並不是中央政府汲取稅收能力強，而是因為中央政府採中央集權式的財政分配方法，剝奪地方政府的財政預算權力；經濟改革後中央政府之所以產生財政赤字，是因為採行地方分權的落後財稅承包制度。

中共自 1949 年建國以來，處理中央與地方財稅分配的制度即環繞中央集權的統籌統支與地方分權的財稅包幹而變動。中共政權的財政制度最早採行高度中央集權式的統籌統支，各級地方政府稅收全部上繳，

其開支完全由中央財政撥款，地方政府並無編製預算的權力。但不久中共實行財政改革，劃分中央與地方收支範圍，給予地方政府部分財政收支權。雖然地方政府具有財政收入，具備預算編製能力，但其支出只占全國財政總支出的四分之一，遠不及中央財政的龐大收支。此時雖然中央財政權力有所下放，但仍維持中央集權式的財政管理制度。後來中共為提高地方政府的行政效力，曾在五〇年代末短暫擴大地方財政權，將原屬中央財稅來源的國營大企業下放給地方政府管理，並作為地方財政收入。但由於當時中央財政權下放過多，地方財政收入相對暴增，出現地方投資飢渴症（investment hunger），盲目重復建設，浪費大量資源，導致計畫失控，迫使中共又重新採行中央財政集中。雖然在七〇年代文革期間，中共又試行地方分權的財政包幹制度，但又導致中央財政收入大幅滑落，被迫採用它法。由此可見中共政權的財稅分配關係在經濟改革前是傾向於中央集權（王紹光、胡鞍鋼 1993；Oksenberg and Tong 1991）。

　　中共在經濟改革後，因中央權力下放，並鼓勵地方發展經濟，在分配中央與地方財稅關係上遂傾向採用地方分權的「劃分收支，分級包幹」制度，劃分中央與地方財政收入，凡地方固定收入大於地方支出者，則定額上繳，小於地方支出者，則從中央地方共享收入中確定分成比例留給地方，若地方收不抵支，則由中央定額補助。但財政包幹制度使中共中央財政占全國總收入的比例逐年下跌，而地方政府在繳足承包的定額財稅後，所餘皆為地方所有，造成中央財政連年赤字，入不敷出。而某些地方政府因財力雄厚而實力增強，進而違離中央政策，形成所謂「諸侯經濟」（王紹光，胡鞍鋼 1993；韋偉 1993）。大陸學者認為正由於財政包幹制度的實行，造成中共國家機器汲取稅收能力下降，中央政府稅收銳減，而無力控制地方；但在經濟改革前中共國家汲取稅收能力十分強大，因為中央政府財稅收入獲得保證，並占有國民總收入比例高達 30% 以上，並不輸給現代西方國家。然本文認為，並不是中共國家汲取稅收的能力在經濟改革前強大而使中央財庫充足，而是因為中共國家機器強大的專制控制能力，行使中央集權式的財稅分配關係，完全或大部分剝奪地方財政權使然。經濟改革後，並不是中共國家汲取

稅收能力下降造成中央政府財政赤字，而是地方分權，中央政府一方面
讓權讓利使地方政府擁有財政預算，另一方面財稅包幹制度極為原始落
後，無法反應現代租稅的公平性。因此，本文認為中共八〇年代國家財
政赤字的產生並非因為中共國家稅收能力下降造成，不僅中共國家汲取
稅收能力從未強過，而且中共國家機器稽徵財稅的方法與能力極為落
後，反應中共國家機器相對薄弱的基層行政能力。

　　中共政權從建國以來汲取稅收的方法大體沿襲傳統中國明清及民國
時代所使用的攤派制，由中央根據過去各省的經濟發展狀況，耕地面積
與人丁口數的多寡，以及社會主義制度建立後，國營與集體企業在各省
的分佈等進行稅額攤派的分配。例如上海市傳統工商業就很發達，中共
政權建立後，更是國營與大集體企業聚集的中心，因此上海地區分配到
的攤派額度就比其他地區為高，在八〇年代上海每年上繳北京中央的稅
收就占全國總財政收入的六分之一。其他省份與地區的攤派稅額依此照
辦。財稅攤派制與承包制都是傳統國家在現代化之前所採行的落後稅收
手段，往往攤派額與承包基數一定就是好幾年不變，並未根隨地方發展
而有所增加。因為它不是現代國家所使用量能課稅的方法，按照實際的
收入來徵稅，只是定額攤派，故當地方經濟逐漸發展，收入逐步增加，
中央政府所獲仍只是定額收入，並未因地方財富的增加而增收財稅，
反而地方政府因此獲利，地方經濟發展而增收的部分皆為地方政府所
獲有。例如廣東省在94年分稅制實行之前採行「劃分收支，定額上繳」
（鄧子基 1992），然而廣東的經濟發展在八〇年代已是全中國最迅速，
最繁榮與收入最高的省份之一，但卻向中央政府繳納定額之稅，完全無
從反應廣東地方的經濟發展，難怪中央政府日漸叫窮，而廣東地方政府
卻經濟實力大增，儼然一方諸侯，引起其他各省不平。尤其上海，根據
過去攤派基數，上海必須繳足全國六分之一的稅，但廣東的經濟繁榮在
八〇年代中期就已超過上海，卻只定額繳納，自然引起上海的不滿，可
見中共國家汲取稅收的能力實在很弱，無法根據地方實際的發展與收入
課稅。

　　除此之外，中共國家基層行政能力弱到無法掌握各生產單位的實際
產能。以農業生產為例，過去人民公社時期，農業生產小隊經常少報耕

地面積，或對新增加的耕地隱瞞不報，以減低上級指定的攤派糧食產量。由於中共縣政府與公社均未設置專司土地管理機構，又缺乏相關土地管理法規，以致中共官方耕地面積之統計一直低於實際耕地總面積（中國農業科學院 1992）。由於上級政府無法掌握每一生產隊耕地精確面積，土地沃脊程度，以及生產隊每一收穫季的實際產量，因此中共每年並未從農村徵購足額的糧食。在糧食的實際徵購過程中，生產隊因隱瞞耕地截留部分糧食，公社幹部因幫助欺上瞞下，亦截留部分糧食，故國家資源在轉移過程中，層層被下級截留占有。

在工業生產領域，中共也往往無法精確掌握企業單位的實際產能。由於中共實行計畫經濟，國營與大集體企業每一季度與每一年的產量都是由企業上級領導下達生產指標而非市場的供需來決定，同時上級政府也提供企業生產所需的原料、中間產品、技術，甚至企業設備改造的資金等。通常上級所下達的生產指標是根據個別企業所提供的資訊來訂定，包括企業歷年的產量、職工人數、機器設備與技術的新舊程度等。因企業為得到較低的生產指標，往往隱瞞其真正的生產實力，提供不實訊息給上級，如低報職工人數，過度折舊機器設備等。當生產指標下達時，企業又會與上級討價還價（bargaining），以求得對企業有利的指標（Nove 1985; Kornai 1992），因此社會主義計畫經濟制度下企業生產效益往往低落。此外，大陸的國營集體企業又往往低報利潤所得，在經濟改革前，企業所有盈餘必須全部上繳國家，故企業為己身利益，經常低報利潤所得，截留部分，以照顧職工福利。經濟改革後，企業以營利所得稅取代利潤上繳（利改稅），但企業謊報利潤所得仍然不變。[1]

總觀，中共國家基層行政能力從建國起就相當薄弱，不僅無法在地方上有效貫徹中央政策，如農業集體化政策無法在某些地區落實，而且中共國家稅收能力、土地管理登記，與工業生產與管理均無法與現代國家看齊。尤其中共中央與地方財稅分配制度變更頻仍，從建國到1994年確立分稅制為止，中共中央與地方的財政分配關係總共改變十六次

1　根據本人在大陸歷次田野訪問國營企業，國營企業的帳冊通常有數本，其中一本專門用來提供上級領導帳務檢察，其低報利潤所得幾乎已是公開事實，並獲得地方政府之認可。

之多。[2] 縱使在1980年代中共採行地方分權的財稅包幹制度，但全國各地實行的包幹制就有六種之多，承包基數各地亦有差異，各種稅率亦不相同（王紹光、胡鞍鋼 1993；Oksen-berg and Tong 1991；韋偉 1993；鄧子基 1992），這顯示中共稅制混亂，國家機器無力有效處理中央與地方的經濟利益的分配與財政關係，由此反應中共基層行政能力的低下，無法與其專制獨裁能力相提並論。

（二）中共國家基層行政能力日益衰微

中共原本薄弱的基層行政能力在經濟改革後更暴露其弱點，以致無力承擔日益艱鉅的新工作。尤其市場經濟的恢復，急需中共各級政府設立新部門來處理新增事務。但新設部門不僅人手嚴重不足，不具專業訓練，而且效率低落，更因法規嚴重不足及紀律不嚴，使幹部有近乎無限的自由裁量權，往往造成權力濫用，貪污腐敗橫行。例如近十年來大陸農村急速發展個體私營企業，但是多數這些企業在當地政府鄉鎮企業管理局或工商管理局卻登記為集體企業，即所謂「戴紅帽子」的假集體企業。以私營經濟發展為主的溫州地區，當地政府的統計數字中私營企業所占比例僅占當地企業總數的三分之一，而河南省在1991年，約有五分之四的私營企業登記為紅帽子的假集體企業（時報周刊 1993[70]: 14），由此反應中共地方政府的企業管理工作混亂。一方面顯現政府部門能力不足，另方面顯示幹部接受賄賂，擅自把私營改為集體，以便個體私營企業享受政治保護以及集體企業的優惠待遇。除此之外，在本人大陸田野訪談期間，沒有一個工商管理局以及鄉鎮企業管局理的幹部，受過相關專業訓練，多數幹部為軍隊轉業而來，對處理工商事務全無經驗，一切從頭學起，再加上局內工作人員不足，根本無法積極推展業務，只能消極被動做些登記工作，對於企業所有權性質根本無力也不願過問。

正因為地方工商管理部門幹部素質與訓練低落，以及相關法規欠

2　根據王紹光與胡鞍鋼的分析，到1993年底中共稅收制度改變計十五次，均徘徊在處理中央與地方財稅分配與收支劃分的關係。

缺，使得許多個體家庭工廠採用掛戶方式登記在地方集體或國營企業之下，利用後者的銀行帳戶與頭銜進行經濟交易。在法規健全的國家這種做法屬偽造文書，但在中國大陸卻由地方鄉鎮政府出面執行。在溫州許多家庭工廠靠掛在村或鄉政府開設的空頭公司名下，一方面由地方政府對靠掛的家庭工廠收取管理費與徵稅，另方面家庭工廠得以法人名義與其他集體或國營企業進行交易。這種做法凸顯中共國家官僚體系中，尤其地方下層完全違離中央法規與政策，而中央上層卻無力約束下層之違法失職行為，可見中共國家基層行政能力在經濟改革後更形無力。

在土地管理方面，中共國家機器過去一直無法精確掌握各生產隊耕地面積，更遑論地籍調查、土地登記、土地統計、土地定級估價等管理工作。此外，中共政權一直缺乏全國性的土地管理機構，也缺乏土地管理法規，土地管理工作一直分散在地方政府各部門單位，以致中央政府無力進行有效的土地管理。1986 年根據中共農業部統計全國淨耕地面積為 19.2 億畝，而根據美國人造衛星遙測之中國現有耕地面積為 22.6 億畝（中國農業科學院 1992），顯然中共國家基層行政能力在耕地面積測量的精確度上不如美國能力強，美國政府所使用的土地測量技術高於中共。鑑於經濟改革後土地濫用，管理混亂，與違法侵占耕地等，中共終於1986 年成立國家土地管理局，頒布土地管理法規，並於各地方成立分支機構，負責全國土地管理工作。縱使如此，至1988 年，大陸全國尚有 28 個地（市），504 個縣（市），未建立土地管理機構，在已經建立機構的地與縣中約 30% 並不健全，機構中只有二至三個人員，無法展開正常的工作，而且全中國尚有兩萬多個鄉鎮沒有設置土地管理人員，縱使已設立者，也缺乏經費，編制過小而無法有效進行工作（國家土地管理局 1992）。由於中共土地管理局此一政策工具，從中央到地方因編制有限，人員訓練與素質均不佳，以致經常發生地方政府越權批地，幹部違法侵占耕地建私房，國有與集體土地地籍不清，土地登記混亂等現象。

土地政策工具之無能與不健全亦反應在中共稅收機關上。中共國家財政赤字在八○年代趨於惡化，除採行落後原始的財稅包幹制度外，全國財稅機構不健全，稅務人員不足，而且缺乏專業訓練，實不足以承

擔稽徵財稅的工作。更由於稅收管理方法混亂，計稅與徵稅缺乏統一標準，造成各地逃稅與漏稅現象普遍。本人在溫州調查期間，發現從事相同產品製造的兩個企業，其產品稅率竟然不同，這不僅反應當地稅收制度混亂，而且稅務人員收受賄賂，按企業賄賂金額的大小，稅務人員自由裁量稅率的高低。此外，自經濟改革後，地方鄉鎮政府財政收入大宗來自地方集體企業的利潤收入，為保證地方財庫充裕，鄉鎮政府往往幫助地方企業偷逃中央政府的稅，以此轉移至地方財庫（張桂龍、張建良1993）。故中央與地方利益的衝突，導致地方為追求一己之利而不惜犧牲國家整體利益。據估計中共每年流失的國稅在一千億人民幣以上，約占國家財政收入的四分之一（王紹光、胡鞍鋼1993），而中共除坐失其收入外，無力改善官僚體系基層行政能力。

　　導致中共基層行政能力衰弱的因素除官僚體系不健全、官員幹部訓練不足、缺乏法律規章外，中共黨政軍幹部貪污腐敗，利用特權，暗中經商，以權換錢，而中共中央竟無法有效監督與約束黨員幹部的腐敗行為，可見中共國家行政能力之薄弱。由於中共國家財力不足，無法滿足黨政軍各單位的財政預算，中共遂鼓勵各機關單位，甚至學校自行開闢財源，尋求經費，因此中共國家官僚體系從中央到地方，興起經商熱潮。許多黨政軍幹部除正業外亦兼第二職業，有的甚至留職停薪「下海創收」。因此幹部貪污受賄，以權謀私，極為普遍。各級幹部往往利用政治權力介入營利活動，以致官倒盛行。中共中央反覆禁止各單位擅辦企業，禁止向農民任意攤派或打白條，禁止任意批地轉讓，各地方都如馬耳東風，顯然上有政策，下有對策，中央對地方幹部毫無約束力。總之，經濟改革帶來的金錢利益使中共基層紀律蕩然，導致其基層行政能力的嚴重惡化。

　　總之，中共政權從文革以來因黨員幹部意識形態信仰的消逝，經濟改革帶來民間生活自由的增加，逐步削弱了其原本強大的專制力量。另一方面，原本相對薄弱的基層行政力量復因官僚體系機構不健全，幹部缺乏專業訓練，法律規章之不足，以及幹部之貪污腐敗而更趨衰弱。當中共國家機器對社會進行專制控制的力量由強轉弱，而基層行政力量又弱到無力有效執行經濟改革的任務，此種轉型會削弱中共政權的正當性

與處理地方緊急災難的應變能力。

三、結語

中共政權自經濟改革以來，不僅對社會專制控制力量明顯減弱；而且國家基層行政力量也無力有效承擔經濟改革的艱鉅任務，國家政策無法在地方上長久維持。長此以往，會使中共官僚體系面臨行政癱瘓，降低處理地方緊急災難事務的應變能力。根據報導，大陸湖南省桑植縣在1992年發生災荒，縣府幹部居然將上級賑災的糧食倒賣，圖謀私利，迫使縣民外出逃荒乞討（中國時報 1994/1/15, p.17）。中共地方官僚體系的腐敗無能，已挫傷中共政權執政的正當性。

根據西方學者的研究，大規模革命運動發生前，國家就因內憂外患而無法有效掌握軍隊以迴應國際挑戰以及維持國內社會秩序，當國家極欲從事政治與金融改革以建構軍隊重振雄風，卻因改革方案與統治階級發生利益衝突，而遭後者反對，拒絕支持改革，此時國家即陷於危機，若又爆發大規模的農民叛亂，則政權的崩潰指日可待（Skocpol 1979）。換言之，當國家專制力量減弱，無法有效控制社會與回應外侮，同時國家基層行政能力薄弱，以致無力進行改革，因而引發執政危機。

中共政權自1978年開放門戶之後，重新回到資本主義世界體系中，因此中共政權一方面承受國際政治與經濟的壓力，一方面又面臨國內社會的嚴重挑戰，如官僚體系內部中央與地方利益的衝突，農村龐大的待業與失業壓力而產生的局部農民暴動，以及國營企業改革所引發城市工人的街頭抗議等。另一方面，中共政權薄弱的基層行政能力無法有效管制人口超生，以致農村剩餘勞動力所造成的盲流人口增長快速，成為一個難以控制的定時炸彈；又因為中共地方政府稽稅能力不足，導致中共國家財政赤字嚴重，無力推動基礎建設，雖然中共政權已進行分稅

制的改革，但卻已遭受地方政府與各級企業的消極抵制，[3] 抗拒稅制改
革；再加上中共官僚體系中幹部缺乏專業訓練，人手不足，法律規章欠
缺，以致官僚體系無法有效貫徹中央政策，應付危機事務的能力下降。
因此中共政權面臨的當急之務是增強其基層行政能力，不僅要提高官僚
體系的行政效率，而且在地方上必須能有效執行中央政策。

　　改善中共國家基層行政能力的方法，一方面要提升官員幹部的專業
知識與教育水準，吸引優秀人才進入國家官僚體系服務；同時，官僚體
系各部門要制度化的法律章程以規範部官僚幹部與組織體系的行為。另
一方面，國家必須有充裕的財政收入，才能推動各項政策與基礎建設。
唯有不斷增強國家基層行政能力，中共政權才能有效應付國內外的挑戰
與壓力，而且提高行政效率，推動改革，增強國家統治的正當性。

3　據本人1994年在陝西寶雞的訪問，地方國營企業已經開始著手，甚至與地方政府聯合，
　　逃避分稅制的稽徵。

5
國家／社會關係研究途徑：
理論與實例[*]

　　中國在近三十年市場經濟轉型中，協調經濟生產與資源再分配的國家官僚機制逐步為市場中的平行交易所取代，當政府有意從經濟領域退出，社會享有經濟活動的自由空間隨之擴大。隨後，中央政府又採行政與財政分權，以制度改革誘發地方政府推動區域經濟發展，創造地方財富，增加財政收入。中國市場經濟轉型的制度變遷與創新，不經意的從經濟跨入政治與社會範疇，透過制度介面之間的環環相扣，牽動國家與社會關係的轉變。

　　當國家不再壟斷資源分配與生產銷售的控制，並允許個人從市場與其他管道獲取財物與資源的滿足，國家對社會與經濟的政治控制逐漸呈現鬆動，造成社會主義國家極權控制的衰弱（Walder 1995）。相對於國家政治控制的減弱，地方政府財政自理與經濟發展的自主性逐步增強，中國社會開始享有自毛以來絕無僅有的自由多元化，從個人的經濟活動、集會結社的中介組織、利益表達的集體上訪等，在在顯示經濟轉型

* 本文原收錄於2007年《中國研究的多元思考》一書（頁45-72），經巨流出版社同意後轉載，特此致謝。

改變了國家與社會之間的互動關係。

　　本章討論中國自經濟改革以來，中西學術界探討國家與社會關係改變所使用的主要研究途徑，檢視這些研究途徑的優缺點，並提出可行的研究議題與方向。首先，從不同學者提出研究典範的先後順序去界定中國社會主義政權的特性，及其對社會進行之控制：從極權主義、功能性分裂之國家官僚體系到間歇性極權國家。在概念建構上從國家對社會全面的威權控制，官僚體系內部的分裂，走向區別國家專制控制力與滲透社會之基礎行政能力的差異。無論國家這兩種力量如何改變，國家與社會始終站在對立角度，兩者相互較勁，呈現權力的零和關係。其次，自八九年天安門事件之後，許多學者開始採用國家統合主義來探索中國國家與社會關係的改變，它不僅用來理解民間社團組織發展及其與中央政府之間的對抗，而且用來分析地方政府介入經濟活動的角色模型。然而不論探索焦點為何，國家統合主義與極權主義相同，都強調國家與社會的對立關係以及兩者間權力的相互消長。但是在中國社會主義體制下，民間社團組織是否與國家呈現截然對立？一者權力的增強建立在犧牲與削弱另一者的權力上？從現實面觀察，中國民間社團組織的發展並非如此，少有直接挑戰國家政權，反而絕大多數在國家的威權控制下求生存，甚至緊密鑲嵌於黨國體制當中，成為後者政策推行的承載體，也唯有當民間社團組織表現其政治忠誠並被國家接受，被國家承認其正當合法性，民間社團才有可能提出利益訴求並影響國家政策。因此國家與社會的鑲嵌觀點，脫離舊有模式，轉而成為現階段研究國家與社會互動關係的新焦點。此外，從方法論角度，國家與社會關係還被視為解釋變項，用來分析與解釋中國民間社會運動的發展。更有學者從新制度主義的組織理論角度探索中國慈善團體的發展。但不論採用何種研究途徑，國家與社會之間的鑲嵌合作關係，達到相互影響與共變，是本章討論的重點。

一、國家與社會之間的對立關係

（一）中國社會主義政權的界定：極權主義、功能性分裂之國家官僚體系、間歇性極權國家

　　早先不論研究法西斯政權、東歐共產主義國家或民主政治轉型，學者們往往使用市民社會的獨立自主或國家施政之獲取社會同意，來衡量專制政府極權程度或民主政治發展可行性的指標。換言之，先期的研究典範，均視國家與社會為相互對立，權力相互消長的零和關係。此一研究途徑衍生出幾種不同理論概念來理解前東歐共產國家與中國社會主義政權。

　　自二十世紀五〇年代，西方學術界採用極權主義（totalitarianism）概念界定社會主義國家，國家與社會不僅互為對立，並且國家企圖全面控制與監視社會活動，完全剝奪社會自主與活力。尤其史達林時代的蘇聯與東歐，國家官僚體系無所不在的監視社會中個人行動、生活與思維，使個人在社會中形同孤立的原子，彼此間缺乏連結，完全臣服於政府從上至下的鐵腕控制，因而社會喪失所有自主空間（Brus 1975; Wright 1983; Bahro 1984; Tsou 1986）。雖然極權主義觀點描述社會主義國家對社會個人的嚴密監視極為貼切，但仍難以解釋五〇年代中出現的匈牙利革命運動與六〇年代末捷克的「布拉格之春」；此一概念也難以理解中國在毛統治時期所出現的「上有政策、下有對策」、「走資本主義道路」等違離中央政策的現象。顯然，在社會主義極權專制之下，政府並非呈現絕對控制，完全窒息社會活力，在國家既有專政之下，社會個人仍能找到某些活動空間追求自我利益與實現。

　　及至七〇與八〇年代，不同於極權主義觀點，許多東歐國家學者親身體驗，從內部觀察，發現社會主義國家並非以極權方式從上而下對社會進行嚴密控制，反而政府內部因本位主義盛行，不同部門與單位之間時而發生利益緊張與衝突，導致上下級之間為本位主義與利益追求而討價還價，因而社會主義極權國家成為「功能分裂的國家官僚體系」（functionally fragmented bureaucracy），各單位部門與地方政府往往為

追求一己之利，不惜偏離中央政策，犧牲國家整體利益（Feher, Heller and Markus 1983; Nove 1985; Lieberthal and Oksenberg 1988; Liberthal and Lampton 1992）。中國研究的西方學者甚至認為毛時期的中國共產政權，縱使極權專制的疾風厲行社會主義農村改造，仍難以打破中國傳統農村蜂窩狀的獨立自主（Shue 1988），反而農民為維護自我利益，不時為爭取餘糧與國家抗衡（Oi 1989）。甚至許多地方基層政府已被社會侍從主義（clientelism）的人際網絡滲透，與中央政府貌合神離（Oi 1989; Nee 1989）。因此，不同於強調嚴密控制的極權主義政體，「功能分裂的社會主義國家官僚體系」概念，刻意彰顯地方自主與利益維護，甚至在追求地方利益實現之下不惜犧牲國家整體利益。

　　然而社會主義政權在國家與社會對立及權力相互消長之互動關係下，「功能分裂的國家官僚體系」是否過度強調社會的獨立自主與利益實現？劉雅靈於八〇年代末溫州私營經濟發展研究中，發現溫州農村私營經濟的蓬勃興盛早在經濟改革之前就普遍存在，而且小農經營的「分田單幹」在毛時期從未完全根除，顯然中國社會主義極權政府並未有效控制農村集體改造，的確呈現中國地方自主與「功能分裂的國家官僚體系」。但也正是因為溫州的桀驁不馴，自毛以來溫州便經歷無數血腥整肅與政治打擊，顯示當地方過度追求私利而違反國家政策時，極權主義的專制控制便發揮極致，以血腥手腕匡正地方偏差行為。一方面，社會主義國家以極權主義方式對社會展現高度的專制控制力（despotic power），可以置社會集體抗拒而不顧，並在短期內強制貫徹完全違反民意的社會主義集體政策；但另一方面，中國社會主義政權卻顯現相對弱勢的基礎行政力量（infrastructural power），[1] 難以在地方上長久有效落實中央政策，尤其當中央政策與地方利益發生衝突，地方偏離中央政策時而發生。根據劉雅靈，中國社會主義政權可以界定為「間歇性極權國家」（sporadic totalitarian state）（Liu 1992）。在溫州過去的政治經

1　英國歷史社會學者 Michael Mann 在討論國家權力時，將國家權力區分為專制控制力（despotic power）與基礎行政力量（infrastructural power）兩種。前者指國家不必徵求社會同意就能對社會進行專制控制，後者指國家對社會的滲透與貫穿力量，尤其指國家政策在領土範疇內的執行能力（Mann 1986）。

歷中，每當中央政府以群眾動員方式的血腥暴力完成農村集體改造，拔除資本主義的私營經濟活動後，代表中央監督力量臨時組織的工作組即撤離，由於缺乏制度化的中央監控，導致經常發生地方為追求自我利益而背叛中央的陽奉陰違現象，以致中央政策無法在地方上持久貫徹。一旦當上級政府察覺地方的叛經離道，遂引發下一波的血腥整肅。由此，中國社會主義政權展現「間歇性極權國家」特性，一方面對社會展現強大的專制控制力，但另方面因欠缺制度化的社會控制建構，導致地方經常違離中央政策，必須靠不時的血腥鎮壓才能收效於一時。溫州資本主義之蓬勃發展在毛時期就奠立深厚基礎，顯示中國政府的極權控制因缺乏制度化建構，導致國家滲透社會的基礎行政力量相對弱勢，中央政策難以在地方上有效落實，中國社會主義政權的極權專制是「間歇性」發揮，正因為如此，提供地方自主空間與利益追求。

對中國社會主義政權性質的探索，從極權主義、分裂式國家官僚體系、到間歇性極權國家，使我們對社會主義政權的實際運作瞭解更為深入，雖然中國社會主義政權對社會進行嚴密控制與監視，可是國家官僚體系內部不僅部門之間缺乏協調，引發部門之間的緊張與衝突，而且官僚體系內部中央與地方之間因利益不同，時而發生陽奉陰違，中央政策無法在地方長久落實，以致中央政府必須不時仰賴非制度化臨時調配的工作組，對下級政府與單位禁行監督與控制。「間歇性極權國家」雖已點出中國社會主義政權強大的專制控制力，與相對弱勢的基礎行政能力，而且進一步指出經濟改革與市場機制引進後，中國政府有意縮減對社會的專制控制（劉雅靈 1996），但是貫穿社會的基礎行政能力是否持續衰退或增強，則需透過經驗研究，以不同政策領域的國家執行能力實際表現來顯示。

雖然有關中國政府政策落實能力在改革期間是否下降時有爭論，近年研究顯示，在不同政策領域政府的執行效能有所不同。不可否認，中國政府為責成地方政策落實與增強國家對地方政府的監視控制力，在改革期間設計幹部責任制（cadre responsibility system），透過幹部績效表現的管理，期望達到政策在地方上有效落實的目標。首先，政府將欲執行的工作分類為「軟性指標」（soft targets）、「硬性指標」（hard targets）與「優先指標」（priority targets）的否決權，以此區分不同政策執行的優先順序。優先指標，意指工作上的先行次序，必須不計困難優先完成。若無法達成優先指標，縱使其他工作表現非常成功，也全部作廢，無助於幹部總體考績，這就是優先指標的否決權。而硬性指標通常指經濟發展方面的任務，若如期完成可為幹部的政治表現加分（Edin 2003）。被設定為優先指標的工作包含計畫生育與社會治安等。

在計畫生育領域，為減低地方幹部資訊不對稱與資訊隱瞞問題，中共中央為地方設定生育指標，並配合政治經濟誘因，責成地方落實，並且政府成立「計畫生育協會」的社團組織，透過民間社會動員方式來共同完成任務。由於計畫生育是「優先指標」，若無法完成政策指標，地方官員不僅難以獲得晉升，而且記過降職，因而計畫生育的政策落實在地方上頗見成效（Huang and Yang 2002）。在社會治安方面，中國某些省分規定，超過人民幣二十萬的經濟犯罪、出人命的暴力事件、超過五十人的示威集結，甚至農民集體請願上訪觸動上級政府，都被視為危害社會治安的重大事件。只要發生上述任何一種事件，都足以讓幹部記過與降職（Edin 2003）。

中國政府為增強對地方的監視控制能力，一向沿襲在毛時期就慣用的幹部輪調與兼職制度，即時掌握下級政府與不同行政部門的訊息，並防止地方山頭主義的發展。例如幹部在擔任縣職務的同時，兼任下一級鄉鎮黨政機構的領導，使資訊能夠上下流通，並使鄉鎮領導認同於上級的縣，而非與鄉鎮其他幹部形成黨羽，以此防止地方主義（Edin 2003）。

總之，當中國經濟改革行之有年，國家對社會的專制控制力逐漸減弱之際，中國研究的焦點遂轉向國家政策執行與落實的行政能力表現。然而政策落實與國家監督地方黨政幹部的研究是側重國家與地方政府之間的關係，這不僅忽略中國社會組織團體的發展及其對國家的抗拒，也失去探索國家與社會互動關係改變的興趣。因此，自天安門事件之後，統合主義似乎成為中國改革期間，分析與理解國家與社會互動關係的主要研究途徑。

（二）國家統合主義：經濟改革後

　　中國經濟改革期間，政府主動退出經濟生產與資源分配領域，將此功能讓渡給市場機制。一旦當國家資源分配壟斷終結，權力相繼釋出，個人遂逐漸獨立於政府單位的物資分配，從而憑藉一己之力在市場競爭中獲取資源，此時國家對社會的監視控制轉弱，而民間社會的活動空間擴增，因而在經濟改革後，中國民間各種社團組織興起，呈現蓬勃多元的社會活力（王穎、折曉葉、孫炳耀 1993）。為重新評估國家與社會關係之互動，傳統的極權政體觀點遂被放棄，統合主義的分析觀點應運而生，此時國家面對的不再是原子化的社會個人，而是各種不同的新興社會組織團體。在中國民間社會邁向多元化之際，社會主義威權國家如何應對並確保社會的政治忠誠？

　　不同於極權國家強調對社會從上而下的嚴密監控，西方學者提出的國家統合主義（state corporatism）概念則重視國家與不同利益代表的社會團體組織之間的互動關係。尤其當中國經濟改革之後，物資分配漸由市場主導，國家逐漸撤離許多功能性領域活動，政府行政職能如社會救助、福利保障、福困濟貧等工作，遂由社會組織團體取而代之，因此社會活動空間相對增加（田凱 2004）。例如當國營企業面向市場競爭轉變為經濟實體之際，政府干預活動減少、職能縮減並裁減編制，大批冗員職工遂被釋出。他們當中許多進入個體經濟領域，成為新興個體戶，並加入個體勞動者協會（個協），國家便責成個協照顧與管理新會員，或者下崗失業者成為新興慈善組織服務與照顧對象。換言之，在經濟改革之後，政府對社會的控制是透過民間組織來進行，但當社團組織被賦予國家重任，活動空間逐步增大之際，政府如何去管理與控制這些新興社會組織與團體？

　　所謂國家統合主義，指社會中以相同利益為基礎而成立的組織團體，他們要求政府承認其利益代表並發予合法執照，用政府的合法認可與利益保障交換他們對國家的政治忠誠。政府可以採用接納（cooptation）、協調（coordination）、利益認可（interest licensing）等方式間接控制社會組織團體，主導其領袖代表的產生，並責成其推動

國家政策（Collier and Collier 1991; Unger and Chen 1994）。換言之，社會主義國家不再使用過去那種直接對立與鎮壓的控制方法對待社會組織團體，反而積極拉攏這些組織團體參與政府政策制訂過程，承認並保障其利益，使之效忠政府，並推行國家政策。然而與歐洲民主國家自主性高的社會統合主義有所不同，中國的國家統合主義主要由政府出面組織各種社會團體，任命這些團體的領袖代表，而且只承認每一領域中僅有全國性組織才能代表該領域的整體利益，也只有全國性組織才是政府與之互動的合法團體（Unger 1996）。因此，在國家統合主義之下，民間團體透過政府立法與政府部門登記，才能成為政府認可的團體組織，而且必須在政府監控之下進行活動。中國許多民間組織甚至還有黨政官員參與其中，同時身兼社團組織的工作人員。例如個體勞動者協會是中國官方發起的民間組織，[2] 有全國總會與地方分會的設立，由全國與地方工商管理局領導，而且由工商局官員兼任協會內部重要幹部。此一制度設計，一方面便於工商局透過協會落實政府政策，管理與監視個體勞動者會員；另方面協會也向管理部門——工商局——提出利益要求與保障。

　　研究中國民間組織的學者，並不完全支持國家統合主義的分析架構，例如 Saich 認為從國家控制角度去理解社會組織，往往看不到社會自主與動態發展，認為應從社會面向去研究各種組織團體的發展（2000）。Yang 也認為應從社會團體內部組織的動態與外部關係的建構去瞭解中國民間社會的發展（Yang 2005），尤其在經濟改革後，社會組織團體的功能與自主性在擴大。一方面，中國官方在政策執行上仰賴社會團體組織的動員，使政策得以在地方落實；另一方面，民間組織團體又企圖規避政府的監控，不僅尋求獨立自主，而且積極影響政府政策，追求利益實現。例如許多宣揚環境保護的非政府組織、家庭計畫協會、非官方婦女團體等，皆發展規避國家控制的策略，操縱正式制度以符合自我利益，並提醒政府注重環境保護與農村婦女權益保障等（Saich

---

2　根據 Unger 對北京個體勞動者協會的分析，地方政府部門的工商管理局對個協進行由上而下的直接控制。雖然個協領導幹部是經由會員民主選舉，但候選人由工商局指定。個協內的重要幹部與工商局官員重疊，而且個協辦公室位於工商管理局的大樓中。

2000）。此外，在城鎮住房私有化與商品房興起之後，各地皆出現新興的住房業主委員會，以大樓住戶為基本成員而自發組織的業主委員會，不僅就大樓公共事務進行自我管理，保障住戶基本權益，與物業公司進行利益對抗。甚至在自我管理功能上，許多城鎮業主委員會與舊有的居委會產生功能重疊，前者似乎取代後者，造成兩者之間關係緊張。[3]

　　與西方學者採行統合主義觀點略有不同，大陸本土學者在討論民間商會、行業協會、非政府、非營利組織發展時，仍然採用國家與社會對立的零和遊戲觀點，而且認為是國家施惠於民間團體，容忍並允許後者的發展，兩者之間不存在統合主義式的國家對民間團體正式認可，以交換後者的政治忠誠。雖然目前大陸民間組織活動空間增大，也有自主發展要求的呼聲，但是大陸學者強調，截至目前為止，所有新興社會團體都帶有官方與半官方色彩，大陸民間組織團體難以脫離國家的監視與控制。但為鼓勵大陸民間團體發展，學者們呼籲，應該賦予民間團體社會權力，並立法保障此權力的發揮，不容國家侵犯。[4]從大陸學者觀點，民間社會力量的擴張是建立在削減國家權力的控制範疇，一者力量的增長是另一者力量的縮小。然而具有官方或半官方特性的民間組織，是否完全被政府所控制？

　　中國許多新興非政府組織（NGOs）的發展，清楚意識到組織生存策略，皆拒絕採取與既存政府對抗的意識型態，而且為擴張組織，增加成員，它們會採用政府的口號與策略，與政府合作，共同學習與參與，甚至進入政治灰色地帶，以利於自身發展（Baum and Shevchendo 1999; Zhang and Baum 2004）。雖然學者們強調從社會而非國家面出發，可以掌握民間組織團體的發展動態與自主性，而且也觀察到民間組織團體與國家之間發展出的共生關係，承接政府釋出的職能，並影響政府施政。但截至目前為止，這些學者也承認中國民間組織團體尚未能脫離黨國體制的監視與控制。中國並非民主國家，黨國體系的威權控制仍

3　台灣有關大陸城鎮業主委員會、居委會的碩、博士論文研究逐漸增多，如台北大學公共行政研究所碩士論文計畫書，《中國大陸城市基層管理體制轉型中的社區自治組織──以業主委員會為例》（鄭叔美 2005）。

4　作者於 2005 年 8 月 20-21 日參加江蘇無錫市召開的「改善民間商會治理及法律環境」研討會，與會大陸學者多有做此呼籲。

為主導，社會組織團體的自主性必須在黨國體系的控制監視中才得以凸顯，因此縱使中國各種非政府與非營利組織展現自主性時，政府干預仍為常態。由此，在研究中國社會組織團體時，是否採用國家或社會面向進行觀察並非重點。重要的是，在經濟改革之後，國家認識到社會組織團體的發展空間，也認可社會組織團體之利益及其功能替代性，因而國家改變過去直接監控社會的手段，採取較為間接控制的吸納與共存，顯現中國國家統合主義的特性。

（三）地方政府統合主義的類型

若將國家統合主義概念實際應用在中國社會時，較為具體可行的是去觀察地方政府與地方社會之間的互動關係。尤其中國在經濟改革之後，中央政府以市場化與行政、財政的分權改革，創造制度誘因，激發中國各地經濟發展的動力，各級地方政府積極扮演企業家角色，直接參與企業經營活動，努力追求地方財政收入與地方資本積累（Oi 1992, 1999）。在全民響應經濟發展下，自八〇年代不僅出現大批民營、國營、集體企業家與個體戶，甚至許多地方官員幹部身兼企業家，官商緊密結合。企業仰賴政府保護，政府仰賴企業提供租稅與佣金，政府官員與企業家相互滲透，造成政府與企業彼此共生。地方政府與企業的緊密鑲嵌，導致兩者間相互影響與改變。然而許多學者認為這種官商之間的共變關係既未促進市民社會展現，也不會產生真正的公共領域。經過詳細觀察，Baum 與 Shevchenko 認為地方政府與地方經濟社會間的互動關係可分為下列數類（1999）：

1. 企業統合主義（entrepreneurial corporatism）。地方政府成為投資經營的主體，直接介入生產，追求利潤。但與傳統社會主義計畫經濟不同，此時政府主導的企業面臨硬預算增強的市場激烈競爭，為增加企業存活機會與利潤積累，地方政府動用所有特權，官商關係更行緊密，成為政治資本主義的典範。在地方利益高度強調下，地方自主性擴增，甚至不惜違離中央政策。此時地方政府儼然取代中央的強勢專制，壓制地方市民社會的發展，以地方準經濟王國自許，如天津的大丘庄

（Lin and Chen 1999）與江蘇的華西村。[5]

　　2. 侍從統合主義（clientelist corporatism）。這是地方政府與私營企業之間形成的官商共生侍從主義（symbiotic clientelism）（Wank 1995, 1999; Solinger 1992）。地方政府對私營企業提供政治保護、低利貸款、稅收減免等優惠待遇，以交換私營企業提供的回扣、乾股紅利、安插親友工作機會等回報。幹部與私營企業間的利益交換不僅嚴重犧牲地方政府的行政與管理職能，並削弱地方政府制度性權威與監督力量。雖然地方經濟活力旺盛，但仍未見地方自主性市民社會的發展。

　　3. 掠奪型統合主義（predatory corporatism）。地方政府如同腐敗的開發中國家，缺乏推動經濟發展的行政效能，但卻擅長抽取地方社會與經濟資源，舉凡政府行政花費、預算外開支、地方建設等均由地方農民承擔。在地方政府資源掠奪下，民間社會難以發展。

　　4. 發展型統合主義（developmental corporatism）。與八〇年代的地方政府公司法人（local state corporatism）觀點類似（Oi 1992, 1995, 1998），地方發展型統合主義強調政府強大的行政能力，提供規劃、服務、指導、優惠與基礎建設，推動地方集體經濟發展，甚至與企業統合主義相同，由地方政府投資經營，直接介入生產活動。但九〇年代中國鄉鎮企業禁行全面私有化，終結地方政府公司法人，政府不再經營集體企業，反而私營企業成為地方經濟主流。地方政府為管理與控制私營企業，一方面允許成立企業家協會與商會，伸張並保障他們的利益；另一方面，地方政府指導協會運作，指派協會領袖，透過他們推行政策。換言之，地方政府以利益保障與優惠待遇交換企業協會的政治服從與支持，地方政府公司法人已轉型為地方發展型統合主義（Oi 1999）。在經濟私有化潮流下，地方民間社會以企業協會等組織呈現，雖然活動空間擴增，但必須接受地方政府指導，與之共生，才得以發展。

　　Baum 與 Shevchenko 根據實際的經驗研究，在概念建構上將中國地方統合主義做上述分類，然而實際上地方政府與市民社會的互動關係呈現更複雜的圖像，因為地方政府介入經濟發展角色是多重的，可以是

5　作者於 2004 年 8 月造訪江蘇江陰市的華西村，從華西村父子相傳的治理結構與經濟治理方式，顯現地方強勢專制的一面。

發展、掠奪、侍從主義等型態的混合。然而無論地方政府如何介入經濟發展，地方市民社會尚未自主成形。也許地方政府與民間社團組織的互動關係因多重角色而呈現不同，致使民間社團活動空間大小不一，但地方政府仍是地方社團組織的領導，兩者在權力分配中仍然互為消長，類似零和關係，一者權力的增強建立在另一者權力的削弱上。縱使在經驗研究中，我們已觀察到地方政府與企業組織團體緊密結合與鑲嵌，但是國家統合主義仍無法跳脫國家與社會關係對立的框架。

二、國家與社會鑲嵌、融合的相互改變－辯證關係

自天安門事件之後，關心國家與社會互動關係改變的學者企圖跳出國家與社會權力相互消長與相互對立的研究框架，欲從不同典範的建構中去觀察與瞭解中國民間組織團體的發展。他們認為國家與社會的權力消長，不是國家權力的增強建立在社會力量削弱的零和關係上，反而國家與社會組織團體是緊密鑲嵌，兩者相互交融成一體，兩者在相互滲透過程中改變彼此，形成共變的結果（Baum and Shevchenko 1999）。國家與社會的相互辯證關係，強調國家與社會在相互融合中彼此共同發生改變，國家企圖控制與導引社團組織的發展以維護國家政權穩固，而社團組織也企圖影響政府政策以達利益訴求，彼此相互糾結，不僅促使國家權力重組，也同時改變社團組織發展方向，雙方的共變往往產生意想不到的後果。在前述中，我們已看到地方政府和企業組織以不同方式相互滲透，他們相互包容與適應，使官員幹部和社團組織同時改變自己，這種相互包容之轉型奠立中國經濟改革的發展路徑。

檢視國家與社會緊密相鑲嵌而產生共變，Jowitt 以前蘇聯在後史達林恐怖統治的黨國新傳統主義（neotraditionalism）為例說明。前蘇聯在史達林之後不再使用恐怖手段威脅幹部服從，也拒絕使用血腥與激進方式改變社會，在黨國官員幹部組織戰鬥力減弱之餘，轉而追求個人、家庭與親友物質利益的占有與享受，甚至黨員幹部享有一定的自由空間

扮演恩主（patron）角色，提供政治保護與利益偏袒給下級部屬或企業
團體，以交換後者的政治忠誠、服務與財貨。黨國體系對黨員幹部半合
法及非法經濟活動與利益追求的縱容，甚至進行政治資本主義式的掠奪
經營，逐漸腐蝕與瓦解列寧式政黨的組織紀律（Jowitt 1992）。同理，
Walder 也用新傳統主義概念描述中國黨政體系利用個人對組織依附的
原則性特殊主義（principled particularism），來壟斷物資分配與恩惠施
與，交換下屬或企業團體的政治忠誠與服從，達到國家對社會的全面控
制（1986）。和前蘇聯類似，在新傳統主義之下，中國地方政府透過互
惠互利與社會個人及農村組織建立非正式侍從主義關係，地方人際網絡
與互惠義務遂成為地方社會日常生活核心，確保地方部門主義與地方利
益，這不僅降低地方對中央的政治依賴，也瓦解黨國的組織紀律。換言
之，當新傳統主義的侍從關係成為地方政權與社會互動的核心，兩者彼
此相互滲透並改變對方，意想不到的後果就是削弱了共產政權的社會控
制，種下日後蘇聯共產政權垮台的因子。雖然中國並未走向類似蘇聯東
歐般劇烈的政治轉型，但是新傳統主義之下建立起來的侍從主義關係在
市場經濟中持續發展，甚至愈演愈烈，已從黨政官員與企業的相互滲透
中形成雙方共生的侍從關係，彼此休戚與共、利益糾纏。

　　反諷的是，許多學者認為中國地方官員與企業之間的相互滲透，依
靠政治特權賺取利潤的政治資本主義，不僅成為地方經濟發展的動力，
而且提供社會穩定，成為中國發展路徑的特色，並避開一般開發中國家
的掠奪性腐敗。因此，經濟改革中許多新興社會經濟力量，均自願與地
方政府緊密鑲嵌，相互糾纏不可分割。許多新興企業家自願被地方政
府吸納（coopted），心悅誠服於地方權力，自願「急公好義」與奉獻租
金，放棄反抗與不合作念頭。他們明白唯有自願合作，尋求既存政府的
包容並臣服於它，才能獲得既存政府的認可與生存的正當性。新興企業
家似乎明白，唯有當地方政府願意接納他們並對之控制監視時，他們
才獲得機會去改變地方政府，而且唯有在地方政府表示願意與他們合作
時，地方政府才會對他們的要求更具反應，也才有可能會被社會團體
的利益及需要刺激而產生改變。因此當地方政府需要對社會組織團體
進行監控時，地方政府便發生重組、改變、自我更新。鄭永年（Zheng

2004）甚至認為中國政府在改革期間外力衝擊與內在社會力糾纏下產生國家重組與再造（state rebuilding）。

自天安門事件後，中國國家與社會互動關係的轉變，已從國家與社會之對立，權力相互消長的零和遊戲，轉變為國家與社會緊密鑲嵌，彼此共生互惠，相互影響與共變。雖然國家仍對社會監視與控制，但是在鑲嵌互惠關係下，國家也必須回應社會利益與需要，對這些社會利益與需要照顧的同時也刺激國家的改變，甚至引發國家的重建，增強國家在某些政策領域的執行能力。故透過國家與社會鑲嵌與共生的研究途徑，使我們看到國家與社會兩者力量的相互增強，而非零和遊戲的權力相互消長。

然而國家與社會鑲嵌的研究途徑是否意味國家被社會組織團體包圍而失去自主性？或者意涵國家與社會呈現平等關係？在中國社會主義體制下，如同許多學者的觀察，雖然經濟改革已削弱國家對社會的專制控制力，但這卻是國家主動放權，退出經濟生產領域，讓渡給市場與私營個體經營者。國家如此做並非遭受社會挑戰，而是希望透過經濟改革，改善生產效益，提供社會充裕物資，增強國家競爭力。如同國家統合主義觀點，國家與社會鑲嵌論仍然強調國家居於社會之上的支配地位，國家仍然置社會於其監視與控制下，尤其針對那些具有威脅與挑戰國家政權能力的社會團體組織，國家打擊不遺餘力，例如天安門事件中動用軍隊鎮壓學生，或以武警掃蕩法輪功成員等。故在國家與社會鑲嵌論觀點下，國家支配主導地位不容置疑。但與國家統合主義觀點強調國家與社會對立並呈現權力消長的互動關係不同，鑲嵌論認為國家在監視與控制社會團體的同時，接納後者的存在，並與後者相互嵌入，從派遣黨政幹部進駐社會組織團體到後者在政府部門註冊登記，顯示兩者鑲嵌程度緊密不一。然而不論何種程度鑲嵌，政府與社會團體組織皆呈雙向互動，彼此相互影響與改變大小取決於社團組織採取的互動策略，如何在政府容許範圍內以政治忠誠交換利益保證。社團組織也許並未有意圖要改變與影響政府，但往往在不經意之下卻達到影響政府的效果。

國家與社會鑲嵌論提供我們不同視野去觀察社團組織如何與政府部門進行互動與相互影響，社團組織採取何種互動策略獲得政府接納，願

意與之合作並保障其利益，與此同時影響與改變政府政策。另方面政
府也藉由與社團組織的鑲嵌，予以控制監視，並確保政策有效落實。
藉此，政府修正社團組織的活動方向與範圍，使之配合政府政策。換言
之，摒除雙方的對立與敵意，而從雙向合作互惠角度進行觀察，將使我
們看到國家與社會互動的新面貌。雖然鑲嵌論避而不談國家與社會之間
互動的制度化過程，但也正是因為缺乏互動的制度化規範，民間組織可
以選擇不同策略與地方政府進行談判與博弈，以擴大一己之利，而政府
也可因地制宜，採取更為彈性做法落實政策。

三、國家與社會關係影響社會運動

　　將國家與社會視為相互對立的權力消長或相互影響的鑲嵌關係之
外，更有學者將國家與社會互動關係視為方法上的自變項，影響社會運
動的發展。例如趙鼎新在研究天安門學生運動時，發現學生的政治訴
求，無論就運動期間使用的口號與標語，或對政府要求的政治改革，均
遠比早年的五四運動及三〇年代一二九（1935 年 12 月 9 日）學生運動
保守與傳統，為何天安門學生運動會採取比過去學生運動更保守與傳統
的政治訴求？趙鼎新使用國家與社會關係——民眾對國家正當性統治的
認知——作為自變項來解釋三個學生運動之間的差異（Zhao 2000）。
　　和前兩者國家與社會關係的研究途徑不同，趙將國家與社會關係視
為影響學生運動的自變項，因此必須將國家與社會關係進行操作化，以
釐清對學生運動影響的因果關係。與五四及一二九學生運動相比，八九
天安門民運時期的國家與社會關係展現以下特色：
　　（一）不論就國家統一力量或貫穿社會能力，1989 年中國共產黨的
威權主義政府遠比五四時期的北洋政府以及一二九時期抗戰前的國民黨
政府更為強勢，對社會的鎮壓強度更大。
　　（二）在八九民運中國經濟改革期間，不僅中國社會出現的民間組
織團體數目遠低於前兩個時期，而且社團組織的自主性更低，顯現比前
兩個時期較弱的市民社會力量。

　　（三）八〇年代末中國人民對國家統治正當性的認知，是建立在國家執政的道德與經濟表現上，與前兩時期強調民族主義、追求國家統一、抵禦外侮的國家統治正當性認知不同。

　　根據趙鼎新的解釋，基於國家與社會關係在三個時期運作的差異，導致八九學生運動使用比先前更傳統的道德訴求。中國在共產黨統治之下，結束早期國家內部分裂，國家統一不僅增強黨國對社會的滲透與監視，而且削弱民間組織團體力量，致使八九學生運動無法像五四運動那樣自由組織與集結力量，因此北京學生只能選擇避免直接挑戰國家的正面衝突，採行支持共產黨與社會主義的口號，又以忠孝不能兩全的傳統訴求，降低國家敵意。雖然學生也提出言論、結社、新聞自由，嚴懲黨政幹部貪污腐敗，降低通貨膨脹等要求，然皆以獲得社會大眾同情與支持為目的，動員更多學生參與，免於被國家鎮壓。趙鼎新對天安門學生運動的解釋，放在國家與社會互動關係的運作之下進行，使國家與社會關係成為解釋變項，尤其一般民眾對國家統治正當性的認知，是建立在國家領導經濟改革與傳統道德治理的能力表現上，因而社會大眾熱烈支持學生運動中的道德軟性訴求，使學生運動能持續月餘，不斷鼓舞社會成員與更多學生加入。雖然在國家與社會互動關係的解釋變項下，學生運動之於國家呈現對立多於鑲嵌，最終導致國家的血腥鎮壓，但趙鼎新的國家與社會互動架構已跳出傳統框架，成為分析社會事件的自變項。

　　近幾年中國研究學者更從組織社會學中新制度主義角度探索民間社團的「組織外形化」，從微觀層面觀察到中國慈善團體的組織形式與實際運作方式之間的矛盾。通常社團組織在「制度同形」（institutional isomorphism）的壓力下會採行與法律規範、專業倫理或社會慣例相符合的組織形式，但是因為組織所在的制度環境中充滿許多相互衝突的要求與欠缺協調性的約束，導致社團採用與組織形式分離的運作方式，來化解制度環境的壓力與衝突，這就是「組織外形化」觀點（田凱2004）。然而不論我們選擇研究何種社團組織及其組織外形化現象，均不能忽視國家在組織的制度環境中居於領導與支配地位，往往以強制手段操縱組織內部管理與運作，使組織按國家的偏好與利益運行，而偏離組織原有形式的運作模式。因此在中國社會主義威權體制下，國家成為

組織正式結構與實際活動分離的主要來源。

四、結論

　　國家與社會互動關係一直是中國研究領域中最受關切的重要研究議題之一，選擇何種研究途徑將影響我們的觀察視野，進而影響研究結論。對中國民間社團組織發展與國家關係之互動，已逐漸從國家與社會相互對立、權力消長的國家統合主義走向兩者相互合作之鑲嵌式的統合主義。在目前中國社會主義體制下，相對於民間各種社團組織，國家仍居支配與領導地位，甚至任何顯現意識型態差異、請願、抗拒的社團組織都會立即遭受黨國鎮壓，這是社會主義體制下的生活現實，因而我們不該忽視大多數人民與新興社團組織是服從黨國控制，並與之妥協共存的事實。然而接受黨國支配與領導，就是消極被動的臣服於壓制，而沒有任何意見表達、改革要求與利益保障？

　　從國家與社會相互影響的鑲嵌途徑，使我們瞭解社團組織接受黨國領導與控制，以取得生存合法性。社團組織一方面服從黨國領導，服膺於黨國意識型態，取得黨國的信任，但是另一方面社團組織透過與國家鑲嵌發出改革要求與利益保障的聲音，甚至可以表達某種程度的不滿，但這並不是社團組織直接面對面的挑戰國家，而是在取得國家信任之後所提出的軟性訴求。作為黨國的服從者，這種要求對國家不具直接威脅與挑戰性，也唯有被視為國家的臣服者，其要求與被接受的可能性才會增高。顯然透過與國家鑲嵌的民間社團組織較能達到改革與利益訴求的目的，這也算是一種民間社會「同意的抗爭」（consentful contention）（Straughn 2005）。

　　本文提出在研究國家與社會的互動關係中，從過去強調的國家與社會之間的對立與權力相互消長，現階段轉而重視兩者之間鑲嵌合作而達到相互影響與共變。當然國家與社會關係也可當作解釋變項以理解社會現象。不論採取何種研究途徑，我們都需要更多的實證研究來充實研究途徑的內涵。尤其在鑲嵌關係的研究途徑下，必須有經驗事實指出國

家與社團組織並非截然對立，後者並無意圖去挑戰前者的權威與支配地位，縱使真有如此，也絕非公然表現。相反的，多數民間社團組織表現出服從盡職的良好公民態度，心悅誠服於黨國領導，但也正因為如此，社團組織與國家在互動過程中得以影響後者，在毫無威脅與挑戰情境下贏得國家改革的同意、讓步、補償與利益保障。國家與社會鑲嵌的研究途徑將焦點從國家與社會的對立以及對前者的挑戰，移轉到兩者相互需要與共生，在鑲嵌的互動過程中實現民間社會的影響力。

參考文獻

一、中文書目

王穎、折曉葉、孫炳耀（1993）**社會中間層——改革與中國社團組織**。北京：中國發展出版社。

田凱（2004）**非協調約束與組織運作：中國慈善組織與政府關係的個案研究**。北京：商務印書館。

劉雅靈（1996）薄弱的國家基層行政能力：大陸的稅收與土地政策。**現代化問題研究** 5: 37-47。

鄭叔美（2005）中國大陸城市基層管理體制轉型中的社區自治組織——以業主委員會為例。**國立台北大學公共行政研究所碩士論文計畫書**。新北市：國立台北大學。

二、英文書目

Bahro, Rudolf (1984) *The Alternative in Eastern Europe*. London: Verso.

Baum, Richard, and Alexei Shevchenko (1999) "The 'State of the State.'" Pp. 333-360 in *The Paradox of China's Post-Mao Reforms*, edited by Merle Goldman and Roderick MacFarquhar. Cambridge: Harvard University Press.

Brus, Wlodzimierz (1975) *Socialist Ownership and Political System*. London: Routledge & Kegan Paul.

Collier, Ruth Berins, and David Collier (1991) *Shaping the Political Arena*. Princeton, N.J.: Princeton University Press.

Edin, Maria (2003) "State Capacity and Local Agent Control in China: CCP cadre Management from a Township Perspective." *The China Quarterly*: 35-52.

Feher, Ference, Angnes Heller, and Gyorgy Markus (1983) *Dictatorship Over Needs: An Analysis of Soviet societies*. Oxford: Basil Blackwell.

Huang, Yanzhong, and Dali L. Yang (2002) "Bureaucratic Capacity and State-Society Relations in China." *Journal of Chinese Political Science*: 19-46.

Jowitt, Ken (1992) *New World Disorder: The Leninist Extinction*. Berkeley, CA: University of California Press.

Lieberthal, Kenneth G., and David M. Lampton (1992) *Bureaucracy, Politics and Decision-Making in Post-Mao China*. Berkeley: University of California Press.

Lieberthal, Kenneth, and Michel Oksenberg (1988) *Policy Making in China: Leaders, Structures, and Processes*. Princeton: Princeton University Press.

Lin, Nan, and Chih-Jou Jay Chen (1999) "Local Elites as Officials and Owners: Shareholding and Property Rights in Daqiuzhang." Pp. 145-70 in *Property Rights and Economic Reform in China*, edited by Jean C. Oi and Andrew G. Walder. Stanford, CA: Stanford University Press.

Liu, Yia-Ling (1992) "Reform from Below: The Private Economy and Local Politics in Rural Industrialization of Wenzhou." *China Quarterly* 130 (June): 293-316.

Mann, Michael (1984) "The Autonomous Power of the State: Its Origins, Mechanisms and Results." *Archives of European Sociology* No. xxv: 185-213.

Nee, Victor (1989) "Peasant Entrepreneurship and the Politics of Regulation in China." Pp. 169-207 in *Remaking the Economic Institutions of Socialism: China and Eastern Europe*, edited by Victor Nee and David Stark. Stanford: Stanford University Press.

Nove, Alec (1985) *The Economics of Feasible Socialism*. London: George Allen.

Oi, Jean C (1989) *State and Peasant in Contemporary China: The Political Economy of Village Government*. Berkeley: University of California Press.

—— (1992) "Fiscal Reform and Economic Foundations of Local State Corporatism in China." *World Politics* 45 (October): 99-126.

—— (1995) "The Role of the Local State in China's Transitional Economy." *China Quarterly* 144 (December): 1132-49.

—— (1998) "Evolution of the Local State Corporatism." Pp. 35-61 in *Zouping in Transition: The Process of Reform in North China*, edited by Andrew G. Walder. Cambridge: Harvard University Press.

—— (1999) *Rural China Takes Off: Institutional Foundations of Economic Reform*. Berkeley: University of California Press.

Saich, Tony (2000) "Negotiating the State: The Development of Social Organizations in China." *China Quarterly* (March): 124-41.

Shue, Vivienne (1988) *The Reach of the State: Sketches of the Chinese Body Politics*. Stanford: Stanford University Press.

Solinger, Dorothy (1992) "Urban Entrepreneurs and the State: The Merger of the State and Society." Pp. 121-41 in *State and Society in China*, edited by Arthur Lewis Rosenbaum. Boulder, C.O.: Westview Press.

Straughn, Jeremy Brooke (2005) " 'Taking the State at Its Word': The Arts of Consentful Contention in the German Democratic Republic." *American Journal of Sociology* vol. 110, no. 6, May: 1598-1650.

Tsou, Tang (1986) *The Cultural Revolution and Post-Mao Reforms: A Historical Perspective*. Chicago: The University of Chicago Press.

Unger, Jonathan (1996) "Bridges: Private business, the Chinese Government and the Rise of New Associations." *The China Quarterly* no. 147 (Sep.): 795-819.

Unger, Jonathan, and Antina Chen (1994) "China, Corporatism, and East Asian Model." *The Australian Journal of Chinese Affairs* no. 33 (January): 29-53.

Waler, Andrew W. (1986) *Communist Neo-Traditionalism: Work and Authority in Chinese Industry*. Berkeley: University of California Press.

—— (1995) "The Quiet Revolution from Within: Economic Reform as a Source of Political Decline." Pp. 1-24 in *The Waning of the Communist State*, edited by Andrew G. Walder. Berkeley: University of California Press.

Wank, David L. (1995) "Bureaucratic Patronage and Private Business: Changing Newtworks of Power in Urban China." Pp. 153-83 in *The Waning of the Communist State: Economic Origins of Political Decline in China and Hungary*, edited by Andrew G. Walder. Berkeley: University of California Press.

—— (1999) *Commodifying Communism: Business, Trust, and Politics in a Chinese City*. Cambridge: Cambridge University Press.

Wright, Eric O. (1983) "Capitalism's Futures." *Socialist Review* 68: 77-126.

Yang, Guobin (2005) "Environmental NGOs and Institutional Dynamics in China." *The China Quarterly*: 46-66.

Zhang, Xin, and Richard Baum (2004) "Civil Society and the Anatomy of a Rural NGO." *The China Journal* (July): 97-107.

Zhao, Dingxin (2000) "State-Society Relations and the Discourses and Activities of the 1989 Beijing Student Movement." *American Journal of Sociology* Vol. 105, No. 6 (May): 1592-1632.

Zheng, Yongnian (2004) *Globalization and State Transformation in China*. Cambridge: Cambridge University Press.

主題三　地方經濟發展模式

導讀者：陳志柔（中央研究院社會學研究所研究員兼副所長）

　　當代中國從 1980 年代以來的經濟發展，始終是學界關注的焦點議題。一方面學者們要解釋經濟持續成長的動力來源為何？二方面也要理解，中國各地區的發展模式，何以存在如此大的差異，卻似乎都異曲同工，都大幅成長？雅靈的學術著作，也是圍繞這個核心議題。1980 年代的中國，市場改革初現，政治保守反動，學術研究面臨種種障礙。但也因為這樣，田野研究挖掘真相，既富有挑戰又充滿樂趣。雅靈是當代中國研究學者進入中國實際執行田野研究的先驅。1987 年，她落腳溫州，爾後成就了她的博士論文和成名作 Reform From Below: The Private Economy and Local Politics in the Rural Industrialization of Wenzhou（*China Quarterly*, 1992）。

　　當年，雅靈還是芝加哥大學的博士生，她想瞭解溫州私營經濟的社會基礎和動力來源；到底溫州經濟是靠什麼發展起來的？她在田野訪談中，發現地方幹部和農民描述的溫州私營經濟的發展脈絡，完全是不同的故事。她突破地方官員亦步亦趨的限制，贏得農民的信任和資訊。溫州幹部強調改革開放之後的新生動力；但農民口中的故事，溫州個體私營經濟早在改革之前就普遍存在。田野觀察讓雅靈見識了幹部消極放任農民經營企業，因為幹部自己或家屬也在私營經濟分一杯羹。這樣的私營經濟，在那個年代，違背了中央政策，甚至有可能危害幹部個人政治前途，但何以整個溫州都偏袒個體經濟呢？雅靈認為歷史制度遺產，對此有顯著的路徑依賴影響。她發現溫州當年的「解放」，來自於溫州地下黨和地方游擊隊，他們策動國民黨幹部投降，奪取溫州地方政權。溫

州解放並不是靠毛澤東領頭的延安紅軍；溫州的叛逆與獨立自主其來有自。雅靈結合田野調查與歷史探索，她的溫州模式論點，自成一家，經常被學界引用討論。

當代中國市場改革過程，溫州模式和蘇南模式，最為人所津津樂道。溫州之後，雅靈深入蘇南吳江，探討吳江由集體走向私有化的過程，完成〈強制完成的經濟私有化：蘇南吳江經濟興衰的歷史過程〉一文。有別於中國官方吹捧社會主義的集體性，也有別於學者強調地方政府公司化的觀點，也有別於歸因市場轉型機制，雅靈認為吳江鄉鎮企業在八〇年代的快速發展，是原有地方制度特性、短缺經濟結構、以及鑲嵌在計畫經濟體制下的投資饑渴的慣性使然。吳江的集體經濟雖然在改革初期領先群雄，但當市場經濟逐步興起，「蘇南模式」為維持舊有光環，必須依賴銀行軟預算，負債經營來堆砌成長，最終導致企業入不敷出，終在上級政府強制之下完成產權的私有化。如此歷史興衰過程，不時看到計畫經濟制度持續制約新興市場中的行動者，例如幹部的行政領導經濟，盲目投資，呈現了市場改革過程中的制度脈絡和路徑依賴。

溫州模式和蘇南模式之外，外資更是中國市場改革的關鍵要角。在中國經濟發展過程中，由於社會主義意識型態的束縛及計畫經濟的制度影響，中央政府對私營經濟時有政治打擊，也缺乏對私有產權的法律保護，上有政策，下有對策，各地常有「假三資企業」的變通現象。雅靈考察閩南晉江、蘇南吳江、廣東華陽三地區的發展過程中，外資都扮演關鍵角色，但展現方式卻又非常不同。〈私營經濟中的假三資企業：晉江經濟發展與財政收入〉一文，描述福建晉江私營企業轉化為假三資企業的過程。假三資，當然需要地方政府默認及保護。地方政府為了財政收入，需要企業繳納稅金及規費，地方幹部為了自身及家族的利益，也樂見企業發展。因此地方政府與企業發展出了典型的侍從關係；我保護你，你孝敬我。如此地方政府和企業之間，和樂融融，卻也造成地方政府與中央政府之間的緊張。另一方面，地方政府官僚體系中，不同部門之間也會因利益分配不均，產生緊張與對立。

外資的活力，先在華僑家族經濟傳統的晉江復甦，然後在1990年代進入蘇南的經濟開發區，成為蘇南從集體企業轉型到出口導向的關鍵推力。雅靈的〈經濟轉型的外在動力：蘇南吳江從本土進口替代到外資出口導向〉一文，解釋為何蘇南開發區可以在外資經營上，後發先至，迎頭趕上。吳江位居絲綢之鄉，本土企業習於產品外銷的商業文化。從計畫經濟時期本土「進口替代」工業化，引入外資，走向「出口導向」經濟。雅靈強調吳江的地理優勢帶來外資群聚效應，透過與台商的人際關係，更易於引進出口導向經濟的制度建構，配合外資企業出口需要。本研究也發現，外資流入中國，不僅未減緩中國區域發展的貧富不均與收入差距，反而更加劇區域發展的失衡。

雅靈的另一篇大作，〈廣東華陽的依賴發展：地方政府與外資企業的利益共生〉，焦點轉移到廣東珠江三角洲邊緣的落後山區。她比擬中國為一個「準世界經濟體系」，像資本主義世界經濟一樣，有核心，也有邊陲。那麼邊陲和核心的關係，是否如世界體系理論描繪的一樣，是依賴發展的模式呢？華陽作為珠江三角洲邊緣落後貧困縣，是中國準世界經濟中的後發展者，它的發展策略是大力吸引外資追求快速發展，地方政府與外商形成利益聯盟，彼此互惠共生，因此地方政府財政收入大增。雅靈指出這種共生關係，重演了拉丁美洲在六〇年代的依賴發展，不僅外資企業與地方本土產業脫節，外資企業形成獨樹一幟的隔離經濟；沒有透過生產的外包制，拉拔本地企業。華陽外資所產生的隔離既有經濟層面也有社會層面，地方農民處於所得分配與社經地位的底層。中國多處地區的經濟發展模式，都是這種依賴發展模式；政府企業得利，人民勞工長期被隔離、被剝削。

綜觀雅靈的作品，她橫跨中國地方經濟的主要發展模式，以歷史的視角，洞悉制度遺產的路徑依賴；她堅持田野訪談，人到現場，從細膩的體驗觀察中，拆解問題的真相脈絡。她深度參與且積極貢獻了當今學界對中國經濟發展模式與制度變遷的思考辯論，她的作品也正發揮制度性的影響，成為學界路徑依賴的一環。

6
自下發軔的改革：
溫州農村工業化的私營經濟與地方政治[*]

　　從 1978 年底中國啟動經濟改革之後，中國農村經歷了令人印象深刻的經濟轉型。一方面，隨著人民公社的解體以及家庭聯產承包制的發展，去集體化的進程達到高潮；另一方面，市場的重新浮現也帶動鄉村經濟的商業化與工業化蓄勢待發。

　　從農村工業化的角度來看，地方發展可能走上不同的路徑，從集體所有制到私營企業，整個中國存在不同的型態。儘管私營部門的地位受到貶抑，私營企業在社會主義體制之中有如外國人，農民企業主彷彿二等公民，[1] 位處浙江省的溫州卻成為中國第一個由私營部門占經濟主體

* 本文譯者為華中師範大學政治與國際關係學院講師、中國農村綜合改革協同創新研究中心研究員李宗義。全文譯自 "Reform from Below: The Private Economy and Local Politics in the Rural Industrialization of Wenzhou"，原載於 1992 年 *The China Quarterly* 130 期（頁 293-316），經該刊同意後轉載，特此致謝。文中少部分中文參考資料，因為年代較久且無法在網路與資料庫中找到準確的作者名及篇名，因此乃根據原著的拼音轉為中文，如果有誤還請讀者見諒，並感謝林雅鈴協助還原註釋。
1 中國所謂的「農民」幾乎來自一種法律地位，一切取決於農村的戶口，與你真正的職業無關。農村的居民即使長期不務農，但是正式身分依然是農民。如果農民跑去經商，就會被叫做農民商人或農民企業主。

的城市，這也引起中國政府與學者的廣泛關注。[2]

　　時至今日，溫州發展的獨特之處在於當地自1980年代初以來，私營企業的淨產值就已經勝過國有與集體企業，而這也使得當地的社會主義經濟搖搖欲墜。此外，溫州許多常見的經濟措施，即使不是直接觸法，事實上也是上有政策下有對策的結果。為何一個中央管控的社會主義社會有此情況發生？如果政府規定非公有制經濟只是社會主義經濟的補充，為什麼會允許溫州的私營部門超過國有與集體所有制的部門呢？

　　對於溫州私營企業的興起，中國大陸學者與官員提出五個論點來加以解釋：企業家創業的歷史傳統；溫州地理位置偏僻，使得中央不願投資而國家控制也逐漸減弱；當地經濟貧困；中央的改革政策；溫州幹部思想開放而且願意冒險。我相信這五點雖然都有所根據，但卻不足以解釋溫州為何是中國第一個由私營企業主導的地區，我認為溫州1949年政治轉型過程所留下的獨特歷史遺產，才是說明溫州地方私營企業發展較快的最終原因。1949年，溫州一支獨立的游擊隊「自力解放」溫州，使得當地的幹部有了別處所沒有的凝聚力和紐帶，也讓他們有辦法號召民眾共同抵抗國家所強行實施的集體化，並保護溫州的私人經濟活動，而幹部與農民的利益一致，同樣根植於這些私人經濟活動之中。1978年之前，正是地方政府庇護了家戶單幹以及農民的副業，而這最終也使溫州在1978年改革開放之後，成為中國農村第一個由私營部門主導的地方經濟體。

　　如果要研究地方偏離國家政策的情況以及歷史根源，勢必會拋出社會主義國家控制程度的問題。本文認為間歇性的極權主義國家（sporadic totalitarian state），亦即國家的專制能力很強，而基礎行政能力很弱，能夠充分解釋溫州自1949年以來經濟活動的變遷。只不過在

2　還有一些地方的經濟也是私營部門占主體，像是福建的泉州，請見于祖堯，〈鄉鎮企業發展的第二次高潮：福建晉江縣與安溪縣鄉鎮企業發展的對比考察〉，載於中國社會科學院經濟研究所編，**中國鄉鎮企業的經濟發展與經濟體制**（北京：中國經濟出版社，1987），頁77-123；陳飛天、江化開，〈泉州鄉鎮企業股份經濟的考察〉，**中國農村經濟**，第8期（1988年8月），頁45-50。河北省的清河縣，請見**經濟日報**，1988年11月4日，第2版；**人民日報**，1989日3月3日，第3版。但是，溫州私營經濟比其他地方在時間上早得多，規模也大得多。

此之前，我們需先檢視溫州自 1978 年以來的情況。

溫州的私營經濟[3]

溫州位處浙江省東南沿海一隅，是座港口城，地理位置靠近甌江的出海口。溫州行政區面積約 11,800 平方公里，下轄兩個區，一座內陸城市，還有八個農村縣。全市 630 萬人口之中，有 52 萬住在城區，578 萬住在農村。[4]從 1978 年以來，溫州當地經濟發展的特色包括私有化、市場化以及地方偏離中央政策。

私有化。自從中央在 1978 年末放鬆對經濟的管控之後，私有化幾乎橫掃溫州大大小小的經濟部門。早在 1985 年，當地私營企業、服務業、交通與營造，不論是淨產值或實際的交易收入，都已經領先當地的社會主義部門。[5]

私營工業從家庭作坊開始，靠的是個體的家庭手工以及半機械化的生產方式。從 1984 年起，私營企業的產值就已經占溫州工業淨產值近60%，大幅超過國有與集體部門加起來的總和。[6]家庭作坊帶起的勞動及資本流動，為後來私營工廠的興起鋪平了道路，私營工廠乃立基於與個體戶不一樣的企業，這些企業採用的是全機械或半機械生產，而且經常聘用家族之外的工人。[7]截至 1986 年，溫州已經有超過一萬家私營企

3　有關溫州地方經濟私有化與市場化的浪潮，請參考以下詳細的討論：Peter Nolan and Dong Furen (eds.), *Market Forces in China: Competition and Small Business- The Wenzhou Debate* (London: Zed Books, 1990)。

4　何榮飛，**溫州經濟格局：我們的做法和探索性意見**（浙江：浙江人民出版社，1987年）。

5　舉例來說，早在 1985 年，地方的運輸與食品服務就有 70% 都是由私營部門提供，私營經濟的總體交易金額至少跟國有部門一樣多（有可能已經超越）。請見，中國社會科學院經濟研究所溫州農村調查組，〈溫州農村商品經濟考察與中國農村現代化道路探索〉，**經濟研究**，第 6 期（1986），頁 3-18。

6　根據地方的統計，溫州家庭工業的產值在 1984 到 1986 年三年之間，分別占整體工業產值的 58.8%、60.5% 與 59.5%。

7　有趣的是韋伯對於中古時期歐洲作坊的發展指出，把家庭從生產之中獨立之後，乃是家庭工業最重要的一項條件。因此，這個過程似乎是東西方工業共有的發展特色。請見：Max Weber, *General Economic History* (New Brunswick, New Jersey: Transaction Books, 1981), pp. 153-177。

業。[8]由於政治考量，溫州的官方統計經常將私營企業列為集體企業，因此私營企業真正的經濟比重難以估算，但如今溫州所謂的集體企業實際上幾乎都是私營企業。

溫州的家庭作坊與私營工廠的快速發展，已經將當地的經濟結構從農業轉為商業與工業。表1的數據顯示從1985年以來，工業與服務部門加起來已經超過溫州總體產值的三分之二。既然工業化是由私營工業所主導，我們可以就此判定私營工業的發展是溫州經濟轉型的關鍵。

表1　溫州經濟結構的改變：各部門的總產量比例

年份	農業 %	工業 %	服務業 %
1978	63.4	17.5	
1980	68.4	26.7	4.9
1984	33.8	47.4	
1985	31.3	52.55	16.15
1986	29.8	53.5	16.7

資料來源：
1978 與 1984: Zhang Dexi (ed.), *Wenzhou moshi* (1986), p. 13.
1980 與 1985: He Rongfei, *The Economic Structure of Wenzhou*, p. 98.
1986：數據由市政府的幹部所提供。

工廠的發展也創造了一個「資本化」的過程，從自營的小資產階級商品生產者過渡到資本型的企業主，遠遠超過匈牙利農村以小型家戶農業為特徵的變化過程。[9]溫州勇於冒險的企業主，現在經常雇用一百名甚至兩百名以上的工人，而且願意冒著風險再投資。這些新興的農民企業家階層，一直不被允許在經濟領域單打獨鬥。事實上，溫州許多有錢的老闆都是黨吸收的對象。[10]地方政府顯然相信有黨員身分的企業主相

8　林白等編，**溫州的崛起**（南寧：廣西人民出版社，1987），頁103。請讀者注意，私營企業的正式定義是聘用不超過八名工人的企業。一萬家私營企業並不完全是工業，有可能包含服務業、運輸以及食品部門等雇用八名以上的企業。

9　Ivan Szelenyi, *Socialist Entrepreneurs: Embougeoisement in Rural Hungary* (Madison, WI: The University of Wisconsin Press, 1988).

10 中國共產黨與政府從天安門事件之後，已經逐步改變他們對私營經濟的友善態度，愈來愈覺得私營企業主威脅社會與政治的穩定。因此，企業主不再有資格成為黨員。請見：**世界日報**，1989年10月3日，第32版。

對容易控制，而對於企業主來說，黨員身分代表政治上的庇護。[11]

由於私營企業較高的效率與較大的獲利空間帶來比較好的工資，[12]因此當地國有與集體企業大約有八成的工人要求離職或是跑到私營部門兼差。[13]如此一來，技術人員與熟練的工人流入私營部門，不僅削弱溫州國營與集體企業的技術支援，也打擊了企業的士氣。許多國有與集體企業現在都處於倒閉的邊緣，因此發明許多手段來自我保護，像是把企業承包給個人，或者轉為私人與集體所共有的合資企業。由於私有化的緣故，國家部門占溫州工業總體產出的比重由1980年的31.44%下滑到1985年的18.45%。[14]

市場化。從1980年起，地方市場的數量已經快速成長。根據報導，1985年時，溫州已經有472個市場，其中120個是專門的要素市場，販售一種商品或是幾種特定商品。[15]市場數量的成長吸引許多供銷員、批發商、商人與原料供應商來到溫州，有助於把地方的經濟活動整合到全國經濟之中。這表示當地以工廠廢棄物加工為基礎的家庭作坊小型商品生產，已經和市場緊密相連。事實上，許多家庭作坊已經數次改變生產線，藉此回應過去十年來市場需求的快速變化。除了透過訂單替全國各地的市場生產之外，[16]溫州有許多個體戶主要是仰賴農民個體戶透過承包來組織生產。

地方偏離中央的經濟行為。私有化與市場化之所以可行，是因為溫

---

11 事實上，許多黨員都已經下海經商成為資本主義的企業家，透過政治上的關係來推動其經濟利益。1986年的研究指出330個例子，而我相信這個數字肯定更高。請見：陳瑞明（音譯），〈對溫州農村雇用大戶的初步分析〉，**經濟研究資料**，第8期（1986），頁28-36。

12 根據估計，國有部門紡織業資本產出率大約是1：2，反觀私營部門相同產業的資本產出率則是1：10。因此，私營部門的薪水遠遠高於公有部門。請見：袁恩楨，**溫州模式與富裕之路**（上海：上海社會科學院出版社，1987），頁10。

13 林白等編，**溫州的市場**（南寧：廣西人民出版社，1987），頁54；趙人偉，〈溫州農村商品經濟發展中個人收入的差距問題〉，**經濟研究資料**，第8期，頁36-42。

14 鄭紅亮，〈溫州城鄉經濟運行特點及體制背景〉，**經濟理論與經濟管理**，第2期（1987），頁51-56。

15 林白等編，**溫州的崛起**，頁26。

16 1987年有一份報告指出，金鄉鎮有30%的家庭作坊是透過郵購行銷產品。這些家庭作坊把目錄與訂購單寄給其他地方的國有與集體企業、百貨公司和與供銷公司等對他們產品可能感興趣的企業。請見：林白等編，**溫州的市場**，頁99-101。

州市政府對於一些遊走法律邊緣或是非法的經濟行為睜一隻眼閉一隻眼，這些行為偏離中央政府的現行政策，卻是私營經濟順利運行所不可或缺的。其中最吸引的人的就是掛靠（business affiliation），家庭作坊或是農民個體戶必須藉此來取得從事商業交易的合法身分。由於家庭作坊與個體戶在官方的認定中並不是社會主義經濟中有公司地位的經濟實體，因此他們不能合法地和其他企業打交道。所以，他們需要付點費用，向地方集體或國有企業借用官方合法發放的營業證，以及蓋有正式官銜的紅頭文件、官方發給的發票和銀行帳戶，才能進行商業交易，而這全部要靠集體企業來提供。如此一來，企業掛靠也有助於掩飾家庭作坊所生產的來源不明產品。

另一個下有對策的例子是當地的資本市場。本地私營部門所需的資金95%是由「地下」私營金融機構所提供，像是錢莊、專門放貸的家庭以及商家，他們很早就開始自訂貸款利率。為了和這些民間金融機構競爭，早在1980年，當地的集體信用合作社就在未請示上級的情況下，首次放棄固定利率，而根據市場需求的起伏採取浮動利率，但依然維持在國家所訂定的利率上限之下。儘管浮動利率是否合法還存有疑慮，但溫州當地的國有銀行分行以及信用合作在中央政府於1984年正式批准之前，就已經採取浮動利率。[17]

第三個例子是農民之間的土地移轉。1980年代初，當地的農民開始從事製造業與商業，許多人就已經放棄務農，並且把土地租給其他農民，或是乾脆聘人來耕田。農民之間的土地移轉，有點像是傳統的地主與佃農的關係，這在當時是國家所禁止的做法。但是，隨著私營經濟興起，這逐漸變成時勢所趨，而溫州市政府往往也對此睜一隻眼閉一隻眼。土地移轉最終於1983年由中央正式批准。

溫州地方政府所容忍的灰色地帶或根本違法的經濟活動相當多。因此我們可以合理假設，如果沒有地方官員大膽掩護這些偏離中央政策的

---

17 文獻研究室，〈中共中央關於一九八四年農村工作的通知〉，載於文獻研究室編，**十二大以來重要文獻選編**（北京：人民出版社，1986年），頁424-441；劉振貴、陳堅發，〈唯實的思路創造性的實踐：溫州市發展家庭工商業的調查〉，**人民日報**，1986年7月8日，第2版。

經濟活動，私營部門將很難一步步主導溫州的地方經濟。

溫州私營產業興起的理由

　　溫州地方經濟徹底的私有化與市場化，不但是中國僅見，也明顯違反了社會主義的基本原則。中國大陸的學者或是地方官員也都提出了一些見解，試圖解釋此現象何以發生。這些看法大致可以歸納成五點：歷史因素、經濟因素、地理因素、國家政策以及地方政策。

　　歷史因素。好幾位中國大陸的學者認為，溫州的現況只不過是過去歷史的延續。私營企業、商業以及小商品的生產都是溫州傳統的經濟活動。[18] 這座城市早在十世紀的時候就是中國東南主要的貿易港。[19] 但是共產黨掌權之後，家庭手工業和私營企業的活動在集體化、大躍進以及文化大革命的政治運動中，往往受到嚴厲的批判與打壓，那些設法生存下來的企業被迫走入地下。然而，每當國家嚴密的控制稍有鬆動，溫州的家庭作坊與私營企業就會重新蓬勃發展。某些學者與官員認為，[20] 正是農民之間這種不外露的創業技能與精神，使得溫州得以走到現在的地步。[21]

　　經濟因素。根據許多溫州幹部的說法，溫州私營經濟的突起是溫州經濟生活貧困必然的現象。由於山地占當地78.2%的面積，而平原只有17.5%，使得當地大批的勞動力只能掌握有限的耕地，使許多溫州人生活在貧困線以下。大部分的農民需要靠著副業與手工賺點外快過活，因此一旦政治禁令解除，私營部門就迅速發展。[22] 不僅如此，溫州位處福建省正上方，一直被視為是解放台灣的軍事前線，因此從1949年以

---

18 吳象，〈論發展中的溫州農村商品經濟〉，**人民日報**，1986年8月4日，第5版；何榮飛，〈溫州模式的形成：特定歷史條件下的產物（之一）〉，載於林白等編，**溫州模式的理論探索**（南寧：廣西人民出版社，1987），頁89-91。

19 袁恩楨，**溫州模式與富裕之路**。

20 董希華、周聖浩，〈精神因素的作用〉，載於林白等編，**溫州模式的理論探索**，頁113-116。

21 根據1987年溫州市政府一份官方的簡報，許多幹部都指出地方創業的精神是今天溫州私營工業起飛最重要的因素之一。

22 顧益康，〈溫州模式的形成：特定歷史條件下的產物（之二）〉，載於林白等編，**溫州模式的理論探索**，頁91-93。

來，國家對溫州農業與工業的投入都極為有限。這使得溫州國有與集體部門的工業基礎相當薄弱，而且比起那些獲得國家重大投資的地區，如蘇南，中央對於溫州的經濟控制力道也較弱。如此一來，隨著改革開放而來的契機，溫州私營經濟的成長勢必要比地方的紅色經濟要快。

地理因素。溫州位於浙江南部的沿海山區，三邊是山脈圍繞，通往內陸的交通路線只靠幾條穿過山脈崎嶇不平的山路，而與其他沿海城市的往來主要是依靠未臻成熟的海上貨運。[23] 許多中國大陸學者認為溫州在地理上的孤立乃是解釋溫州私營經濟崛起最重要的因素。[24] 一方面，地理偏僻降低中央的干預。另一方面，這也阻止溫州享受大型工業城市的好處，像是資金投入、技術支持與市場需求。這與蘇南等地長期接受上海等大都會在資金與技術上的支持形成鮮明的對比。[25] 如此一來，當蘇南受到國家嚴密的控制，且當地的經濟是由集體所有制企業來主導，溫州則相對不受國家干涉，而經濟也是更偏向私營。

國家政策因素。許多溫州官員把當地私營經濟的快速成長完全歸因於國家 1978 年末十一屆三中全會的改革政策。根據這些官員的說法，如果中央沒有鬆綁，私營企業根本就不可能復甦。[26]

地方政策因素。許多中國學者認為，溫州幹部務實的態度以及願意冒險的精神，肯定是私營部門快速發展的關鍵。[27] 溫州許許多多的經濟活動，例如掛靠、農民的土地移轉以及浮動利率，一開始都被認為背離國家政策。但是地方官員對此睜一隻眼閉一隻眼，久而久之也就見怪不怪並且獲得官方認可。溫州的幹部似乎是根據自己的詮釋來落實中央的

---

23 根據報導，溫州市郊區新建的機場已經從 1990 年 7 月開始飛商務航班。請見：**人民日報**，1990 年 6 月 19 日，第 1 版。

24 根據我 1987 年跟浙江社會科學院經濟學研究所研究員們的討論，他們指出地理位置不受中央的控制是決定溫州私營部門崛起最關鍵的因素，他們以「天高皇帝遠」這句通俗的話來說明這種情況。

25 周曉寒，〈「蘇南模式」和「溫州模式」的比較及中國農村發展道路的選擇〉，**浙江學刊**，第 2 期（1987），頁 4-9。

26 林白等編，**溫州的崛起**；劉振貴、陳堅發，〈唯實的思路創造性的實踐：溫州市發展家庭工商業的調查〉；楊翼，〈放出來的和傳下來的〉，載於林白等編，**溫州模式的理論探索**，頁 94-96。

27 林白等編，**溫州的崛起**；劉振貴、陳堅發，〈唯實的思路創造性的實踐：溫州市發展家庭工商業的調查〉；楊翼，〈放出來的和傳下來的〉，載於林白等編，**溫州模式的理論探索**。

政策，並且把地方的利益納入考量。即使官員並未公開支持這些偏差的
行為，但他們也未採取任何嚴厲的行動打壓，才使得私營經濟有可能發
展。[28]

　　這五個因素對於我們瞭解溫州整體發展，尤其是私營經濟的崛起，
顯得非常重要。但是，前四個因素似乎更大部分是在解釋溫州在1978
年改革之後私營經濟的發展，而非說明溫州為什麼是中國大陸私營經濟
的灘頭堡。比方說，蘇南與廣東還有中國南方的許多地區，農民長期都
以絲綢與紡織等副業著稱，而且也有嚴重的耕地不足問題。為什麼主導
當地發展的是集體所有制企業而不是私營企業，而且一直到現在都是如
此呢？前面的歷史與經濟因素顯然無法提供一個令人滿意的解答，另一
方面，地理位置偏僻以及缺乏中央的投資在全中國山區比比皆是，但是
溫州私營經濟的發展勢頭為何遠比其他地區快？如果溫州私營企業的普
及主要可以歸結到1978年的改革政策，為什麼在其他同樣受到改革政
策影響的地方卻沒有發生類似的現象呢？即使四個因素加在一塊，中國
大陸有些地區也是四項都有，卻沒有發展出私營經濟。比方說，浙江省
東部的寧波和紹興，這兩處離溫州不到一百公里，卻都是由集體所有制
的企業主導。

　　這些因素是解釋溫州發展的必要因素，卻不是充分的因素。因此我
們必須加上另外一個因素：地方幹部的「思想開放」以及願意保護地方
的私人利益不受中央干預，就如前面討論地方政策時所言。第五項因素
似乎是解釋溫州何以是中國**第一個**由私營經濟主導背後的關鍵因素。
但是，當中國學者提出這個論點時，此項解釋就有三個嚴重的問題。首
先，它無法具體說明地方幹部思想開放與務實的原因，而且誤以為溫州
的幹部特別無私。其次，它無法具體說明地方幹部的思想開放與務實態
度從何時開始，似乎預設一切都是起於1978年改革之後，事實上這並
不正確。最後一點，它無法具體說明在一個難忍異己的國家，溫州的幹
部為何膽敢如此，在當前的政權下，它所提出的自願觀點（voluntarist
account）似乎完全不合理。總之，這樣的論點無法解釋溫州的幹部為

---

28 林白等編，**溫州的崛起**，頁229-252；劉振貴、陳堅發，〈唯實的思路創造性的實踐：溫
　　州市發展家庭工商業的調查〉。

何比中國其他地區的幹部更願意冒政治風險，也更願意容忍偏差的經濟行為。

根據我對溫州農民的訪談，地方官員的積極性源於他們與農民在私營部門的利益正好一致，而絕不是因為官員的無私。此外，他們開放的思想與務實的傾向，遠遠早於1978年的改革開放，或許早在1949年掌權之後就已經埋下。最後，當地獨特的革命歷史遺產，使得溫州幹部在中央政權的壓制下比其他地方的幹部思想更開放也更務實。這三點有效地修正中國大陸學者將一切歸於地方幹部簡單思考的說法，這我稍後會再討論。進入這幾點之前，我需要先進一步說明溫州如何在政治上庇護私營企業，以及偏離中央政策。

地方對私營工業的保護

溫州受訪的私營工廠企業不大願意被打上「私營」的標籤，儘管國家已經在1988年通過的〈私營企業暫行條例〉中，首度正式承認私營企業是法人團體。[29] 相反地，溫州大部分的私營作坊都想要被叫做「地方集體企業」或是「合股企業」。合資企業似乎有比較大的心理安全感，因為提高集體化的程度，就可以在反覆無常的中國政治中有一種「數字上的安全感」。此外，合股企業雖然是私人所有，市政府卻同樣將它視為集體企業，因此享有同一套優惠政策。舉例來說，貧困地區新創的私營合資企業可享有前三年免稅的優惠，所得稅率也比照集體企業，[30] 而這遠低於私營企業的官方稅率。溫州市政府似乎想要保護私營企業免於政治歧視，而這種保護政策也有助於推動溫州的地方發展。[31]

地方政府不僅保護私營工廠，也展現對家庭作坊的支持。舉例來說，樂清縣柳市鎮的農戶之中，大約有90%都在家裡從事低壓開關的

---

29 請見：**人民日報**，1988年6月30日，第3版。根據國務院政策研究室的一名官員表示，私營企業暫行條例的通過似乎未明顯提升企業主對國家政策的信心，也未減少政治上對私營部門的歧視。因此，大部分的農民企業主並未急著把企業的註冊從集體改為私營。

30 溫州市鄉鎮工業管理局，**溫州市鄉鎮企業政策匯編**（溫州：溫州市鄉鎮工業管理局，1987），頁18。

31 事實上，由於對有政治風險的資本主義傾向感到不安，溫州市政府一直是鼓勵集體所有而不是個人所有的大型企業。

生產。他們使用加工過的銅線來取代銀，作為開關裡頭傳導電流的材料，但因銅的電阻係數高過銀，因此柳市鎮所生產的開關壽命都非常短。他們之所以不用銀，是因為銀是由國家管制分配，市場上根本買不到。1984 年，《人民日報》揭露柳市鎮所生產的低壓開關品質惡劣。此後，柳市鎮政府多方努力要提升當地產業的技術與設備，並且設立了一個檢測站落實品管。儘管如此，1987 年 6 月，國務院六個部委共同頒布了一項命令，最終裁定家庭作坊如果沒有工商部所核發的許可證，就禁止生產低壓電器。顯然，沒有任何一個家庭作坊有資格拿生產許可。然而，這完全不妨礙家庭作坊繼續生產低壓開關，顯然柳市鎮的幹部並未執行中央的政策，一旦落實政策，將會摧毀整個柳市鎮的家庭作坊。

　　地方幹部保護私營企業的另一個例子是前面提過的掛靠。根據當地農民的說法，1960 年代，宜山鎮就已經出現掛靠的現象，但是在 1970年代末規模才擴大。有個例子顯示，由當地家庭作坊生產、逐步增長的大量加工棉布滯銷嚴重，迫使當地幹部在溫州的統銷公司透過政治人脈給農民找來許可證，對他們充當購銷員跑到全國各地去兜售劣質產品時，採取睜一隻眼閉一隻眼的態度。宜山鎮的官員說當地首任黨書記在 1978 年就已經請求蒼南縣政府允許農民經營家庭作坊、商業買賣並且長程運送，即使不敢提到當地經濟長久以來的掛靠關係。1981 年，中央派遣官員至宜山鎮調查家庭作坊的興起以及市場經濟蓬勃發展的現象，調查總結指出，即使公司掛靠使得當地的商品生產復甦，且有助於提高當地所得，但是一直都偏離國家政策。因此，宜山鎮的黨書記遭到懲戒，而掛靠自此也遭禁止。宜山鎮的紡織業少了掛靠的幫助，很快就陷入停滯。大約在一個半月後，宜山鎮的黨領導不得不懇請市政府恢復掛靠的試點，而市政府費了六年的功夫才做出決定。1987 年 10 月，溫州在長期被中央指定為沿海的試點城市之後，市政府終於頒布一系列的臨時法令，規範掛靠關係中的雙方，而當時在地方各級政府的默許之下，掛靠早就已經在溫州遍地開花。不過我們應該注意的是，雖然溫州市政府現在已經允許掛靠關係，但它依然未獲得中央政府的正式批准。

　　溫州的地方幹部為何如此容忍私營企業與家庭作坊？其中一個明顯的理由就是地方政府與幹部也都從私營經濟所帶來的龐大收益中獲利，

不論是以合法還是非法的形式，而這一直是當地幹部與中國學者在提到溫州發展時所刻意迴避的事。

地方政府與幹部的利益

　　溫州私營工業與商業的快速成長充實了地方財政。比方說，溫州工業與商業部門近幾年所帶來的稅收，一直占溫州市政府年度稅收的90%以上。[32] 此外，地方政府每年也都會收到私營企業的「自願捐款」，以及地方為了公共事業與基礎建設而向私營企業徵收的各項經費，像是道路、橋樑、水電、污水排水系統以及公園與娛樂設施等。甚至連鎮政府與區政府新辦公大樓的興建，也是依靠企業的「義舉」。事實上，我所訪談的大部分企業都得扛起地方政府的各項「捐款」以及胡亂收費。上繳的錢所發揮的唯一功能似乎是減少官員的騷擾。

　　私營經濟的發展顯然也給地方幹部帶來相當不錯的個人收入。舉例來說，龍港鎮一座完全由私人籌資所蓋的七千戶公寓小區，其中兩千戶全都屬於地方幹部。[33] 他們也在鄰近的商業小鎮「錢庫鎮」分走一棟四層樓公寓的其中一層。[34] 這些數據顯示，地方幹部之間已經有一批經濟權貴集團正在浮現。

　　上述事實似乎與溫州各地幹部受訪時所說的有所出入。根據他們的說法，改革獲益的是農民，而幹部領死薪水所以是改革的輸家。事實上，受訪者對我說，有些溫州的地方幹部會在私營部門兼差貼補工資，有些幹部甚至離開政府部門下海經商。[35] 除此之外，溫州市政府為了增加幹部的收入、提高他們的積極性，一直允許幹部的另一半及家人從事私營商業活動。然而更多時候，這些企業背後真正的老闆往往是幹部自己。幹部與地方官僚間的良好私人關係，顯然有利於私營企業的經營，

---

32 何榮飛，**溫州經濟格局：我們的做法和探索性意見**，頁152。

33 夏曉軍，〈溫州模式與城鎮化：對溫州集鎮發展的調查和思考〉，**農村經濟文稿**，第4期，頁19-27。

34 這個數據是我在錢庫鎮旅行時由地方幹部所提供。

35 比方說，有個幹部從永嘉縣的鎮委書記離職，跑到商業果園做生意。見：林白等編，**溫州對話錄**（南寧：廣西人民出版社），頁40-41。

否則他們就必須面對官僚的騷擾。想當然爾，幹部家人經營的私營企業，絕對比一般農民所辦的企業更有前途。這也說明了為什麼當地新蓋的公寓有那麼高的比例落入幹部之手。

另一個賺錢的手法就是由地方合股企業提供所謂的「權力股」，不過這比利用下班時間自己下海做生意還不穩定。雖然合股企業在溫州名義上是集體企業，但他們和私營企業一樣都苦於信心危機。事實上，私營企業從1980年以來，就一直是各場政治運動清算鬥爭的對象，溫州大部分的老闆也害怕中央改革政策的風向球一旦改變，自己的企業與身家財產可能會被迫充公，並且遭到問罪。[36] 許多大型的私營合股企業為了降低不安並防止官員騷擾，就發展出了「權力股」。私營企業主藉由這種手段，把免費股份發給有實權的幹部，換取政治保護與幫助。由於政治靠山是私營企業在中國存活與成功最重要的條件之一，因此我猜測大部分的私營企業都會提供「權力股」給幹部，如此猜測似乎也不算偏離事實。當我在溫州進行田野調查時，有家大型私營企業的老闆堅持要發免費股票給我，因為我的「持股」會被認為是外資，能為當代中國的企業帶來政治上的保護。

私營企業在社會主義經濟中的脆弱性及其尋求政治支持的方式，無疑會加劇當地幹部收賄、勒索以及各種腐敗的行為。溫州混亂的稅制就是一個很好的例子。柳市鎮一家生產收音機備用零件的私人工廠負擔的是累進所得稅，而同一個鎮上另一家生產電視機開關的工廠則是繳交生產總值1%的單一低稅率。不公平的稅率使得前面那家工廠的老闆懷疑自己是否因為沒有好好賄賂地方的稅務官員而受到懲罰。

因此，幹部之所以願意保護私營企業似乎不是出於無私，而是因為這可以滿足他們自己的利益。這些人如果不是自己下海經商，就是從農民的私營企業中非法撈油水，或者是兩種情況都有。地方幹部與農民在私營部門中利益一致，似乎是促使幹部容忍地方脫軌行為，繞過中央政

---

36 這的確發生在1982年的「嚴懲經濟罪犯」以及1986年的「反資產階級自由化」等運動。1982年的「八大王事件」，柳市鎮八個有錢的農民企業主遭到起訴，後來七個因「投機倒把」的罪名遭到逮捕。1986年，溫州有錢的老闆甚至逃到東歐。在經歷過多場政治運動反對私營經濟之後，地方農民老闆對於國家政策的信心已經動搖，儘管後來國家陸續進行平反。

策，並且允許溫州的私營企業在地方經濟發展中嶄露頭角的原因。也就是說，社會主義中的國家利益與私營經濟中的農民利益存在著衝突。這不僅僅讓地方官員在法律與政策執行過程中有中飽私囊的機會，也迫使他們與農民站在同一陣線，共同抵抗有可能傷害地方經濟的中央政策。

　　但是，地方政府與中央的利益衝突，事實上從 1949 年以來就是整個中國所面臨的嚴重問題，而地方幹部與農民利益一致所產生的本位主義，也是中國農村屢見不鮮的普遍現象。由於小隊、大隊甚至是公社的幹部主要是從基層提拔上來，因此他們的利益與當地農民緊密交織在一塊。[37] 地方官員也就常常必須採取各種不同的對策進行操縱、欺騙與隱瞞，以對抗中央的入侵與干預，並保護地方的利益。[38] 事實上，溫州地方幹部處理私營企業的方式，像是入股、收取權力股與收賄，以及對地方違背中央政策的情況睜一隻眼閉一隻眼，並不是溫州獨有的現象。相反地，這似乎已經成為中國鄉村地區的普遍現象。舉例來說，農業的承包責任制，也就是農村去集體化的第一步，早在中央正式批准的九個月之前，就已經在安徽省展開。[39]

　　假如地方幹部與農民的利益一致在中國農村很普遍，那麼我們的問題依然未獲解答，為什麼溫州是第一個由私營企業主導的地方？答案在於以下事實：地方幹部與農民間利益的一致性，在溫州要比在其他地方發揮的更徹底。這是因為溫州在面對中央的壓力時，維護地方利益的時間點更早、能力也更強。接下來便是要討論這些觀點。

37　Michel Oksenberg, "Local leaders in rural China, 1962-65: individual attributes, bureaucratic positions, and political recruitment," in A. Doak Barnett (ed.), *Chinese Communist Politics in Action* (Seattle: University of Washington Press, 1969); Vivienne Shue, *The Reach of the State: Sketches of the Chinese Body Politic* (Stanford: Stanford University Press, 1988); John P. Burns, *Political Participation in Rural China* (Berkeley: University of California Press, 1988).

38　John P. Burns, "Rural Guangdong's 'second economy' 1962-1974," *The China Quarterly*, No. 88 (December 1981), pp. 629-644; Anita Chan and Jonathan Unger, "Grey and black: the hidden economy of rural China," *Pacific Affairs* (Autumn 1982), pp. 452-471; Shue, *The Reach of the State*.

39　Andrew Watson, "Agriculture looks for 'shoes that fit': the production responsibility system and its implications," in N. Maxwell and B. McFarlane (eds.), *China's Changed Road to Development* (Oxford: Pergamon Press, 1984).

溫州的經濟史：1949 至 1978

　　我對溫州的考察顯示，地方幹部和農民合作發展副業以及小商品的生產，時間點遠遠早於地方幹部所堅持的 1978 年，當時私營經濟受到中央很大的壓力。

　　舉例來說，溫州第一場家戶單幹的實驗出現於 1956 年，這是地方強力抵抗集體化所出現的結果。這場實驗始於永嘉縣的農村，田地被分割，生產合同分配到生產隊或個別農戶，而這與今日的農業承包責任制有異曲同工之妙。農戶單幹被視為共產主義的失敗，後來背上反革命的罪名，永嘉縣副書記等支持家戶生產的幹部紛紛在 1958 年的大躍進遭到清算。但是，接下來幾年，農民的家戶生產在永嘉從未完全銷聲匿跡。只要政治運動鋒頭一過，家戶生產馬上復甦。[40] 中央與地方來來回回的角力，從下由農民所推動的家戶生產，以及自上而下施加的集體化，表示由中央所強行推動的公社未曾在溫州落地生根。[41]

　　此外，農民的副業，像是宜山鎮的紡織，從 1949 年以來一直是農民重要的收入來源，儘管受到了中央的大躍進與文化大革命等一連串集體化政治運動的打壓。在每一次的運動過程中，上級會組織工作組到地方奪權，而許多支持農民副業與小商品生產的地方幹部則是立即遭到批判與清算。儘管經歷過這些清算，農民的副業與手工業還是會在各場運動平息後隨之浮出水面，地方幹部也會加入並與農民站在一起。[42] 除此之外，雖然瑞安縣許多技術工人於文革期間在市裡的派系混鬥中遭到點名批判（capitalizing），但還是偷偷地辦起傳統的編織以及麻繩製造手工業，有些人甚至組建了地下工廠，為省外的市場生產機械工具與其他小商品。[43]

---

40 從 1966 到 1973 年，永嘉縣的村庄可以看到小農的生產，一直到 1973 年與 1976 年態度比較開放的幹部遭到清算為止。請參考林白等編，**溫州的幹部**（南寧：廣西人民出版社），頁 40-41。

41 周曉寒，〈「蘇南模式」和「溫州模式」的比較及中國農村發展道路的選擇〉，頁 5。

42 根據宜山鎮某位農民的說法，過去四十年來，宜山鎮有不少幹部以及幹部的家人都在地方經營紡織業。此外，幹部從經商賺到的錢往往高於農民，因為他們在當地的地位較高，所以可以用比較高的價格把貨物賣給當地的供銷公司。

43 林白等編，**溫州的崛起**，頁 32-33。

　　我們可以清楚地看到，1949年革命之後，不論是農民的家戶農業還是家庭工廠的小商品生產，大部分時間在溫州還是相當普遍，即使在毛澤東時期也是如此。事實上，1970年代初，許多集體企業的工人就已經從單位承包在家生產，而不是留在車間裡幹活。[44] 集體制企業的運作方式有如外包。換句話說，早在國家1978年進行經濟改革之前，溫州趁著國家不注意的時候，已經悄悄地實行家戶農業、家庭作坊以及私人銷售。正是長期的地下發展，使得溫州的私營經濟在1978年開啟改革之路後迅速成長，而且最終使溫州成為中國大陸第一個由私營經濟主導的地方。

　　所以，溫州的私營經濟之所以一枝獨秀，其中一項理由正是它啟動得早。說得更精確一些，溫州之所以由私營經濟所主導，首先是因為社會主義國家不曾徹底地把私營經濟從溫州剷除。此外，在1949至1978年的困難時期，溫州的私營經濟之所以能撐過國家的壓制，是因為溫州有一群當地幹部支持私營經濟，所以號召大家一起抵抗國家的侵犯。有些幹部必須為自己對於私營企業的立場付出代價，職業生涯不斷受到政治清算，但即使如此也並未改變地方發展的軌跡。看起來只要國家未撤換整批地方幹部，就無法將上有政策下有對策的地方政治傳統根除。因此，我們的問題是，溫州的幹部如何在過去四十年來反覆的清算鬥爭下，發展出這種獨特的能力，集體抵抗不想要的國家入侵。

革命的傳統

　　我無意中在溫州的山區看到記載著當地共產游擊隊在1930和40年代對抗日本與國民政府的歷史紀念碑。後來有人告訴我1949年溫州的「解放」主要是依靠本地的游擊隊，而不是毛澤東的紅軍，因此我好奇這種少見的地方政治軍事史，是否影響了溫州解放之後的經濟發展。我的研究似乎確認了兩者之間的關聯。

---

44 根據當地一位專門承包的家庭作坊負責人所說，1975年她替溫州一家集體企業工作時，她就已經從企業承包一些活回家幹。當政治控制比較嚴的時候，她就把家庭作坊關了，然後回到集體企業的車間工作。

歷史記載溫州的共產黨員早在1924年就在永嘉成立支部，[45]主要從當地的知識分子中吸收黨員。由於當時上海的黨中央受到國民政府的嚴厲打壓，黨支部難以（有時候是不可能）跟上海的黨中央取得聯繫，因此溫州的共產黨員基本上從一開始就是自立自強的狀態。支部很快從永嘉滲透到溫州其他的縣，黨員也開始在村里組織農民協會以及貧農陣線，教導農民要反對地主的剝削。最終，好幾個縣的黨支部發展出自己的民兵和紅衛兵，並且不定期在溫州發動農民起義，這些行動都沒有統一的領導或是來自黨中央的任何指示。

1930年，溫州的共產黨採取行動試著鞏固他們在當地的組織。地方的軍力被整編到紅十三軍，接受地方找來的一名軍官統一指揮。[46]這支軍隊持續以游擊戰的方式進行武裝鬥爭，沒有嚴謹的政治行動方案，直到同一年底在平陽縣發起奪權落敗後才潰散。殘餘的勢力撤退到平陽縣的山區躲避鋒頭。1935年，平陽縣的共黨領袖宣佈自己為「浙南臨時特委」，並隨即指派多位左右手，[47]而這一切完全未知會當時正經歷長征之苦的黨中央。

同樣在1935年，毛澤東一支不到五百人的紅軍脫離長征，來到浙江與福建省交界的山區。這支「挺進師」[48]的政委同樣在未知會黨中央的情況下，隨即宣佈自己是「閩浙邊臨時省委」書記。[49]事實上，當時浙江省有三群共產黨組織同時自稱省委。[50]經過一段時間的猶豫，自封的浙南臨時特委書記才心不甘情不願地決定服從新領導的指揮。

---

45 葉大兵，**浙南農民暴動和紅十三軍**（杭州：浙江人民出版社，1982）。

46 同前註。

47 黃先河，〈浙南地區人民百折不撓紅旗不倒〉，**浙江革命史料選輯（七）**（1982），頁71-88；楊進，〈浙南紅軍游擊隊和上海黨組織聯繫的經過〉，**黨史資料叢刊**，第3期（1981），頁44-48。

48 「挺進師」原本是第十軍的先鋒部隊，在紅軍的主力離開江西展開長征之後，加入浙江與江西邊界的游擊戰。挺進師先是來到浙江西南部的山區，並且在那建立一個游擊隊的根據地，一直到遭國民政府的警力擊垮為止。之後，部隊來到溫州南部浙江與福建的交界處試著建立新的根據地。請見：粟裕，〈回憶浙南三年游擊戰爭〉，載於浙江省軍區編，**浙南三年**（杭州：浙江人民出版社，1984），頁1-42。

49 同前註，頁17；葉飛，〈閩東蘇區的創建和三年游擊戰爭〉，載於**憶南方三年游擊戰爭**（上海：文藝出版社，1987），頁306-351。

50 楊思一，〈抗日時期浙東黨片段回憶〉，載於新四軍和華中根據地研究史浙江分會編，**浙東抗戰春秋**（杭州：浙江人民出版社，1986），頁9-11。

1938 年中日戰爭爆發之後，挺進師終於聯絡上「中共中央東南分局」，並銜命撤出溫州加入安徽省南部的新四軍，而留在當地的黨組與軍隊則由原先在挺進師的龍躍負責指揮，並由他出任新的浙南特委書記。[51] 接下來幾年，溫州的黨組在戰爭與鎮壓的過程中只能自食其力，1942 年省委遭到國民政府摧毀，因此他們再度與黨中央失聯。[52]

在這段艱困時期，龍躍領導的溫州共產黨為了要努力在山區存活下來，必須根據當地現況進行調整，因此便暫時放下激進的革命路線。[53] 他們在佔領區並未建立蘇維埃政府，也沒有全面落實土地改革。[54] 反之，他們樂於降低佃戶付給地主的地租，取消農民積欠的沈重稅金與債務，並從地主那收取「抗日稅」。[55] 為了增加手邊可用的資源，他們甚至鼓勵將當地的木頭製品賣到外地，並且幫助商人在佔領區做生意。這項經濟政策的目的在推動地方的商品經濟，成功地讓他們贏得溫州地主和企業主的善意與信心，並反過來提供許多亟需的資源給共產黨游擊隊，包括武器和彈藥。[56] 因此，在缺少黨中央的奧援也不受黨中央控制的情況下，溫州的共產黨和游擊隊在 1949 年之前，與當地的地主和商界發展出一種伙伴關係。

1949 年，共產黨的勝利終於來到溫州，但首先帶來勝利的並非毛澤東的紅軍。在反叛的國民黨駐軍與官員的協助下，由龍躍所領導的溫州共產黨游擊隊（現在叫浙南游擊縱隊）在第三野戰軍第二十一軍抵達之前，就已經攻占溫州以及附近的縣。[57] 這確保了地方黨支部的人馬與

---

51 龍躍，〈回憶浙南游擊根據地的鬥爭〉，載於**浙南三年**（杭州：浙江人民出版社，1984），頁 43-86。

52 粟裕，〈回憶浙南三年游擊戰爭〉。

53 中國東南省分大多數的共黨游擊勢力對於財政與土地問題的態度都比較溫和，希望藉此贏得當地人的支持。見：Gregor Benton, "Communist guerrilla bases in south-east China after the start of the Long March," in Kathleen Hartford and Steven M. Goldstein (eds.), *Single Sparks: China's Rural Revolutions* (New York: M.E. Sharpe, Inc., 1989), pp. 62-91。

54 挺進師在浙江與福建交界一帶的偏遠地區只進行小規模的土地重分配。見：龍躍，〈回憶浙南游擊根據地的鬥爭〉。

55 龍躍，〈回憶浙南游擊根據地的鬥爭〉。

56 粟裕，〈回憶浙南三年游擊戰爭〉。

57 Zhang Ze, "Wenzhou chuxiangaikuang," ("The early fall of Wenzhou to the communists") *Zhejiang yuekan* Vol. 6, No. 1 (1969), pp. 28-29.

游擊隊在新政權之中所能享有的權力，大於由紅軍解放的地區。[58]

　　因此，溫州共產黨的歷史以及軍事力量和其他地方的黨支部在幾個方面有所不同。溫州與其他地方的關鍵差異在於當地的共產黨是由地方幹部自下發起，缺少黨中央的指示及協助。1949 年之前，溫州黨支部大部分時間甚至很少與黨中央聯繫。因此，他們在很長一段歷史中都享有極高的獨立性與自主性。反之，在中國北方的共產黨據點，自從黨中央在 1935 年長征抵達延安之後，地方黨組織與游擊勢力就處於黨中央的嚴格控制之下。[59]1949 年之前，雖然共產黨位於中國南方的地方黨部在很長一段時間也都享有獨立性與自主性，但他們很少有機會透過自己的力量「解放」當地，而由北方的毛澤東紅軍來「解放」，也就表示新政權裡的大多數要職都將由外地派來的紅軍退役軍人所擔綱。廣東的情況就是如此，當地的共產黨游擊隊長期以來都參與了獨立的武裝鬥爭，但是自從 1949 年紅軍解放廣東之後，當地大部分的政治要職都是由北方人擔任。[60]

　　在此理解下，針對溫州所見的情況就有了一種暫時性的解釋。1949 年解放後的接下來幾年，溫州地方政府的要職往往是由本地的幹部所擔任，這些領導在 1949 年之前就已經加入本地的游擊隊。[61] 由於他們比外地人更有機會透過親戚、朋友、鄰居和其他本地的社會紐帶與地方產生連結，因此他們在推動政府工作的過程中，更有可能受到社會壓力的影響。此外，一旦有機會，他們也比較有可能下海從事私營經濟。相較於其他地區，溫州地方政府中的本地幹部主導性更強，所以比其他地方

---

58 歷史資料顯示，溫州共產黨與 1949 年溫州解放之後直接過來的二十一軍，針對新地方政府的權力分配產生衝突。但是，地方政府許多領導職位是由當地的黨員所接手。比方說，溫州市黨委書記龍躍與市長胡景瑊都是地方游擊隊的領袖。

59 Mark Selden, *The Yenan Way in Revolutionary China* (Cambridge, Mass.: Harvard University Press, 1972).

60 Ezra F. Vogel, *Canton under Communism: Programs and Politics in a Provincial Capital, 1949-1968* (Cambridge, Mass.: Harvard University Press, 1969).

61 我在此處所說的本地幹部是指那些來自溫州，以及來自鄰近地區或省分卻在 1949 年之前加入溫州游擊隊的人。舉例來說，隨著挺進師從江西省來的外地人，從 1937 年之後就一直跟著溫州的游擊隊工作。溫州本地人與江西的同志長久以來對抗日本與國民黨部隊的共同經歷，加強外地人的本地化。因此，這些外地人廣義來說也是本地人，因為他們的利益已經跟當地人糾結在一塊。

政府更有可能考慮地方的意見以及利益，而地方幹部與農民之間的利益一致性，也就比中國其他地方更加盤根錯節。如果私營部門在當地的利益與國家政策衝突，就像1949年之後常發生的那樣，溫州的地方政府更有可能偏離中央政策，以保護本地與地方政府的經濟利益。

此外，由於溫州地方黨支部在游擊戰爭期間不僅容忍而且還鼓勵各種商業行為，所以幹部在掌權之後很可能不大願意落實中央政府各種有可能威脅地方經濟的激進政策。同時，游擊戰爭時期同志間在軍隊孤立無援時所培養出來的凝聚力，顯然有助於團結地方幹部一起抵抗中央的侵犯。這就是為什麼溫州幹部在過去四十年來「思想更開放」，也更願意冒險關心地方的經濟利益。這也是為什麼即使地方領導人在1978年之前，因為無法徹底剷除資本主義而不斷遭受清算，也無法阻止繼任的官員重蹈覆轍。這絕非少數幹部的個人問題，而是地方的政治傳統。除非中央政府完全撤換整批地方幹部，否則似乎沒有其他方式可以改變溫州的發展軌跡。我認為正是這種革命的傳統使得幹部與農民之間的利益一致性得以延續，再加上地方的手工業傳統、地理位置偏僻、缺乏可耕地與中央的奧援等因素，以及1978年的改革開放，使得溫州在1978年之前就已成為私營經濟的前鋒，而最終也成為中國大陸第一個由私營經濟主導的地方。[62]

理論思考：間歇性的極權國家

針對現存的社會主義所進行的研究指出，社會主義國家一直被認為是由中央官僚所主導，由他們負責經濟剩餘的統籌與統用並支配整個社會。[63]許多學者會毫不猶豫地說這樣的國家是極權國家。在這種概念化

---

62 我對於溫州何以成功的解釋，於1990年5月得到國務院政策研究室的中國官員所確認，這位官員說溫州的幹部從1949年以來就對於溫州抵抗中央政府的能力感到相當自豪。他們站出來反抗中央的勇氣是建立他們於1949年「自力解放」這一段難以忘記的光榮史。

63 WlodzimierzBrus, *Socialist Ownership and Political System* (London: Routledge & Kegan Paul, 1975); Eric O. Wright, "Capitalism's futures," *Socialist Review*, No. 68 (1983), pp. 77-126; Rudolf Bahro, *The Alternative in Eastern Europe* (London: Verso, 1984); Tsou Tang, *The Cultural Revolution and Post-Mao Reforms: A Historical Perspective* (Chicago: The University of Chicago Press, 1986).

之下，社會主義國家被視為幾近無所不在的政權，而且它所實行的鐵腕
控制往往讓社會喘不過氣來。這個說法的問題在於它無法解釋那些明顯
背離中央政策的地方現象，就如同溫州所發生的情況。

　　不同於極權主義的觀點，近來對社會主義社會的研究出現了一個新
觀點，這些研究把社會主義國家描繪成一個在功能上碎片化的官僚政
體，不同部門與不同層級之間有著緊張關係、討價還價以及利益上的衝
突。[64] 透過這個新取徑，許多中國學者在基層的國家官僚身上看到一個
自主的過程，國有企業、生產隊、生產大隊與公社一級的地方政府，還
有村一級的民兵組織（militia organizations），會犧牲中央追求自己的
利益。[65] 有些學者甚至認為基層社會主義政府會因為恩庇侍從網絡或是
其他非正式關係，而輕易被社會滲透及影響。[66] 還有一種極端的觀點認
為，擁有自主性的地方就彷彿是以蜂窩一格又一格的封閉形式存在，這
是一種彰顯出帝國時期中央朝廷與周邊農民之間關係的歷史傳統，而且
自從社會主義轉型之後就一直在中國農村揮之不去。[67] 某種程度上，這
個新觀點似乎能夠更有力地說明1978年以來溫州私營經濟的發展。畢
竟溫州的情況絕對可以歸因於地方與中央之間的利益不同與矛盾。但

---

64 FerencFeher, Agnes Heller and Gyorgy Markus, *Dictatorship Over Needs: An Analysis of Soviet Societies* (Oxford: Basil Blackwell, 1983); Alec Nove, *The Economics of Feasible Socialism* (London: Allen & Unwin, 1985); Kenneth Lieberthal and Michel Oksenberg, *Policy Making in China: Leaders, Structures, and Processes* (Princeton: Princeton University Press, 1988).

65 Andrew G. Walder, *Communist Neo-Traditionalism: Work and Authority in Chinese Industry* (Berkeley: University of California Press, 1986); Anita Chan, Richard Madsen and Jonathan Unger, *Chen Village* (Berkeley: University of California Press, 1984); Victor Nee, "Between center and locality: state militia, and village," in Victor Nee and David Mozingo (eds.), *State and Society in Contemporary China* (Ithaca: Cornell University Press, 1983), pp. 223-243.

66 Jean Oi, "Communism and clientelism: rural politics in China," *World Politics*, Vol. XXVLL, No. 2 (January 1986), pp. 238-266; Victor Nee, "Peasant entrepreneurship and the politics of regulation in China," in Victor Nee and David Stark (eds.), *Remaking the Economic Institutions of Socialism: China and Eastern Europe* (Stanford: Stanford University Press, 1989), pp. 169-207.

67 Shue, *The Reach of the State*。中國鄉村在社會主義轉型之後朝網格化（cellularization）發展的現象，稍早也在白維廉（William L. Parish）與懷默霆（Martin King Whyte）所寫的 *Village and Family in Contemporary China* (Chicago: The University of Chicago Press, 1978) 提過。但是在 Shue 筆下，社會主義中國落後地區農民的地方自主性，遠比白威廉與懷默霆所說的還要極端。

是，這樣的觀點也不是毫無問題。舉例來說，它很難解釋1978年之前溫州的私營經濟為何起不來？為什麼其他經濟背景相似的地區無法發展出占據主導地位的私營經濟？1978年之前的溫州以及至今的許多地方之所以發展不了私營經濟，顯然是因為極權國家堅持實行社會主義。

綜合上述兩個觀點，使我認為像中國這樣的社會主義國家，應該要被界定為間歇性的極權國家，這個國家有很強的專制權力（despotic power），但基礎行政能力（infrastructural power）卻很薄弱。[68]由於有很強的專制權力，共產中國在過去四十年來都能夠落實激烈的社會經濟轉型政策，並且壓制任何想挑戰國家權力的人。1989年對於北京學生民主運動的鎮壓，就是國家展現專制權力最活生生的例子。另一方面，由於基礎行政能力，也就是中國政府的組織能力過於薄弱，所以也就無法支持中央在農村隨時隨地採取激烈的轉型政策。這種自相矛盾最明顯的證據就是，中央在政治運動期間，一直都是靠著外面派來的臨時工作組，針對鎖定的地方進行必要的激進變革。[69]土地改革、集體化以及多場政治清算都是透過這種方式完成。事實上，甚至連中央各部委內部的政治清算，像是在天安門屠殺之後所進行的清算，也得從外面派工作組進行。[70]中央根本就沒有辦法強迫本地的官僚在自己的村子或單位執行對地方太激烈或太血腥的政策，這項工作必須由外人來完成。

但是，政治運動不會是常態。工作組進行激進改革或清算之後，就必須離開當地返回自己原先的工作單位。接下來，日常的事務也就交回遭清算的村子或單位手上，人民逐漸走出打擊陰影，工作組強行推動的激烈政策，也就一步步出現妥協。妥協的程度取決於村裡或單位的和諧與凝聚力，每個地方都有所差異。如果妥協太超過，故態萌生，中央就會派另外一個工作組來收拾亂局，因此過去四十年就是這樣一次又一次的循環。國家官僚內部的分裂與利益衝突，讓人民在激進的最高領袖的

---

68 這兩個概念都來自 Michael Mann 對於國家權力的分析，請見："The autonomous power of the state: its origins, mechanisms and results," *Archives of European Sociology*, No. xxv (1984), pp. 185-213。

69 Jean Oi, *State and Peasants in Contemporary China: The Political Economy of Village Government* (Berkeley: University of California Press, 1989).

70 **世界日報**，1989 年 12 月 29 日，第 1 版。

極權控制之下有某種程度上的轉圜空間。所以，雖然中國的確是個極權國家，但因為基礎行政能力不彰，它的極權只能間歇性貫徹。所以，我認為間歇性的極權政體似乎是解釋溫州私營變遷的最佳觀點。

我們已看到1978年之前溫州私營經濟的潮起潮落。每一場政治運動來到高潮，上級政府就會派出工作組到當地奪權並打擊農民的副業與私人手工業。[71] 許多支持私營經濟的地方幹部都遭到批判與清算，似乎沒有人可以抵抗工作組強行貫徹的激烈政策。但是，每一場運動的鋒頭一過，工作組就會離開，私營企業原本的做法就會偷偷再來。不久之後，私有化的勢頭就會引起國家另一輪的打壓。如此反覆的過程顯示國家在政治運動期間所施展的專制權力，的確可以壓制社會對於中央強加的社會經濟改革的反抗。但是，國家薄弱的組織能力，卻無法阻止運動過後地方幹部的妥協。如此一來，國家就必須一再發起政治運動來維持社會主義的目標。因為國家極權控制間歇履行的特性，使得溫州的私營經濟無法在1978年之前一飛沖天。但是，溫州幹部獨有的革命歷史，顯然給他們帶來很強的一致性與凝聚力，讓他們可以在每一場政治運動退潮之後重新踏上自己的道路，因此也就使得私人企業在其他地區都藏起來的時候，在溫州卻可以重新浮現。

雖然溫州的經驗在中國相當獨特，但是本文所提出的解釋或多或少也可以用來說明其他地方私營經濟的發展。整個中國農村的經濟改革是由下發軔，源於幹部與農民之間的利益一致。但是，其他地方的幹部不像溫州幹部有過往革命經驗所帶來的凝聚力，因此比較無法抵抗間歇性極權國家強行入侵。所以，溫州以外的私營經濟發展勢頭更弱，時間點也更晚。但是私營經濟的基本動能一直都在，只是在等待一個實現的時機。在這個意義上，中國的間歇性極權政體儘管對社會施予鐵腕的控制，卻也允許了一絲由下改革的希望，地方政府與農民在私營部門的結盟，推動地方的整體利益一步步實現。

---

71 林白等編，**溫州的幹部**，頁51。

7

私營經濟中的假三資企業：
晉江經濟發展與財政收入

　　中國的私營經濟在 1978 年經濟改革後，開始逐步發展，雖然歷經幾次政治波折，如 1983 年反精神污染運動、1986 年反資本主義自由化運動、以及 1989 年天安門事件後對個體私營經濟的壓制與打擊，但在 1992 年中共中央確立社會主義市場經濟之後，私營經濟便有更進一步的發展。尤其在九〇年代，當國營與集體企業開始進行產權改革，邁向民營化的股份制度，提供私營經濟發展更寬鬆的環境，同時中國即將在二十世紀的最後一年進入世界貿易組織（WTO），為面臨加入 WTO 隨之而來國際跨國企業的入侵，中國開始鼓勵民間投資，採取積極發展私營經濟來對抗國際資本。縱使私營經濟發展前景已被看好，在中國從事私營經濟者在社會主義體制下仍具有政治上受歧視與不確定的感覺，因此為尋求政治保護，產權保障，與稅收和資金借貸的優惠待遇，私營企業不僅繼續維持戴紅帽子的假集體企業，在吸引外資蔚為風潮後更戴起洋帽子冒充三資企業，尋求更多稅收優惠與政治保障。本文主要探討在八〇年代末由私營企業轉化為假三資企業的現象，以及假三資企業對地方政府部門之間以及地方與中央之間關係的影響。本文以福建晉江地區

為主要考察對象，主要瞭解晉江地區假三資企業的緣起及其對地方財稅收入的影響；晉江地方政府為保障假三資企業以增加地方財政收入，這不僅犧牲中央利益並與之衝突，而且造成地方政府官僚體系中不同部門因利益分配不均而產生緊張與對立現象。

一、理論探討

在研究中國經濟發展的文獻中，存在多種不同理論觀點，以解釋為何中國經濟的改革與發展較東歐國家成功。首先，**市場轉型理論**（**The Theory of Market Transition**）強調中國在經濟改革過程中逐步放棄以國家官僚體系作為資源分配主要機制的中央計畫經濟，走向以市場為主的資源分配體制，並認為市場所提供的致富機會已經逐漸取代昔日社會主義體制下的政治權貴，平衡了社會主義體制下因權力分配不均所造成的政治、經濟與社會的不平等，依據此一觀點，中國地方農民憑藉自身努力在持續擴張的市場中抓住致富機會，以經濟優勢壓倒依附於官僚體系的黨政幹部（Nee 1991）。然而市場轉型理論只觀察到中國經濟發展的表面現象，它對官僚體系利用市場機會發展尋租的現象視而不見，而且官僚體系利用政治權力在市場中交換金錢，更加惡化原有體系中的不平等，並不是如市場轉型論所宣稱的促進社會平等。同時市場轉型理論也無法解釋為何私營經濟在中國不同區域之間發展有所差異，即市場轉型理論無法解釋為何大陸某些地區私營經濟發展迅速，而更多地區仍然受到壓制無法起步。其次，**地方政府經濟法人理論**（**The Local State Corporatism**）強調中國經濟發展之所以超越東歐國家在於地方政府強大的行政能力，由於中央政府放權讓利，在財政誘因驅使下，地方政府取代資本家以經濟法人姿態組織公司企業從事生產，去追求地方資本積累與利潤最大化（Oi 1992, 1995, 1998）。通常地方政府以強人姿態承擔企業家角色，發展集體企業作為地方政府財政收入支柱。由於過度倡導集體經濟，以致個體私營經濟受到壓抑，因此地方政府經濟法人觀點無法有效解釋私營經濟蓬勃發展的地區，而且像市場轉型理論一

樣，忽視地方黨政幹部在市場中營私尋租的行為。反之，**制度商品化理論**（**Institutional Commodification**）強調社會主義制度下所形成的政商侍從主義（patron-clientelism）關係網絡是使個體私營企業取得產權保障、政治庇護與優惠待遇的主要手段，也是影響地方私營經濟發展的重要建構（Wank 1995, 1999）。尤其在中國市場經濟轉型過程中，政治權力的壟斷使得許多管理資源分配的政治權力在市場轉型過程中成為以金錢計算的商品，是這種權力商品化的現象促進中國經濟的繁榮與發展。同時透過侍從主義建立起的政商關係，不僅保護產權關係曖昧的假集體企業，也為地方政府帶來尋租的利益，使雙方兩造各取所需彼此互利，這也是吳介民以虛擬產權所建構**非正式私有化**（**Informal Privatization**）的觀點（吳介民 1998）。制度商品化與非正式私有化理論對中國社會主義市場轉型過程中權力商品化的尋租行為以及私營經濟透過侍從主義的政商關係建構來保障產權，洞見深刻。但是此一觀點認為地方政府與尋求政治保護的個體私營企業均為侍從主義政商關係的受益者，忽視來自企業的租金在地方政府各部門之間的分配是不均的，因而可能導致地方政府不同部門之間的緊張與對立。又由於政商關係的侍從主義在地方基層最為明顯，利益的結合使得村與鎮易於與個體私營和三資企業形成階級聯盟，更促使地方政府在不同行政層級中造成衝突，這是制度商品化與非正式私有化理論所忽視與不能解釋的。

　　作者在研究晉江假三資企業與地方政府財政關係中發現，由於分稅制的實行，中央政府透過地方國稅局獲得地方稅收中最重要的增值稅部分，因而削弱地方財政收入，這不僅導致地方政府與直屬中央的國稅局關係緊張，同時地方基層與企業的結盟使地方基層與上級政府之間貌合神離。

二、晉江私營企業的崛起過程

　　晉江位於福建省閩南地區，原屬泉州市管轄縣之一，但在經濟改革後，由於工商業迅速發展，在八〇年代初晉江就已經濟起飛，從農業

縣轉變為工商業發達地區，由於經濟發展快速，工商業產值暴增，人均收入高於全國平均，在 1991 年晉江就已成為中國百強縣之一，因而使晉江在 1992 年獲得中央國務院的批准升級為獨立於泉州管轄的縣級市（施永康 1995），但目前仍由泉州市代管。

　　早在中國唐宋時期，晉江（當時稱泉州）即為重要對外貿易大港，商船眾多，往來於東南亞諸國，商業貿易極為發達。但自十四世紀以後，由於明代的鎖國政策以及港口淤塞，晉江地區的商業與貿易隨即沒落，對外貿易轉移至廈門。中共建國後，由於台海關係緊張，晉江又位於中國對台軍事作戰區，中共自始不曾對晉江進行重大工業投資，導致晉江在經濟改革前發展落後，完全以農業生產為主，集體與國營經濟薄弱，在中國準世界經濟體系中（劉雅靈 1998），晉江在當時屬偏遠的農村邊陲地帶。由於晉江貧窮落後，自明清以來晉江農民即向外移民，華僑遍佈東南亞各國、香港與台灣，由於海外關係豐富，晉江在經濟改革前就不斷接受海外同鄉親戚的經濟援助（Chen 1999；于祖堯 1987；魏子熹 1995）。由於晉江享有豐富的經濟外援，當地居民在毛統治時期便開始借用農村社隊名義進行個人獨資或群眾合資的小本經營。由於在當時是非法的，晉江的個體戶與地下工廠經歷多次政治打擊，但都暗中存活。與浙江溫州私營經濟發展過程類似，由於晉江個體私營經濟起步早，一但經濟改革開始允許個體經營的發展，晉江的個體私營產業便如雨後春筍蓬勃發展。早在 1984 年晉江的私營企業數目就已占當地企業總數的 70.4%，產值占晉江社會總產值的 88%，雇用當地勞動力 50%以上（魏子熹 1995），到 1998 年，晉江的私營企業數目已達到 3,300家，占當地鄉鎮企業總數的 95%，產值占當地工業總產值的近 90%。[1]晉江經濟由於起步早，並及早占有大陸國內市場，到 1997 年晉江農村人均收入已達 5,257 元，城市人均收入達 7,797 元（晉江市委辦公室1998），高於同年全國平均。

　　如同世界經濟體系中的工業發展先驅國，晉江在大陸屬於及早發展的經濟開創者。尤其個體私營經濟在毛統治時期就已奠立基礎，而且在

1　此數據由晉江市工商管理局幹部於 1998 年提供。

當時多以集體經營為名尋求政治掩護，此一傳統在經濟改革之後仍然延續，晉江許多私人工廠與家庭企業一直持有集體營業執照，一方面個體私營企業感覺仍然需要政治保護，另一方面懸掛集體企業的牌照可以享受稅收優惠、土地使用與銀行融資的方便。這種私人企業戴集體紅帽子的現象，遍佈全中國各地，不是晉江獨有的特色，溫州的私營經濟也一直以集體或股份合作為名（Liu 1992）。及至八〇年代中，由於中國大力提倡外資投入，鼓勵三資（外商獨資、中外合資、中外合作三種形式）企業的發展，提供三資企業許多優惠待遇，吸引外資的政策遂促使海外華僑關係豐富的晉江私營企業從掛牌集體走向三資企業的發展，從1988年起晉江地方政府開始幫助私營企業嫁接為三資企業。[2]而這種戴洋帽子的假三資企業在 1992 年鄧小平南尋以及中共確立社會主義市場經濟之後，又更進一步大肆擴張。

　　晉江的三資企業在1998 年已發展到約 2,300 個，[3]其中獨資占49%，合資與合作占51%，三資企業的工業產值占晉江全市工業總產值的 42.5%，外銷產值亦占全市出口總值的 67.4%。[4]

三、晉江地區的三資企業

　　自 1992 年全中國積極發展社會主義市場經濟，鼓勵外資投入，晉江下轄各鎮在此一潮流中皆設置大小不一的經濟技術開發區或工業區，吸引國內外的投資，晉江也設置了三個專屬外商投資的經濟開發區，吸引西方或港澳台資金。這些開發區提供工業生產所需的基礎建設與能源供應，並在政策上提供三資企業各種優惠待遇，包括自企業獲利年度起，前兩年完全免稅，後三年稅率減半[5]（三減兩免）。由於稅收優惠政策的吸引，以及地方政府對三資企業的禮遇，晉江地區的許多私營企業

2　作者於 1998 年與晉江工商管理局幹部訪談。
3　此數據由晉江市外經貿委出口科提供，它包括真正的三資與假三資企業，地方政府根本不承認也沒有所謂的假三資企業的統計。
4　這些數據由晉江市外經貿委在 1998 年提供。
5　中國對三資企業的稅收優惠在 1985-1986 年是免稅期四年，到 1990 年代後改為兩年。

從 1988 年開始運用各種方法轉變營業執照，這些戴洋帽子的假三資企業並未像真正的外資企業遷移或集中在外商專屬工業開發區，他們的工廠仍在村鎮原地生產。

（一）石獅市

石獅原是晉江下轄的一個鄉鎮，為濱海漁村，早在六〇年代，當地農民便從事運輸行業，以腳踩三輪車在鄰鎮或鄰縣之間進行販運；七〇年代，石獅興起地下小工廠，製造毛像的小徽章與食堂飯票等小產品，並買賣從海外華僑帶回的舊衣服；七〇年代末石獅與台港漁民走私興盛，當地居民開始販賣走私貨品如電子錶、收音機、與衣服等物，地下工廠則以製造小五金商品為主。後來因為政府打擊走私活動，當地農民便轉向服裝業發展，開設家庭工廠，模仿製造台港服裝，當地的成衣服裝市場因而興起，同時石獅也開始將生產的成衣服裝內銷大陸其他各省。由於石獅的服裝業起步早並及早占據大陸國內成衣市場，又帶動當地其他服務業與商業的興起，使石獅從貧窮落後的偏遠漁村走向工商業發達的市鎮，因此 1988 年石獅便升級為與晉江同級的城市，直屬泉州管轄。[6] 石獅的發展是晉江的縮影，兩地極為類似。1993 年當作者在石獅市進行訪問時，參觀當地的成衣、製傘與製鞋等勞力密集型產業，發現所訪問的所有企業均為與香港、澳門或菲律賓商人合資的三資企業，然而這些企業在轉為中外合資企業之前，均為私營企業或掛牌的集體企業。

大多數能轉型為中外合資企業的私營老闆或廠長都是借用他們在香港、澳門、或菲律賓親戚與朋友的名字作為合資的夥伴，尤其在 1980年代中，當地方政府管制鬆散時，晉江的私營企業老闆只要借用他們海外親戚的名字，不必他們出一毛錢就能成功的幫助本土私營企業轉化為中外合資企業。後來上級政府要求地方嚴格管制，石獅當地的私營老闆便在本地黑市購買外匯後，透過銀行匯給在海外的親戚朋友，再透過他們從海外匯回本地，這就成為中外合資的資金，使企業得以順利改名並

6　作者於 1993 年訪問石獅市，地方幹部的簡報。

取得三資企業經營執照。也有的私營企業主根本沒有任何海外關係，只不過與本地銀行勾結，將黑市購買的外匯由本地銀行匯到香港的分支機構，轉一圈再由香港的分行匯入本地銀行，這就算做外資。第四種是海外返鄉定居而持有港澳居留權的本地人，利用自己原有資金以及本地親朋好友的資金成立中外合資企業。以上這些方式均不含有任何真正外資的成份，不應當做外資或合資企業看待，但是業主為求優惠待遇、產權保障與政治保護，均申請為外資或合資企業，而地方政府也都應允。

不同於一般三資企業產品的出口外銷，晉江的假三資企業均從事內銷，將產品賣到當地市場或本省其他縣市或大陸國內市場，例如石獅地區以合資為名實為私營企業的各種服裝鞋帽廠，製造牛仔衣褲、女裝與童裝，多直銷大陸內地各省的商場，有的直銷東北服裝市場，並透過東北邊境貿易銷往俄羅斯；又如製傘與製鞋也是以銷售國內市場為主，及大陸其他邊境貿易市場。

（二）安海鎮

與位於海岸線的石獅不同，安海鎮位於晉江市的內陸，並不直接靠海。在過去台海關係緊張時，晉江地區唯有安海不在台灣金門大炮射擊範圍內，故晉江少數幾個地方國營工廠全都設在安海，這些國營企業分佈在冶金、塑料與輕工化學等領域，目前由於這些國營企業不敵當地個體私營企業的經營，全部虧損，目前已全部承包出去，皆由原先的廠長與技術人員接手，實行自負盈虧。

安海的國營企業在七〇年代就開始進行生產外包（subcontracting），將部分零件讓鎮上居民來承包生產，這在當時是政治禁忌，多暗中悄悄進行，此一現象與當時浙江溫州國營企業的生產類似（Liu 1992）。除國營企業的承包生產外，安海鎮農村在五〇年代就以公社或大隊名義經營五金、機械與鐵器鑄造的生產，實際上是農戶在各自家裡生產鐵鍋、犁、耙等農具，由集體的供銷社進行收購再轉賣到外地。而七〇年代以後，安海農民不再透過集體供銷社轉賣而是自行銷售，他們向村申請公家的介紹信與文件，以集體企業供銷員的名義到外地去推銷產品，由此

開啟安海農民做生意買賣的經營。

　　安海農村私營企業的發展始於與國營企業的承包合作，但發展速度快於前者，產業分佈於五金、機械、玩具、陶瓷、紡織等。當時安海私營企業全靠掛在集體名義下，並開始與國營企業競爭，逐漸取代虧損的國營企業而成為地方經濟主力。自八〇年代中期以後，有辦法的假集體企業便進一步轉型為優惠待遇更多的三資企業。根據安海鎮委副書記，安海鎮全鎮在 1998 年已有三資企業 210 家，但真正以機器在運轉生產的只有 118 家，因為有些業主申請到三資企業營業執照後，並沒有真正開辦工廠，而是將執照借給親友使用，或將執照出租給別人，收取出租使用費；有些業主領取牌照後，又被其他地區以更優惠條件吸引遷走，但地方政府並未將這些已遷走的三資企業從統計數字中刪除；還有的三資企業領有兩塊營業牌照，原先申請的是中外合資企業執照，但後來又因為外商獨資企業的優惠待遇更多，因此又申請獨資企業牌照，如此重複計算，使三資企業的數目如同灌水。[7]

　　一般言，掛牌子的假三資企業原本就是地方私營企業，向來就做內銷，從未有過外銷經驗，在沒有外來客戶訂單條件下，一個企業若要外銷產品必須透過地方政府的外經貿委下設的外貿局或公司來經手，由外貿公司來接洽國外客戶。[8]雖然三資企業與大陸國內產業不同，享有外貿出口權，但是晉江一般的假三資企業根本一向就做內銷生意，從未想過要做外銷，而且沒有外來訂單，如何做外銷？尤其晉江假三資企業多為在地人或從港澳返鄉的本地人經營，向來就熟悉大陸國內市場的運作，當產品在國內市場銷售旺盛，利潤頗豐，這些以假三資為名而實為本土私營企業怎可能捨國內豐厚利潤而去經營不熟悉又沒門路的國際市場？而且產品掛上三資企業的名稱，由於崇洋心理，更受到大陸國內市場的歡迎。根據這些假三資業主的觀點，往往是國內經濟蕭條，市場疲軟，產品賣不出去，企業之間三角債盛行，收不到回款，才會考慮開發國際市場。

7　安海鎮委副書記對作者詳細解釋三資企業中執照登記的問題。

8　中國國內企業的外銷自主權到九〇年代才開始，在此之前，企業產品的出口必須透過地方外貿公司進行。

按照中共中央的規定，為鼓勵三資企業產品出口，可享受產品出口退稅的優惠，若三資企業產品內銷大陸國內市場，則須繳交 17% 的內銷稅。但晉江的實際做法則有所不同，不論三資企業原料來自國外或本地，若產品全部出口，則可享受核銷退稅（退原料進口關稅或原料購自本地的增值稅）；若三資企業將產品內銷，晉江地方政府只收取產品增值稅（6.24%），與大陸國內產業稅率相同，並未真正執行中央規定的 17% 內銷稅。作者訪問晉江三資企業時，也從未聽過以內銷為主的假三資企業繳納任何高達 17% [9] 的內銷稅。顯然地方政府為鼓勵經濟發展，處處偏袒地方企業，大開方便之門，使企業獲利。

晉江地區的掛牌三資企業多為勞力密集型的加工產業，尤其是合資與合作的三資企業為降低生產風險與成本，往往將部分生產與加工外包給其他私營企業或家庭小工廠生產，這種外包生產方式在七〇年代就由當地國營企業率先實行，雖在當時是暗中進行，但已開先河之例，因此當地私營、假集體或假三資企業很容易模仿採行。尤其當地人原先受雇於私營或假集體或假三資企業，在學會生產與製造技術後，便跳出來自己辦工廠做老闆，自己尋找客戶或在原有客戶的基礎上開拓新市場，或替原先及其他相關企業做代工，因而晉江地區假三資企業較易與地方私營或家庭企業之間形成生產的外包關係，[10] 反而真正以出口外銷為主的真正三資企業，由於外銷產品品質的嚴格要求，較少與當地本土企業之間形成代工關係；又由於晉江地區外資投入的高科技產業較少，除特定的工業開發區之外，並沒有形成像拉丁美洲國家那種外資產業與本土落後產業之間技術脫節的隔離經濟（enclave economy），反而掛牌假三資企業與地方家庭工廠或其他私營企業之間透過外包生產，形成合作關係，共同提升地方經濟發展，因此晉江的經濟發展成果較為多數居民所分享。安海鎮鎮民在 1998 年平均每人年收入為 8,000 元人民幣，安海

9　晉江的做法與珠江三角洲東莞地區地類似，當地政府擅自將 17% 的內銷稅降為 6.24%，與國內企業的增值稅相同。

10　根據晉江市工商管理局的幹部，晉江的五個重要產業，如製鞋、陶瓷建材、服裝、食品加工、與汽車零件，其中合資與合作的三資企業都與本地企業建立代工關係，密切合作。

農村農民平均收入為 5,500 元左右，兩者平均則為 6,300 元，[11] 不僅高於全國平均，也高於晉江市的水準。

四、晉江的財政收入與假三資企業的稅收

中國於 1994 年起實行稅制改革，以分稅制取代八〇年代施行的財稅承包制。分稅制的施行是將稅種當中最重要的增值稅、消費稅、三資企業所得稅與國營企業所得稅劃歸為國稅，由國稅局徵收，其餘稅種則歸地稅局徵收，[12] 國稅入庫中央政府，75% 歸中央政府，其餘 25% 歸地方，地稅則歸地方政府所有，上繳省財庫後再由市、縣與鄉鎮政府共同分享。中共中央於 1986 年成立國家稅務總局，責成全國各地的稅務局負責稅收稽徵工作，由於當時並沒有國稅局的設置，因此屬於中央財政的稅種都是由地方稅務局來徵收，但因屬中央稅種的收入全歸中央所有，地方所獲有限，故地方稅務局在徵收中央稅種業務上缺乏積極性，往往敷衍了事，再加上當時中央對地方採行財稅承包制，使地方政府成為財稅分配中最大受益者，中央政府因而赤字連連。[13] 1994 年中國實行的分稅制改革正是要扭轉這種被中央政府視為不合理的現象，國家稅務總局便在全中國各地增設國稅局，直屬中央管轄，專門負責國稅稽徵的工作，而地稅則由原地稅局負責，由省地稅局與地方政府聯合監督；分離國稅局與地稅局的目的在於稅務稽徵工作上的分工，一方面保障中央政府財稅收入的穩定，使中央政府成為財稅收入的最大受益者，另一方面避免中央政府財政赤字持續惡化。分稅制之後，中央政府並未全額壟斷增值稅的收入，在地方國稅局全數上繳中央所收增值稅之後，中央政府抽取 75%，再將剩餘 25% 返還地方，由省與其下各級政府分享。分稅制的改革雖然確保了中央政府的財政收入，但卻挫傷地方政府財政

---

11 此一數據由安海鎮委副書記提供。

12 地稅局徵收的地稅計有十三種，包括營業稅、固定資產調節稅、企業所得稅、個人所得稅、土地使用稅、房地產稅、車船使用牌照稅、印花稅、資源稅、城市建設稅、與屠宰稅，資料由晉江市地稅局幹部提供。

13 見王紹光、胡鞍綱〈中國國家能力報告〉。

收入。

　　晉江由於工商業發達，而且工商業稅收已高達全市財政總收入的
95%。[14]分稅制施行後的確對晉江地方財政衝擊很大，一方面重要稅種
增值稅已由國稅局掌控並全數上繳中央政府，另一方面晉江許多本地重
要私營產業均轉為三資企業享受各種稅收減免優惠，稅源縮小，對國
稅與地稅的徵收皆不利，因而地方財政日漸困窘。晉江市財政局幹部表
示，分稅制尤其不利於像晉江這樣工商業發達地區，因為工業領域中
最重要的增值稅被中央政府攫取；例如晉江企業的增值稅在 1998 年實
收約 4 億 5 千萬人民幣，中央政府攫取 75%，剩餘 25% 中福建省抽走
10%，泉州市拿走 12.5%，剩下才歸晉江所有，在層層抽撥之下，晉江
所剩有限，但這部分增值稅的收入在分稅制之前完全歸晉江地方政府所
有。另外屬國稅局徵收的地方消費稅與三資企業所得稅也都是全部上繳
中央政府，並無中央與地方比例分成，難怪晉江市政府日漸叫窮。

　　如果我們仔細檢視晉江與上級政府之間的財稅分配方法，發現雖然
中國已施行分稅制，但舊有分配方式仍然運行不衰，過去財政承包中所
使用的定額財稅攤派仍然沿用；例如泉州市每年對晉江財政局下達財稅
上繳的定額指標，此一指標是以 1993 年晉江財政收入為基數，責成晉
江財政局完成任務，並且實行增收分成；依理類推，晉江國稅局與地
稅局的稅收任務也是按定額攤派為主，實行超收返還。根據晉江財稅幹
部，晉江市每年不僅都能完成上級下達的財稅定額指標，並且都能超過
定額，但這並不代表晉江市政府汲取財稅能力強，而是因為晉江財稅上
繳額以 1993 年為基數訂定，由於此一基數過低，使得晉江每一年的財
稅收入都超額，並且超收部分要按比例上繳。這在財稅收入增加的狀況
下，影響不大，但當財稅收入減少時，則對晉江極為不利。誠如晉江財
政幹部所說：

　　「我們晉江 1998 年財稅總收入遠低於 1997 年，但因 1993 年訂定
　　的基數過低，使我們在財稅收入下降的情況下，還被上級強制繳交

---

14 本數據由晉江市財政局科長提供。

增收部分（比 1993 年基數多出的部分），這極不利於晉江的財政發展。」[15]

除此之外，晉江也抱怨福建省從未歸還晉江上繳國稅中增值稅的超收部分，按中央政府規定，此一超額部分在中央退還給省後，省應返還地方，但福建省卻從未如此做過，顯然各級政府皆因自身利益而違反中央的規定。晉江財政的惡化可從每年實際財政收入占上繳定額比重節節下降看出，根據晉江市政府的財政收入統計，1993 年晉江實際財政收入占當年上繳財稅額度的 77.46%，1996 年占 51.65%，1997 年為 49.06%，1998 年則為 48.19%，由於近兩年晉江市政府所能動用支配的財政收入不到總收入的一半，財政困難，許多建設（如建飛機場、自來水廠、碼頭等）靠銀行貸款完成。晉江國稅與地稅收入見表1。

表1　晉江國稅與地稅收入 1994-1998　　　　　　　　人民幣：萬元

	地稅收入	年度計畫	完成任務	國稅收入	增長
1994	13,200 萬	12,720 萬	109.43%	28,700 萬	
1995	17,757	15,900	111.70%	35,900	25.5%
1996	22,503	20,100	112.00%	39,800	10.8%
1997	28,478	26.500	107.40%	45,300	14%
1998	---	31,980	---	---	

資料來源：晉江市地稅局與國稅局（1998）。

晉江市與下轄鄉鎮之間的財稅分配雖然內容略有變動，原則上仍屬財稅承包式的定額攤派，例如晉江市對安海鎮訂定財稅指標基數一億元人民幣（基數每兩年定一次），若安海鎮總共上繳一億二千萬元，除完成指標一億元外，超收二千萬元，因此安海鎮與晉江市共同分享這兩千萬元的超收部分，其中安海鎮可分到 25%。若第二年安海鎮總收入為一億三千萬元，比前一年增超收一千萬元（因前一年收入為一億兩千萬元），安海鎮除可得到原先超過基數超收分成的 25% 外，又可從增超

---

15 作者在 1998 年對晉江財政局幹部的訪談。

收一千萬元當中分享到增超收分成的 5%。[16] 根據安海鎮財政幹部，鎮的預算內收入已遠不及實際開支，因此必須設法自籌財源增加預算外收入。

如果我們再進一步檢視晉江稅務局稽徵企業稅收的方法，作者發現晉江幹部所言和實際做法之間頗有出入。按分稅制的要求，不論國稅局與地稅局在徵收企業所得稅時，都必須按企業實際營利收入來稽徵，故不論企業所有權性質，企業所得稅稅率一律為 33%，[17] 而且國稅局幹部堅稱為公平起見，他們是按企業實際所得來徵收。但作者在晉江調查時並未聽說哪一個私營企業與三資企業是以稅率 33% 來繳交企業所得稅的，尤其那些假三資企業，既未設在特定經濟開發區內，也不是投資於基礎建設，除兩免三減外，根本無權享受任何所得稅率的優惠。到底這些企業如何繳交所得稅呢？根據安海鎮國稅分局幹部，由於無法掌握安海鎮內三資企業的實際營業收入，只能針對個別行業進行測算，大概得知一個行業的利潤率，再根據利潤率去核定所得稅率，以此去評斷企業所得稅申報的正確性。

根據晉江地稅局幹部，由於晉江多數私營與假三資企業帳目不實也不全，使地稅局根本無從掌握企業的實際營利收入，故由地稅局按不同產業訂定不同稅率來徵收，例如製鞋業的稅率為 3%，服裝業為 2%，陶瓷業為 2% 等；甚至有些企業連銷售額都沒有記錄，地稅局則以定額來徵收。

換言之，晉江的企業所得稅並未按照中央政府的規定，以企業實際所得徵收 33% 所得稅率，而是按地方利益與實際需要，發揮地方權力的彈性，自行訂定各種稅率，按定率或定額來徵收。

由於晉江三資企業所得稅是按不同產業以定率徵收，由企業主動向國稅局按月申報，但由於中國目前仍然缺乏具公信力的會計審查制度，如何得知企業會誠實申報其每月營業收入？晉江國稅局為解決此一問

16　1998 年安海鎮財政所幹部訪談。

17　按晉江國稅局幹部，三資企業所得稅率為 33%，但設在經濟開發區者可享受八折優待，即 24%，若設在廈門等經濟特區可享受 15% 的優惠；外商若投資於碼頭、港口等則優惠更大。

題，一方面國稅局內設稽查部門，派稽查人員到企業進行查帳工作，另一方面，鼓勵晉江三資企業自行邀請專業會計師查帳簽字以取得帳目健全的公信力。但作者與國稅地稅兩局幹部訪談後發現，不論國稅局或地稅局皆相當缺乏稅務稽查人員，人手遠不足實際所需，而且大陸會計制度並不健全，會計師經常幫企業作假帳偷漏稅。由此可見雖然大陸進行分稅制的改革，企圖改變過去中央與地方在財稅分配上的不合理，轉移地方財稅進入中央財庫，但分稅制卻無法在地方上落實，因為政府部門無法精確掌握企業的實際營利收入。

晉江企業除採定率納稅外，有些企業是按定額繳交，這就是所謂的包稅制；這種納稅方式是沿襲過去的稅制承包或稅額攤派，並不是按企業實際營利所得來徵收，而是企業與地方政府討價還價（bargaining）之後，得到一個定額，企業於每月或每一季度按定額繳交，這種包稅制的定額繳交在珠江三角洲與中國內陸其他省分相當普遍。作者以珠江三角洲的三資企業為例，來說明包稅制的運作。[18] 根據某一小型從事製鞋加工的三資企業負責人，他們廠雇用當地一名村民（村長的兒子）為掛名的副廠長，負責企業所有對外關係的建立。企業的納稅與各種規費的繳交也是透過此一本地副廠長與稅務部門和其他單位接洽，副廠長遂成為外資企業與地方政府的中介人，透過他代表企業與地方政府各部門談判，訂定稅額，形成包稅制。企業負責人曾以三資企業所得稅為例說明，當地方稅務幹部前來訂定稅額時，告知企業此項稅目必須年繳八萬人民幣，但是在此一製鞋加工業透過副廠長捐贈五萬人民幣給地方政府後，從此企業所得稅則降為每年兩萬元的定額；此一案例使我們瞭解，包稅制不僅是企業與地方政府議價的結果，更是地方政府權力自由裁量的發揮，只要地方政府利益滿足，繳交的稅額可以任意刪減。定額包稅都是企業與地方政府談判的結果，但是各企業所定額度皆有差異，端視企業與地方政府關係好壞及談判結果而定。

晉江的企業納稅雖以定率為準，但通常企業帳冊健全者採定率，帳冊不全者則採定額。但因多數企業帳冊不實，故透過議價而定稅亦相當

---

18 作者於 1998 年訪問珠江三角洲三資企業的實例。

普及，尤其若地方政府可從企業獲利甚多，則企業納稅額度降低。換言之，地方政府透過與企業納稅的議價，將企業應上繳中央與省的稅收轉入自己的金庫，用此來擴張預算外收入。此外，在作者與晉江地方幹部訪談中，發現晉江當地頗有一些三資企業經營期已超過十年，但一直在享受稅收的優惠待遇，[19] 換言之，三資企業優惠期滿後，可繼續申請稅收的優惠，[20] 而且往往是那些在帳面上一直處於虧損狀態的三資企業不停享受免稅的優惠，當然這些企業並不是白白享受優惠，而是在奉獻一定稅金給地方政府財庫之後才得以繼續免稅的優惠。這是地方政府慷中央之慨，犧牲中央政府利益以滿足自己的財政需要，顯示地方政府權限的無限擴張。

晉江政府與企業之間的稅收關係與溫州類似，作者過去在溫洲調查私營企業時，發現往往生產相同產品的不同企業，營業稅率竟然不同，有的是以營業額的 1% 來徵收，有的是按地方政府的定額，也有少數政商關係不好的是按八級累進稅率（Liu 1992），這不僅凸顯地方稅務局幹部權力的自由心證，也顯示政商關係對企業運作的重要性。作者 1999 年在四川新都縣訪問時，發現當地政府對企業採包稅制，規定企業按固定數額稅款繳納，而非按企業實際營業額來徵收，這與珠江三角洲的包稅做法相同，都是企業與地方政府議價之後訂定固定稅額，顯然對企業採取包稅在中國仍然非常普遍，表示中國分稅制的改革並沒有真正落實。

五、三資企業對地方政府的利益輸送

以上所言，使我們看到地方政府往往運用地方權力給予當地私營企業、假三資企業以及真正的三資企業許多特別優惠待遇，甚至犧牲中央政府的利益在所不惜。然而政府與企業之間的利益一定是互惠的，絕不是只有單方面的付出，企業如何回饋地方政府的慷慨優惠措施呢？

---

19 按中央政府規定，三資企業的稅收優惠期為五年，頭兩年免稅，後三年減半。
20 根據與安海鎮鎮委副書記的訪談。

就安海鎮而言，鎮幹部抱怨鎮政府的運作已無法像過去依靠上級政府的財政撥款，即預算內收入來維持，例如鎮政府的幹部總共超過80人，但是正式編制內的人員只有60人，根據鎮委副書記，安海鎮鎮政府一年的預算內財政收入只能維持編制內60人的開支，不到鎮整體人事預算的一半（50%），如何去支付編制外的人員及鎮內所需各種基礎建設與發展的經費？顯然這就需要開闢預算外財政收入來滿足鎮財政的需要。鎮的預算外收入項目包括各種事業管理費、土地買賣、鎮政府投資收益與農村教育附加費[21]等，在此我們則審視從企業而來的納入貢獻，這些都是鎮預算外收入的重要來源。

（一）行政事業管理費

就安海鎮鎮政府收取的各項事業管理費而言，名目繁多。[22] 舉例而言，鎮設立專管交通治安的監督大隊，專門收取停靠路邊車輛的停車費，這在一般交通繁忙的城鎮為常見現象，無可厚非，可是在交通稀疏道路空間寬大的安海鄉下地方收取路邊停車費，引起當地農村居民的抱怨，責怪政府亂收費用。但是鎮政府為增加鎮財政收入，不得不想盡辦法來增收。

就鎮上企業而言，不論是私營或三資企業均得繳交各種名目的規費，以及捐助地方教育事業、福利設施、交通建設等各種費用。安海鎮坑邊村的一個外資企業抱怨繳交的費用過多，例如晉江建機場捐獻三十萬人民幣，捐助地方公安建辦公樓，鎮上專管交通的部門強迫各企業購買加裝在汽車上的指示燈與防盜鎖等，用種種名目變相勒索，令企業髮指。此外地方政府與企業有關的各部門喜歡到企業做各種年度檢查，名義上是檢查企業有無違規行為，例如工商分局年度進廠察看企業的機器是否在運轉、衛生單位進廠檢查清潔等，實際上是工商局變相的索取

21　根據安海鎮財政所幹部，農村教育附加費是向農民收取的費用，只能用作教育事業的專款。

22　根據鎮財政所幹部，各項行政事業管理費曾經是安海鎮最大的預算外收入來源，但現今有的項目被上級強迫取消，有些費用降低，如企業的管理費從過去銷售額的千分之五降低為千分之一，故行政事業管理費的收入逐年降低。

費用。[23]

　　當 1997 年中央國務院禁止地方工商管理局向私營企業收取管理費，責成私營企業向稅務局納稅，以稅收取代規費時，各地工商部門無不叫苦。安海鎮的工商分局在當年因此而減少至少一百萬人民幣的收入，但是鎮工商分局內有幹部34 人，絕大多數為非編制人員，在收入減少的狀況下如何維持工商分局的正常運作？安海工商局想出的創收方法之一是為地方企業開辦管理訓練班，一方面提供商業訊息，另方面開辦企業經營管理課程，要求鎮上所有企業，包括三資企業均要參加，故所有企業均被迫繳交學費，參加一個被企業視為完全無用的課程。根據當地一個港商所言，辦理此一訓練班的工商局幹部，沒有任何企業經營的知識與背景，更提供無用的訊息：

> 「這已經變成當地最大的笑話，我們不知在這訓練班裡是誰在訓練誰？那些無知的幹部們完全不知真實世界裡如何做生意！」

由此可知，安海工商分局設立訓練班的真正目的是在創收。尤其在分局幹部們抱怨財政困窘狀況下，居然還能不花鎮政府一文錢自行添購電腦設備，[24] 可見工商分局內部小金庫十分充實。

　　各地工商局採取變通創收的方法不一，有些地方是工商局違反中央政策，幫助私營企業將營業執照改變為個體戶，方便工商局收取管理費，另方面私營企業也樂於轉變為個體戶，因為可以逃避納稅，稅款繳納明顯高於管理費甚多，私營企業成為個體戶，何樂而不為？[25]

　　目前晉江各鎮的許多管理費已委託地稅分局代收，繳交上級，分成完畢後再返回鎮理，但是其中泉州市抽取 20%，晉江市也抽取 20%，手續費又扣除 5%，最後到達安海鎮所剩不多，因此行政事業管理費對鎮預算外收入的貢獻已從過去最大收入來源節節下降。

---

23 作者於 1998 年安海鎮坑邊村一個港資企業訪談紀錄。
24 安海工商分局幹部透露購置電腦設備。
25 作者於 1998 年在廣東博羅縣調查，由縣工商管理局幹部告知。

（二）鎮政府的投資收益

安海鎮預算外收入另一來源是鎮政府投資於企業的經濟收益，例如安海鎮在一些較大規模的三資企業集團中持有股份，每年可分享紅利。[26] 政府入股企業的狀況十分複雜，尤其在戴紅帽子假集體的私營企業走向戴洋帽子假三資企業產權不清時期，鎮政府如何入股到這些企業，中間包含許多非法灰色地帶，往往企業與政府均不願正面回答。根據晉江市鄉鎮企業管理局資料，當地鄉鎮企業共計 15,124 個，其中假集體之名的企業有近 13,000 個（三資企業有 2,300 多個），因為過去在晉江只要兩個人合資辦企業就可登記為集體而取得集體營業執照，享受土地使用與銀行貸款的優惠待遇。可是一旦當企業登記為集體，鎮政府就可享有企業資產總額的 55%，而真正資產所有者只占 45%，因此往往當企業賺取利潤逐漸擴大時，鎮政府就想侵占名為集體實為私營的企業資產，故政府與其靠掛下之企業時起產權糾紛；同理假三資企業亦享受多種稅收優惠待遇，地方政府以此交換假三資企業的股權，以分一杯羹，這就是為什麼鎮政府會入股許多三資企業坐收經濟利益的原因，這些經濟收益成為鎮政府預算外收入來源之一。

地方政府入股當地三資企業的現象處處皆是。作者在四川新都縣新繁鎮調查時，當地私營企業新興集團公司在掛名假集體邁向產權股份化時，地方政府亦插一腳參與原為私營的新興集團公司的股份，在不花一毛錢的狀況下，地方政府取得新興集團企業 80 萬人民幣的股份，占企業集團總股份的 0.9%，[27] 地方政府之所以能以鴨霸方式取得股權，在於過去此一私營企業掛集體牌照時，享受集體企業在經濟與政治上的優惠待遇，故政府堅持以此為基礎享有企業的股權。

---

26 根據安海鎮財稅所幹部，鎮政府在當地恆安企業集團公司入股，每年約有一百萬人民幣的紅利收入。

27 作者於 1999 年 9 月在四川成都地區新都縣訪問新興集團公司，該公司在實行股份化時，總計 8,280 萬股，其中 5,016 萬股為老闆自有（占 60%），1,600 萬股分給職工，政府享有 80 萬股（占 0.9%）。

（三）土地買賣收益

　　像許多沿海省分的農村，土地買賣也成為晉江村鎮的重要財源收入之一。尤其在工商業發達的村鎮，許多農村徵收農民耕地，設立經濟開發區，蓋工廠廠房與店面出租給外商與當地人經商，同時從事房地產經營，規劃商品住宅與別墅出售外人，村以地方政府經濟法人（local state corporatism）身分，成立工業總公司，收取租金與買賣房產，成為村最大宗收入來源，[28] 晉江如此，在中國沿海經濟發達的省分如江蘇與廣東，當地許多農村皆以土地開發為開闢財源之道（Kung 1999；吳介民 1998）。安海鎮坑邊村當初徵收土地建立開發區時，村與鎮結合共同謀利，但未經晉江市的批准，按照當時國家土地管理局的規定，農村占用耕地設立經濟開發區，在超過一定土地面積之後，必須經由上級政府甚至省的批審，可是晉江市政府卻對安海鎮坑邊村的經濟工業區設置完全無知，在事件曝露之後，造成當時安海鎮鎮長被晉江市申誡。[29]

　　農村土地徵收造成最大問題是如何補償農民耕地損失，[30] 往往因地方政府處理不當，賣田自肥，而且未對農民做適當補償，因而造成農民暴動，廣東在九〇年代曾發生多起多起農民事件，[31] 原因即此。晉江農民與地方政府的主要爭執也是如此，例如地方政府徵地費用偏低，農民得不償失，土地補償費並未真正落實發給農民，對農民的安置補助費用過低。當地方政府在經濟開發熱潮中，一方面圈地自肥置農民於不顧，另方面造成耕地流失糧食生產不足。中央政府鑑於耕地流失種種弊病，已於 1997 年開始緊縮地方政府批審用地的權力，禁止地方政府開放耕地的非農使用。然而土地買賣已成為地方政府最重要的預算外收入來源之一，村收取土地租金與相關的土地開發買賣，鎮收取城市建設的配套費用，若要完全砍斷此一收入，對地方財政衝擊過大，因此往往下級政

28　作者於 1998 年在晉江青陽鎮青陽村調查，該村成立的村工業總公司即以土地開發作為村重要收入之一。蘇南地區無錫市的農村也是以土地租金作為村收入主要來源（Kung 1998）。此外，珠江三角洲農村更是以炒地皮聞名。

29　根據安海鎮幹部，也是前任鎮長的兒子親口陳述。

30　根據晉江市土地局幹部，工業開發區占用耕地補償包括土地補償費、安置補助費、青苗賠償費三項。

31　作者於 1998 年在珠江三角洲作調查時有所聞當時的農民暴動事件。

府隱瞞上級，擅自占用耕地偷偷開闢工業區，安海鎮的坑邊村即為一例，導致地方與中央利益嚴重衝突。

　　在晉江農村，由於村之間的經濟發展競爭激烈，為吸引海外與中國內地的資金，各村皆廉價出售土地使用權，使農民得不到應有的補償，農民遂成為地方經濟發展的最大犧牲者。更有甚者，一些地方私營企業與三資企業，為更廉價取得地方土地使權，便以回扣佣金回報賣地的重要幹部，故往往看到農村地區的村支部書記或村長開著進口高級轎車往來村鎮之間。[32] 顯然地方政府為增加預算外收入，常與企業共謀，一方面讓租金進入村或鎮政府財庫，但另一方面則轉入幹部私人口袋，滿足幹部私人利益，造成幹部的以權謀私。

　　晉江地區的農村與鄉鎮也經營地方信用合作社來開闢財源，以高於銀行利率貸款給無法獲得銀行資金的地方私營企業或三資企業，賺取利息。除貸款業務外，這些地方信用合作社亦開辦中央金融機構所壟斷的證券買賣和保險業務，搶占中央金融機構的地盤，以增加收入。

　　在晉江地方政府開闢財源的諸種做法中，不時看到地方為爭取自身權益，不惜犧牲國家總體利益，甚至擷取國家權益。晉江幹部不時抱怨分稅制對晉江財稅收入造成巨大衝擊，尤其地方政府詬病國稅局稽徵地方最重要的增值稅並全數上繳中央，大大挫傷地方政府的財政，因而地方政府往往與企業結盟，幫助企業逃漏國稅，並轉移部分到地方政府財庫，根據安海鎮國稅分局幹部敘述：

「我們國稅分局徵收的增值稅全部上繳中央，未用於地方，這使地方政府對我們非常不諒解，認為我們吃裡扒外，對我們態度極為冷淡，不僅不照顧我們，反而站在企業那邊幫企業漏稅，與我們作對……」

　　從地方政府與國稅分局的緊張關係，使我們瞭解地方政府官僚體系中各部門因分稅制與經濟改革所得到的利益分配是不同的，部門之間因

---

32 作者曾親自搭乘晉江農村支部書記駕駛的 Benze，及珠江三角洲管理區的農村幹部駕駛的 BMW。

利益分配不均而產生緊張與衝突，時而降低地方政府整體的行政能力。
然而地方政府又因不同層級之間利益分配不同而造成地方政府上下層級
之間的利益衝突。例如安海鎮外經貿辦公室幹部抱怨上級晉江市思想保
守，無法配合經濟改革腳步：

> 「上級領導一直對我們實行計畫經濟，處處約束我們的行為，但我
> 們下面早就在實踐市場經濟，上面始終慢半拍，趕不上我們的速
> 度，使我們做事情手腳放不開，很多事情不敢做，但為發展地方
> 經濟又不得不做，搞得我們不知如何是好，因我們做實務工作，
> 自然站在企業這邊，幫企業講話可惜上層領導不懂市場，只知計
> 畫……」

　　由於地方基層政府財政困難，上級下撥的預算內收入根本不能支付
地方所需，以致地方基層必須想辦法創造收入，因而使地方基層政府與
企業之間相互結盟，共同謀利，形成共生關係，以致假集體與假三資企
業到處猖獗，地方政府與企業互通有無，相互利益輸送。地方基層政府
為一己利益打算，往往不滿上級政府的規定與要求，甚至完全規避，因
而我們看到不僅地方與中央政府之間因利害不同而時起衝突，而且地方
政府不同層級之間也因立場觀點差異而對立。

六、結論

　　在中國私營經濟發展過程中，由於社會主義意識型態的束縛，歷年
中央政府對私營經濟的政治打擊，以及缺乏對私有產權的法律與政治保
障，我們看到中國各地假集體與假三資企業叢生的怪異現象。晉江假三
資企業普遍在於晉江海外關係豐富，形成假三資企業的基礎。由於假集
體與假三資企業的存在是需要地方政府合作予以保護，同時地方政府鑑
於財政收入的需要，最大化地方利益，也急需企業提供稅金與規費的利
益輸送，這種相互需要而產生的共生現象，不僅發展出地方政府與企業

的侍從關係，也造成地方政府在追求一己利益時權限的無量擴張，時而產生暗中移轉中央稅金到地方財庫的現象，使地方政府不時與上級甚至中央政府之間發生干戈，以致中央無時不想上收地方權力，削弱地方政府的力量。

另一方面地方政府與企業之間結盟的互惠關係並未使利益在地方政府各部門之間平均分配，通常租金獲得最多的地方部門往往與企業合作最密切，獲利最多；反之那些與企業搭不上邊，以及對地方收益無效，甚至擷取地方最大收入上繳中央的部門如國稅局，地方政府視之如寇仇，因而出現地方政府內部的緊張與分裂，引發地方政府各部門對國稅局的微辭，並結合企業共同對付國稅局。

從晉江假三資企業與地方政府的財稅關係，使我們瞭解中國地方政府未必像地方政府經濟法人觀點所強調的中國地方政府具有強大的行政能力，反而地方政府內部因租金分配不均，而呈現緊張對立，而此一緊張對立關係又在國家官僚體系上下層級之間重演，導致中國國家官僚體系內部因利益不同而各自陽奉陰違，中央政策在地方基層難以落實。

參考文獻

一、中文書目

于祖堯（1987）鄉鎮企業發展的第二次高潮：福建晉江縣與安溪縣鄉鎮企業發展的對比考察。載於中國社會科學院經濟研究所編，**中國鄉鎮企業的經濟發展與經濟體制**，頁 77-123。北京：中國經濟出版社。

王紹光、胡鞍綱（1993）**中國國家能力報告**。瀋陽：遼寧人民出版社。

吳介民（1998）中國鄉村快速化的制度動力：地方產權體制與非正式私有化。**台灣政治學刊** 3: 3-63。

施永康（1995）研究晉江，發展晉江。載於陸學藝主編，**晉江模式與農村現代化**，頁 16-31。北京：知識出版社。

晉江市委辦公室編（1998）**晉江**。晉江：晉江市委辦公室出版。

劉雅靈（1998）**中國準世界經濟體系：1949-1990s**。國科會專題研究計畫成果發表會，1998 年 1 月 16-17 日。台北：中央研究院社會學研究所籌備處。

魏子熹（1995）晉江模式在發展中完善。載於陸學藝主編，**晉江模式與農村現代化**，頁 120-37。北京：知識出版社。

二、英文書目

Chen, Chih-Jou Jay (1999) "Local Institutions and Transformation of Property Rights In Southern Fujian." Pp. 49-70 in *Property Rights and Economic in China*, edited by Jean C. Oi and Andrew G. Walder. Stanford, CA: Stanford University Press.

Kung, Kai-Sing James (1999) "The Evolution of Property Rights in Village Enterprises: The Case of Wuxi County." Pp. 95-120 in *Property Rights and Economic in China*, edited by Jean C. Oi and Andrew G. Walder. Stanford, CA: Stanford University Press.

Liu, Yia-Ling (1992) "Reform from Below: The Private Economy and Local Politics in Rural Industrialization of Wenzhou." *China Quarterly* 130 (June): 293-316.

Nee, Victor (1991) "Social Inequalities in Reforming state Socialism: Between Redistribution and Markets in China." *American Sociological Review* 56 (June): 267-82.

Oi, Jean (1992) "Fiscal reform and Economic Foundations of Local State Corporatism in China." *World Politics* 45 (October): 99-126.

—— (1995) "The Role of the Local State in China's Transitional Economy." *China Quarterly* 144 (December): 1132-49.

—— (1998) "Evolution of the Local State Corporatism." Pp. 35-61 in *Zouping in Transition:*

The Process of Reform in North China, edited by Andrew G. Walder. Cambridge: Harvard University Press.

Wank, David L. (1995) "Bureaucratic Patronage and Private Business: Changing Newtworks of Power in Urban China." Pp. 153-83 in *The Waning of the Communist State: Economic Origins of Political Decline in China and Hungary*, edited by Andrew G. Walder. Berkeley: University of California Press.

—— (1999) *Commodifying Communism: Business, Trust, and Politics in a Chinese City*. Cambridge: Cambridge University Press.

8
廣東華陽的依賴發展：
地方政府與外資企業的利益共生

　　中國大陸自 1978 年經濟改革以來，由於市場機制逐漸確立，小農經營與個體私營經濟恢復，中國經濟得以迅速發展；從 1979 到 1992 年間，大陸全國 GDP 年增長率為 9.0%（胡鞍鋼、王紹光、康曉光 1996），工業產值年增長率也高達 14.2%（Naughton 1996），人民平均所得與生活水準皆獲大幅改善。在中國大陸一片經濟發展熱潮中，如果我們仔細觀察，不難發現大陸區域之間發展速度差異很大，[1]不僅沿海與內陸省分之間的差異在擴大，而且沿海省分不同地區發展速度也有所不同。例如廣東珠江三角洲為全中國經濟發展最快速地區之一，可是三角洲邊緣山區的發展就遠落後於三角州的核心地帶，若我們將大陸視為一個準世界經濟體系（semi-world system）（劉雅靈 1998），像資本主義世界經濟一樣，我們發現中國準世界體系中有些地區屬於早發展的先進地帶，而許多其他地區仍處於邊陲貧窮的後發展地帶。

　　本文將焦點集中大陸準世界經濟中的後發展者，以廣東華陽縣[2]為

1　中國大陸區域發展的失衡可參考《中國地區差距報告》。

2　為保護該縣受訪的幹部及外資企業，作者採用假名代之，而且該縣以下的各鄉鎮全用假名稱之。

例，探討作為珠江三角洲邊緣落後貧困縣，華陽採用何種方法追趕珠江三角洲先進地區以便迎頭趕上？本文認為華陽在大力吸引外資追求快速發展過程中，為增加地方政府財政收入，不惜與外商形成利益聯盟，透過彼此互惠的共生關係，來發展地方經濟，然而華陽這種地方政府與外資之間的共生關係卻重演拉丁美洲在六〇年代的依賴發展，不僅外資企業和地方本土勞力密集產業完全脫節，外資企業形成獨樹一幟的隔離經濟（enclave economy），並未透過生產的外包制（subcontracting）與本地企業進行生產整合，或幫助本地企業技術升級，而且華陽外資所產生的隔離經濟造成隔離區內的外商與工作人員社會地位高人一等，但華陽地方農民卻處於所得分配與社經地位的底層。這種隔離經濟的發展方式與陝西寶雞地區在過去計畫經濟體制下形成的依賴發展雷同（劉雅靈 1997）。本文將從華陽縣基層政府——鎮與農村管理區的財政收入著手，由此瞭解地方政府如何與外資企業之間形成結盟關係。在瞭解華陽地區發展之前，讓我們先探索關於中國經濟發展較東歐國家成功的理論觀點。

一、理論探討

在研究中國經濟發展的文獻中，存在多種不同理論觀點，以解釋為何中國經濟的改革與發展較東歐國家成功。首先，**市場轉型理論（The Theory of Market Transition）** 強調中國在經濟改革過程中允許個體私營經濟發展，並以市場機制取代國家官僚體系的計畫經濟來協調生產、分配與消費，不僅增強生產體系的經濟效益，更能以市場提供的致富機會平衡昔日社會主義體制下政治權貴壟斷資源的不平等，故市場轉型理論強調，在市場提供的致富機會中有利於處於社會底層的農民，只要地方農民憑藉自身努力在持續擴張的市場中抓住機會，便有可能以經濟優勢壓倒依附於官僚體系的黨政幹部（Nee 1991）。然而市場轉型理論只觀察到中國經濟發展的表面現象，它對官僚體系利用市場機會發展尋租的現象視而不見，而且官僚體系利用政治權力在市場中交換金錢，更加

惡化原有體系中的不平等，並非如市場轉型論所宣稱的促進社會平等。
同時市場轉型理論也忽視國家官僚體系中地方政府與企業互惠共生所形
成非正式結盟的現象，更無法解釋為何大陸某些地區會走向依賴式的經
濟發展。

其次，**地方政府經濟法人理論（The Local State Corporatism）**
強調中國經濟發展之所以超越東歐國家在於地方政府強大的行政能力，
由於中央政府放權讓利，在財政誘因驅使下，地方政府取代資本家以經
濟法人姿態組織公司企業從事生產，追求地方資本積累與利潤最大化
（Oi 1992, 1995, 1998; Walder 1995）。通常地方政府以強人姿態承擔企
業家角色，發展集體企業作為地方政府財政收入支柱。此一觀點過度美
化地方政府提升經濟發展的行政效能，與市場轉型理論相同，都刻意忽
視地方政府黨政幹部在市場中營私的尋租與掠奪行為。除此之外，地方
政府經濟法人理論過度強調集體經濟是地方發展的主導力量，忽略在貧
窮落後缺乏資金地區，地方政府竭盡所能吸引外資來推動地方經濟發
展，但卻不意產生缺乏自主性的依賴發展，顯示地方政府缺乏行政效能
來整合外資企業與本土勞力密集企業之間的技術差距，並坐視地方農民
淪落為社會底層，這顯然與地方政府經濟法人觀點有所衝突。

反之，**制度商品化理論（Institutional Commodification）**強調，
在社會主義制度下所形成的政商侍從主義（patron-clientelism）關係網
絡是使個體私營企業取得產權保障、政治庇護與優惠待遇的主要手段，
也是影響地方私營經濟發展的重要機制（Wank 1995, 1999）。尤其在中
國市場經濟轉型過程中，政治權力仍然壟斷資源分配，因而造成在市場
轉型過程中權力和金錢的交換，是這種權力商品化的現象促進中國經濟
的繁榮與發展。同時透過侍從主義建立起的政商關係，不僅保護產權
關係曖昧的假集體企業，也為地方政府帶來尋租的利益，使雙方兩造各
取所需彼此互利，這同時也是吳介民以虛擬產權所建構**非正式私有化
（Informal Privatization）**的觀點（Wu 1997；吳介民 1998），在研究
珠江三角洲的假三資企業發展時，吳介民更進一步提出地方政府幹部已
成為外商與地方農民之間的經濟掮客，從中套取租金（rent-seeking）。
制度商品化與非正式私有化理論對中國社會主義市場轉型過程中權力

商品化的尋租行為以及私營經濟透過侍從主義的政商關係建構來保障產權，洞見深刻，但是此一觀點仍然無法解釋，為何在中國經濟轉型過程中，廣東華陽會出現本土企業與外資企業之間無法整合的依賴發展現象。

　　研究中國經濟轉型的學者借用東亞經濟發展模式的觀點，認為中國經濟發展較為成功在於中國人具有綿密的海外華僑關係，**社會鑲嵌理論（Theory of Social Embeddedness）**強調這種豐富的社會人際網絡是提供資金籌集、技術引進、企業生產管理學習的最佳途徑，因為人類的經濟行為是鑲嵌在社會人際脈絡之中，因而促使善用人際關係去動員生產元素與開闢銷售渠道（Lin 1995, 1999; Chen 1999）。此一觀點使我們暸解中國的個體私營經濟不僅靠市場機制尋求致富機會，更善用人際關係網絡來尋求政治保護與私有產權的保障。尤其華陽在引進外資過程中無不依靠人際網絡運作，但是這些依靠社會網絡關係建構起的外資企業卻與本土經濟脫節，形成缺乏地方自主性的依賴發展，這是社會鑲嵌理論必須進一步思索的。

　　上述各理論觀點對中國經濟發展較東歐國成功均提出精闢見解，但是皆無法有效解釋為何中國後發展地區在引進外資之後會產生類似拉丁美洲式的依賴發展？作者認為必須將華陽放在中國準世界經濟體系概念架構下，暸解華陽不僅位居珠江三角洲的邊陲地區，也位於大陸準世界經濟體系中的貧窮邊陲，必須從貧窮邊陲內部的經濟與政治條件來理解為何位居三角洲邊陲的華陽，而非三角洲其他縣市在融入資本主義世界經濟體系後會產生依賴發展。

二、華陽的後發展與邊陲地位

　　華陽縣位於珠江三角洲東部山區邊緣，面積為 2,870 平方公里，屬惠州市管轄；總人口為 75 萬，其中 60 萬為農業人口，占全縣人口77%（華陽調研室 1998），顯然華陽的經濟活動仍以農業生產為主。華陽遠離海岸，嶺南山脈從東北走向西南，貫穿全境，東江沿縣境邊緣從

東轉向西，切割山脈末端形成沖積小平原，因此華陽縣境幾乎全為山區，只有在縣境西南靠東江沿岸才見沖積平原。歷代以來，華陽是珠江三角洲前往廣東東部梅縣、汕頭與潮州的門戶，由於交通位置重要，各地往來人口頻繁，華陽當地居民融合了客家、廣東與閩南三種語言、文化與習俗。但就經濟活動而言，由於華陽處於三角洲邊緣山區，生產以農業為主，和三角洲核心縣市的工商業活動不同，因此華陽自古以來即處於中國準世界經濟體系的農業邊陲。

中共建政後，地處三角洲邊緣貧困山區的華陽仍不改其傳統農業經濟。由於珠江三角洲鄰近資本主義發達的香港與澳門，地處國防前線，不僅珠江三角洲，包括華陽在內，一開始便被中共中央計畫經濟的重點投資所排除，而且廣東在計畫經濟中被認定適合發展農業而非工業（劉雅靈 1999）。由於中央政府與廣東省對華陽的投資有限，造成華陽工業基礎一向薄弱，一直被廣東省指定為農業生產縣，糧食生產指標高於其他地區。[3]除國營與集體工業力量薄弱，地方基礎建設落後外，華陽還必須犧牲種植亞熱帶經濟作物的比較優勢，被迫完成曲扭的政治任務——糧食生產。由於在大陸準世界體系的經濟分工中被政府指定為農業生產基地，華陽遂長期處於被剝削的農業邊陲。不幸的是，華陽縣向來就安分於農業生產，歷屆縣委書記也多以完成農業生產任務為前提，並將多數資源投入農業，從未妄想發展其他產業；華陽甚至以農業大縣自滿，一直生產大宗糧食作物，從未思索要改變農業邊陲的位置，因而白白錯過八〇年代經濟改革發展的機會。直到 1988 年當華陽縣行政上級惠州市被中央政府指定為沿海開放城市，將惠州市併入珠江三角洲範圍，華陽才逐漸開啟經濟發展的腳步。

雖然華陽地處三角洲邊緣，但距離三角洲重要工商業中心城市並不遠，華陽距廣州市只有 45 公里，深圳 68 公里，到香港只有 3 小時車程（華陽人民政府 1997），故華陽和三角洲的交通尚稱便利。除此之外，華陽縣西南角與三角洲最發達的城市之一東莞地區隔東江接界，可是當東莞在八〇年代利用經濟改革的機會，積極吸引港澳資金並大力發展工

---

3 根據華陽縣縣長，華陽的農業生產指標一向高達惠州地區糧食生產一半以上。

商業時，華陽並沒有追隨東莞的發展腳步，仍在原地踏步，而且不以本身農業人口外移三角洲尋找就業為忤，反而以實現農業生產指標為傲，直到三角洲的外資已達飽和，開始向三角洲以外的廣東地區輻射，華陽才從農業生產的自滿中覺醒，想要積極追趕三角洲其他縣市，但此時華陽的發展已落後珠江三角洲其他縣市至少十年，與三角洲各縣市比較，華陽算是後發展者；根據華陽縣縣長描述，華陽縣的經濟產值平均低於三角洲各縣市 40% 左右，在三角洲二十八縣市中名列倒數第三或第四名，不僅在三角洲各縣市中基礎建設最差，而且地方幹部思想落伍，保守不前，不思長進與發展。從華陽縣長的描述中，華陽幹部能力十分低落，與地方政府經濟法人觀點所強調的強大行政能力相去甚遠。

由於工業基礎薄弱，華陽僅有的地方國營與集體企業也因長期經營不善而虧損累累，華陽在九〇年代末已進行企業產權改制，對地方國營與集體企業進行破產、拍賣與股份制轉型，但經營效果仍待觀察。由於集體經濟力量薄弱，為振興地方經濟，華陽縣政府理當提倡鼓勵發展個體私營經濟，但一方面華陽人口多流向三角洲發達縣市尋找工作機會，另一方面地方政府礙於社會主義公有制意識型態的限制，不願以公開方式鼓吹發展私營企業，因此至九〇年代末華陽的個體私營經濟一直不甚發達。由於長期以來處於被剝削的農業邊陲，資源稟賦不足，又欠缺工業基礎，華陽在內部經濟條件制約下，縣政府遂將發展地方經濟的目標朝向外資，希望借用外資來創造就業機會，帶動地方服務業與商業的發展，更希望透過外資引進先進技術設備，推動地方周邊產業發展，並改善當地的產業結構。

華陽的外商投資最先從西南角東江沖積平原上的鄉鎮開始，首先從與東莞一江之隔的大陽鎮開啟。當大陽鎮幹部從 1990 年以農民集資，自籌經費，建立橫跨東江的大橋，開啟華陽與東莞的交通，許多港台資金便逐漸渡江進入華陽縣境，尤其隔江與東莞較近的幾個鄉鎮，接受東莞外資的輻射，目前已成為華陽經濟最發達的地區，而華陽廣大的中部與東北山區因地理位置偏僻交通不便，無法吸引到外資，經濟活動仍以農業林木為主，明顯落後西南平原地區。由此可見，華陽本身的發展就欠缺均衡。

三、華陽的依賴發展（dependent development）

　　由於華陽屬於珠江三角洲的後發展者，為追趕三角洲其他縣市，華陽自 1990 年起便積極加強地方基礎建設，開闢道路，改善供電與供水設施，同時為與條件較佳的三角洲各縣市競爭，華陽提出更優惠的稅收、土地、能源價格與服務條件，不僅期望能吸引外資直接進入華陽，或將已在三角洲各縣市投資的外商轉移到華陽，更希望能吸引到國內其他地區的資金。尤其自 1992 年當中國大力提倡外資並發展三資企業時，各級地方政府均下達發展外資的指標，華陽為迎頭趕上三角洲各縣市，在各鄉鎮共設立五十六個經濟開發區，幾乎鎮鎮皆有，以便大展鴻圖。在中國吸引外資過程中，不僅縣與縣之間激烈競爭，同一縣境之內的各鄉鎮也互相殺伐，競相給予外商優惠，以便完成上級下達的外資指標任務。

　　自 1990 年港台資金便陸續從三角洲湧進華陽，建立外銷為主的三資企業，到 1998 年華陽的三資企業已有三百餘家，若加上所謂的「三來一補」，共計一千一百餘家，工業產值已高達全縣一半以上。[4]華陽的外資當中以台商的投資額最高，香港其次，日、韓與美國較為零星。由於外資的大量引進，使華陽的工業產值於 1994 年第一次領先農業生產，改變了華陽傳統的農業生產結構。又由於三資企業產品多為出口，1997 年其出口總額高達全縣總出口的 90% 以上，出口總值占全縣生產總值（GDP）的 25%。[5]外商的投資不僅促使華陽外貿發展，同時有利於地方外匯收入，華陽縣在 1998 年便因大量外資流入而分享到外匯留成八千萬美元；而且三資企業的引進帶動地方商業活動的發展，增加地方居民收入，根據統計資料，1997 年華陽地區城鎮居民人均收入為 7,853 元，農村收入為 3,233 元（華陽調研室 1998），已略高於全國平均。顯然外資進入華陽後，已促使華陽產生工商業轉型，帶動了地方的發展，使華陽從中國準世界經濟體系中過去的農業邊陲爬升到工商業興起的半邊陲位置。

4　此數據由華陽縣專管工業的副縣長提供。
5　數據資料由華陽縣外經貿委提供。

　　雖然外資源源進入，地方經濟有所發展，可是華陽地區的發展形態
卻十分突兀，往往在貧窮落後的農村鄉野之間突然冒出高度現代化的工
廠大廈，摩登十足的建築包圍在後現代亮麗的玻璃帷幕中，與周圍凋敝
的農村景觀十分不協調，許多外資電子通訊企業深深被環有鐵絲的高牆
圍住，門禁森嚴，不僅外商管理人員，而且廠內職工都局限於工廠內的
宿舍與食堂，少與外界接觸；而且這些電子科技產業所雇用的員工都是
大專以上的高學歷人員，來自外地，都是中國內地省分外流的人才，但
由於方言和生活習慣的不同，這些外來職工與外商管理階層皆隔離於華
陽本地社會，少與當地人接觸往來。這些以外銷為主的電子產業生產裝
配所需的原料、中間產品與零組件幾乎全數進口，若中間產品與零組件
不是進口也是靠當地或鄰近地區其他外資企業的供應，從未與當地產業
之間形成加工生產的外包合作關係，這與港台企業在本國的生產模式完
全不同，而且由於缺乏生產的外包合作關係，這些外資企業與本地產業
之間也不存在任何技術轉移，兩者之間既缺乏產業整合，又毫無生產關
係，[6]因而外資企業自成一區隔經濟（enclave economy），與本土企業老
死不相往來。深究華陽的經濟發展現象，一個貧窮落後的山區農業縣，
不僅人口外移尋找工作機會，而且缺乏資金、技術與人才來發展本土工
業，因此地方政府以種種特優條件將珠江三角洲的港台資金吸引到華
陽，期望以外來的資金與技術，來帶動本地工商業的發展。然而外來的
電子科技產業，在技術與裝配層次上超越本土企業甚多，完全與本地原
有產業脫節，更遑論技術轉移帶來的產業散發效果（spillover effect）；
這些外資企業不僅與當地社會隔絕，生產過程中還製造許多廢棄物污染
周圍農村環境，而且當地發展的新興產業多半在服務外資企業，深受外
資企業制約，缺乏發展的自主性，這顯然重複拉丁美洲國家六〇年代的
依賴發展現象。

　　華陽發展過程中的依賴現象，並不是中國因經濟改革進入資本主義
世界經濟之後的新產物，而是重複過去計畫經濟時期惡劣的城鄉二元經
濟結構後果（劉雅靈 1997, 1998, 1999）。尤其在過去毛統治時期，為

6　根據華陽當地一台商電子產業陳述，該廠所需的產品包裝紙箱原先是與廣東當地一家工
　　廠訂購，但後來發現紙箱品質不佳，遂取消當地訂購的合同，從國外進口紙箱。

平衡沿海與內陸的發展差距，以及在「三線建設」時期為與前蘇聯備戰，中國政府不僅將沿海許多重要工業內遷，而且在內陸省分的偏遠山區進行重大工業、研究機構與國防軍事工業投資，因而許多內陸原不具任何發展技術資本密集工業的偏遠農村地區，在國家官僚體系資源分配之下，一躍而成為重要軍事國防工業所在地；在原先荒僻的鄉野中，平地拔起國防高科技精密工業，與周圍落後的農村格格不入，而且這些國防重工業的人才、技術與資源完全靠中央政府從外地移植進入，除當地農村僅提供廉價糧食與副食品之外，無從與這些高級國防軍事工業發生任何有意義的互動關係。尤其屬城市戶口的國防重工業職工，由於工廠提供職工宿舍、醫療、子女教育等福利設施，根本無須與周圍農村往來，故這些依靠國家官僚體系投資的國防重工業完全隔絕於周圍農村，不僅從未提供技術轉移，幫助農村發展社隊企業，改善農村生活以回饋農村提供的廉價農產品，反而這些重工業所排放的廢氣、廢水與有毒廢物嚴重污染四周農村，傷害村民健康；因而在毛統治的計畫經濟時期，中國農村出現許多由國家官僚體系資源再分配所導致的區隔經濟，不僅剝削農村剩餘價值，污染農田河流，使中國農村陷於貧窮落後，長期處於中國準世界經濟中的貧窮邊陲。雖然毛統治時期中國準世界經濟體系中農村邊陲處於低度發展，不得翻身，而廣東華陽在積極引進外資後逐漸從農業邊陲邁向半邊陲，但兩者所呈現的區隔經濟與依賴現象類似，然而兩者背後的依賴機制有所不同，華陽的依賴發展是中國與資本主義世界經濟整合之後外商投資的產物，而中國毛統治時期的依賴發展是計畫經濟體系下國家官僚體系的資源再分配機制所造成。

四、地方政府與外資企業之間的關係

　　華陽縣從九〇年代起，就大張旗鼓積極吸引外資，因為本土資本力量薄弱，個體私營經濟有欠發達，無法像溫州那樣依靠地方農民來推動經濟發展（Liu 1992），同時地方政府財力窮困，既缺資金又無技術，無法像蘇南地方政府以其財力來推動鄉鎮集體企業的建立（Kung

1999），在本土資本與地方政府力量均薄弱的狀況下，華陽鄉鎮只好積極引進外資，一方面寄望港台資金來推動地方經濟發展與創造就業機會，另一方面鄉鎮政府得以完成上級下達引進外資的指標任務，並增加地方財政收入，因此華陽各鄉鎮之間競爭激烈，將引進外資視為全縣當前最重要的工作之一。在華陽的依賴發展現象中，到底地方政府和外資企業之間呈現何種關係？

在作者訪談華陽各鄉鎮之後，發現各鄉鎮不僅設有經濟開發區吸引外資，而且均強調服務外商的優良品質、廉價的土地價格、便利的地理交通位置、充沛的水電能源供應、特別的稅收優惠、與更為靈活的政策運用，但是也有鄉鎮坦白承認地方水電能源供應困難，幹部教育程度差素質低落，[7]不足與外商協調溝通。縱使如此，作者發現一些基礎建設較差的鄉鎮也能吸引到外商高科技電子產業的投資，到底華陽鄉鎮政府運用什麼方法使外資對華陽產生興趣？外資企業又如何回饋地方政府？在作者的訪談中，華陽縣與鄉鎮幹部均認為外資企業對地方政府財政收入貢獻不大；華陽縣政府 1998 年財政收入中只有 20% 來自三資企業與三來一補加工業，[8]而在華陽縣下轄的中陽鎮，三資企業對鎮財政收入的貢獻也只占 16%，[9]按鄉鎮幹部解釋，許多三資企業仍處於免稅的優惠期間，尚未能回饋於地方財政。若只按地方政府所提供的統計數字，外資企業對地方政府的財政貢獻的確不大，但實際是否如地方幹部所言？

（一）外資企業的優惠待遇

按華陽縣幹部解釋，外資企業享有設廠後頭兩年的免稅優惠待遇，從盈利後的第三年起企業所得稅減半（兩免三減半），但此一優惠待遇

---

7 中陽鎮幹部自認素質不如深圳及上海，小陽鎮也承認為過去地方缺水，供應不足，但在建水庫之後，此一問題已迎刃而解；大陽鎮也承認在引進港資之後，水電供應都發生瓶頸，遂在九〇年代起陸續建立自來水廠與變電站以解決這些基礎設施問題。

8 此一數據由華陽縣外經貿委幹部提供。

9 根據中陽鎮副鎮長，1997 年中陽鎮財政收入約為 535 萬人民幣，而三資企業的貢獻只有 85 萬，因多數三資企業處於免稅的優惠期間，而且三來一補的工繳費完全由縣財政占有，鎮收不到一毛錢。

在企業營運第五年後則自動消失。可是作者在不同鄉鎮中走訪的台港外資企業中，發現有的企業已在當地設立超過九年以上，但還一直在享受免稅的優惠待遇，原因在於企業自設廠投產後一直處於虧損狀態，沒有盈利，因此企業免繳國稅部分的增值稅與所得稅，以及地稅部分的營業稅等項目，但是這些外資企業真的一直處於虧損狀態嗎？地方政府真的這樣容易被外商矇騙而得不到任何好處嗎？

根據作者的調查，大陽鎮在九○年代外資企業個數增多之後，鎮政府為管理經濟事務而成立行政性的鎮經濟發展總公司，專司行政手續的辦理，因行政性公司不是經濟法人無法與外資企業簽訂契約，故在鎮總公司之下又設立六個經營性的經濟法人分公司，以便與港台外商進行合作經營，以廠房、土地、及發電設備作為與外商合作或合資的條件，使得許多純粹為獨資的外資企業，在中國至今欠缺完整產權法律保障狀況下獲得地方政府的政治保護，許多外商獨資企業便與鎮總公司之下的分公司進行合作，掛名為合資企業，其實是戴紅帽子的假合資真獨資企業。鎮政府完全清楚這些名為合資，本質為獨資企業的真正目的，也願意配合外商要求作為吸引外資的手段；鎮政府雖不過問這些外資企業的內部管理與營運，但多少也清楚這些外商申報經營虧損而逃漏稅的目的，但為地方一己之利，鎮政府便睜一隻眼閉一隻眼，與外商私下結盟合作，幫助外商不僅逃脫中央政府的國稅，也逃脫省市的地方稅，為回饋鎮政府的幫助，外商與鎮政府實行「反承包」，[10] 每年由外商繳交定額的承包費，作為地方政府的財政收入。原先鎮政府因分公司投入廠房、土地與資源設備而與外資企業進行股份比例分紅，但外商長年申報虧損，鎮政府分不到紅利而大為吃虧，故改為與外資企業進行反承包，以保證鎮政府財政收入的穩定。鎮政府與外商訂定的承包額是透過彼此

---

10 在華陽縣各鎮如大陽鎮、前陽鎮、中陽鎮、後陽鎮與小陽鎮等，均與當地合作的外資企業進行「反承包」而不是按股份比例分紅；因為企業的資產除廠房與土地等設施外，資金設備與技術均是外商投入，生產行銷也完全是外商負責，地方政府能插手的餘地很小，在企業並不屬於地方政府的狀況下，地方政府為能獲得固定收入，因而與外資企業實行「反承包」。原先承包見於鄉鎮政府與其所屬鄉鎮企業之間訂定的契約關係，但外資企業不屬於鄉鎮政府所有，不可能產生承包關係，可是外資企業的確定期繳交費用給地方政府，而這筆費用並非一般股利，類似一般承包費，故以「反承包」稱之。

談判（bargaining）而來，視彼此之間的關係而定，因此每一外資企業與鎮政府的承包定額是不同的，關係較差的外資企業每年繳交的承包額是遞增的。由此可見鎮政府大開中央與省級政府之慨，幫助外資企業漏稅，但反過來是鎮政府將外資企業應繳交中央與省級政府的稅轉移到自己荷包中來，是慷國家之慨以中飽私囊。

　　當外資企業稅收優惠期滿之後，按中國政府規定企業須繳交國稅與地稅，但因廣東實行包稅制度，並未按照中央政府規定企業必須按實際營業額繳納稅款，故企業的納稅是由地方政府按企業規模訂定的，每當地方政府會同稅務機關前來訂稅，外資企業就停工休假，偽裝經營不善而停工，透過與稅務機關的討價還價而少繳稅款。[11] 地方政府不是不明白外資企業的漏稅行為，因而會要求企業增加繳交地方政府的承包費。

　　除鎮政府與外商相互結盟以偷漏中央政府稅收外，鎮政府不時保護外資企業以阻擋許多不必要的苛捐雜稅，以便稅源留在鎮內不至於被上級政府瓜分。例如某一外資企業雇用員工 800 人，最高時達 1100 人，但向縣勞動局只申報 400 人，因而少繳許多管理費與治安費給縣政府，鎮政府向外資企業示好的原因，是要將企業的稅源留在本鎮；該外資企業又與鎮政府的工業總公司進行合作，鎮政府提供廠房，企業出資金與技術，雖名為合作，但鎮並不參與企業的生產管理，鎮與企業之間進行反承包，根據該企業負責人的陳述：

> 「中方曾經與對我們下達利潤指標，一年必須獲得純利三百萬人民幣，分給鎮上一年三十萬，我們認為這純粹荒唐，全世界各國也沒這種現象，我們現在每年給鎮上八萬人民幣作為承包費，鎮為我們擋掉許多沒名目的規費……」

　　有時鎮政府為挽留外資企業繼續在本鎮經營而不至外流到它鎮，對企業的優惠更為特殊，例如前陽鎮某一外資企業不慎起火燃燒，廠房與倉庫皆被燒掉，損失慘重，更不幸的是該廠並未辦理意外保險，在毫無

---

11 根據廣東外資企業提供的資料。

賠償狀況下，該廠可能關閉或轉移它地生產，鎮工業公司為挽留該廠，遂幫助該企業事後補辦意外保險獲得銀行賠償。[12] 由於銀行是國家經營的，在地方政府與外資利益共生的條件下遂慷銀行之慨以維護自身利益。

　　作者觀察華陽各鎮引進外資的實際做法和說法差距很大，在訪談中地方幹部往往告知作者中央政府的政策規定，誤導外人以為地方政府與中央政策是一致的。例如根據北京政府規定，外資企業因享有進口原料免稅優惠，故產品必須全數外銷，若外資企業將產品內銷大陸國內市場，必須繳交 17% 的內銷稅，但廣東許多地區已將其壓低到 6%，與國內企業的稅率無異，故當作者問及華陽各鄉鎮幹部此一問題時，有些幹部沒有反應，不願回答；有些幹部直接了當繼續遵守中央政策。但根據前陽鎮鎮長自述：

> 「我們的內銷稅稅率只有比廣東其他地方更低，可是我們不能公開講，只能做不能說。」

（二）服務外商的優惠

　　華陽各鄉鎮為吸引外資，鎮政府對外商提供免費的行政手續服務，為表示對外資的慎重，從土地審批申請到政府相關各部門的行政作業完全由鎮政府幹部親自幫忙解決，甚至在中陽鎮是由副鎮長親自領軍，跑遍上級政府相關各部門、銀行與海關，打通各種關卡，縮短外商設廠時間以便能及早投產；各鄉鎮也幫助外商簡化行政手續，收費公開透明化，並阻擋上級政府一些項目不明的規費。由於一些鄉鎮幹部經常為外資企業解決行政困難，因而對外資企業建立的行政作業程序瞭如指掌，也對外銷出口的銀行與海關作業十分熟悉，幾乎可以自己開設為外資企業服務的投資顧問公司，甚至自己開設工廠替外商訂單進行加工與生產，利用身為官僚體系權力結構成員的方便，為自身謀財謀利，這在經

---

12 作者訪談該鎮幹部資料。

濟較發達的華陽鄉鎮頗為普遍，[13] 也是中國國家官僚體系中基層幹部的共通現象。

　　除增強對外商服務品質外，華陽各鄉鎮由於彼此競爭激烈，都盡量壓低土地價格，以廉價土地吸引外資，尤其最近幾年長江三角洲為與廣東競爭外資，蘇北地區甚至免費贈送土地給外商，[14] 華陽各鎮也因應措施，行使專制獨裁，在未給予農民適當補償之前便強制徵收農民耕地，引起許多農民抗爭事件。有些鎮並未直接用金錢補償農民耕地的損失，而是鎮政府或農村管理區 [15] 在徵收的農地上蓋店面或住房，以官定價格賣給農民作為補償；有些未上軌道的管理區在外商贈送豪華汽車[16]或金錢賄賂之後，便以最低價格賣給外商，使地方農民成為地方政府與外商勾結之下的犧牲品，得不到應有的補償而流離失所。[17] 更有甚者，往往鄉鎮政府與農村管理區為謀取財政收入，相互共謀設立經濟開發區而未呈報上級縣市政府，也未向縣市國家土地管理局申請批准，擅自作主將農業耕地轉變為工業或住宅用途，也未給予農民適當補償，事後縣市政府又被迫追加承認，造成廣東農業耕地嚴重流失。[18] 不僅如此，然地方農民並未因華陽的經濟發展而分享到應得利益，反倒成為經濟發展的受害者，淪落到地方社經地位的底端。

　　華陽各鄉鎮政府宣稱不只服務外資企業的行政效率高，而且積極幫助外資企業解決經營上的困難，尤其當外資企業向中國的銀行申請貸款時，鄉鎮政府願意用地方政府所擁有的廠房與土地來幫外商進行不動產抵押，取得銀行的貸款；同時鄉鎮政府也積極參與外資企業的勞資糾紛，幫助調解工資與加班費的按時發放；鎮政府更幫助外資企業處理海

---

13 華陽一些經濟較發達的鄉鎮，尤其專管工業或經濟的鎮長或副鎮長，利用己身對外資企業營運的熟悉，自己開設工廠（如成衣工廠），替香港的外商客戶進行生產。農村管理區的支部書記或村長也自營工廠賺錢，這似乎已成為中國官僚體系中蠻普遍的現象。

14 作者於 2000 年初訪問長江三角洲時，得知蘇北地區為競爭外資已有免費贈送土地給外商的實例。

15 在廣東地區，鄉鎮以下的農村稱為管理區，與大陸其他省分不同。

16 作者在華陽某鎮管理區訪談時，管理區支部書記則駕駛豪華型 BMW 前往視察區內的外資企業。

17 華陽縣委政策研究室幹部與作者訪談時提供有關地方農民土地賠償的資料。

18 華陽縣國土局幹部提供的資料。

關問題，當外商發生走私，進口貨物與海關申報項目不符，或進口數目以多報少時，鎮政府均幫外商與海關協調，或者罰款沒收，或者賠償了事；在土地使用變更用途方面，地方政府也積極配合外商的需要，一外商曾提及他的工廠所在地原先被縣政府明文規定只能做農業耕種使用，不准轉作它種用途，幾乎迫使此外商出走它縣，幸虧當地鎮長在縣國土局內有熟識的朋友關係，經過幾次交涉，終於得以順利變更地目，使該外商在原有耕地上得以建廠房、辦公室與職工宿舍。[19] 總而言之，鄉鎮政府均以服務外商，親自為外商跑腿幫助外商解決困難為己任，以此吸引外資並使外資在本地生根不致它移。

但當華陽許多鄉鎮幹部親自參與外資企業的引進工作，並實際為外商解決各種營運上的困難時，他們開始對上級政府的保守計畫心態產生不滿，尤其上級政府用各種政策來限制基層幹部與外商關係的建立，擔心基層政府偏袒外商的利益，因而地方基層幹部抱怨上級政府完全不瞭解企業的實際運作，根據中陽鎮工業辦公室的幹部敘述：

「上級政府許多政策訂的過死，不容變通，足以嚇跑外商，例如上級政府規定外商一定要先有訂單才能向海關申請原材料進口，這就迫使所有外商先拿假合同假訂單去向海關申請原料進口，這在資本主義國家是絕無僅有的事……。我們的職責是引進外資，上級政府也時時對我們下達引進外資的指標，但實際上卻用各種政策阻撓我們的工作，你看，中國進行經濟改革已二十年了，可是我們的上級政府仍然採用計畫經濟那一套辦法來限制我們，而我們身處基層的幹部才是真正市場經濟的推動者……」

華陽在中國準世界經濟體系邁向半邊陲的過程中，透過稅收優惠與積極服務的做法，已使華陽鄉鎮政府與外資形成共生同盟，地方政府在中央產權法律保障不穩的狀況下提供政治保護，並幫助外資企業偷漏中央國稅與省級地稅，以交換外資企業對鄉鎮政府財政收入的回饋。外商

---

19 此一資料由華陽當地一台商提供。

除繳交廠房與土地的租賃費用，以穩定地方的固定收入外，大多數鄉鎮政府均與外資企業進行反承包，使外資企業按時繳交定額的承包費，有時此一定額是每年遞增，視外資企業與地方政府之間的關係而定；因此鄉鎮政府為本身財政謀利，不惜違離中央政策，將外資企業原應繳交中央政府與省級政府的財稅轉移到自己荷包，而且鄉鎮政府身為吸引外資的第一線工作者，為順應市場經濟的需要，已走在中國經濟改革腳步之前，不僅從一己之利角度彈性解釋中央政策，並且抱怨中央政策的保守僵硬，不適合市場經濟的發展，由此顯現中國國家官僚體系的基層政府與上級之間不僅利益衝突日增，而且背道而馳。

五、結論

華陽作為珠江三角洲的後發展者，原先工業基礎就薄弱，地方政府又嚴重缺乏資金與技術，無力推動工業發展，若要依賴個體私營經濟促進地方繁榮，本土資本又薄弱匱乏，不足堪當大任，地方政府遂積極引進外資，希望藉用外資引進高級技術，創造就業機會，並帶動地方商業與服務業的發展。可是外資的引進並未產生工業發展的散發效果，和毛統治時期的計畫經濟後果類似，從外移植進入的外資企業，所採用的高級裝配技術與本地勞力密集型的小產業完全脫節，不僅無從產生協力生產合作的可能性，而且外資企業完全與本地產業隔離，形成區隔經濟，這使得外資經濟與地方產業之間形成巨大的鴻溝，無法跨越；而且本土發展的產業幾乎大半在服務外資企業，這種受外資制約而呈現的發展形態，類似拉丁美洲國家的依賴發展。

在地方鄉鎮政府積極引進外資時，為確保地方與外資利益共生，往往與中央政策背道而馳。在中國各地激烈競爭外資狀況下，華陽各鄉鎮強調優質服務與稅收優惠，不僅鄉鎮一級主管親自為外商服務，跑遍所有相關部門取得印鑑，阻擋各部門巧令名目的規費，調解外資企業內部的勞資糾紛，幫助外資解決與銀行及海關的困難，而且外資企業的稅收優惠期長短不一，完全看外商與鄉鎮政府的親疏關係與談判結果而定，

外資企業必須以此交換對地方政府的回饋，每年或每月按時繳交鄉鎮政府承包規費。雖然華陽地區的外資企業不時抱怨各種規費收取愈來愈多，但地方政府給予外資的優惠不比本土企業少，反而在幫助外資企業解決行政手續困難的積極態度上令本土私營企業眼紅，例如本土企業無法像外資企業那樣容易取得土地，發生資金週轉困難也不像外資企業那樣易於取得銀行貸款，這些在在使本土企業抱怨政府過度重視外商的需要，忽略本地企業在取得資金與技術上的困難。就此意義而言，華陽依賴發展現象已使地方政府與外資的共生關係形成結盟，經常偏袒外商的利益。因此在華陽依賴發展過程中，地方政府必須在外資企業與本土企業之間取得平衡，以防任何一方產生抗爭行動；若地方政府太過偏袒外資企業，或外資企業的談判力量太強，都會使本土企業質疑地方政府的公正性；但地方政府不能對外資企業過度執法嚴格，否則會嚇走外商，而無法完成上級政府下達的引進外資指標；但不論地方政府採取何種平衡做法，地方農民都是地方經濟發展中的犧牲者。

參考文獻

一、中文書目

吳介民（1998）中國鄉村快速化的制度動力：地方產權體制與非正式私有化。**台灣政治學刊** 3: 3-63。

胡鞍鋼、王紹光、康曉光（1996）**中國地區差距報告**。台北：致良出版社。

華陽調研室（1998）**華陽調研**。第六期。廣東：中共華陽縣委調研室。

華陽縣人民政府（1997）**華陽**。廣東：廣東省華陽縣人民政府。

劉雅靈（1997）中國大陸農村發展途徑之比較。載於聯合報系文化基金會主編，**變遷的探索：兩岸文化思想與社會發展學術研討會論文選集**，頁197-211。台北：聯經出版社。

──（1998）**中國準世界經濟體系：1949-1990s**。國科會專題研究計畫成果發表會，1998年1月16-17日。台北：中央研究院社會學研究所籌備處。

──（1999）中國國內市場的分裂性：計畫經濟的制度遺產。**國立政治大學社會學報** 29: 1-33。

二、英文書目

Chen, Chih-Jou Jay (1999) "Local Institutions and Transformation of Property Rights In Southern Fujian." Pp. 49-70 in *Property Rights and Economic in China*, edited by Jean C. Oi and Andrew G. Walder. Stanford, CA: Stanford University Press.

Kung, Kai-Sing James (1999) "The Evolution of Property Rights in Village Enterprises: The Case of Wuxi County." Pp. 95-120 in *Property Rights and Economic in China*, edited by Jean C. Oi and Andrew G. Walder. Stanford, CA: Stanford University Press.

Lin, Nan (1995) "Local Market Socialism: Local Corporatism in Action in Rural China." *Theory and Society* 24: 301-54.

── (1999) "Local Elites as Officials and Owners: Shareholding and Property Rights in Daqiuzhang." Pp. 145-70 in *Property Rights and Economic Reform in China*, edited by Jean C. Oi and Andrew G. Walder. Stanford, CA: Stanford University Press.

Liu, Yia-Ling (1992) "Reform from Below: The Private Economy and Local Politics in Rural Industrialization of Wenzhou." *China Quarterly* 130 (June): 293-316.

Naughton, Barry (1996) *Growing Out Of the Plan*. Cambridge: Cambridge University Press.

Nee, Victor (1991) "Social Inequalities in Reforming state Socialism: Between Redistribution and Markets in China." *American Sociological Review* 56 (June): 267-82.

Oi, Jean (1992) "Fiscal reform and Economic Foundations of Local State Corporatism in China." *World Politics* 45 (October): 99-126.

—— (1995) "The Role of the Local State in China's Transitional Economy." *China Quarterly* 144 (December): 1132-49.

—— (1998) "Evolution of the Local State Corporatism." Pp. 35-61 in *Zouping in Transition: The Process of Reform in North China*, edited by Andrew G. Walder. Cambridge: Harvard University Press.

Walder, Andrew G. (1995) "Local governments as Industrial Firms: An Organizational Analysis of China's Transitional Economy." *American Journal of Sociology* vol. 101, No. 2 (September): 263-301.

Wank, David L. (1995) "Bureaucratic Patronage and Private Business: Changing Networks of Power in Urban China." Pp. 153-83 in *The Waning of the Communist State: Economic Origins of Political Decline in China and Hungary*, edited by Andrew G. Walder. Berkeley: University of California Press.

—— (1999) *Commodifying Communism: Business, Trust, and Politics in a Chinese City*. Cambridge: Cambridge University Press.

Wu, Jieh-Min (1997) "Strange Bedfellows: Dynamics of Government-Business Relations Between Chinese Local Authorities and Taiwanese Investors." *Journal of Contemporary China* 6 (15): 319-46.

9
強制完成的經濟私有化：
蘇南吳江經濟興衰的歷史過程[*]

一、前言

　　中國經歷二十餘年經濟改革，在二十世紀末成為全球發展最迅速的國家之一，不僅農村鄉鎮工業快速發展，私營經濟也突飛猛進，從 1979 到 1992 年間，大陸全國 GDP 年增長率為 9.0%（胡鞍鋼等1996），工業產值年增長率也高達 14.2%（Naughton 1996），人民平均所得與生活水準均大幅改善。然而就在經濟成長最快速的同時，以鄉鎮集體企業創造中國經濟奇蹟的「蘇南模式」卻陷入發展困境。不僅喪失廉價勞力的比較利益，「蘇南模式」最引以為傲的鄉鎮集體企業也失去競爭優勢而陷入破產邊緣，導致蘇南經濟停滯不前。為避免蘇南地區經濟持續惡化，並增強蘇南鄉鎮企業的市場競爭力，蘇南地方政府終於從九〇年代中葉開始逐步放棄集體經濟轉而進行大規模企業私有化，不僅積極鼓勵支持過去備受政治壓制的個體私營經濟，而且極力提倡引進外

---

*　本文原載於 2001 年《臺灣社會學刊》第 26 期（頁 1-54），經該刊同意後轉載，特此致謝。

資，企圖借用外來資本、技術與管理經驗來推動地方經濟轉型。蘇南鄉鎮政府為何終結一手辛苦建立起來以集體企業為基礎的「蘇南模式」？到底蘇南集體經濟出了什麼問題，需要進行全面私有化改革？為何蘇南鄉鎮集體企業在八〇年代推動地方經濟有其效用而在九〇年代卻失靈？如何解釋蘇南經濟起伏的歷史過程？

　　本文以吳江作為蘇南地區的縮影，探討吳江經濟興衰的歷史過程。雖然吳江已於1997年底在上級蘇州市政府文件下達後開始正式進行鄉鎮企業私有化，但卻是蘇州六縣市中最晚邁開私有化腳步，為何吳江鄉鎮企業私有化晚於1995年開始的鄰縣昆山？也晚於1996年開始私有化的蘇州市？如何解釋吳江對私有化的抗拒？以及為何吳江最終放棄集體經濟而擁抱不可抗拒的私有化潮流？

　　在探討中國經濟快速成長的眾多文獻當中，不論市場轉型理論、地方政府經濟法人理論、非正式私有化產權觀點、制度商品化理論，與社會鑲嵌理論等，均對中國社會主義經濟轉型中的快速成長提供精闢見解，然而這些理論觀點卻都忽略在集體企業發達的地區，地方經濟快速成長乃是建立在地方政府負債經營的投資饑渴（investment hunger）行為上。地方政府利用農村集體積累與銀行軟預算弊病，以領先發展的優勢搶占短缺經濟提供的市場機會，過度投資以堆砌經濟成長。換言之，經濟成長是建立在大量資源的投入，而非投資所產生的經濟效益。一旦當短缺經擠不再，市場競爭趨於激烈，而且中央政府緊縮銀行貸款，民間購買力不足，蘇南地區便曝露投資盲目而缺乏效益，企業大量虧損，因此蘇南鄉鎮集體企業在八〇年代雖創造高速成長，但終在九〇年代因效益低落而後繼無力停滯不前。換言之，探討中國經濟快速成長的理論觀點均忽視短缺經濟所創造的市場契機與地方負債經營過度投資的成長方式。中國各地方政府在經濟改革過程中為追求財政收入與執政績效，不停延續過去計畫經濟時代的投資饑渴行為，在市場經濟中盲目追求區域性的自力更生與外延式發展（extensive growth），吳江絲綢工業的技術投資以及尋求產業全面發展的「興吳工程」，都是新興市場經濟中投資饑渴行為的再現，它一方面忽視地區本身具有的比較利益與區域之間專業生產的經濟分工，造成資源浪費；另一方面，當九〇年代市場競爭

機制逐漸成熟，逐步侵蝕「蘇南模式」發展的原有制度條件，蘇南地區的集體企業便不敵市場競爭而大量虧損，當地方政府已無法繼續支撐高度負債所堆砌的「蘇南模式」時，唯有選擇企業私有化，進行資本主義轉型。

　　本文認為唯有掌握吳江歷史發展過程中的地方經濟制度特性、短缺經濟所創造的市場契機、舊有計畫經濟制度中投資饑渴的慣性行為、以及投資效益的低落，才能深入瞭解為何鄉鎮集體企業在八〇年代成為「蘇南模式」的資產而在九〇年代變為負債。在瞭解吳江經濟發展過程之前，讓我們首先探討解釋中國經濟快速發展的理論觀點。

二、理論觀點

　　在研究中國經濟發展文獻中，存在多種不同理論觀點，解釋為何中國經濟改革較東歐國家成功。首先，**市場轉型理論（The Theory of Market Transition）** 強調中國在經濟改革過程中允許個體私營經濟發展，並以市場機制取代國家官僚體系的計畫經濟來協調生產、分配與消費，不僅增強生產體系的經濟效益，更能以市場提供的致富機會平衡昔日社會主義體制下政治權貴壟斷資源的不平等，因而在市場經濟轉型過程中，形構社會階層的制度基礎已由控制資源再分配的政治權力體系轉變為提供致富機會的市場體系，故市場轉型理論強調，市場交換有利於處於社會底層的農民，只要地方農民與小生產者憑藉自身努力在持續擴張的市場中抓住機會，發揮企業家的經營能力，便有可能以經濟優勢壓倒依附於官僚體系的黨政幹部，因此當資源分配與利益的獲得不再由幹部的政治權力決定時，市場交換的致富機會便可增強小生產者面對幹部的討價還價力量（bargaining power）（Nee 1991, 1996）。然而在吳江與蘇南九〇年代鄉鎮企業產權私有化過程中，我們發現企業私有化最大受益者卻是與黨政官僚體系權力核心最接近的企業管理階層，而對集體

經濟成長茁壯貢獻最大的地方農民卻被剝奪企業所有權分享，[1]成為吳江經濟私有化轉型中最大受害者，這與市場轉型理論所強調市場中的農民生產者而非權力體系中的幹部是市場經濟中最大受益者相衝突。市場轉型理論不僅忽視市場經濟中政治力量的運作（Parish and Michelson 1996），也對國家官僚體系中，地方政府在財政誘因下以極為昂貴的代價來推動地方經濟發展的事實視而不見。

　　地方政府經濟法人理論（The Local State Corporatism）強調中國經濟發展之所以超越東歐國家，原因在於中國地方政府具有強大的行政能力（Oi 1995），為追求財政收入與執政績效，中國地方政府取代資本家以經濟法人的姿態組織公司企業，直接介入生產過程，去追求地方資本積累與利潤最大化（Oi 1992, 1995, 1998, 1999）；而且 Walder（1995, 1998）也認為所轄企業數較少的地方政府行政層級愈低，所承受的財政硬預算約制則愈強，地方政府就愈有強烈動機去推展經濟以增強地方稅收，因此政府管理企業的能力也愈強。「地方政府經濟法人」理論過度美化中國地方政府提升經濟發展的行政效能，不僅忽視地方政府黨政幹部在市場經濟中營私的尋租與掠奪行為，而且對地方黨政幹部與鄉鎮企業高級管理人員的交互兼職現象視而不見，更遑論地方農民不滿幹部占用耕地而引發的政治抗爭行為（Wu 2000b）。如果地方政府在財政誘因與強大行政能力下努力尋求經濟發展，因而造就八〇年代的「蘇南模式」，但為何相同的財政誘因與行政能力卻導致吳江與蘇南在九〇年代經濟停滯？顯然這個現象不是單純的財政誘因與地方政府行政能力所能解釋的。「地方政府經濟法人」觀點忽視了過去計畫經濟制度所衍生的短缺經濟結構。短缺經濟在市場改革中為中國各地創造了發展機會，只要善用時機及早起步，就有可能推動經濟的蓬勃發展。「地方政府經濟法人」理論不察「蘇南模式」發展的時機，也忽視地方政府借債經營的「投資饑渴」行為，不僅高估地方政府管理經濟的行政效能，而且刻意忽略地方經濟發展所付出的昂貴代價。雖然「地方政府經濟法

1　與吳江市政府部門幹部以及鄉鎮企業負責人的訪談過程中，均指出鄉鎮集體企業私有化過程中多由原企業的廠長、經理以及管理階層接收，持有股份最多，而大多數工廠職工與地方農民被排除企業股份的分享。

人」在產權改革之後已轉變為「地方政府統合主義」，以行政效能控制私營經濟獨立發展的空間（Oi 1999），但卻忽略在私營經濟發達地區，地方政府與企業之間的共生依賴關係已逐漸侵蝕地方政府的行政效能與控制能力（Wank 1999；劉雅靈 2000）。

繼地方政府經濟法人觀點之後，更有學者從地方政府推動地方經濟發展的方式與參與程度之不同，將地方政府的經濟角色歸類為直接參與企業經營的企業家政府（entrepreneurship），間接推動企業興起的領導發展型地方政府（developmental），以上級領導身分保護企業發展的侍從主義政府（clientelist），以及以掠奪者姿態抽取企業租金的掠奪性政府（predatory）（Baum and Shevchenko 1999: 344-346）。雖然這些政府經濟角色的區別屬於理念型概念建構，實際上各地方政府的經營行為在不同歷史發展階段分屬不同的經濟角色，也可能在同一時間內地方政府的經營行為混合了幾種不同的角色，因此地方政府經濟法人只是政府眾多經濟角色中之一種而已。雖然政府經濟角色對地方經濟發展至關重要，但是不能忽略形塑政府經濟角色的先前制度架構，尤其地方政府的投資饑渴與借債經營行為雖然促使蘇南八〇年代的快速成長，但卻導致蘇南九〇年代集體經濟的沒落。

在地方政府經濟角色與產權關係架構下，吳介民從傳統中國社會的人際關係與互惠來建構**虛擬產權（fictive ownership）**的**非正式私有化（informal privatization）**觀點（吳介民 1998；Wu 2000a），在比較中國不同地方產權制度中不同經濟發展形態時，吳介民一方面闡釋地方政府的尋租掠奪行為，另一方面也說明官僚體系提供地方「假集體」與「假年資」企業非正式的政治保護與各種優惠待遇，在市場中進行權錢交換，官商共謀彼此互利，因此中國雖然缺乏明確法律保護的產權制度，而且地方政府尋租腐敗猖獗，但虛擬產權發揮了等同資本主義制度下產權保障的功能，促使經濟蓬勃發展。Wank（1995, 1999）也從私營經濟發達的廈門地區為例說明社會主義制度下所形成的政商侍從主義（patron-clientelism）關係網絡是使個體私營企業取得產權保障、政治庇護與優惠待遇的主要手段，也是促使地方私營經濟發展的重要機制，因而他提出**制度商品化理論（Institutional Commodification）**，強調

中國市場經濟發展過程中，政治權力仍然持續干預資源分配，因而造成在市場轉型過程中掌握政治權力的幹部很容易將手中的政治資本轉換為經濟資本，在市場中以權力交換金錢，這種權力商品化的現象促進中國經濟的繁榮與發展。同時透過侍從主義建立起的政商關係，不僅保護產權關係曖昧的假集體企業，也為地方政府帶來尋租的利益，使雙方兩造各取所需，彼此互利。「非正式私有化」與「制度商品化」理論對中國社會主義市場轉型過程中權力商品化的尋租行為以及私營經濟透過虛擬產權與侍從主義的政商關係建構來保障產權，洞見深刻，並且有效解釋為何中國在欠缺產權保障制度安排下仍可以快速發展，但是兩種理論卻都無法說明為何官商關係密切的鄉鎮集體企業能在八〇年代創造蘇南經濟奇蹟，卻在九〇年代陷蘇南於停滯，顯然上述兩種理論忽視地方政府投資饑渴借債經營所造成的空洞成長。

此外，**社會鑲嵌理論（Theory of Social Embeddedness）**強調人類的經濟行為是鑲嵌在社會人際脈絡之中，尤其在地方企業發展過程中，不論個體私人或鄉鎮政府往往運用社會網絡關係來動員企業發展所需的資金、原料、技術、人才與管理能力，因而地方經濟發展關鍵在於善加利用豐富的社會關係網絡（Chen 1999；陳志柔 2000），甚至地方政治菁英與傳統家族勢力結合，將家族親屬安插到企業管理階層中，共同致力地方資本積累（Lin 1995; Ruf 1999），或在九〇年代的產權改革中將地方集體資產轉移到權力菁英的家屬親族網絡之中（Lin and Chen 1999）。在中國市場經濟發展尚未健全，缺乏保障財產的法律體系，善加利用社會關係網絡或親屬氏族關係或可幫助降低個別企業營運的交易成本，但未必能造就其有持續效益的宏觀經濟成長。尤其吳江在經濟發展過程中，地方政府推動絲綢產業技術改造與「興吳工程」，無不依靠人際網絡運作來動員資金與技術。但是這些依靠社會資本建構起來的企業卻缺乏經濟效益，無法永續經營，造成投資效益低落，顯然建立在微觀基礎上的社會鑲嵌理論忽視先前宏觀計畫經濟制度遺產對政治行動者的制約與影響，地方幹部不顧本身比較利益，一味追求區域經濟自給自足，進行負債經營，一旦支持原有經濟體系運作的地方制度以及計畫經濟體制下的短缺結構隨市場經濟確立而逐漸消逝，縱使企業擁有豐富的

人際關係網絡，終不敵借債經營的持續虧損而破產。

　　與上述理論觀點不同，本文強調要掌握蘇南吳江經濟興衰的歷史過程，不僅要瞭解吳江地方經濟制度的特性，抓住短缺經濟提供的市場契機，同時要掌握過去計畫經濟制度衍生的投資饑渴慣性行為，以及投資經濟效益低落四個變項。尤其吳江鄉鎮企業自七〇年代到八〇年代的急速發展，地方經濟制度提供相對優厚條件；吳江地處魚米之鄉，不僅物產豐富，人力充沛，而且農村積累資金較多，集體經濟實力較為雄厚，提供地方社隊企業及早發展的基礎，又因為吳江地近上海與蘇州等城市，農村社隊企業得到較多城鎮國營企業的技術支援與代工生產機會，使吳江社隊企業在物資短缺時代便搶占市場先機，促使「蘇南模式」興起。蘇南地方政府在八〇與九〇年代又以公司法人角色，利用銀行軟預算弊病，以大量債務堆砌方式追求產業外延式發展，吳江除投資於傳統絲綢產業促進技術升級外，並以「興吳工程」計畫，投入大量資源，創立各式新興產業，以求經濟高速成長與產業結構多元化，但是由於企業利潤增長趕不上虧損速度，單位資源投入與產出比重下滑，一旦中央政府整頓金融縮緊銀根與市場疲軟之際，在缺乏資金持續挹注之下，蘇南集體企業遂大量虧損；同時，蘇南地區在大量資源投入下雖然工廠遍佈，但是投資並未按照比較利益原則，地區之間並未形成專業生產的經濟分工，反而各地產業結構類似，造成彼此惡性競爭，顯現投資饑渴的盲目與缺乏效益。由於企業虧損幅度增加以及政府主導的投資效益不佳，蘇南集體經濟於九〇年代趨近破產，唯有走向私有化一途。圖1表示吳江經濟興衰過程中地方經濟制度、短缺經濟結構、投資饑渴行為與投資效益低落諸變項之間的因果關係。

　　本文強調吳江經濟發展的歷史過程中，必須考量吳江地方經濟制度、短缺經濟結構、地方幹部投資饑渴行為、以及投資經濟效益四個變項，以便解釋吳江為何最後邁向經濟全盤私有化。從地方經濟制度特性、短缺經濟提供的市場機會、以及仰賴政治力量提供大量資源投入，是促使吳江集體經濟在八〇年代中葉以前快速發展的歷史原因，但高速成長掩飾了投資效益的低落，唯有當短缺經濟不再、比較利益喪失、銀行銀根緊縮、以及國內市場疲軟不振，才曝露吳江依靠債務堆砌的投資

盲目弊病。吳江最終在上級政府要求下被迫放棄集體經濟，走向產權改革的私有化道路。

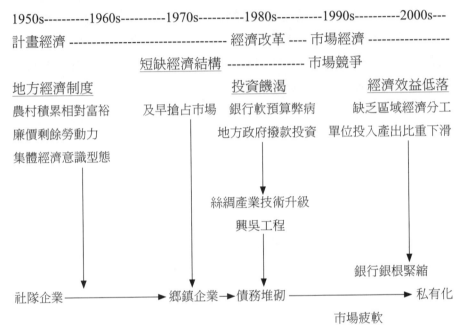

圖1　吳江經濟興衰歷史過程中變項之間的因果關係圖

三、吳江經濟發展的過程

　　吳江市位於江蘇省東南角，南接浙江省，西濱太湖，北接吳縣與蘇州市，東臨上海管轄的清浦縣，距離上海市105公里。吳江原為蘇州市下轄縣之一，由於經濟發展快速，早在1992年便升級為縣級市，仍屬蘇州而管轄。由於大運河貫穿吳江市南北，又有上海通往安徽合肥的國道通過，吳江遂成為蘇南地區河運與陸路交通樞鈕，前往蘇州、上海、無錫、杭州與安徽均十分便利。吳江市面積1176平方公里（吳江市經濟貿易地圖冊編委會 1997），下轄23個鄉鎮，總人口為77.3萬，其中17.6萬為城鎮人口。其餘為農村戶口（吳江人民政府編 1999: 57-59）。

吳江經濟發展快速，城鎮人均收入在 1998 年達到 8,613 元，農村為 5,154 元，皆高於中國全國平均水準（吳江人民政府編 1999: 69），同年中國農民人均純收入僅為 2,162 元（樊平 2000: 374），但若與蘇州市管轄的其他六個縣市比較，吳江地區的經濟收入只居中下水準。[2]

　　吳江為江南水鄉澤國、魚米之鄉，農村副業頗為興盛。自明清以來吳江農村便種桑養蠶，繅絲織綢極為發達，日後吳江工業體系遂環繞絲綢產業而發展。1949 年共產政權建立後，吳江原有私營絲綢產業在五〇年代政府公私合營號召下逐步轉變為全民所有的國營企業與地方大集體企業，[3]生產絲綢與化學纖維，接受中央及省的計畫指標生產運作。吳江雖然擁有絲綢產業的基礎與優勢，但在毛時期，吳江一直將發展重心放在農業生產，無心發展工業體系，因此除絲綢、水泥、化肥及其他食品加工等輕工業之外，吳江並沒有其他重工業，城鎮工業發展相對落後於蘇州其他各縣及隔鄰無錫地區，顯示吳江地方政府作風保守，缺乏進取開創精神。[4]

　　由於吳江過去一直強調農業生產，忽視農村工業發展，吳江農村社隊企業也像城鎮工業一樣落後於蘇南其他地區。根據當地幹部，吳江社隊企業始於 1958 年大躍進時期，在當時政治動員下，盛澤鎮設立第一個絲綢社隊企業，[5]此後全縣各地農村陸續發展紡織、服裝、造紙、食品加工、農具修理、磚瓦製造等產業，但和接受上級政府計畫調控的城鎮企業有所不同，吳江農村社隊企業主要供應縣內農村市場需要，而且社隊企業發展的資金來自農村而非上級政府撥款。因此社隊企業從開始便是市場取向。吳江縣社隊企業數目在大躍進時期高達 498 家，吳江與蘇南各地社隊企業五〇年代發展狀況見表 1。

　　雖然吳江社隊企業總數在當時乍看眾多，其實多為虛報上級而濫竽

2　以 1992 年為例，吳江的人均收入與蘇州其他縣市比較如下：吳縣 4,633 元，吳江 5,024 元，昆山 6,539 元，太倉市 7,664 元，故吳江位於中下（劉志彪、劉雲華 1996: 121）。

3　吳江盛澤鎮在五〇年代公私合營之後，陸續組織了新生、新華、新聯與新民等四個縣屬國營絲綢廠（居福田、吳大聲 1984: 86）。至目前為止，盛澤鎮計有 4 家市屬國營與 17 家大集體企業，共有 21 家，約占吳江市總數的四分之一，顯現盛澤工業十分發達。

4　吳江信用社幹部訪談。

5　盛澤鎮在歷史上一向有「絲綢之鄉」的美譽（當代中國叢書編輯委員會 1989〔下〕：447），早在清末盛澤絲織品便透過上海洋行銷售海外，極負盛名。

充數的政治動員產物，很多社隊企業根本不具生產能力，欠缺資金與技術。因此到六〇年代初，當中央政府進行全國經濟整頓時，多數就解散了（高德正、洪銀興編 1996: 36-43）。但自六〇年代中葉以後，中央政府政策迴轉，允許農村社隊再度興辦企業，此時吳江開始得力於城鎮知識青年下鄉，帶進知識技術，又獲得城鎮國營企業淘汰的陳舊設備，吳江社隊企業便開始起步，至七〇年代末吳江社隊企業產值就接近全縣工業總產值的三分之一（朱士聲 1999），而到八〇年代吳江社隊企業工業產值就已超過全縣工業總產值的二分之一以上。[6]吳江社隊企業發展雖然落後於蘇南鄰近各縣，但由於資源較為豐富，仍然領先全國其他各地的農村。

表1　1958年蘇南各地社隊企業個數

地區	社隊企業單位數
蘇州地區	3637
無錫地區	929
常州地區	4609
* 吳江縣 1958	498
1975	626

資料來源：高德正、洪銀興編（1996），蘇南鄉鎮企業：歷程、機制、效應、趨勢，頁37。
　　　　＊朱士聲（1999），輝煌的歷史，光明的前景：吳江市鄉鎮工業的歷史發展。

　　八〇年代中期以後，吳江鑑於周圍各縣均已邁向城鎮工業化，遂以「後發展者」追趕蘇南其他工業先進縣。一方面縣政府撥款並動員金融機構相繼投資於吳江縣屬國營絲綢與化纖工業的生產技術與設備，[7]以化學纖維與生絲混紡為合成絲綢，大量出口國際市場。由於絲綢工業一向具有比較優勢，吳江絲綢出口在1986年就已占全縣出口總額的72%（沈榮法1997a: 104）。另一方面吳江農村鄉鎮企業在地方金融機構與鄉鎮政府支持下，於九〇年代推動電纜、新型建材、機械電子等新興產

6　按大陸學者分析，吳江社隊企業產值在1982年就已占全縣工業總產值的75.5%（張雨林1984: 287），比重基數高於1990年，此一數據之正確性令人懷疑，在此只供參考而已。

7　截至1998年，吳江市共有市屬企業79家。其中國營企業24家，集體企業55家，主要多為生產化學纖維以及生絲混紡。

業，產品不僅供應蘇南農村市場，更銷售全國各地。1990年吳江鄉鎮企業產值已達全縣工業產值的71.4%；1998年更高達88.7%（朱士聲1999），鄉鎮企業對吳江農村工業化的貢獻早已取代地方國營與集體企業。

　　吳江下屬最大鄉鎮盛澤，工商業最為繁榮，目前計有企業大小五百餘家，其中90%與絲綢產業有關。[8]由於工商業發達，早在1984年盛澤鎮就已出現勞力不足，必須引進外地勞動人口，目前盛澤鎮約有二至四萬外來勞力，[9]分佈在體力勞動行業以及工廠最底層的非技術工人，而盛澤本鎮人口多分佈在工廠中的管理階層，權力地位較高，兩者社經地位差距頗大，此一現象與珠江三角洲農村勞動人口的社經地位分配相同（吳介民 2000）。盛澤絲綢工業在發展過程中產品曾經轉變多次，[10]自九〇年代以來大量生產各種化纖布料，除用於製作服裝外，尚生產皮包、旅行箱、帳篷等產品。許多鎮辦絲綢工廠除為國營企業進行加工外，多半為市場生產，不僅本地供銷員外出推銷產品，而且外地推銷員到盛澤本地來採購，盛澤已成為絲綢產品的重要集散地，由於客商大量聚集，每日約有上萬流動客戶聚集採購與訂貨，交易額年達一百多億人民幣。[11]吳江市政府為便於規範與管理大量聚集在盛澤的客商，早在1986年便在盛澤填湖造地建立全國性的絲綢市場，由吳江市行政管理機構在市場範圍內設置店面攤位，出租給鎮上或其他地區廠家展示商品，以便收取租金與管理費。由於收入頗豐，盛澤鎮政府亦欲分享管理費，增加鎮政府的財政收入，便與市政府的管理機構打對台，在原市場旁邊擴建店面與攤位，另行成立鎮政府的市場管理機構，收取租金與管理費。雖然吳江市政府與盛澤鎮為管理絲綢市場競相爭取收入，在絲綢市場內設立兩個市場行政管理機構，但兩者均希望盛澤絲綢市場能在全

8　根據盛澤鎮幹部，鎮上五百餘家鄉鎮企業分佈在化學纖維、織造、印花、染整、塗料、絲綢機械與器材等領域，皆與絲綢產業有關。

9　盛澤鎮幹部訪談。

10　早期盛澤的國營、集體與社隊企業以生產人造絲為主，至七〇年代中才開始生產蠶絲為原料的生絲綢緞，至九〇年代則以化學纖維與生絲混紡為毛（居福田、吳大聲 1984: 86）。

11　盛澤鎮工業公司副經理訪談。

國屹立不衰。

為何蘇南地區與吳江社隊企業發展如此之早且較為成功？又為何這些集體企業在九〇年代成為負債而拖垮地方經濟？本文將從吳江的地方經濟制度特色、短缺經濟所提供的市場契機、地方幹部的投資饑渴行為、以及投資效益低落四方面進行探討與解釋。

（一）地方經濟制度特色

雖然經濟學家 North（1990）強調一個社會的經濟表現取決於制度是否能降低交易成本，但是一國之內地區之間經濟發展的差異就不是全國性制度所能解釋，此時必須觀察地方經濟制度的差異來說明區域之間經濟表現的不同（Hopcroft 1998）。

蘇南地區自古以來便是魚米之鄉，物產豐富，故在人民公社時期就已累積較多農業集體資金。根據大陸學者，蘇南農村各公社積累的集體資金在七〇年代中期就高於全國平均，各公社集體積累平均高達一百萬元人民幣左右（范從來、曹勇 1996: 102），成為興辦地方社隊企業初始資金的來源。[12] 此外，農村社隊提供現成建築物（如廟宇、祠堂等）為廠房或用免費農地建工廠，這些實物積累均節省社隊企業初期的資金需求。[13] 由於農村集體實力較為雄厚，蘇南地方政府不僅從開始就掌握集體資金、土地與其他資源等生產要素，並極力堅守社會主義集體經濟的意識型態，壓制資本主義私營經濟，因此蘇南農村從開始便發展以公社及生產隊所有的集體企業。而同時期的浙南溫州，腹地狹小、資源匱乏，農村集體積累一向困窘，缺乏興辦社隊企業的初始資金，農民與幹部的集體意識較為薄弱，在農村社隊企業興辦不成的狀況下，遂走向以個體私營經濟為主的發展模式（周曉寒 1987；Liu 1992; Whiting 1999）。

吳江農村社隊企業發展初期也是依靠農村集體積累的公積金以及社

---

12 吳江農村的社隊企業遍佈養蠶、繅絲、織綢、磚瓦、釀酒、皮革、糧油加工與農機修理等產業（朱士聲 1999）。

13 蘇南農村公社的集體積累包括金錢形式的資金積累，社隊提供的建築物、設施與土地的實物積累，以及農民進廠務工的勞動積累（范從來、曹勇 1996: 102）。

員集體捐獻為主，但進入經濟改革後的八〇年代，銀行與金融機構的貸款支持成為鄉鎮企業發展主力。根據吳江縣政府統計，自1983年至1991年，全縣村集體資金用於村辦企業的初始資金共計7,083萬元（沈榮法 1997f: 46）。雖然只占總體資金的小部分，但農業剩餘透過地方政府強制轉移以發展農村工業已是不證自明的事實。據大陸學者調查，吳江「紅衛絲織廠」在1978年成立時，主要由鄉內各生產隊貢獻公積金為初始資金購買機器設備（約一萬多人民幣），不足部分則向各家社員借貸，只有購買原料的三千元是向農村銀行借貸（劉世定等 1994: 199-200），可見農民努力所得的集體積累是吳江農村社隊企業發展的最大貢獻者。

除資金貢獻外，中國農民又為農村社隊企業提供充沛且廉價的勞動人力。由於蘇南農村人多地少，[14]不僅農村剩餘的農業人口被迫外出謀生，而且鄉鎮亦有龐大待業壓力。根據費孝通的調查，蘇南農村早在1970年前後就已出現剩餘勞動力；蘇州市在1970年代末，下轄各縣就有120萬剩餘勞動力，占當時蘇州農村勞動人口的一半（1984b: 46），顯然農村廉價剩餘勞動人口迅速轉換為工業生產勞動力，促使蘇南農村工業快速發展。例如吳江盛澤、震澤、平望、松陵等鎮自七〇年代起便陸續興辦各種鎮辦集體產業，不僅完全吸納鎮上待業人口，更為周圍農村的剩餘勞動力創造就業機會，促使農民進鎮工作轉業為農民工（居福田、吳大聲 1984: 90-91；張雨林 1984: 288-290；陳頤 1984: 101；徐大韋等 1984: 216）。除鎮辦產業外，吳江農村社隊工業也大量吸收地方剩餘農業人口。由於社隊企業在八〇年代持續擴張，地方剩餘勞動力逐漸減少，造成吳江農村在八〇年代中期便出現勞力不足的匱乏現象，周圍農村人力已不支地方工商業持續發展，農村剩餘勞動人口已成歷史，吳江各鄉鎮自八〇年代起便已開始雇用大量外縣市與內陸省分的廉價農民工。

蘇南與吳江鄉鎮企業興起之早又迅速，除本身資源稟賦優異與廉價勞力提供外，由於地近上海與蘇州等城市，不僅及早獲得城市國營企業

14　蘇南人均耕地面積在1980年約1畝地左右，而吳江縣為1.3畝（費孝通 1984a: 59）。

技術與人才的支援，同時得到上海國營企業的生產訂單，為國營企業進行零件加工或局部生產。尤其自六〇年代中葉「文化大革命」期間，許多城市國營企業因政治鬥爭而生產停頓，吳江農村便在當時悄悄地建立了工廠，不僅和城鎮國營企業發展外包生產的加工關係，更自行生產一般日常生活小商品。尤其盛澤鎮農村社隊的地下小工廠，自行組織原料生產輕紡產品，在當時物資短缺狀況下極受歡迎，多數地下工廠皆大發利市，許多社隊企業供銷員便到外地去推銷產品，並帶回生產訂單，也有客戶直接到盛澤本地進行採購，因而帶動日後盛澤絲綢市場的興起。[15] 又據調查，吳江縣震澤鎮與銅羅鎮早期發展的社隊企業均為附近城鎮國營企業的零件加工廠，例如震澤鎮的翻砂廠替上海縫紉機廠生產機架零件（費孝通 1984a: 60），銅羅鎮的化工社隊企業利用國有企業提供的原料、設備、技術為後者生產中間產品（費孝通 1984c: 22-23）。而平望鎮玻璃鋼廠就是上海國營企業在擴張過程中透過技術指導而成為上海國企的外在生產線（陳頤 1984: 103）。

（二）短缺經濟結構——及早占有市場

由上所知，吳江農村經濟體制的優勢，使農村社隊集體企業肇始於六〇年代，興起於七〇年代，發展遠早於中國其他農村地區。如果自身資源稟賦優厚以及與城鎮企業形成的外包生產關係是農村工業興起的充分條件，當時中國計畫經濟導致的物資短缺則是蘇南吳江社隊企業發展的必要條件。尤其農村社隊企業從初始就不屬於政府計畫經濟管制，不論農具製造、農機修理、農產品加工等產業，一向就是市場導向，以滿足農村地方市場的需要，因此市場取向的社隊企業一直在填補中央政府計畫經濟能力之不足。

由於社會主義計畫經濟特質向來就是短缺經濟，不論是個人消費或企業生產均面臨選擇性過低以及物資供應不足（Kornai 1986, 1992），[16]

---

15 盛澤鎮工業公司副經理在訪談中為作者解說有關盛澤早期社隊企業發展歷史。

16 根據 Kornai（1986: 6-32; 1992: 243-245），社會主義經濟體系中物資短缺又和物資剩餘的大量囤積（hoarding）同時存在，正因為短缺普遍，迫使消費者或企業必須大量囤積，以備不時之需，故短缺迫使囤積普及。又由於計畫體系中許多民生物資不按消費者及市場

尤其中國在毛時期為求重工業快速成長，不惜犧牲民間消費需求，因此民生物資短缺與不足則為常態。而且中國計畫經濟與前蘇聯中央極權式的計畫經濟不同，主要以省為計畫單位，計畫目標為滿足各省內部的經濟需求，當各省能達到經濟上自給自足時，省際物資交換將趨近於零，形成中國國內市場的區域分裂（Lyons 1990; Shirk 1994; Naughton 1996；劉雅靈 1999）。但是由於社會主義計畫經濟不如想像中的理性完美，經常發生計畫失調與資源配置不當，不僅導致企業生產原料與中間產品缺貨，民生物資與日常用品更形短缺，以致企業之間經常出現省際貿易的以物易物，或次品代替主要原料，以及城市居民實行糧食物資配給的現象（Nove 1983; Kornai 1986, 1992）。尤其在六〇與七〇年代文革期間，由於許多城市國營與集體工廠因政治鬥爭而停產，物資調配中斷，短缺現象更形惡化，蘇南農村社隊企業遂抓住短缺經濟所提供的市場契機，大量興起並擴大生產，不僅供應地區市場的需要，並衝破原料與產品銷售局限農村本地的限制，尋求外地原料並將產品銷售遠方的外地市場，蘇南社隊企業的市場導向在計畫經濟癱瘓之餘，不僅為國營企業加工零件，而且為市場需要而生產。[17] 當時的社隊企業就採以物易物的方式，用農村產品與國營企業交換原料與能源，並突破計畫經濟中官訂價格以市場議價方式購買國營企業的稀有原料與設備，再透過社隊企業供銷員打入國營商場的銷售管道或直接與國營企業建立業務關係（高德正、洪銀興編 1996），因此蘇南與吳江鄉鎮企業不僅因自身資源優厚及早起步發展，而且又得利於全國性短缺經濟結構創造的市場需求，及早占有中國龐大農村市場。

由此可見，中國在計畫經濟時代雖然限制非國有部門的經濟生產活動，但計畫經濟造成的短缺結構卻也提供非國營經濟部門發展空間，尤其在文革後期，民生物品嚴重短缺，百廢待興，不論是鄉鎮集體企業或個體私營企業，只要投入民生物資的生產，縱使技術落後，產品品質低

需要生產，造成大量產品庫存積壓，這是社會主義經濟中短缺和囤積同時並存的原因。

17 根據大陸學者，在文革期間，由於農村推行農業機械化，社隊企業發展農機修造廠極需機床和電機，而當時城市工業處於無序狀態，無法供應，無錫社隊企業遂開始製造機床與電機（高德正、洪銀興編 1996: 165）。

劣，但因市場需求面大，企業仍有獲利機會，[18] 蘇南與吳江鄉鎮企業就是抓住短缺經濟的發展機遇，及早占有中國龐大農村市場而得以興起。

但若仔細觀察蘇南鄉鎮企業的經營方式，不難發現與中央政府經營國營企業的方式類似，鄉鎮政府作為企業所有者，在集體經濟意識型態主導下，舉凡企業創始所需資金、土地、勞力、與原料等，多由地方政府以行政支援解決，[19] 這正是「地方政府經濟法人」論點所宣稱地方基層政府扶持農村企業發展的強大行政能力，但是此一觀點不察鄉鎮政府隨之而來對企業進行的各種不當行政干預，從強制安插親友進入企業、強行占有企業稅後利潤，甚至強行分派政治任務給企業，因而削弱企業的經營效益。然而就企業實際運作而言，經理人在承包與租賃體制下往往對鄉鎮政府隱瞞企業實際經營狀況，由於資訊不對稱的劣勢，鄉鎮政府往往不察企業經理人的虛報利潤或侵吞企業資產。然而政府與企業之間的行政干預與虛報不實皆被早期市場嚴重短缺所掩蓋，不論政府如何不當干預企業、企業如何虛報經營效益，只要產品受到市場歡迎，政府與企業均能從中獲利，因此企業不必經營效益高、地方政府不必具有強大行政能力，只要民生物資持續短缺，鄉鎮企業就有繼續發展的空間。因此在短缺經濟結構所提供大量市場機會之下，地方經濟發展好壞與地方政府行政能力強弱無關，關鍵在於地方是否能及早發展民生所需的生產性企業，及早搶占市場，為市場需求而生產。

---

18 根據學者黃珮華（1996: 80）的分析，中國農村工業在七〇年代末與八〇年代初的資金利潤率高達75%，以後逐年下降，到1983年降為27%。主要原因在於農村工業享有免稅優惠，受益於中共政府逐步實施的雙軌制價格改革，以及市場民生用品短缺。

19 中國鄉鎮企業在創辦初期所需資金高達73.8%是透過地方政府直接與間接干預而獲得；鄉鎮企業廠房土地之取得，其中44.2%也是透過地方政府直接與間接干預而獲得，請參考下表：

	資金	土地	勞動力
鄉鎮政府直接行政干預	37.9%	32.7%	24.2%
鄉鎮政府間接行政干預	35.9%	11.5%	10.5%
純貨幣市場約束	22.3%	39.8%	30.5%
非純貨幣市場約束	3.9%	15.9%	34.8%

資料來源：中國社會科學院經濟研究所編（1987），中國鄉鎮企業的經濟發展與經濟體制，頁138。

　　雖然吳江農村社隊企業發展早於中國各地農村，但在蘇南地區卻落後於鄰近無錫與蘇州等地，往往當蘇南其他縣市已興辦了許多社隊企業、農民已成為工廠勞工、當地的公社與生產隊從企業利潤中獲得充裕的財政收入，吳江縣的幹部才醒悟過來，遂於 1978 年決定急起直追，因而吳江大部分重要的社隊企業是在這段時期發展的（劉世定等 1994: 198），甚至日後吳江在九〇年代末推行鄉鎮企業私有化都晚於蘇州其他縣市，由此可見吳江幹部始終奉行社會主義集體經濟的圭臬，習於政府扮演企業家的生產角色，以國營與集體企業來推動地方經濟發展。吳江幹部習於傳統計畫經濟的惰性，不僅缺乏生產組織的制度創新，而且極力壓制個體私營經濟，可是由於吳江地方經濟體制的優厚條件，仍能使吳江比大陸其他地區更早發展社隊企業，並抓住短缺經濟提供的市場契機，於八〇年代迅速成長。

（三）投資饑渴行為[20]——債務堆砌式的經濟成長

　　與蘇南其他地區相同，吳江鄉鎮政府在八〇年代以經濟法人自居，催生各式集體企業發展，然而此時農村公共積累已不足以繼續支持吳江工業快速成長，產業擴張必須完全仰仗銀行與農村信用合作社的貸款。[21] 尤其地方政府為追求執政績效以便在官僚體系中繼續爬升，擴張地方工業產值與增長地方財政收入便成為地方政府施政主要目標，然而施政目標的達成必須以充沛財源為基礎。八〇年代中央政府的財政改革，更加促使地方政府以興辦企業作為拓展地方財政收入的手段，

---

20 古典社會主義計畫經濟的特性之一是官僚體系與企業的投資狂熱。根據 Kornai（1992: 160-163），社會主義國家如前蘇聯及東歐，在社會主義革命前多是經濟落後的貧窮國家，故在政權建立後，多採行強制快速發展（forced growth）的經濟策略，以便在最短時間內追趕上英美資本主義國家，投資規模擴張便成為社會主義官僚體系的追求目標。其次，社會主義計畫經濟向來就呈現長期性物資短缺，許多行政部門與企業為解決物資供應不足，遂透過擴張投資將生產延長到短缺供應的產品項目。但是萬一投資決定發生錯誤造成損失，應由誰來承擔後果？由於社會主義軟性預算約制的特性，一個企業經營不善發生虧損，政府為保障全民就業，從來不曾讓任何虧損的企業關閉，勢必要透過銀行貸款或其他補助以便企業能繼續生存，由於不為投資決定錯誤負責，因此軟性預算約制促使企業以及行政部門不停追求擴張，形成投資饑渴症。

21 銀行及金融機構的貸款是鄉鎮企業固定資產與流動資金最主要來源，但有時鄉鎮政府也會撥款或企業從職工吸收資金來應付資金需求。

因而興辦企業的資金遂由地方銀行與農村信用合作社來承擔（黃姵華 1996）。由於當時中央政府金融政策的相對寬鬆，金融機構軟預算弊病[22]改革又尚未完成，地方政府經常以行政命令責成銀行與信用社貸款，推動各種鄉鎮企業發展，或提供企業擴充產能的資金，銀行貸款與信用融資便成為蘇南鄉鎮企業持續生存與發展的重要生命線（高德正、洪銀興編 1996: 137），導致蘇南鄉鎮企業與城鎮企業高度負債經營。表2是吳江上級政府蘇州市鄉鎮企業資金結構以及企業資產負債率的資料，[23]顯示企業自有資金逐年下滑以及負債率日益升高。

表2 蘇州市鄉鎮企業資金結構表

年份	借入資金比重	自有資金	資產負債率
1982	41.14%	58.86%	41.15%
1983	41.04%	58.96%	41.04%
1984	50.61%	49.39%	50.62%
1985	53.23%	46.77%	53.23%
1986	58.00%	42.00%	58.00%
1987	59.98%	40.02%	59.98%
1988	62.07%	37.93%	62.07%
1989	58.13%	41.87%	58.13%
1990	57.54%	42.46%	57.54%
1991	58.64%	41.36%	58.64%
1992	60.03%	39.97%	60.03%
1993	61.11%	38.89%	61.11%
1994	61.92%	38.08%	61.92%

資料來源：趙克華（1998），中日大陸鄉鎮企業融資行為之研究——以蘇南地區為例。綜合表4-3與4-4，頁78。

---

22 軟性預算約制（soft budget constrains）是社會主義國營企業的獨有特性，企業的花費開支經常超過企業的原有預算，企業也不必為其投資錯誤或營運不善負責任，因為政府作為企業所有者，是不會讓企業倒閉關門的，政府會以各種軟性補助、銀行貸款、免稅或價格訂定來幫助企業渡過難關。相對於資本主義體制下的私營企業，它必須承擔在市場中投資錯誤與營運不善的後果，當私營企業發生營運虧損時，往往缺乏像社會主義體制下的軟性補貼或各種優惠，因此關門倒閉為常態，故資本主義體制下的私營企業承受硬性預算約制（hard budget constraints），會約束企業的不負責任投資擴張行為（Kornai 1986: 33-51; 1992: 140-145）。

23 由於欠缺吳江市的相關資料，在此以吳江市上級政府蘇州市為代表說明。

　　企業負債經營在資本主義體系是常見現象，但若企業高度負債而又經營不善，導致利潤率下降與嚴重虧損，企業則面臨倒閉，影響地方政府執政績效，蘇南與吳江自八〇年代中期開始即面臨此一共同問題。一般而言，在八〇年代中期以前民生物資相對短缺，市場競爭尚未充分開展，銀行相對容易借款而且利率較低，地方政府與企業的負債經營尚可支撐，因而助長蘇南與吳江地方政府借債經營的發展模式。然而自八〇年中期以後，當短缺經濟不再，市場競爭趨於激烈、銀行利率上揚、廉價勞力失去優勢，蘇南許多鄉鎮企業便岌岌可危，尤其遭受個體私營與外資企業的威脅、國際市場的競爭、中央緊縮銀根的政策，[24] 以及國內市場疲軟，蘇南鄉鎮企業便承受銷售壓力，成本升高，流動資金不足，利潤下滑，嚴重虧損。表3 顯示蘇州市各企業利潤早在1986 年就已大幅下跌（和1985 年相比）。然而蘇南為繼續保持產值擴增與成長速度，不得不以更高負債規模來支撐，造成債台高築的惡性循環（曹勇、沈坤榮 1996: 89-90）。同理，吳江地方政府為應付市場競爭的壓力，扭轉經濟下滑的劣勢，不停對視為支柱的絲綢產業進行投資，同時在九〇年代投入大量資源以推動產業結構升級的「興吳工程」投資計畫。

表3　蘇州市1986 年1-5 月份工業利潤變動狀況（和1985 年相比）

	實現利潤（萬元）	利潤下跌幅度（%）
全市鄉鎮以上工業企業	40022	31.4%
縣以上全民所有制企業	9473	23.6%
縣以上集體所有制企業	9473	27.4%
鄉辦企業	9868	42.3%
鎮辦企業	1095	47.1%
村辦企業	4506	48.9%

資料來源：楊經綸（1990），蘇南地區經濟發展面臨的問題，頁125。

1. 絲綢產業的技術改造

　　吳江絲綢產業與其他產業不同，生產的目的並非為計畫調撥，而是出口外銷，由於產品特殊，能夠賺取外匯，並獲得外匯獎勵，吳江地方政府從經濟改革起便不停對縣屬絲綢企業進行投資，改善絲綢生產的技

---

24 1993 年中央政府進行宏觀經濟管制，緊縮銀行信貸規模，造成許多企業周轉不靈。

術設備，並進一步開闢絲綢產品的國際市場。根據吳江市委書記，[25] 吳江地方政府自 1978 年至 1992 年期間曾對絲綢產業進行四次技術改造。從翻修廠房建築、更新機器設備、建立繅絲、織綢、印染與服裝的系列生產，到發展化學纖維與生絲混紡以改善絲綢易皺縮水與絲線易斷的缺點等，都是透過地方政府以行政命令促使銀行貸款來完成絲綢產業的技術升級。

　　吳江市政府在四次絲綢產業技術改造的投資中，前三次的總投資額共計 3.37 億人民幣，主要用於提升吳江市屬絲綢企業（國營與市集體企業）的機器設備，但第四次的設備更新投資則延伸至鄉鎮企業，例如在第四次總投資額 6.7 億人民幣中，4.1 億元用於吳江市屬絲綢工業的發展，2.6 億元用於改進鄉鎮企業的生產設備（沈榮法 1997b: 133-136），使吳江鄉鎮絲綢產業淘汰過去承襲自國營企業的老舊機器，並發展鄉鎮層級的化學纖維工業。吳江鄉鎮企業在鄉鎮政府擔保與銀行貸款支持下，採用自動化生產設備，提高產品品質，企圖使吳江鄉鎮企業產品能參與國內以及國際市場競爭。綜觀吳江經濟發展過程中，吳江市政府與鄉鎮政府對絲綢工業的技術改造均投入大量精力，在四次技術設備更新過程中，投資動力均來自政府部門，都是政府介入與銀行貸款，擴充絲綢織造與化學纖維的產量與產能，以產值擴增來促進吳江經濟發展。因此吳江絲綢產業從開始便建立在銀行大量投款借貸上，以高度負債來推動技術升級，根據吳江市委書記，吳江市屬各絲綢企業在九〇年代初就已平均負債高達一億人民幣（沈榮法 1997a: 113）。從吳江絲綢產業發展過程觀察，地方政府從市到鄉鎮均極力扶持絲綢產業的技術提升。

2. 興吳工程

　　繼改造絲綢產業生產設備以擴增產值後，吳江市政府於 1992 年提出「興吳工程」的產業政策，企圖以政府力量來調整地方產業結構，發展高科技重點企業，擴大地方產業的生產規模與技術升級，使吳江能面

---

25 當時吳江市委書記為沈榮法先生。

向社會主義市場經濟挑戰。「興吳工程」總投資預算為21.11億人民幣（沈榮法1997c: 139），除繼續更新絲綢產業原有生產技術外，並選定科技程度較高的通訊電纜、[26]機械電子、新型建材、環保產品、有色金屬等產業，作為重點企業予以扶持，接受「興吳工程」扶持的產業見表4。甚至有些鄉鎮也模仿市政府的「興吳工程」。發起以鄉鎮政府為投資主體的產業升級計畫，如梅堰鎮施行「興梅工程」，金家壩鎮施行「興鄉工程」（沈榮法1997c: 142），皆以鄉鎮企業的規模擴大與技術升級作為號召。

表4 「興吳工程」補助的產業發展項目

「興吳工程」項目	企業個數	占全部企業個數比重
絲綢	26	31.7%
紡織	5	6.1%
輕工建材	16	19.5%
機械電子	19	23.2%
通訊電纜	10	12.2%
化工醫藥	5	6.1%
農業	1	1.2%
總計	82	100%

資料來源：沈榮法（1997c），關於「興吳工程」的調查，頁141。

　　在吳江經濟發展過程中，我們發現地方政府不斷重蹈原先計畫經濟制度下「投資饑渴」（investment hunger）行為之覆轍，吳江絲綢工業的技術升級、設備更新、「興吳工程」、「興梅工程」與「興鄉工程」的產業結構調整，都是依賴各級地方政府以行政命令要求銀行借貸完成經濟升級任務，因此吳江從市到基層的鄉鎮無不千方百計，集中精力、財力、物力與人力向上級爭取投資項目與資金，興建各種產業，狂熱追求生產規模擴大、產值擴增方式的快速經濟成長。然而「投資饑渴症」需要金融機構的融資來配合，因此吳江各級地方政府便利用銀行與信用社軟性預算弊病，以持續貸款來堆砌「蘇南模式」的光環。

---

26 吳江蘆墟鎮與七都鎮以發展電纜產業出名。

（四）投資經濟效益低落

在社會主義計畫經濟時代，各地方為追求經濟上自給自足，「投資饑渴症」往往造成地方政府不顧地區比較利益，盲目投資與重複建設，導致各地產業結構類似，缺乏不同地區之間專業生產的經濟分工與交換合作。而吳江的「興吳工程」似乎又回復到過去社會主義計畫經濟時代各地方追求產業結構「小而全」的自力更生現象，意即一個地區硬要去建立自己不具比較優勢的各種產業，以達到產業結構中輕重工業都具備的政治目標。這種不顧地區比較利益的做法完全違背「興吳工程」中產業發展優先順序的設計。例如盛澤鎮擅長絲綢輕紡工業，但卻因七都鎮發展的電纜業賺錢，也要投資電纜製造，[27] 不僅盛澤本身缺乏電纜製造的比較優勢，也造成和七都同業之間的惡性競爭；反之，七都鎮為求產業結構健全，也投資於比較優勢較差的絲綢產業（中共七部鎮委員會 1999），梅堰鎮亦要求具備產業結構中所欠缺的滌綸化纖工廠，[28] 由此可見吳江各鄉鎮在投資熱潮中相互競爭攀比，導致各鄉鎮產業結構雷同，完全失去「興吳工程」計畫中扶持高科技產業重點的目的，造成資金排擠，資源嚴重浪費。通常缺乏比較利益的企業市場競爭能力較差，為使這些不具比較優勢的企業繼續生存製造產值，利於地方官員製造業績向上爬升，地方政府往往濫用權限採取保護主義，避免外地產品進入本地造成市場競爭，因而產生市場內部的切割與分裂。由此可見，地方政府在財政誘因下努力擴大經濟產值作為升官基礎並增加地方財政收入，但意想不到的後果卻是重複建設、投資分散、缺乏地區之間的經濟專業分工，造成經濟規模窄小、市場切割與資源浪費。[29] 由此地方幹部為一己之私，只顧個人短期政治利益，置地方長期發展規劃於不顧。顯然地方政府既不具備企業家的經營精神，又欠缺前瞻性的發展眼光，此

---

27 盛澤鎮在「興吳工程」期間投資建立華訊電纜廠（沈榮法 1997c: 142）。

28 在「興梅工程」中，梅堰鎮獲得銀行資金3500萬，設立差別化滌綸化纖工廠（沈榮法 1997c: 142）。

29 根據大陸經濟學者的研究，蘇南鄉鎮企業發展中最大的缺陷是經濟規模太小、產業技術內涵低、地區之間專業分工不存在，產業結構出現「小而全、小而散、小而低」現象（劉志彪、劉雲華 1996；楊經綸 1990）。

與「地方政府經濟法人」所蘊涵地方政府強大行政效能的觀點不符。

吳江大手筆投資追求絲綢產業技術升級與產業結構轉變的經濟效果到底如何？考察吳江絲綢工業過去進行的四次技術更新改造與「興吳工程」的投資效益，表5顯示，吳江市屬絲綢工業產值占市屬工業總產值比重從1979年至1991年有所增加，顯示市屬絲綢工業四次技術更新改造擴大了生產規模，產值比重從40.2%增加到49.88%，可是增產幅度不大，並未超過10%。更不幸的是，市屬絲綢工業產值所占比重到1998年卻下降到36.4%，尤其在「興吳工程」大手筆投資改進絲綢與化纖產業技術設備後，絲綢工業產值所占比重不升反降。而且絲綢出口大幅衰退，[30] 顯然絲綢產業的經營效益趕不上生產規模的擴大，吳江地方政府投資邊際效益低落。[31] 市屬工業在1998年的經濟效益表現，狀況十分不樂觀。

表5 吳江市屬與鄉鎮絲綢工業產值占全市工業總產值及全市鄉鎮工業總產值比重

	市屬絲綢工業產值（%）	鄉鎮絲綢工業產值（%）
1979	40.2%	—
1985	43%	—
1986	49.3%	42.1%
1991	49.88%	44.19%
1998	36.4%	—

資料來源：1986年與1991年數據資料見沈榮法（1997a: 104; 1997b: 132），吳江十年調研成果。1979, 1985, 1998 三年數據資料見吳江市經濟工業聯合會（1999），抓住入世機遇，積極迎接挑戰，發展壯大吳江絲綢支柱產業。

---

30 根據沈榮法（1997c: 134）解釋，吳江絲綢工業自1990年「六四事件」之後，由於西方國家經濟制裁，絲綢外銷便大幅滑落。但吳江工業經濟聯合會認為近年來由於其他開發中國家絲綢工業興起，中國絲織品在價格上有所不敵，導致絲綢外銷萎縮（吳江市工業經濟聯合會 1999）。

31 衡量企業的生產經濟效益，通常採用單位固定資產投入所創造的產值來衡量，但由於缺乏吳江的資料，在此只以吳江絲綢產業產值歷年增加所占全市工業產值的比重來代表。

表6　1998年吳江市屬工業財務指標明細表

	合計	絲綢	紡織	機電	化建	輕工
資產負債率（%）	75.39	74.4[32]	86.82	79.94	71.27	70.79
總資產報酬率（%）	1.8	3.32	-1.33	-2.26	-0.63	-0.98
銷售利潤率（%）	-1.6	0.9	-10.5	-16.9	-5	-6.6
銷售虧損額	18559	-	1262.84	2199.2	-	1034.7

資料來源：吳江人民政府編（1999），吳江年鑑1999，頁169。

根據吳江經委幹部陳述：

吳江市屬工業結構大多屬絲綢輕紡類，技術結構低度化，產品處於市場相對過剩的困境低谷之中，市屬工業大多數虧損嚴重，一部分企業集資款本息已到期難以兌付……（吳江市經濟委員會 2000: 2）。

吳江市委農工部幹部透露，吳江市自1994年以來，市屬工業年年虧損，尤其自1996年以來高達90%的市屬企業呈現虧損，造成地方政府債台高築，銀行呆帳赤字激增，企業資產負債率已高達75%（見表6），一些債務高築的企業已停工；除市屬企業虧損外，吳江鄉鎮企業經營效益亦每下愈況，企業資產負債率為62.6%，虧損幅度年年增加（沈金明、葉勇 1998）。表7為吳江鄉鎮企業的利潤收益狀況。雖然從表7可看出吳江鄉鎮企業產值逐年增加，但是利潤卻呈現下滑；根據大陸學者沈金明與葉勇（1998），「吳江鄉鎮企業的資產利潤率及銷售利潤率在九〇年代末已是歷年最低狀況」，[33] 表示吳江經濟成長是靠產值數據所堆砌。

---

32 此項統計數字在《吳江年鑑》中呈現矛盾，例如在介紹有關絲綢工業概況的文字敘述中，指出吳江絲綢工業1998年的資產負債率是76.08%（吳江人民政府編 1999: 175），與表6數字不符。

33 表7內的數據極不完備，主要欠缺完整的統計數字。

表7 吳江鄉鎮企業經濟效益

	產值（億元）	利潤（億元）	資產利潤率（%）	銷售利潤率（%）
1978	1.19	—	—	—
1990	52.4	0.97	—	—
1992	—	—	12.3%[*]	—
1995	207.61	9.04	—	—
1996	—	—	6.18%[*]	4.28%[*]

資料來源：朱士聲（1999），輝煌的歷史，光明的前景：吳江市鄉鎮工業的歷史發展。
[*] 沈金明、葉勇（1998），試論企業產權制度改革。

盛澤鎮幹部根據當地發展狀況，據實陳述：

我們的鄉鎮企業到了九〇年代問題就一一浮現，經營機制不如私營企業靈活，企業內部收入分配無法拉開，使廠長、經理缺乏積極性，大家存有吃大鍋飯心態，企業虧損責任在政府，企業貸款要政府出面擔保，政府又事事干預企業，安插不適職工……，鄉鎮企業虧損大了……。[34]

　　總觀，吳江經濟的發展與擴張是建立在政府保護與銀行借貸上，企業以負債方式來進行資本積累，但是當企業缺乏內在積累動力來支持持續發展時，尤其當市屬企業與鄉鎮企業普遍欠缺經濟效益，積累速度趕不上債務成長，吳江與蘇南地區便需要進一步經濟改革，增強企業的經營效益以促進積累速度，以免地方政府與銀行陷於財務危機；尤其自1993年當中央政府進行貨幣緊縮政策控制金融機構貸款規模，並限制銀行的行政貸款時，吳江市屬與鄉鎮企業便因信貸緊縮而周轉不靈，虧損更加嚴重。「興吳工程」中許多重點建設項目也因中央政府緊縮銀根，借貸無門而告終止。
　　由上述分析，吳江與蘇南自七〇年代起經濟快速成長，並不在於市場轉型、地方政府經濟法人行政效能、權力商品化、非正式私有化、或社會網絡關係等因素，經濟快速成長是可以用大量資源投入（如勞力

---

34 訪談盛澤鎮工業公司副經理。

與資金）來堆砌，與西方因管理及技術進步帶來生產力提高而促進經濟成長有所不同（Kornai 1992: 186；克魯曼著、周翠如譯 1999: 201），吳江與蘇南地方政府為增加財政收入以及政績表現，在銀行軟性預算體制下盲目擴充工業產值，以龐大債務來進行積累。造就一時的「蘇南模式」，尤其吳江用絲綢產業技術升級與產業結構調整的「興吳工程」，延續過去計畫經濟時代「投資饑渴」行為，來達到產值擴張，因此經濟成長來自於生產資源要素投入的擴增，而非每單位固定資產投入所創造的產量增加。這種外延擴張的發展模式（extensive growth）[35] 在面臨廉價勞力不足與資金短缺時，便產生成長的瓶頸。根據大陸學者分析，江蘇省鄉鎮企業生產效率表現不佳，單位固定資產投入所創造的產值在 1991 到 1995 年期間十分有限，只從 9.95 提升到 13.58，單位固定資產投入所創造的利潤額度，也維持在 0.50 到 0.55 左右，顯示江蘇省鄉鎮企業的經濟效益停滯不前（楊東濤等 1997）。換言之，蘇南鄉鎮企業的成長來自資金源源不斷投入，可是投資效益在下滑，企業利潤率在下降，蘇南建立在集體企業的經濟奇蹟不但無法持久，而且像泡沫，在銀根緊縮聲中一戳即破，隨即被迫走上私有化道路。

四、地方政府經濟法人的終結——產權私有化

　　由於蘇南經濟發展的代價過於昂貴，只有快速的經濟成長卻沒有持久的經濟奇蹟。當中央政府在九〇年代施行貨幣緊縮政策嚴格限貸時，靠借貸堆砌的「蘇南模式」即難以繼續維持，若不坐以待斃，只能尋求更激進的改革。吳江市終於在 1997 年中共十五大提出國有企業產權改革後，於同年年底正式開始全面推行市屬大中型企業產權改革，實行拍賣與股份化，使企業投資主體多元化，以提高企業生產經營效益。在此

---

35 根據 Kornai（1992: 180-186），社會主義國家的經濟快速成長主要來自外延擴大的生產方式（extensive method of growth），即經濟成長主要靠大量勞力與資金（投資饑渴式）的投入、工時的延長、資源的大量開採、與荒地的增闢等，而不是像西方資本主義體系以技術進步、組織有效管理、高技術勞動力等來促進生產力的提高帶動成長（intensive method of growth）。

脈絡下，鄉鎮企業亦同步進行產權轉移改革，企圖以產權私有化來提高企業經營效益，並使鄉鎮政府逐漸全面退出生產經管領域，不再扮演企業家角色，來改善吳江企業的虧損狀況。然而吳江集體企業私有化過程並非順利而無曲折，由於地方領導階層意識型態固守集體經濟，在私有化之前仍困獸猶鬥，企圖以擴張生產規模的企業集團來取代私有化，以致吳江私有化腳步慢於鄰近昆山市，也落後於上級蘇州市的私有化改革。由於政治動員的企業集團成效不彰，吳江最終在蘇州市政府下達全面私有化文件之後才放手推動產權改革，為何吳江地方政府如此固守社會主義集體經濟以拖延私有化改革？

根據吳江鄉鎮基層幹部，吳江縣領導階層在七〇年代發展社隊企業時就不夠積極而落後於蘇南其他各縣，在九〇年代推動企業產權改革又抗拒不前，主要原因在於吳江領導幹部一向思想僵化，心態保守，受制於社會主義意識型態約束。[36] 由於吳江在地理上緊鄰浙江，從八〇年代起便一直扮演抗拒浙江資本主義（尤其浙南）擴張的社會主義集體經濟堡壘角色，為抵擋浙江資本主義由南向北擴充，吳江必須壓制本地私營經濟，阻擋資本主義的侵蝕，因此當蘇南其他縣市開始實行企業產權私有化改革，吳江仍死守不動，堅拒資本主義，導致產權改革落後、經濟停滯不前。顯然吳江市領導幹部深受原有社會主義集體經濟制度與規範制約，缺乏制度創新勇氣，致使吳江在產權改革上居於弱勢，這也是吳江為抗拒私有化而轉彎去發展企業集團，以為將不同企業整合與擴張生產規模就可以促使企業起死回生、降低交易成本、增加市場競爭力。

（一）農工商總公司行政效能不彰

蘇南鄉鎮集體企業的興起與生產從開始便因應市場需要，但因所有權屬鄉鎮政府，故鄉鎮政府便成立「農工商總公司」或村經濟合作社成全「村集團公司」，[37] 由鄉鎮村黨委系統與政府行政部門共同組成，它既是黨委系統需要執行黨務，又是地方政府需要推動地方行政事務，又

---

36 吳江市幹部訪談結果。
37 例如吳江市金家壩鎮楊文頭村金楊集團，則是村支部書記身兼金楊集團的董事長。

是公司法人需要總管地方企業與經濟事務，三者聯合成為「地方政府經濟法人」。[38] 鄉鎮企業廠長是由農工商總公司任命，可是總公司為行政性公司，雖為鄉鎮企業的上級領導，但並不具備企業經營所需的專業管理能力，由於資訊不對稱的弱勢，總公司往往無法掌握企業的生產、管理、供銷、人事。與資金周轉等問題，也無法有效約束廠長提供的歪曲訊息，故農工商總公司往往無從得知企業真正盈利或負債，也無法為企業做有效決策。縱使農工商總公司對企業有監督考察之責、有調閱企業帳簿進行審核之權，但總公司是行政單位，根本不具專業會計審核能力，往往被企業的假帳所矇騙。[39]

吳江鄉鎮政府從八〇年代起就與其下轄鄉鎮企業進行承包制，由農工商總公司與下轄企業簽訂承包合約，希望透過較靈活的承包機制來提升企業經營效益，但與國營企業承包結果類似，廠長只承包盈利而不負虧損責任，若虧損發生則由農工商總公司來承擔債務；而且在承包過程中，企業往往在財務上欺騙做假，導致承包人暗中侵吞企業利潤與資產，因此農工商總公司往往不察其資產流失，甚至農工商總公司幹部有意安插個人親朋好友為下屬企業廠長或經理，使企業資產流入幹部家屬手中，[40] 如同天津大丘庄的實例（Lin and Chen 1999）。

（二）吳江企業的改革──推動企業集團的發展

吳江自八〇年代末喪失經濟持續發展動力後，開始思索解決經濟停滯的局面，但市屬企業與鄉鎮企業在歷經幾次技術改造之後，效益不見提升，反而虧損累累，因此吳江在 1992 年中共十四大之後決定進行企業經營機制轉變的改革（沈榮法 1997e），但與當時蘇州其他縣市進行的產權私有化實驗不同，吳江為保持集體經濟的優勢地位，以行政手段

---

38 「地方政府經濟法人」的組織內涵，往往是鎮委書記身兼鎮農工商總公司的董事長；鎮委副書記兼鎮長，又兼總公司的副董事長與總經理；村支部書記為村集團公司董事長；村長兼總經理，因此地方政府經濟法人組織是黨系統、鎮（村）政府、與總公司（企業集團）合併在一起，為「三個班子一套人馬」。

39 訪談吳江市農工部幹部。

40 例如吳江金家壩鎮楊文頭村的金楊集團，董事長身兼村支部書記，其子是金楊集團下屬油廠最大的私人股東。

迫使企業重組建立大型企業集團，由地方政府出面動員組織經營效益好的企業，以生產規模擴大與多角化經營來回應蘇南地區產權私有化浪潮。雖然蘇南鄉鎮企業的最大挑戰者並非來自私營企業（秦暉1997：109），但為因應當地國有企業改革與外資企業的威脅，鄉鎮企業不僅必須擴大生產規模以降低成本，同時要提升技術設備，以多元化經營來分散風險，故地方政府學習東亞國家大企業財團模式，動員鄉鎮集體企業組織大型企業集團，一方面以產品多樣性滿足市場中不同需要，增強企業經營的靈活性，另一方面企圖以大企業集團來推動地方中小企業的發展，因此吳江在兩年內（1994-1995）便組織了59個企業集團，其中34個企業集團在半年內就籌組完成，[41] 冀望以擴大企業規模達到市場競爭優勢。由此可見吳江始終無法跳脫以集體經濟為主導發展的舊思維模式，被原先計畫經濟的慣性所宰制。

在動員企業集團的發展過程中，吳江也在市屬企業與鄉鎮企業中進行拍賣、租賃與股份制的實驗，[42] 但以不涉及產權轉移的企業租賃為主（沈榮法 1997d）。[43] 然而不幸的是，吳江市政府雖以強大行政動員力組織企業集團以改善企業經營效益，但政策目標並未實現。反而由於發展企業集團繞道彎路，延誤了吳江企業產權私有化改革的步調，落後於蘇南其他各縣市。例如鄰近昆山市周市鎮於1994年便全面推行鄉鎮企業產權改革，邁向私有化（中共周市鎮委員會 1998）；蘇州市的鄉鎮企業產權改革於1991年到1995年先行實驗，再於1996年全面推行（虞建平 1999）；浙江省由於私營企業較發達，當地鄉鎮企業早於1992至1993年就開啟產權私有化的改革（秦暉 1997）。

---

41 吳江市鄉鎮企業僅於1994年上半年在地方政府動員下就組織了34個企業集團，顯現地方政府將籌組企業集團當作企業產權改革的主要工作（沈榮法 1997d: 145）。
42 根據吳江市經委提供的資料，市屬企業綢緞煉染二廠在1994年被江蘇省計經委選為產權改革實驗單位，以該廠新建的印花車間為基礎，加入職工投入的股金，成立有限責任公司。
43 根據當時吳江市委書記沈榮法分析，在1994年以前吳江鄉鎮企業經營機制轉換過程中，極少數鄉鎮企業採行股份制（2家）、股份合作制（28家）、與拍賣方式（18家），絕大多數的鄉鎮企業是採行租賃方法（1244家），但企業租賃並不是產權改革。

（三）從上而下的產權改革——私有化過程

　　然而吳江如何能跳脫社會主義意識型態的束縛，去積極擁抱產權私有化與私營經濟的發展？換言之，吳江地方政府從產權私有化過程中獲得哪些好處與利益？哪些人因產權私有化而成為最大受益者？哪些人成為受害者？1997 年底吳江終於在上級蘇州市政府的政治壓力下由上而下公開推行產權私有化，為完成上級下達的政治指標與任務，在一定期限內必須完成企業一定比例的產權轉移，吳江市不僅制定免稅優惠政策鼓勵企業進行產權轉移，[44]更下達文件要求下屬鄉鎮政府全速推進企業產權改革。吳江市企業產權改革的做法，與大陸許多地方相似，均採行拍賣、股份制、有限公司、租賃與承包等方式，然而企業資產民營化過程非常複雜，有時一個企業同時採用數種不同方法進行改制，而有些企業只進行部分私有化，部分產權仍為集體所有（方孝謙 1999；秦暉 1997；苑鵬 1998；沈金明、葉勇 1998；虞建平 1999；鄒宜民等 1999；Kung 1999）。吳江以企業拍賣與建立集體參股的有限公司為主，吳江少有股份合作制，職工參股的股份制企業也相當少。[45]

　　吳江在 1997 年底民營化初始時，地方政府在意識型態上仍然堅持社會主義集體經濟。認為在企業產權轉移中，地方政府一定要持股超過50% 以上，[46]取得企業控股權，不能讓企業完全私有化，以此維持吳江集體經濟的光環，同時地方政府欲藉由控股繼續掌握企業利潤，保證地方政府財政收入。可是實踐結果，吳江地方政府逐漸轉變原先觀點，已從持大股的心態轉變為放棄企業持股權，不僅推行企業全盤私有化，而且政府出讓全數股份。既不控股也不參股，企圖切斷與企業所有關係，[47]吳江地方政府在企業私有化上激進的轉變令人訝異！根據盛澤鎮幹部，過去鄉鎮政府財政收入主要來自企業上繳利潤，在企業產權改革初期，鄉鎮政府擔心企業在私有化脫離地方政府之後，會嚴重影響地方政府財政收入。但是盛澤鎮在實踐民營化後發現情況並非如此，企業私

---

44 吳江市為加速基層企業產權轉移速度，使轉制完成的企業第一年享有免稅的優惠待遇。
45 吳江市農工委幹部訪談。
46 吳江市農工委幹部訪談。
47 吳江市農工委幹部訪談。

有化逐步脫離政府之後，企業硬性預算約制逐漸增強，不僅減輕地方政府經濟管理的負擔，而且政府也不必再為企業貸款做擔保，或投資饑渴地尋找資金，可使地方政府專業於地方行政事務。其次，在處理企業私有化過程中，雖然有形與無形資產已轉移到私人手中，但企業不動產如土地與廠房仍歸屬地方政府所有，因此盛澤鎮在農工商總公司之下成立具有經濟法人資格的鎮資產經營公司，由資產經營公司向企業收取土地與廠房的租金，並將企業拍賣或租賃不動產所得用於其他投資項目，故在企業私有化之後，地方政府已從經營生產的企業家角色轉變為不事生產坐收租金紅利的收租者（rentier）。此外，村鎮政府在轄區範圍內設置經濟開發區招商引資，出租廠房、店面與土地給外來企業，這些租金與地租是過去所未有但現為地方政府的新增收入。對地方政府而言，坐收租金比過去企業利潤上繳的財政收入更加穩定，因為租金是每月固定收入，而利潤上繳則視企業經營好壞而定，尤其在承包制度下，企業負盈不負虧，當企業經營效益不佳遭遇虧損時，地方政府分文不得，財政收入立即受到影響，但當地方政府推動企業私有化時，不但財政收入未減少，反因稅金穩定而收入增加，而且地方政府總管經濟事務的負擔減輕，難怪當蘇南上級政府推動產權民營化改革時，基層政府基於自身利益，也都能克服政治意識型態障礙，迅速達到產權轉移改革的指標。

　　吳江企業產權改革過程中，企業都落入哪些人手中？與東歐國家私有化結果類似（Rona-Tas 1994; Stark and Bruszt 1998），吳江產權民營化多由原企業管理階層的廠長或經理接手，他們成為企業產權轉移後的新興所有者。由於吳江各基層政府都承受企業產權轉移政策的指標壓力，必須在一定時間期限內完此一定比例企業的產權轉移，但民間又缺乏充裕資金來購買企業，故往往當企業在資產評估之後，原企業管理階層遂被地方政府要求至少出資購買原企業資產股權的20%，而廠長或經理個人則被要求至少持股5%，一方面原管理階層本來就掌握企業經營所有資訊，對生產管理最瞭解，是接手企業的最佳人選；另一方面使管理階層持大股以便對企業產生向心力。[48] 實際上，當大多數企業因資產

---

48 吳江農工部幹部訪談資料。

龐大，又缺乏民間買主，地方政府又在政策壓力之下必須快速完成產權轉移，因此多半希望原企業管理經營者出面接收企業，逼就增強後者談判空間，他們不僅是持大股的所有者，而且為全面控制企業，他們往往拒絕職工入股，並決定是否讓地方政府繼續持有集體股，企業管理階層考量自身利益，在民營化過程中並不願意職工入股，也不願意繼續接受地方政府的指揮與干擾，為使政府對企業的不當干預降至最低，企業管理階層多半希望政府能完全退出企業（鄒宜民等 1999）。在內推外拉的牽引下，吳江鄉鎮集體企業邁向全盤私有化，蘇南集體經濟即將走向終結，這已經不是「非正式私有化」或「虛擬產權」的現象，而是實質的產權私有化。

　　根據盛澤鎮幹部，當地企業民營化過程中最大受益者是原企業中的管理菁英，雖然每一個企業的民營化做法皆不同，但都完全排除村民與鄉鎮居民分享所有權資格，而且皆拒絕企業職工入股，因而在吳江與蘇南地區企業民營化過程中，最大受害者是那些早期對集體積累貢獻最大的地方農民，而最大既得利益者卻是那些與地方官僚權力體系最接近或是官僚體系中的企業管理階層，此一結果否定了市場轉型理論所強調市場中的農民生產者而非權力體系中的幹部是市場轉型中最大受益者。尤其吳江企業私有化之後的企業主往往又同時在地方權力體系中交叉任職，他們或者是地方人大代表、政協委員，或者身兼鄉鎮農工商總公司經理、副經理、村委會主任或支部書記等（鄭傑憶 2000: 66），官商合一的特性仍然持續。

　　吳江企業民營化過程似乎相當順利，各級基層政府皆能按上級下達指標如期完成，但根據吳江信用合作社幹部，吳江之所以能如期完成企業產權轉移指標在於地方政府往往刻意忽視企業積欠銀行與信用社的貸款與債務。地方政府在推動企業所有權轉移時，從未事先徵詢銀行意見或與銀行和信用社協商企業債務轉移的可行性，往往在企業所有權改變後才告知銀行，甚至根本不予通知，唯在銀行上門索取債務時才發現企業已易主並改名，並且新興改制企業往往拒絕償還過去積欠銀行的貸款與債務，導致銀行呆帳與赤字增生，經常引發銀行與改制企業之間的司法糾紛；而且地方政府又往往與企業站在同一戰線，幫助企業規避銀行

債務，導致銀行與地方政府關係充滿緊張與衝突，故吳江企業產權轉移之迅速順利是建立在犧牲銀行利益，將企業債務包袱轉移給銀行自行消化的基礎上。

當吳江企業產權改革後，地方政府是否能像東亞國家那樣以強大行政能力繼續指導企業以便政府產業政策得以落實？根據訪談結果，雖然企業在股份化後按公司法建立董事會與監事會，而且地方政府成立的資產經營公司派員進駐企業董事會，可藉董事成員監督與干預企業內部重大決定與運作，但是往往企業董事曾被廠長經理組織的理事會所擺佈操縱，結果企業實權操在理事會手中，政府董事代表的權力被架空，對企業的經營運作一無所知，甚至連企業已經虧損賠錢到面臨關門的程度都渾然不知，[49] 企業私有化之後先前企業與政府資訊不對稱的問題仍然持續。

五、結論

從吳江經濟發展興衰的歷史過程觀察，本文強調吳江在八〇年代的成功是受惠於原有地方經濟制度特性以及傳統計畫經濟制度遺產的影響。尤其吳江獨特的地方制度條件──相對富裕的農村集體積累、廉價勞力、與城鎮國營企業的外包生產關係──促使吳江鄉鎮企業比中國其他地區更早發展，而且吳江鄉鎮企業又及時搶占當時短缺經濟所創造的市場機會，進行大量資本積累而開啟「蘇南模式」。吳江地方政府在追求執政績效與財政收入的動機驅使下，以行政命令責成銀行提供貸款，用大量資源投入的負債方式來堆砌持續的高速成長，造就八〇年代盛極一時的「蘇南模式」光環。在蘇南農村工業化過程中，地方政府從縣、鄉鎮到村，無不發揮「地方政府經濟法人」的功能，直接介入企業的生

---

49 吳江信用合作社舉例說明，臺灣商人與吳江地方政府合建遊樂場所，並成立董事會，地方政府派駐兩位領導幹部進入董事會為董事成員，以瞭解並監督遊樂場營運狀況，後因遊客不多造成遊樂場虧損，可是兩位政府董事成員卻連遊樂場賠錢積欠員工工資的窘狀都不知道。

產經營，並提供地方經濟發展所需的各式資源，但是地方政府持續干預經濟的效果如何？吳江的發展不僅延續舊時代區域經濟的自給自足，造成地區之間缺乏產業分工的惡性競爭；而且企業單位固定資產投入的產值下降，利潤增長趕不上虧損幅度，故當市場呈現疲軟以及中央政府緊縮銀根之時，吳江便曝露投資盲目與效益不足，因而在九〇年代陷於經濟停滯裹足不前，吳江集體經濟便宣告破產。

本文認為吳江鄉鎮企業在八〇年代的快速發展，並不是地方政府的行政效能，也不完全是市場轉型、虛擬產權的非正式私有化、政治權力商品化、與社會網絡關係所推動，而是原有地方制度特性，短缺經濟結構，以及鑲嵌在社會主義計畫經濟體制下的投資饑渴慣性使然。建立在吳江獨特條件基礎上發展出的理論模型，不僅涵蓋吳江經濟發展的興衰，也可以更進一步解釋蘇南地區經濟發展的歷史過程。但若要將此模型進一步解釋全中國不同地區經濟興衰與產權私有化過程，則必須透過不同地區的比較研究來加以檢證，這將是作者下一步的研究工作。

在蘇南集體經濟走入歷史之際，吳江地方政府仍做困獸猶鬥，但終不敵上級政府下達產權改制的行政命令，強制於世紀之初完成企業產權私有化。在面臨經濟轉型之際，吳江已開始積極建立經濟開發區吸引外資，希望以外資代替本土資金來推動地方產業技術升級、創造就業機會，並帶動本土周邊產業的發展。然而吳江吸引外資的起步已晚於珠江三角洲，也落後於上海與昆山地區，吳江是否能獨靠外資推動地方經濟轉型，不僅有待吳江地方政府整體行政能力提升，而且端視鑲嵌在社會主義原有制度中的行動者能否進行制度創新。在吳江經濟發展的歷史興衰過程中，不時看到社會主義原有計畫經濟制度持續制約新興市場體制下行動者的行為選擇。尤其地方政治幹部對企業的不當行政干預以及盲目追求地方經濟產值擴張的投資饑渴行為，在在顯示計畫經濟制度遺產的慣性行為，社會主義經濟改革是延續歷史過程的「路徑依賴」（North 1990; Stark and Bruszt 1998; Eyal et al. 1998 [50]; Zhou 2000）。吳江的發

---

50 雖然 Eyal, Szelenyi 與 Townsley（1998: 39）三位學者以軌道調適（trajectory adjustment）概念來討論中歐三國資本主義的發展，並強調軌道調適的概念與路徑依賴有所不同，可是轉軌調適與路徑依賴的概念並無實質的差異，只是更強調行動者（agents）在社會變

展受制於歷史經驗，未來的發展不僅取決於現在，更決定於是否能突破阻撓制度創新的歷史障礙。

遷中形塑制度發展的影響力。軌道調適強調行動者在劇烈社會變遷過程中會調整原先所具有的各式文化、社會、人力等資本，以便在新興制度下能憑藉所擁有的資本而繼續爬升，或維繫個人在舊體制中原有的社會地位而不至於下跌，但和路徑依賴觀點相同，行動者在新興市場經濟中仍深受舊制度的約束，採用舊制度體系下的理念、行為與邏輯思維來適應新制度的變遷，軌道調適觀點其實與路徑依賴概念是類似的。請參考 Eyal et al.（1998）第一章。

參考文獻

一、中文書目

中共七都鎮委員會（1999）**實施工業興鎮：加快農村城鎮化進程**。吳江：中共七都鎮
　　委員會。

中共周市鎮委員會（1998）周市鎮企業改制的情況和效果。**蘇州農村通訊** 23: 13-16。

中國社會科學院經濟研究所編（1987）**中國鄉鎮企業的經濟發展與經濟體制**，頁138。
　　北京：中國經濟出版社。

方孝謙（1999）企業私改、集團改股——從山東 B 鎮的股份（合作）制經驗論私有化
　　問題。**國立政治大學社會學報** 29: 33-51。

朱士聲（1999）輝煌的歷史，光明的前景：吳江市鄉鎮工業的歷史發展。**蘇州農村通
　　訊** 30: 6-9。

克魯曼著、周翠如譯（1999）**全球經濟預言**。台北：先覺出版社。

吳介民（1998）中國鄉村快速化的制度動力：地方產權體制與非正式私有化。**台灣政
　　治學刊** 3(12): 3-63。

——（2000）壓榨人性空間：身分差序與中國式多重剝削。**台灣社會研究季刊** 39:
　　1-44。

吳江人民政府編（1999）**吳江年鑑** 1999，頁169。合肥：黃山書社。

吳江市工業經濟聯合會（1999）**抓住入世機遇，積極迎接挑戰，發展壯大吳江絲綢支
　　柱產業**。吳江：吳江絲綢協會。

吳江市經濟委員會（2000）抓產權制度改革，促國有企業發展。**吳江市經濟委員會文
　　件**。吳江：吳江市經濟委員會。

吳江市經濟貿易地圖冊編委會（1997）**吳江市經濟貿易地圖冊**。福建：福建地圖出版
　　社。

沈金明、葉勇（1998）試論企業產權制度改革。**農業經濟問題** 3: 9-13。

沈榮法（1997a）絲綢工業發展方向探索。載於沈榮法編，**吳江十年調研成果**，頁
　　103-119。北京：新華出版社。

——（1997b）絲綢行業技術改造的調查與思考。載於沈榮法編，**吳江十年調研成果**，
　　頁132-138。北京：新華出版社。

——（1997c）關於「興吳工程」的調查。載於沈榮法編，**吳江十年調研成果**，頁
　　139-144。北京：新華出版社。

——（1997d）鄉鎮企業轉換經營機制的調查與思考。載於沈榮法編，**吳江十年調研成
　　果**，頁145-154。北京：新華出版社。

──（1997e）市屬工業公有資產經營管理體制改革調查報告。載於沈榮法編，**吳江十年調研成果**，頁162-168。北京：新華出版社。

──（1997f）村集體積累資金運行情況的調查與思考。載於沈榮法編，**吳江十年調研成果**，頁41-51。北京：新華出版社。

周曉寒（1987）「蘇南模式」和「溫州模式」的比較及中國農村發展道路的選擇。**浙江學刊** 2: 4-9。

居福田、吳大聲（1984）絲綢之鄉盛澤鎮的形成和發展。載於江蘇省小城鎮研究課題組編，**小城鎮大問題（第一集）**，頁78-95。淮陰：江蘇人民出版社。

胡鞍鋼、王紹光、康曉光（1996）**中國地區差距報告**。台北：致良出版社。

范從來、曹勇（1996）市場經濟體制形成中江蘇鄉鎮企業的制度特徵。載於陳德明、洪銀興、曹勇編，**中國區域發展中的江蘇經濟**，頁95-119。南京：南京大學出版社。

苑鵬（1998）從集體資產控股公司到集體資產經營公司。**改革** 5: 101-106。

徐大章、蒙晨、鄒農儉（1984）松陵鎮與大中城市經濟聯繫初探。載於江蘇省小城鎮研究課題組編，**小城鎮大問題（第一集）**，頁214-228。淮陰：江蘇人民出版社。

秦暉（1997）十字路口看企業──清華大學鄉鎮企業轉制問題調查研究報告（上）。**改革** 6: 105-115。

高德正、洪銀興編（1996）**蘇南鄉鎮企業：歷程，機智、效應、趨勢**。南京：南京大學出版。

張雨林（1984）縣屬鎮的農民工：吳江縣的調查。載於江蘇省小城鎮研究課題組編，**小城鎮大問題（第一集）**，頁286-96。淮陰：江蘇人民出版社。

曹勇、沈坤榮（1996）鄉鎮企業的發展及其對江蘇經濟的作用。載於陳德明、洪銀興、曹勇編，**中國區域發展中的江蘇經濟**，頁69-94。南京：南京大學出版社。

陳志柔（2000）**中國大陸農村產權制度變遷的地方社會基礎：經濟社會學的思考**。發表於「2000年台灣社會學會年會」，國立台北大學主辦，2000年12月21日。

陳頤（1984）發展工業在平望鎮建設中的地位和作用。載於江蘇省小城鎮研究課題組編，**小城鎮大問題（第一集）**，頁96-106。淮陰：江蘇人民出版社。

費孝通（1984a）蘇南農村社隊工業問題。載於江蘇省小城鎮研究課題組編，**小城鎮大問題（第一集）**，頁59-65。淮陰：江蘇人民出版社。

──（1984b）小城鎮再探索。載於江蘇省小城鎮研究課題組編，**小城鎮大問題（第一集）**，頁41-58。淮陰：江蘇人民出版社。

──（1984c）小城鎮大問題。載於江蘇省小城鎮研究課題組編，**小城鎮大問題（第一集）**，頁1-40。淮陰：江蘇人民出版社。

黃珮華（1996）毛澤東式發展戰略的遺產：中國農村工業化。**香港社會科學學報** 7: 75-91。

楊東濤、熊也新、陳剛（1997）江蘇鄉鎮企業發展的調查分析。**農業經濟問題** 12:

25-28。

楊經綸（1990）蘇南地區經濟發展面臨的問題。載於李國都編，**發展研究（上冊）**，頁 225-228。北京：北京師範學院出版社。

當代中國叢書編輯委員會（1989）**《當代中國的江蘇》（下）**。北京：中國社會科學出版社。

虞建平（1999）深化改革，促進發展：蘇州市鄉鎮企業改革情況的調查。**蘇州農村通訊** 29: 5-9。

鄒宜民、戴瀾、孫建設（1999）蘇南鄉鎮企業改制的思考。**經濟研究** 3: 59-65。

趙克華（1998）中國大陸鄉鎮企業融資行為之研究——以蘇南地區為例。**淡江大學大陸研究所碩士論文**。台北：淡江大學

劉世定、柳可白、石秀印、王漢生（1994）H 鄉絲織廠。載於馬戎、黃朝翰、王漢生、楊沐編，**九○年代中國鄉鎮企業調查**，頁196-248。香港：牛津大學出版社。

劉志彪、劉雲華（1996）蘇州、無錫與常州鄉鎮企業的比較優勢。載於陳德明、洪銀興、曹勇編，**中國區域發展中的江蘇經濟**，頁120-139。南京：南京大學出版社。

劉雅靈（1999）中國國內市場的分裂性：計畫經濟的制度遺產。**國立政治大學社會學報** 29: 1-32。

──（2000）廣東華陽的依賴發展：地方政府與外資企業的利益共生。*Issues and Studies: A Journal of China Studies: A Journal of China Studies and International Affairs.* (Monthly in Japanese) 29(7): 57-72.

樊　平（2000）市場化過程中的中國農村和農民。頁371-387，載於汝信、陸學藝、單元倫編，**2000 年：中國社會形式分析與預測**。北京：社會科學文獻出版社 。

鄭傑憶（2000）「藕斷絲連」：中國鄉鎮集體所有制改革前後政府與企業關係。**國立政治大學政治學研究所碩士論文**。台北：國立政治大學。

二、英文書目

Baum, Richard and Alexei Shevchenko (1999) "The 'State of the State'." Pp. 333-360 in *The Paradox of China's Post-Mao Reforms*, edited by Merle Goldman and Roderick MacFarquhar. Cambridge: Harvard University Press.

Chen, Chih-Jou Jay (1999) "Local Institutions and Transformation of Porperty Rights in Southern Fujian." Pp. 49-70 in *Property Rights and Economic Reform in China*, edited by Jean C. Oi and Andrew G. Wlder. Stanford, CA: Stanford University Press.

Eyal, Gl, Ivan Szelenyi, and Eleanor Townsley (1998) *Making Capitalism Without Capitalist: Class Formation and Elite Struggles in Post-Communist Central Europe*. London: Verso.

Hopcroft, Rosernary L. (1998) "The Importance of the Local: Rural Institutions and Economic Change in Preindustrial England." Pp. 277-304 in *The New Institutionalism in Sociology*, edited by Mary C. Brinton and Victor Nee. NY: Russell Sage Foundation.

Kornai, Janos (1986) *Contradictions and Dilemmas: Studies on the Socialist Economy and Society*. Cambridge: MIT Press.

——(1992) *The Socialist System: The Political Economy of Communist*. Princeton: Princeton University Press.

Kung, Kai-Sing James (1999) "The Evolution of Property Rights in Village Enterprises: The Case of Wuxi County." Pp. 95-120 in *Property Rights and Economic Reform in China*, edited by Jean C. Oi and Andrew G. Walder. Stanford, CA: Stanford University Press.

Lin, Nan (1995) "Local Market Socialism: Local Corporatism in Action in Rural China." *Theory and Society* 24 (3): 301-54.

Lin, Nan, and Chih-Jou Jay Chen (1999) "Local Elites as Officials and Owners: Shareholding and Property Rights in Daqiuzhang." Pp. 145-170 in *Property Rights and Economic Reform in China*, edited by Jean C. Oi and Andrew G. Walder. Stanford, CA: Stanford University Press.

Liu, Yia-Ling (1992) "Reform from Below: The Private Economy and Local Politics in Rural Industrialization of Wenzhou." *China Quarterly* 130: 293-316.

Lyons, Thomas P. (1990) "Planning and Interprovincial Coordination in Mao's China." *China Quarterly* 121: 36-60.

Naughton, Barry (1996) *Growing Out of the Plan*. Cambridge: Cambridge Universtiy Press.

Nee, Victor (1991) "Social Inequalities in Reforming State Socialism: Between Redistribution and Markets in China." *American Sociological Review* 56: 267-82.

——(1996) "The Emergence of a Market Society: Changing Mechanisms of Stratification in China." *American Journal of Sociology* 101 (4): 908-949.

North, Douglass C. (1990) *Institutions, Institutional Change and Economic Performance*. Cambridge: Cambridge University Press.

Nove, Alec (1983) *The Economics of Feasible Socialism*. London: George Allen and Unwin.

Oi, Jean (1992) "Fiscal Reform and Economic Foundations of Local State Corporatism in China." *World Politics* 45: 99-126.

——(1995) "The Role of the Local State in China's Transitional Economy." *China Quarterly* 144: 1132-1149.

——(1998) "Evolution of the Local State Corporatism." Pp. 35-61 in *Zouping in Transition: The Process of Reform in North China*, edited by Andrew G. Walder. Cambridge: Harvard University Press.

——(1999) *Rural China Takes Off: Institutional Foundations of Economic Reform*. Berkeley: University of California Press.

Parish, William L., and Ethan Michelson (1996) "Politics and Markets: Dual

Transformations." *American Journal of Sociology* 101 (4): 1042-1059.

Rona-Tas, Akos (1994) "The First Shall be Last? The Entrepreneurship and Communist Cadres in the Transition." *American Journal of Sociology* 100 (1): 40-69.

Ruf, Gregory A. (1999) "Collective Enterprise and Property Rights in Sichuan Village: The Rise and Decline of Managerial Corporatism." Pp. 27-48 in *Property Rights and Economic Reform in China*, edited by Jean C. Oi and Andrew G. Walder. Stanford, CA: Stanford University Press.

Shirk, Susan L. (1994) *How China Opened Its Door*. Washington D.C.: The Brookings Institution.

Stark, David, and Laszlo Bruszt (1998) *Postsocialist Pathways: Transforming Politics and Property in East Central Europe*. Cambridge: Cambridge University Press.

Walder, Andrew G. (1995) "Local Governments as Industrial Firms: An Organizational Analysis of China's Transitional Economy." *American Journal of Sociology* 101 (2): 263-301.

—— (1998) "The County Government as an Industrial Corporatism." Pp. 62-85 in *Zouping in Transition: The Process of Reform in North China*, edited by Andrew G. Walder. Gambridge: Harvard University Press.

Wank, David L. (1995) "Bureaucratic Patronage and Private Business; Changing Networks of Power in Urban China." Pp. 153-83 in *The Waning of the Communist State: Economic Roigins of Political Decline in China and Hungary*, edited by Andrew G. Walder. Berkeley: University of California Press.

—— (1999) *Commodifying Communism: Business, Trust, and Politics in a Chinese City*. Cambridge: Cambridge University Press.

Whiting, Susan H. (1999) "The Regional Evolution of Ownership Forms: Shareholding Cooperatives and Rural Industry in Shanghai and Wenzhou." Pp. 171-200 in *Property Rights and Economic Reform in China*, edited by Jean C. Oi and Andrew G. Walder. Stanford, CA: Stanford University Press.

Wu, Jieh-Min (2000a) "Fictive Ownership and Paths to Privatization in Rural China." Paper presented at the conference on *Economic Reform and Institutional Change in China*. Taipei, April 28, Academia Sinica.

—— (2000b) "Launching Satellites: Predatory Land Policy and Forged Industrialization in Interior China." Pp. 309-349 in *China's Region, Polity and Economy: A Study of Spatial Transformation in Post-Reform China*. Hong Kong: The Chinese University Press.

Zhou, Xueguang (2000) "Economic Transformation and Income Inequality in Urban China: Evidence from Panel Data." *American Journal of Sociology* 105 (4): 1135-1174

10
經濟轉型的外在動力：
蘇南吳江從本土進口替代到外資出口導向[*]

　　自二十世紀九〇年代共產政權相繼瓦解，既存之共產國家又相繼進行經濟改革，資本主義市場經濟已席捲後社會主義轉型的東歐國家與亞洲共產政權。雖然中歐各國在經濟轉型中曾出現短暫的布爾喬亞階級缺位資本主義（Eyal et al. 1998），由國內銀行、企業、投資公司交互持股形成之巨型生產網絡推動經濟發展（Stark 1996, 2001; Dobek 1997; Stark and Bruszt 1998），但在九〇年代末國際資本已取代本國資金成為中歐各國資本形成與國際貿易的主力（Hanley et al. 2002）；而中國自九〇年代以來更成為吸引國際資本的黑洞，[1]今日中國已是亞洲第一與全球第二吸引外國直接投資（foreign direct investment, FDI）最多國家，國際資本大量湧入中國對地方經濟將造成何種衝擊？尤其當曾經創造中國經濟奇蹟有功的「蘇南模式」，在鄉鎮集體企業失去競爭優勢

---

[*]　本文原載於2003年《臺灣社會學刊》第30期（頁89-132），經該刊同意後轉載，特此致謝。

[1]　根據經濟學者Lardy（2001）的分析，進入中國的國際資本包括外國直接投資（FDI）、外國公司股票債券投資（foreign equity investment）與國外借貸（foreign borrowing）等三種，本文主要討論在中國經濟技術開發區從事生產性投資的外國直接投資（FDI）。

陷入發展困境而被迫走向私有化一途之後，「蘇南模式」如何繼續維持既有之光環而不墜？如何在鄉鎮企業破產之際繼續提升地方產業結構並維持成長？在國營與集體企業相繼不振，而私營企業又裹足不前的困境下，「蘇南模式」如何再創經濟佳績？蘇南經濟轉型的動力來自何處？

　　在中國經濟快速成長過程中，廣東珠江三角洲首開香港投資風氣，早在八〇年代就以中外（港）合作、中外（港）合資與外商（港）獨資等形式建立各種勞力密集產業進行加工出口，雖然多數產業技術層次不高，但仍以廉價勞力與出口外銷開創了珠江三角洲經濟奇蹟。九〇年代後長江三角洲在中央政府主導下成為外資最大集中地，尤其大上海地區與其腹地蘇南各縣市，逐漸形成台資為主的大陸高科技產業集中之地，台灣電子通訊產業與半導體產業多匯集於上海、蘇州、昆山、吳江等地的經濟開發區，並形成產業上下游廠商群聚效應，台資與外資在大上海地區產生的企業群聚效應，逐漸改變蘇南地區傳統集體經濟為主的面貌，而且許多原先在珠江三角洲與福建沿海落腳的外資也已棄絕於當地而轉投資於大上海地區，蘇南地區已成為珠江三角洲甚至香港經濟後續發展的勁敵。在外資競爭過程中，蘇南如何後來居上？

　　本文以蘇南吳江為主，河南新密與河北香河為輔，探討吳江在國營與鄉鎮企業民營化之後，如何繼續推動地方經濟轉型從本土「進口替代」（import substitution）走向外資「出口導向」（export orientation）。雖然今日蘇南地區已取代珠江三角洲成為中國外資流入最大中心之一，吳江作為蘇州地區的「後發展者」（latecomer），經濟開發區的建立遠落後於鄰近昆山與上級蘇州市，甚至不及珠江三角洲港資集中的縣市，然而吳江卻已成為今日台資高科技產業的聚集地之一。吳江以何種優勢後來居上？地方政府如何吸引外資？吳江引進的高科技產業是否對地方經濟產生擴散效應（spillover effect）？

　　在討論中國經濟發展的眾多文獻中，「非正式制度的人際網絡建構」、「地方政府經濟法人」、「國際貿易約制」等觀點，或者從國內政府與企業之間的人際關係建構以及政府提升經濟發展的行政效能，或者從國際建制產生的貿易阻力轉化成中國企業重組與理性化的動力，來解釋中國經濟之所以快速成長，但不論從國內或國際力量探討地方經濟轉

型，這些觀點都忽略地方經濟轉型必須放在企業生產網絡集中的地理區位及其所鑲嵌的地方制度來觀察，尤其外資企業所在的地理區位、地方貿易傳統、地方經濟開發區的財政自主與所提供的制度設計，都是推動地方經濟轉型不可或缺的重要條件。本文認為，欲有效解釋外資在中國不同地區之間呈現的分佈差異，並瞭解吳江吸引外資之後來居上，絕不能忽視一個地區在外資產業經濟分工中所具有的地理區位優勢、傳統工商業稟賦、地方開發區的後進學習能力與財政自主優勢。

　　本文不僅探討為何吳江出口導向經濟發展較為成功，同時以河南新密、河北香河兩地的經濟開發區為輔，解釋中國不同地區出口導向策略發展的差異，同時驗證地理區位優勢、地方外貿出口傳統、經濟後發展者角色與開發區獨立財政是促使吳江吸引外資後來居上的重要因素。在解釋吳江相對成功的經濟轉型之前，我們必須先瞭解為何中國地方政府在九〇年代將吸引外資視為地方經濟轉型的重要工具。

一、外國直接投資——地方經濟轉型的主要動力

　　中國自 1949 年社會主義建政以來，幾乎完全切斷與資本主義世界經濟的貿易關係，[2]不僅限制各種物資與產品進口，並將所有私營企業收歸國有，以國家力量集中資源，全力推動類似開發中國家的本土工業「進口替代」。[3]在五〇年代「超英趕美」的民族主義氣較下，中國以

2　中國共產政權建立，由於仇視以美國為首的資本主義國家，又採取鎖國式的計畫經濟體系，自然削弱與資本主義世界經濟的貿易關係，但中國仍與香港、日本等國維持少量的國際貿易。

3　大陸學者（Lin et al. 2001；林毅夫等 1999）認為中國在計畫經濟時期以國家力量追求「跳躍式」工業發展，與拉丁美洲國家在 1950s~1960s 年代採用關稅保護發展重工業的進口替代策略類似，都在追求經濟自給自足，並拒絕對資本主義世界經濟的進口依賴。雖然拉丁美洲國家為產權私有的資本主義體制，但在進口替代時期，拉丁美洲國家和中國類似，以國家資本建立為數不少政府壟斷的國營企業，並提供企業低利貸款與資金擔保，使企業利潤因國內市場壟斷而得到保證（Griffin 1999: 109-114）。在討論中國不同產業發展方向時，甚至有學者（Moore 2002）用內需取向的進口替代策略，來界定中國造船業與紡織業在計畫經濟體系下產品全數供應國內需要並接受政府干預的發展，以區別經濟改革時期產品外銷國際市場的出口導向發展策略。

中央計畫取代市場，並以農業剩餘支持各式重化工業發展，企圖達到經濟自給自足，排除對資本主義世界經濟的進口依賴。但與資本主義體制下內化取向（inward looking）的「進口替代」類似，中國各種國營與集體企業在政府保護下迅速發展，不僅依計畫而生產，產品全部供應國內計畫需要，並長期享受國內「賣方市場」特權與國內市場壟斷的利潤保證（Kornai 1992: 348），社會主義體制下的國營企業與資本主義體制下內銷為主的進口替代產業類似，均失去國際競爭力，不僅避免產品外銷，而且缺乏生產效益，衍生日後經濟改革的推動。

中國經濟改革始於1978年，改革最大成就之一是非國營經濟部門急速成長，尤其集中於民生消費品生產的鄉鎮集體與私營企業，快速發展而填補社會主義短缺經濟之不足，在八〇年代為中國創造經濟奇蹟（Naughton 1996）。可是非國營經濟部門的鄉鎮集體企業與國營企業相同，是地方政府保護下的「進口替代」產業，雖然生產以市場取向為主，但在長期封閉性經濟體系保護下欠缺國際競爭力。一旦當原有社會主義短缺經濟不再，市場競爭日趨激烈，靠地方政府保護成長的鄉鎮集體企業在市場競爭中遂喪失比較優勢，不僅面臨後發展地區廉價產品的競爭，而且不敵資金與技術均占優勢的三資企業。[4]激烈的市場競爭不僅迫使經濟效益不佳的鄉鎮企業走向「私有化」，也迫使地方政府退出企業經營，不再扮演「企業造物主」與「企業家角色」（Baum and Shevchenko 1999; Evans 1995: 13）。蘇南吳江於九〇年代末即因企業經營效益欠佳，地方政府不堪負債虧損而被迫進行企業全面私有化來挽救地方經濟，享有強大行政能力有效經營管理企業的「地方政府經濟法人」迷思遂告瓦解（劉雅靈 2001）。當鄉鎮企業逐步私有化脫離地方政府管制，地方國營企業又因大量虧損瀕臨破產之際，地方政府既缺資金，又乏技術，更無法依靠弱勢的民間私人資本來推動地方經濟轉型以解決經濟停滯困境時，唯一出路便寄託在外資身上。

自九〇年代以來大陸各地方政府為進一步推動地方經濟轉型，競相建立經濟開發區，採用各種優惠政策爭取外資，寄望外來資金為地方創

4　三資企業在中國主要指外商獨資企業、中外合資企業、中外合作企業三種類型。

造就業機會，帶動地方周邊產業與服務業的發展，更期望外資企業能填補地方財庫收入，完成出口創匯任務，減輕地方失業與實質收入下降帶來的社會問題。因此外資可取代本土資本成為推動地方經濟發展的主力，同時本土企業可透過生產網絡向外資企業學習先進技術與管理方法，促進地方產業升級，而且也使私有化後的鄉鎮企業在稅收優惠中休養生息。換言之，大陸各地方政府將地方經濟轉型的任務委由外資企業來承擔，政府政績之好壞，地方財稅收入之豐腴，官員是否能在權力體系中繼續爬升，端賴外資之貢獻，地方政府與外資之間幾乎形成一種相互依賴的共生結盟關係（Liu 1999；劉雅靈 2000）。雖然中國已成為全球第二大外資流入國，而且各級地方政府不遺餘力，積極興建經濟開發區引進外資，但各地方政府引進外資的績效差異很大，哪些因素影響外資在不同區域分佈的差異？在探討吳江吸引外資後來居上之前，我們須先瞭解有關中國外資發展的理論觀點。

二、理論觀點

　　制度經濟學在探討經濟發展時，認為一國若能建構有效的正式制度來界定、保護並執行產權運作，不僅有助於經濟交易活動並能降低交易成本，從而促進一國整體經濟發展；西方先進國家就是因能有效建構司法制度以保障產權，而促使經濟快速成長（North 1990）。然而在眾多經濟發展研究文獻中，有效的正式制度建構並非是促進經濟成長的唯一因素，例如在中國經濟快速成長中，廉價勞力與能源、相對穩定的威權統治、持續的經濟成長、龐大的國內市場等因素，成為中國吸引外資的黑洞。反而制度經濟學所強調保障私有產權的正式司法制度在中國卻相對落後，就產權界定、保護、與法律執行各方面均不如西方國家，但為何中國卻成為全球第二大外資流入國？顯然過度強調正式制度的建構，不足以有效解釋中國經濟快速成長以及對外資的吸引力，因而非正式制度建構或非正式約制（informal constraint）成為學界討論的焦點（Wang 2001; Wank 1999；吳介民 1998）。

　　非正式制度的關係理論強調，雖然中國為典型的威權專制國家，距離民主法治尚遠，而且保障私有產權與私營企業運作的正式司法制度尚未健全，但是中國社會向來擅長建構與官方的特殊人際關係，往往以非正式人際關係彌補正式司法制度的不足，因而當八〇年代中國非國營經濟部門興起，鄉鎮集體企業與私營經濟之蓬勃發展，皆大量倚賴與官方建立的非正式人際關係取得政治保護（Wank 1995, 1999；吳介民 1998）；九〇年代當外資競相湧入中國之際，也積極與中國官方建立各種人際關係，包括經營與中央、省、地方各層關係，以確保外資在中國的權益。中國除龐大的國內市場、持續的經濟成長、穩定的政治統治與廉價勞力外，中國官僚體系從中央到地方均提供非正式人際關係建構，用非正式制度的人際關係取代正式司法制度來保障與維護私有產權。非正式制度的人際關係誠然發揮相當作用，降低交易成本，保障私有產權，因而推動中國經濟發展，但是中國各級政府從中央到地方均提供企業與資方非正式的政治保護，如何解釋各地外資流入的差異以及各地經濟發展的不同？如果非正式制度的人際網絡是外資引進的重要因素，為何與台商人際鑲嵌最早而且網絡最稠密的珠江三角洲，未能依靠此一人際網絡累積的社會資本繼續吸引台資高科技產業及其協力廠商進駐，反而許多已投資多年的台資企業卻被吸引到後發展的長江三角洲？顯然「非正式制度的人際關係」建構並非是吸引外資的唯一因素，它忽略了高科技產業聚集的地理區位、後發展地區的學習優勢與開發區財政獨立自主、地方貿易傳統，均是影響地方吸引外資的重要因素。

　　研究中國經濟快速成長的地方政府經濟法人（local state corporatism）理論，強調地方政府在經濟改革中為追求財政收入與執政績效，以經濟法人身分組織公司企業直接介入生產過程，追求地方資本積累與利潤最大化，由此反映政府經營管理企業的強大行政能力（Oi 1992, 1995, 1998, 1999; Walder 1995, 1998）。然而「地方政府經濟法人」理論過度誇大中國地方政府提升經濟發展的行政效能，忽視經濟成長是在地方政府追求執政績效壓力下以銀行軟預算（soft budget constraint）弊病的大量資金堆砌而成，地方經濟成長並非建立在生產技術提升的經濟效益上（劉雅靈 2001）。因而當九〇年代中央政府預算

緊縮，限制銀行貸款之際，地方政府在軟預算資金不可得的困境下，又為避免嚴重虧損的鄉鎮企業拖垮地方財政，只得陸續推動鄉鎮企業民營化，企圖從產權私有化來擺脫財政破產的困境，顯然地方政府扮演企業家的經濟法人角色已經失敗。九〇年代鄉鎮企業私有化已全然終結「地方政府經濟法人」，從而迫使學者 Oi 走向「地方政府統合主義」論點（1999）。[5]但不論「地方政府經濟法人」或「地方政府統合主義」均將政府提升管理經濟的行政能力視為研究焦點，忽視企業所在的地理區位、開發區獨立財源與後發展學習優勢、地方傳統工商業稟賦，均是促進地方走向「出口導向」經濟轉型的重要因素。

　　研究中國經濟快速成長的「國際貿易約制」（international trade constraint）（Moore 2002）觀點，認為中國在經濟改革時期改採「出口導向」策略轉變，透過國際貿易與資本主義世界經濟緊密整合是中國經濟發展較為成功的重要因素之一。但是國際貿易中各種國際組織與制度建構並非皆有利於中國產品外銷，往往國際建制中的貿易配額或國際市場產能的供過於求均限制開發中國家產品出口。[6] Moore 強調國際建制的保護主義與貿易限額，雖對中國產品外銷構成貿易障礙，但卻提供中國企業（紡織與造船業）重組、理性化與深化改革的空間，使企業繼續尋求產品多元化、技術改革與產品品質提升，因而促進中國企業的國際競爭力。雖然此一觀點清楚指出國際貿易約制並非長期妨礙中國產品外銷，但卻忽略中國國際貿易的快速成長，不是完全由中國本土產業所推動，反而是大量湧入的出口導向外資產業的貢獻。本文強調吳江外銷導向經濟轉型之相對快速與成功，雖然本土企業不無貢獻，但主要由投資於吳江的台灣高科技產業所推動。

5　Oi 承認當地方鄉鎮企業私有化之後，地方政府已退出企業生產領域，不再扮演企業家角色。此時政府轉變為監督者，規範並管理私有化企業，一方面鼓勵私營企業的發展，另方面又要防止私營企業坐大挑戰共產政權，因此地方政府成為管制與扶持私營經濟的「統合主義者」，以交換私營企業的政治支持。

6　Moore 強調，西方國家為保護本國紡織業，對開發中國家紡織品設定進口數量與配額，例如 MFA（Multifiber Arrangement）的建構，可視為國際貿易中保護主義的非關稅障礙。美國與中國建交後雙方曾多次在 MFA 之下設定紡織品的貿易配額，限制中國紡織品傾銷於美國市場。此外在造船業中，Moore 也將八〇年代國際造船業產能高於需求當作一種貿易約制，不利中國造船業的出口貿易。

　　本文認為非正式制度的關係理論、地方政府經濟法人、地方統合主義、國際貿易約制等觀點均對中國經濟快速成長提供深刻見解，但卻都忽視外資已成為今日中國出口導向經濟轉型的主要動力。雖然經濟學家早已強調外國直接投資可以彌補國內資金的不足，並扮演一國經濟成長的引擎角色（Ros 2000），但國際資本在全球各國分佈極不平均，尤其在今日經濟全球化體系中，國際資本流入工業先進國遠多於開發中國家（Hoogvelt 2001; Fligstein 2001: 191-237），不僅未帶來全球經濟發展的制度趨同（convergence），更因為各國採取不同的發展策略，導致各國經濟制度的差異以及國與國之間貧富差距的擴大（Guillen 2001; Griffin 1999）。雖然經濟學家認為國際資本在全球分佈的失衡是因為開發中國家政治風險較高、儲蓄率較低、人口成長較快、資本報酬率遞減等因素造成（Ros 2000: 63-5），[7]但此一觀點並未完全適用於外資大量湧入的中國，而且也無法有效解釋一國之內外資流入所呈現的地域分佈差異。尤其當中國各地表現較為一致的政治風險，而儲蓄率、人口成長、投資報酬率在全國地區差異又有限的狀況下，如何解釋吳江吸引外資的後來居上？

　　欲瞭解上述問題，本文選擇吸引外資相對成功的吳江，與外商投資不足的河北香河與河南新密進行比較。在此香河與新密僅為輔例，用以補充說明並驗證吳江出口導向經濟轉型較為成功的因果條件。本文強調，相較於新密與香河，吳江在九〇年代吸引外資之相對成功，「地方政府行政能力」並非唯一因素，「非正式制度人際網絡」與「國際貿易約制」觀點也無法全然涵蓋，反而吳江地理區位優勢，開發區的財政自主與後發展者學習優勢，以及絲綢出口貿易傳統，是導致吳江出口導向經濟轉型相對成功的主要因素。在**區位優勢**條件影響下，吳江成為台資高科技產業生產網絡中不可或缺之一環，外資的大量湧入，為吳江經濟開發區帶來相對充裕建設經費，並使開發區易於與台商建構人際關係，相對容易引進出口導向經濟的制度建構與創新；吳江作為蘇州地區**後發展者**，不僅提供外商較大地理發展空間，而且以上海、蘇州開發區為藍

7　根據經濟學家 Ros，若控制開發中國家的儲蓄率、人口成長率、資本勞動比例，解釋 FDI 在不同國家之間分佈最重要的因素是政治風險（2000: 63-5）。

圖，學習模仿先進者的制度建構與設計，並在充分財政自主之下，自籌經費使基礎建設相對完整，增強吳江外資吸引力；同時由於吳江**絲綢出口的歷史傳統與外貿收購壟斷**，使地方本土企業不僅習於產品出口外銷的商業文化，更在外貿體制改革中爭取進出口自營權，並與外資企業共同推動地方經濟轉型。吳江出口導向經濟轉型相對成功的因果關係見圖1。

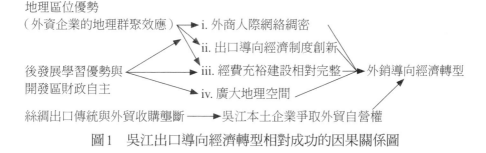

圖1　吳江出口導向經濟轉型相對成功的因果關係圖

三、吳江經濟轉型的過程：從本土進口替代到外資出口導向

　　吳江原為蘇州市下轄縣之一，由於經濟發展快速，於1992年升格為縣級市。吳江市面積1176平方公里，下轄23個鄉鎮，總人口為77.3萬（吳江人民政府編 1999: 57-9）。吳江城鎮人均收入在2000年達到9,420元，農村為5,346元（吳江市統計局編 2001: 7），但同年中國農民人均純收入僅為2,280元（李培林 2001: 4），吳江發展遠高於中國平均水準。但若與蘇州市管轄的其他六個縣市比較，吳江不論在農業、工業、服務業、國內生產總值、農村人均收入等方面均居中下位置，顯示吳江在蘇州地區為經濟「後發展者」（見表1）。

表1　2000年蘇州下轄各縣市經濟發展狀況　　　　　　單位：人民幣萬元

	常熟	張家港	昆山	吳縣	吳江	太倉
農業產值	152,588	100,406	112,867	193,219	149,849	140,043
工業產值	1,255,048	1,498,557	1,105,778	961,582	900,192	769,763
服務業產值	1,040,043	1,004,962	702,813	748,938	676,739	591,268
國內生產總值（GDP）	2,580,036	2,700,027	2,008,008	2,002,717	1,811,992	1,563,134
人均國內生產總值	24,820	31,594	33,936	20,762	23,487	34,790
農村人均收入	5,531元	5,510元	5,510元	5,492元	5,346元	5,466元

資料來源：江蘇統計年鑑2001（2001: 420-421, 497）。

　　吳江在計畫經濟時期嚴守社會主義集體經濟意識型態，不僅紮根農業集體化的公社制度，並在中央政策倡導下興辦各種農村社隊企業（如農業機械、化肥等），企圖達到地區性農業與工業生產自給自足，降低對計畫物資調撥「進口」的依賴，這種發展本土農村工業取代計畫物資調撥「進口」的做法是一種地方性「工業進口替代」。進入經濟改革時期，吳江仍延續計畫經濟時期的「進口替代」，為追求地方財政自主與執政績效，地方政府繼續提供各種保護以發展本土鄉鎮企業，例如為扶持本土企業發展，地方政府擅自提供稅收優惠與擔保銀行借貸；為排除外地產業競爭與保護本地市場，地方政府非法課稅進入本地市場的外省產品。然而在地方政府過度保護與不當干預之下，以內需取向為主的本土「進口替代」產業缺乏市場競爭力，不敵外資與私營企業的經濟效益，因而被迫走向企業民營化。吳江也因此轉變工作重點，以吸引外資與扶持私營經濟發展，來促使地方產業結構升級。

　　九〇年代正值台灣勞力密集產業與高科技電子產業向外尋求投資機會之際，台資勞力密集產業於九〇年代初先一步進入珠江三角洲，隨後台灣高科技產業亦踏出腳步進入長江三角洲大上海地區。當九〇年代外資開始聚集上海與蘇州經濟開發區時，吳江受此影響便開始積極吸引上海與蘇州開發區當中臺灣高科技產業的協力廠商。截至目前為止，吳江經濟開發區150多家外資企業中，台資企業超過110家，總投資額領先美、日、港資總和；生產產品以顯示器（包括 LCD 顯示器）、電腦主機、掃描器、數位相機、筆記型電腦零件等電子產品為主（吳江人民政

府編 2001: 321）。此外，吳江更努力到珠江三角洲與廈門去招商，挖角當地台商遷移至吳江，並積極與台商建立人際關係，發動台商邀請吳江官員至台灣本土進行招商。由於外資匯集，吳江外資企業繳納稅款已占吳江市稅收的四分之一，從 1999 年的 21% 提升到 2000 年的 25%。[8]吳江對外貿易在 2000 年已高達當年吳江國內生產總值的 43%，[9]遠高於全國平均的 35%（Moore 2002: 2）。雖然吳江在九〇年代進出口貿易主要依靠三資企業、本土外貿集團公司、少數自營出口企業共同推動，但自 1995 年起，吳江三資企業進出口貿易額便占全市進出口總額的 58%，至 2000 年更高達 81%（見表 2），而且僅台灣電子通訊產業一項在 2000 年就已占吳江出口總額 50% 以上；[10]顯然台資企業與其他三資企業已成為吳江進出口貿易的主力。而且自 1995 年起吳江三資企業的總投資就已占當年全市新增工業固定資產總額的 62.9%（沈榮法 1997a: 231），顯然不論在進出口額比重以及地方資本形成，外資均居領先地位，並已成為吳江經濟增長最主要動力。哪些條件相對成功的將吳江推向出口導向經濟轉型？

（一）地理區域優勢：外資企業生產網絡的地理群聚效應

吳江位於江蘇省東南部，北距蘇州 16 公里，上海 105 公里，南至杭州 113 公里，境內既有國道又有大運河通過，附近銜接上海與杭州的高速公路又相繼完成，[11]水陸交通十分便利。吳江地處江南水鄉澤國，自古以來農村種桑、養蠶、繅絲、織綢甚為發達，絲綢工業深具基礎。但吳江今日的發展並非只靠交通便利與傳統工業。最重要的是，中國政府於九〇年代初投入大量國家資源建設上海，不僅以政治力量促使浦東繼深圳之後成為中央政府扶持的經濟特區之一，而且意欲恢復上海為全

---

8 此一數據由吳江市外經貿委提供。吳江幹部希望日後外資企業稅收能達到全市財稅收入的 80%，像昆山一樣。

9 作者自行計算。根據《吳江統計年鑑 2001》，2000 年吳江三資企業進出口總額為 10.1 億美元，折合人民幣 78.78 億，而當年吳江國內生產總值為 181.2 億人民幣，前者約為後者的 43.4%。

10 此一數據由吳江外經貿委官員提供。

11 作者感謝評審委員之一提供的訊息。

表2　吳江九〇年代外貿進出口發展狀況

	1994	1995	1997	1998	1999	2000
三資企業進出口總額		2.0105（58%）	4.414（61%）	4.638（74%）	3.272（75%）	10.1（81%）
出口	1.5962 億	------	2.906	3.088	1.8194	
進口	------		1.507	------	------	
市外貿進出口公司		2.0221	2.258（30.8%）	1.1289（18%）	0.7344（16.8%）	------
出口	0.663	1.2472	1.1418	0.9272	0.6587	
進口		0.7749	0.84	------	------	
自營企業進出口			0.6613（9%）	0.5102（8%）	0.3622（8.3%）	------
出口	0.1678	0.24	0.6089	0.5018	0.2907	
進口	------	------	0.0524	------	------	
全市進出口總額	------	------	7.333	6.2771	4.3686	12.3412
出口			4.934	4.517	2.7688	6.1435
進口			2.399	1.7601	------	------

資料來源：吳江年鑑（1995, 1996, 1998, 1999, 2000）。

中國金融貿易與商業中心的傳統地位；與此同時蘇州市又相繼建設國際級的新加坡工業園區與國家級的蘇州新區，上海與蘇州經濟開發區的先後設立，吸引大量國際資金湧入。吳江得地利之便，成為外商在大上海地區投資考察的途經之地。當台灣主要電子通訊產業進入上海、蘇州投資之際，與他們長期生產合作並具互信關係的協力廠商便選擇土地能源較廉價的吳江。例如在蘇州新區投資的台灣明碁電腦便為吳江經濟開發區引進18家台灣協力廠商，[12] 形成大上海地區台灣電腦產業在技術、原料、零組件、中間產品供應商與生產廠商之間完整的裝配生產網絡；又由於台資半導體產業醞釀於上海地區投資，更增強台灣高科技產業在長江三角洲的群聚效應。當台灣電子通訊產業在大上海地區的生產網絡逐漸形成，並鑲嵌於當地經濟開發區所提供的出口導向經濟制度環境中，此時縱使其他地區提供更廉價的土地、能源、人力與優惠待遇，也難與大上海地區競爭，因為企業群聚的地域生產網絡及其所鑲嵌地區的制度環境為其他地方所不及。珠江三角洲雖也群聚港、台投資企業的生產網

12　作者於2000年初訪問吳江經濟開發區，當時只有14家明碁電腦的協力廠商進駐吳江，但到2001年夏季，明碁電腦的協力廠已增加到18家。

絡，但不同於大上海地區，珠江三角洲的港、台企業多為勞力密集型的加工產業，集中於製鞋、玩具、服裝成衣、與電子裝配等領域，雖然台灣電腦通訊產業於九〇年代也陸續進入珠江三角洲，但生產網絡的規模與密集程度遠不如大上海地區，而且大上海地區背後強大的中央政治支持與長江三角洲廣大的市場腹地，均強烈吸引南方的外資企業北上。企業生產網絡形成的區域優勢已促使美國加州矽谷科技產業自八〇年代便領先大企業生產垂直整合的波士頓地區（Saxenian 2000）；吳江吸引外資的後來居上，正是因為它已成為大上海地區台商電子科技產業協力廠的集中地，扮演台灣電腦資訊產業生產網絡中零組件生產不可或缺的供應商角色。

　　根據台灣電機電子產業公會調查報告，台灣電子產業對大陸不同地區投資環境評估中，滿意度最高者為長江三角洲地區，其中吳江名列第九，領先蘇州地區外商投資金額與出口總額高居第一位的昆山市及珠江三角洲其他縣市[13]（見表3）。吳江之優於昆山與珠江三角洲，不在外商投資金額多寡，而在於吳江已在台資高科技產業經濟分工中占據中間產品供應鏈的位置，這不僅複製台灣企業生產網絡的特性，也使吳江成為台資高科技產業投資大陸時不可忽視的地點，區位優勢的生產網絡特性將吸引更多台資高科技產業投入。台資的大量湧入，炒熱吳江土地開發與房地產建設，提供吳江開發區相對充裕經費進行較完整的硬體基礎建設，更增強吳江外資吸引力。

表3　2000年蘇州各縣市外商投資與出口總額一覽表　　　單位：美金萬元

	昆山市	張家港市	常熟市	太倉市	吳縣市	吳江市
出口總額	203,493	91,892	105,089	60,316	58,679	61,435
外國直接投資	703,696	30,036	25,794	24,023	20,150	15,052

資料來源：江蘇統計年鑑2001（2001: 494-5）。

---

13 台灣電機電子公會對大陸各縣市投資環境之調查，長江三角洲地區吳江排名第九，昆山排名十二，珠江三角洲各縣市及廈門均排名二十以後。資料來源見 http://www.google.com 。

（二）吳江開發區的後發展優勢與財政自主

　　吳江在蘇州地區屬經濟後發展者，吸引外資的開發區設立也晚於上海、蘇州與相鄰的昆山。昆山於1985年就自籌經費，興建開發區並引進外資，成為大上海地區以外資推動本土經濟發展的先例（張樹成1998），吳江卻一直原地踏步，自滿於傳統發達的絲綢工業。吳江真正考慮吸引外資始於1992年，在上海浦東與蘇州工業園區興建之後，才模仿著手規劃。初始，吳江市政府並不清楚建設開發區的目的，但在吳江幹部陸續考察上海浦東與蘇州新區之後，在學習模仿中，才將開發區建設成外資企業集中而且產品外銷的高科技產業中心。後發展的學習優勢使吳江以先進開發區為藍圖，不斷修正錯誤。

　　今日吳江最主要的經濟開發區位於松陵鎮，為江蘇省省級開發區之一。[14] 吳江市政府在開發區內設置管理委員會（管委會），行使市政府權力，負責開發區的統籌規劃、行政事務、與招商引資。開發區管委會中有黨委組織、管委會行政部門、[15] 開發區經濟總公司，一套人馬經營黨務、行政、企業，形同一個五臟俱全的小政府。開發區管委會共有工作人員六十餘人，但屬正式編制只有十二人，其餘均為開發區自行招聘的編制外臨時僱員，薪資由管委會自籌。由於開發區必須引進外資，從事基礎建設，並支付人事薪資，管委會必須享有充分財源以達工作目標，吳江市政府不僅賦予開發區管委會龐大行政權，而且賦予開發區經濟總公司壟斷吳江土地開發與房地產經營特權，使開發區管委會獲得財政自主權，自籌財源進行基礎建設，不必仰賴上級政府行政撥款。

　　和中央政府全力支持的上海浦東經濟特區完全不同，吳江經濟開發區除第二期工程擴建獲得部分銀行貸款外，[16] 開發區建設經費完全自籌，主要來自開發區內土地批租的費用與房地產開發的利潤（沈榮

14　吳江最早在境內規劃三個經濟開發區：松陵、盛澤、汾湖與汾湖渡假區三處（沈榮法1997b: 216-8）。但後因缺乏建設經費，吳江便全力發展松陵鎮所在的吳江經濟開發區。盛澤開發區屬鄉鎮級，主要吸引大陸國內各省民間資金（沈榮法1997a: 244）。

15　作者於2000年訪問松陵鎮吳江經濟開發區辦公室，管委會行政部門包括六部一室，計有：動遷、計畫、財務、項目（招商）、勞動、人事六部與一個辦公室。

16　吳江經濟開發區面積原本設計八平方公里，但後因台資進駐多，遂於1998-1999年進行第二期工程擴建，部分經費獲得銀行貸款與市政府與鄉鎮政府的行政撥款。

法 1997b: 218）。根據吳江幹部，當開發區土地從農地變更為工業用地時，許多政府單位與企業因預設開發區內土地價格在建設完成後將會暴漲，因而事先搶購土地，預付租金。此外，開發區總公司以地主身分經營房地產、土地開發、店面出租、開設飯店與旅館，成為管委會財政收入的主要支柱。在財政自主下，開發區房地產公司可以批審吳江市行政區內任何土地的開發建設，可以在農地上先蓋房舍，再取得地方國土局同意，吳江國土局幾乎成為開發區房地產公司的橡皮圖章。吳江開發區從土地投機炒作與房地產壟斷開發中，獲得相對充裕經費，不僅用於基礎建設配合外資企業的需要，更擴充開發區的行政人事編制以提高服務品質。吳江開發區的財政自主與自籌建設經費並非吳江創舉，浦東特區與蘇州新區的經營皆採相同方式，吳江以先進者為榜樣，後繼模仿。

吳江後發展的學習優勢，使開發區硬體建設規模優於早發展的珠江三角洲與鄰市昆山。吳江開發區內道路寬廣，廠房建設整齊劃一，外資高科技產業聚集於區內，生產不受外在吵雜環境干擾，與珠江三角洲或昆山外資企業與民房、商店雜處的混亂景觀完全不同，而且兩地發展空間已達飽和，很難繼續擴張。吳江以寬廣地理空間的後發展優勢，標榜高科技產業集中地，「科技純度較高」，造成外資高科技產業物以類聚效應。

吳江作為經濟後發展者是否只滿足居於產業配套角色，侷限於吸引台商高科技產業的協力廠商？雖然吳江幹部宣稱在吸引外資上吳江不與上級政府如上海、蘇州工業區競爭，但實際上吳江一直使用彈性政策，提出比其他地區相同甚至更為優惠的條件作為後進者競爭基礎。例如吳江經濟開發為省級，所得稅率較國家級開發區（如浦東或蘇州新區）高，但吳江市政府卻給予外資企業國家級開發區的稅收優惠，等於吳江市政府補貼外商納稅。[17] 在稅收優惠條件上，吳江又對巨額投資的高科技產業提出「五免五減半」，即企業投產之後的前五年所得稅全免，後五年所得稅減半，而中央政策為「二免三減半」。[18] 吳江幹部以口語

---

17 2000 年作者訪談吳江市政府外經貿委。

18 吳江對外宣傳手冊以及台灣設立對大陸投資的資訊網站（http://www.chinabiz.org.tw），均以吳江市政府遵守北京中央政府規定，對經濟開發區外資企業納稅優惠實施二免三減半。

「人無我有、人有我優、人優我特」表達吳江如何與各地不同的經濟開發區競爭。開發區對外資競爭之激烈，已造成蘇州市政府與下轄各縣市之間的政治衝突。例如當蘇州新區千方百計拉攏台灣大同電腦前往投資，但最後大同選定吳江落腳，此一結果觸怒蘇州市政府，遂將吳江市委書記調職。[19] 而且在地方利益優先的彈性政策使用下，吳江逐漸違離中央稅收政策。當外商享受優惠期滿，開始按法定稅率賦稅時，實際稅率卻是按外商與地方政府談判而定，往往一個企業一個稅率，相同產業領域中的不同廠商稅率不同。吳江經濟開發區的做法與珠江三角洲、福建閩南、浙江溫州地區的做法並無不同。

　　吳江經濟開發區達到今日的規模，並非地方政府行政能力高於其他地區，吳江幹部自始並不清楚設置經濟開發區的意義，也不具備建設開發區的規劃能力。然而幸運的是，吳江為經濟後發展者，又地近上海與蘇州，有先進開發區作為學習模仿對象，使吳江開發區的硬體建設優於早發展的珠江三角洲與昆山。在學習過程中吳江開發區獲得財政自主權，使開發區總公司從價格不斷上漲的土地開發與壟斷性的房地產建設中，獲得相對充裕財源進行較完整的基礎建設，使吳江對外資的吸引力不斷增強。

　　吳江的地理區位優勢與經濟後發展的學習優勢與財政自主，除為吳江開發區帶來 **(i) 相對充裕的財政經費，(ii) 寬廣地理空間與較先進的硬體建設** 外，還發揮哪些有利影響，促使吳江出口導向經濟轉型相對成功？

　　吳江地理區位優勢促使吳江與 **(iii) 外資人際網絡鑲嵌** 相對容易。由於吳江在台灣高科技產業經濟分工中的生產協力角色，使吳江幹部認識到台資企業具有協力廠商的生產網絡性質，若能吸引到一家台商進駐，便能同時吸引到此家台商所有協力廠商跟進，這與歐美大企業垂直生產的獨立性不同。由於台資企業「生產網絡」的特色，遂使吳江幹部傾全力吸引台商，達到「以台引台」的目的。首先，吳江市政府提倡品質與效率並重的「親（台）商」服務，採行「項目跟蹤責任制」，一旦

---

19 作者感謝東吳大學社會系張家銘教授提供的資料。

某一幹部被指定為某一外（台）資企業負責人，他就必須為此外（台）資企業服務到底，「想外商所想，急外商所急」，「進行全天候、全過程、全方位的跟蹤服務」（吳江人民政府編 2001: 321）。幹部必須經常詢問所負責企業的困難與實際需要，繞過中央政策的繁瑣規定，簡化外商申請投資手續，隨時提供服務以確保外資企業能滿意開發區的軟硬體設施。

　　這種親「台資」政策，以開闢台商人際網絡為目標，尤其在不同台商之間建立非重疊性的人際連結點，每一個人際連結點都扮演橋樑角色，可以帶進不同的生產協力網絡，而且非重疊人際連結點數目愈多，人際網絡實際效用就愈大（Burt 1992）。例如在蘇州投資的明碁電腦已為吳江帶進18家協力廠，由此預測新近在吳江投資的大同電腦，勢必為吳江帶進為數可觀的協力廠商。透過這種台商人際網絡發展，吳江吸引台資的目標早就超越協力廠商的配套角色，轉而引進台資大廠，凡今日台灣重要電腦與電子資訊業者均已在吳江設廠。[20] 由於吳江努力與台資建立各式人際網絡，累積大量社會資本（Putnam 2000: 15-28），以致「招商引資」績效良好，不僅如期完成歷年上級政府下達引資的政治任務，而且使吳江產業結構迅速升級。1999 年江蘇省下達吳江經濟開發區引進外資一億美元的政治指標，吳江不僅完成1.83 億美元的任務，高於工作指標，而且引進24 家外資企業，超過上級要求的20家。[21]

　　其次，台商也樂意與地方政府搭建良好關係，不僅可以享受更多稅收優惠，得到地方銀行貸款與融資，[22] 同時也使台商企業產權受到政治保護。建立在互惠基礎上的人際網絡與社會資本也為地方政府的努力付出帶來果實。例如當地台商為回報所受優惠待遇，遂邀請蘇州與吳江幹部到台灣訪問，讓他們在台灣直接進行「招商引資」的宣傳，遂其政治與經濟目的。

---

20 除正文中提到的大同電腦外，台灣電腦產業中的知名大廠如全友、華淵、幸亞、美齊、華宇、誠州、台達電、鴻景等均在吳江設廠。

21 作者於 2000 年訪問吳江市經濟開發區管委會辦公室。

22 較大型的台資企業在大陸經營較易獲得當地銀行貸款，尤其週轉資金多向大陸銀行借調。

　　吳江以地近上海與蘇州的區域優勢，成為台資考察長江三角洲的必經之地，使地方政府與台商人際網絡建構相對容易，不像內陸地區必須大事周章才能邀請到台商訪問。吳江享有與台資較為稠密的人際網絡鑲嵌，不是地方政府行政能力強大，而是吳江在外資產業經濟分工中的區域優勢，使台商自然匯集於吳江。

　　吳江不僅是台資企業生產網絡的集中地，而且為配合台資企業產品出口外銷，吳江必須提供類似資本主義社會生產體系[23]的制度條件，使開發區內與企業生產有關的（iv）**制度建構**均能配合資本主義出口導向經濟運作規則，以便台資企業樂於久駐並持續投資。吳江為經濟後發展者，從開始便學習上海、蘇州、甚至廣東工業區的制度設計，除提供硬體基礎建設外，更設置方便外資企業產品進出口各項軟體制度措施，使外資企業感覺在中國社會主義體制下生產營運與一般資本主義國家並無不同。例如為使外資企業進口之機器設備與零件快速通關，使出口退稅加速完成，吳江於 1993 年向蘇州海關申請成立駐吳江辦事處，招收專業人員，監督管理企業進出口貨物。又為方便外資企業生產順利，吳江已申請在開發區內成立加工出口區，使外資企業免繳海關進口保證金。[24] 又為方便外資企業處理金融及賦稅事務，地方銀行與稅務部門皆進駐開發區，服務外商。換言之，吳江經濟開發區按台資企業之需要，盡量提供他們所熟悉的出口作業程序與制度規則，務使開發區的軟硬體服務按照國際慣例進行，以便台資企業賺取利潤而樂於繼續投資。吳江開發區出口導向經濟的制度建構與創新，並非吳江創舉，一方面是大量湧進的台資企業需要，一方面是吳江以後進者模仿學習先進開發區制度創新的經驗。縱使如此，績效如何？

　　在大陸投資的許多台、港企業，始終詬病地方海關與稅務機構的官

---

23 根據 Hollingsworth，社會生產體系（social systems of production）指一個地區和企業生產有關的制度條件所組成的社會整體（social configurations），如工業關係體系、訓練勞工與管理階層的體系、企業內部結構、同一產業當中廠商與其供應商和顧客之間的關係、金融市場體系、國家結構及其政策等。這些制度會焊接成一個複雜的社會整體，並和不同的經濟協調機制相配合，形成一個地區資本主義發展特性（Hollingsworth and Boyer 1997: 1-47）。

24 因為經濟開發區不是加工出口區，外資企業進口的機器、原料與半成品等必須向海關繳納進口保證金，直到企業完成加工產品出口之後，中國海關才退還保證金。

僚氣息與服務態度。例如大陸不同地區的海關，有些故意刁難企業進出口貨品以收取賄賂；有些檢查速度過慢而且手續繁瑣，迫使企業賄賂；有些根本就是官僚主義，效率過低；而且不同地區海關之間缺乏有效溝通與合作，妨害外資企業生產。在蘇州新區投資的台灣電腦業者詬病蘇州海關檢查動作太慢，而且不同海關之間配合度低，不利於外資企業出口外銷。此外，大陸稅務機構對外資企業產品內銷賦稅過重，[25] 不利於外資企業在大陸國內市場與大陸本土企業競爭。

　　台資企業也詬病大陸的海關與稅務機構執法不嚴，造成某些台資企業的經濟損失。例如一台資協力廠在大陸進口原料，製成零組件後提供其他台資廠商進行組裝以使終端產品外銷，獲得出口退稅的優惠。但下游組裝廠並未出口產品，反而透過與地方政府的人際關係得以低稅內銷大陸國內市場，獲取暴利。由於終端產品內銷使得此一協力廠無法獲得出口退稅，造成經濟損失，而且欲告無門。[26] 顯然海關與稅務機構之間缺乏協調與執法能力，導致外資企業之間利益衝突，衍生許多違法事件。

　　總結，吳江位於大上海地區台商高科技產業生產網絡的區域優勢，與後發展的財政自主，不僅為吳江帶來相對充裕的財政經費，使開發區基礎建設較為先進與完整，而且外資群聚使開發區政府易於發展與台商的人際網絡，產生「以台引台」的效應；吳江後發展優勢又使開發區移植出口導向制度建構相對容易，寬廣的地理空間又符合高科技產業設廠需要，這些均增強吳江對外資的吸引力。吳江以優越的地理區位、後進者的模仿優勢與開發區財政自主，不僅超越起步較早的珠江三角洲與昆山，而且優於地處內陸的後進開發區。

（三）絲綢出口傳統與外貿收購

　　吳江經濟轉型的相對成功，主要由出口導向的台資與其他三資企業

---

25 作者在珠江三角洲、閩南金三角或蘇南地區訪問過的台、港企業，均抱怨大陸內銷稅高達17%。

26 本案例來自作者1998年訪問廣東省博羅縣經濟開發區台商電子產業，用此補充吳江經濟開發區的狀況。

所推動，然而吳江本土產業與外貿公同出口總值在九〇年代亦占吳江全市出口總額的20%左右（見表2），顯然吳江本土產業在外資競爭壓力下也開始轉向國際市場，吳江地方產業的出口轉向與早期絲綢外銷的歷史傳統以及計畫經濟時期的外貿收購不無關係。

吳江自古絲綢工業發達，早在明清時代吳江的輯里絲和盛澤綢就先後透過廣州與上海外銷至亞洲與歐美各國（當代中國叢書編輯委員1989〔下〕：447）。共產政權建立後，中國雖以計畫經濟斷絕對外貿易，但吳江繼續出口生絲與白坯綢。[27] 在計畫經濟時代，吳江絲綢產品出口主要透過上海與江蘇省進出口公司及其他地區的口岸公司進行，[28]因為在計畫經濟體制下，國營與集體企業主要供應國內計畫物資調撥的需要，並不供應國際市場需求，因此企業缺乏出口外銷的動機，也沒有產品出口的經營自主權。企業若要進行產品出口，勢必獲得政府許可，並且完全由政府壟斷，以服務政治目的為主。由於企業不能自行出口外銷，必須透過各省主導的進出口公司或口岸公司居於中間收購，轉而外銷，企業不能直接面對外商談判價格，故企業往往承受居於仲介的進出口公司剝削，以便政府從中賺取差價的外匯利潤。[29] 根據吳江幹部，從1982年到1992年吳江外貿產品收購額在江蘇省一直保持領先，位居第一（陸南強 1998a: 99）（見表4）。

為何吳江過去外貿收購額在江蘇省長期領先？一般言，大陸本土企業通常不願將產品賣給外貿公司或口岸公司，因為外銷產品的政府收購價格往往低於國內售價，甚至低於生產成本，故在計畫經濟時期上級政府必須層層下達具政治壓力的收購指標，迫使企業將部分產品賣給外貿公司，以完成地方外貿收購的政治任務。因此吳江外貿收購額的領先，並非吳江地方政府收購能力高於其他地區，而是基於早年絲綢外銷

---

27 根據吳江市外經貿委幹部，白坯綢是生絲織成綢緞但尚未染色的半成品。

28 吳江出口商品歷來以上海及江蘇省口岸公司為主。自八〇年代中葉以後，吳江為擴大出口，遂透過北京、天津、遼寧、山東、甘肅、河南、廣東、廣西等地的口岸公司出口（陸南強 1995）。

29 根據盛澤鎮幹部，盛澤生產的絲綢以低價賣給口岸公司出口，擁有外貿出口權的口岸公司以高價賣到國外，口岸公司獲得外匯，而盛澤企業只從中得到很小一筆利潤，而且是以人民幣計算，盛澤因沒有出口權而被口岸公司狠狠剝削。

傳統，上級政府每年對吳江下達比其他地區較高的產品出口指標，使吳江外貿收購額領先其他地區。縱使如此，吳江並非時時都能完成收購任務，甚至外貿公司收購產品後無法外銷，以致實際外銷額度遠低於指標任務（沈榮法 1997c: 190）。

表4　吳江歷年外貿收購額（1978-1995 年）　　　　　　　單位：人民幣

	對外貿易收購額
1975	3,492 萬
1981	9,407 萬
1982	1.1481 億
1990	10 億
1991	20.76 億
1992	37.61 億
1993	100 億
1994	107 億
1995	170 億

資料來源：陸南強（1998a, 1998b）。

　　中國政府對外貿易的政治壟斷在八〇年代末逐漸放鬆（World Bank 1994: 26-8），吳江便利用當時中央政府外貿體制改革爭取到地方自營進出口權，使吳江產品出口不再透過江蘇省進出口公司或其他口岸公司的仲介。當時除三資企業與少數國營與集體企業得到貿易進出口執照外，吳江對外貿易主要由吳江市外經貿委下設的國營外貿集團公司進行，透過外貿公司壟斷地方產品收購，以便吳江市政府可直接獲得外匯收入，排除其他進出口公司的分享。

　　然而隨著外貿體制逐步自由化，壟斷貿易出口的吳江市外貿集團公司開始備受三資企業與國內企業出口外銷的競爭，使外貿集團公司的產品收購出口額占全市總出口額比例不斷下降，從九〇年代中的30% 降至九〇年代末的16.8%（見表2，頁284），為扭轉競爭力不斷下降的頹勢，吳江外貿集團公司不僅進行產權改革，將外貿集團劃分為16 個貿易子公司，相互競爭，而且外貿人員自行組團參與國內外各種國際產品交流會，發展客戶以擴大外貿出口，外貿人員每作成一筆外銷生意可獲

取利潤的35%至45%作為獎勵；[30]甚至各子公司中的外貿人員自行私辦企業，直接供貨外貿公司以使出口外銷。

　　在吳江絲綢出口傳統與外貿收購影響下，地方傳統企業與新興發展的私營企業都認識到出口外銷搶占國際市場與占有國內市場同樣重要。尤其當九〇年代銀行銀根緊縮，國內民間購買力不足，許多國營與集體企業產品積壓債務嚴重，為解決企業生存困境，發展外銷成為必須。吳江集體與私營企業在產品出口初始階段多靠外貿集團公司產品收購間接外銷，但在外貿體制逐步自由化之後，有些企業利用人際關係已爭取到外貿進出口自營權，自行到香港或國外接觸客戶，免除外貿集團公司中間商的剝削。[31]顯然吳江早期的絲綢外銷與外貿集團公司產品收購的出口壟斷，使吳江本土企業對產品出口外銷並不陌生，並在三資企業外銷導向競爭下，爭取出口自營權，共同推動出口導向經濟轉型。

　　觀察吳江外貿發展過程，由於吳江絲綢出口的歷史傳統，縱使在對外封閉的計畫經濟時代，吳江仍然維持政府主導的壟斷性外貿產品收購。及至經濟改革，外貿體制逐步自由化，吳江本土企業在習於出口外銷的傳統中逐漸爭取進出口自營權，以占有國際市場達到企業生存目的。出口外銷的歷史傳統促使吳江今日出口導向經濟轉型相對順利。

　　總結，吳江於九〇年代末集體經濟私有化後，地方經濟轉型動力已被外（台）資取代，吳江作為蘇州地區經濟後發展者，吸引外資卻後來居上，不僅挖角其他地區的台商，更引進台灣電子高科技產業進駐，促使吳江產業結構升級。吳江之相對成功，並非如「地方政府經濟法人」所言，完全是地方政府提升經濟的強大行政能力使然，也不是政府與外資之間「非正式制度人際網絡」單一因素所能涵蓋，更非「國際貿易約制」中國際建制的制度約束力所能解釋。吳江吸引外資相對成功在於吳江提供台商高科技產業生產網絡群聚的地理區位並使其鑲嵌於吳江獨特的地方制度傳統中。首先，吳江地理區位優勢帶來的外資企業群聚效應，使吳江在土地開發中獲得相對充裕建設經費，而且競相湧入的外資不僅使開發區出口導向經濟制度建構相對容易，也使台資人際網絡鑲

30　作者於2000年訪問吳江外貿集團公司。
31　作者於2000年訪問吳江盛澤鎮民營經濟開發區內的私營企業。

嵌易於發展。其次，吳江後發展的學習優勢，不僅模仿先進開發區的軟硬體建設，提供外資企業寬廣的地理發展空間，而且吳江開發區的財政自主，自闢財源籌措經費，使開發區基礎建設較為完善，增強外資吸引力。同時吳江本土企業在早期絲綢外銷與外貿收購壟斷的影響下，也習於產品外銷而爭取進出口自營權，本土企業與外資企業共同為吳江外銷導向經濟轉型注入新活力。

　　吳江今日雖已邁向外資出口導向的經濟轉型，但由於開發區地理空間與外隔絕，聚集於其中的外資企業，不僅生產技術遙遙領先地方產業，而且外資企業所需設備、原料、中間產品與零組件幾乎完全依賴進口，或由開發區內其他協力廠商供應，鮮少由吳江本地企業提供。換言之，開發區內的外資企業與地方產業完全脫節，彼此之間既無協力生產，又缺乏技術轉移，因此外資高科技產業並未對吳江本土經濟帶來擴散效應，進一步提升本土產業的技術層次，帶動本土周邊產業的發展，這與拉丁美洲依賴發展（dependent development）中的區隔經濟（enclave economy）現象類似（Evans 1979）。[32] 然而吳江出口導向經濟轉型相對成功的優勢條件，能否在大陸其他地區複製？

四、河南新密與河北香河（安平）經濟開發區

　　相較於吳江的相對成功，位於中國北方的河南省新密及河北省香河（安平）經濟開發區就遜色許多。雖然新密與香河都極力吸引外資帶動地方經濟發展，但兩地經濟發展程度與外資進入數量遠落後於吳江。缺乏吳江那樣地近大都會上海的優越條件，河南新密市位於省會鄭州之西，距鄭州38公里，是中國內陸的農業縣級市。新密附近雖有高速公路直通鄭州，但新密既非交通樞紐，又無商業傳統。就產業經濟分工言，新密並未與鄭州或鄰近城鎮發展出吳江之於上海蘇州那樣的外資企業生產網絡，故新密不同於吳江，不具外資產業經濟分工的區域優勢。

---

32 雖然目前吳江本土產業居於技術弱勢，但不排除未來與台資企業合作，發展協力生產網絡的可能性。

2000年新密農村人均收入2,802元（河南省統計局 2001: 645），略高於全國平均，但只有吳江的一半。

　　新密開發區成立於1991年，總面積11.5平方公里（新密經濟技術開發區管理委員會 2000）。與吳江相同，新密開發區為市政府派出機構，掌管行政、經濟、與黨務工作。但由於經費欠缺，新密開發區尚未完成基礎建設，區內仍有大量農村住戶，通過農村聚落的柏油道路，則由當地農民負擔建設。

　　和吳江相同，新密開發區的經濟總公司下設房地產開發公司，以土地買賣與房屋建設來籌措開發區建設經費。但不同於吳江，新密開發區基礎建設的主要經費並非來自徵收農地整治後的賣地錢與房地產開發利潤，而是來自民間融資與新密市政府借款。[33] 吳江市政府可以用財政撥款幫助開發區建設，而新密開發區必須償還政府借款，吳江可以享用銀行貸款做基礎建設，而在新密行不通，迫使新密開發區必須向民間借貸。新密開發區與吳江相同，皆享有財政自主與壟斷性房地產開發權，但為何新密開發區的房地產公司無法像吳江那樣籌措到相對充裕的建設經費？

　　新密雖地近省會鄭州，但不像地近國際都會上海與蘇州的吳江，缺乏國際級浦東經濟特區、新加坡工業園區以及國家級蘇州新區的外資輻射，更沒有外資企業群聚的生產網絡為後盾。由於不具外資產業經濟分工的區域優勢，願意到新密來考察的外資少之又少，導致新密房地產公司無法像吳江那樣靠出售土地、商品房或店面出租給外商賺取暴利，導致建設經費困窘；而且由於考察的外商人數不足，新密難以和外商發展出像吳江那樣的人際網絡，更由於外商裹足不前，新密開發區出口導向經濟的制度建構仍屬初步階段。

　　新密和吳江相同，皆屬經濟後發展者，享有相同的後發展優勢：廣大的地理空間與模仿學習先進者的制度設計，但新密缺乏產業經濟分工的區位優勢，抵銷了經濟後發展的利益。由於地理區位不佳，新密建設經費不足、外商人際網絡薄弱、出口導向制度創新不足，新密必須提出

---

33 作者2001年9月訪問新密經濟開發區主任。

比吳江更優惠的待遇才能吸引外資。目前新密開發區已提出對外資免費贈送土地，又為能一併引進台資上下游產業，新密願意支付介紹人仲介費用，[34] 包括免費贈送外商高級套房與別墅。新密為競爭外資不得不使用比沿海吳江更優惠的辦法，而且當吳江開發區宣稱他們不要污染性與勞力密集型的產業時，新密開發區則接受任何類型的產業，只要外資能進入開發區。

新密開發區發展條件遠不如吳江，不敢奢望吸引到充分外資，為彌補外商投資不足，新密同時對國內大型產業以及沿海資金招手，希望大陸國內企業的投資一樣能推動地方經濟發展，因此新密對國內資金也提出相當優惠條件。不同於吳江的外資出口導向，新密經濟發展必須內資與外資兼顧，雖然同樣強調開發區內法規制度的建立與服務設施的完善，但新密並不是出口導向經濟，開發區內缺乏海關辦事處以及銀行金融機構的進駐。

目前新密開發區已有三家外資企業，[35] 投資金額超過10億人民幣，分佈於食品、飲料、建築陶瓷等，均以內銷大陸國內市場為主。此外，新密開發區內尚有大陸國內企業158家，主要來自浙江溫州、河南鄭州、新密本地等，投資金額大約在人民幣20億左右，顯然新密開發區以吸引國內資金為主。除招商引資外，新密開發區管委會還要負責區內農村建設、婦女生育等工作，[36] 降低管委會的專業職能，對國內外資金吸引力大打折扣。

位於河北省香河縣的安平開發區成立於八〇年代，[37] 遠早於吳江與新密，但直到1993年才評定為省級開發區，面積共11.26平方公里。香河縣農村2000年人均收入為3,560元，[38] 低於吳江，但高於新密。香河縣位於平、津兩大城市之間，距北京市60公里，天津市70公里，附

---

34 作者於2001年訪問新密開發區時，曾被告知若能引進任何台資（包括技術與人才），作者可拿到投資額3%~5%的佣金。
35 新密的外資企業來自台灣與新加坡。
36 新密開發區管委會設置綜合、財物、招商、土地管理、規劃建設、農村辦公室，工作性質與吳江管委會頗有差異。
37 香河縣經濟開發區位於縣境西南角的安平鎮，故取名安平開發區。
38 由於《河北經濟年鑑2001》所列香河縣2000年農村人均收入有誤，高達人民幣15,539元，不足取信，作者遂以當年廊坊市（香河縣上級市）農村人均收入代表香河。

近又有京沈（北京－瀋陽）與京津塘（北京－天津－塘沽）高速公路以及京廣（北京－廣州）與京秦（北京－秦皇島）鐵路通過（安平經濟技術開發區管理委員會 2001），而且距離秦皇島國家級經濟開發區又不遠，便利的地理交通位置應使安平開發區具有外商投資的吸引力。但是進入安平的外資金額卻遠不如吳江，只優於所有條件皆落後的新密，為何如此？

安平開發區雖鄰近北京與天津兩大城市，又有國家級的開發區作為後盾，地理位置類似地近上海與蘇州的吳江，但是北京為全國政治控制中心，天津為防禦北京的重要港口，兩者均將國防軍事列為優先考慮，不同於強調金融、貿易、與商業發展的大上海地區。外資雖也進入平、津地區，發展如半導體的高科技產業，[39] 但投資總額不如大上海地區，因此平津地區外資的輻射力量遠不如上海與蘇州，安平接受外資餘蔭自然不如吳江，也未形成像吳江那樣外資企業群聚的生產網絡。

安平開發區所在的香河縣，與新密相同，傳統經濟活動為農業生產，工商業並非主流，也缺乏像吳江那樣的出口傳統。雖然在毛統治時期，香河在上級政府壓力下也發展外貿收購，但在數量上不足吳江的十分之一（百縣市社會經濟調查 1994: 219）。

和吳江、新密不同，安平開發區管委會只有黨委系統與行政部門，並沒有設置企業經營與土地開發的經濟總公司。由於缺乏獨立的經營公司作為財政後盾，安平開發區基礎建設經費與吳江及新密的自籌不同，它全部由香河縣政府撥款。[40] 為何安平開發區沒有設立財政獨立的經濟總公司從事企業經營與房地產開發？作者細究之餘，發現安平開發區沒有自己的財源，事事必須依靠縣政府財政補貼，並不是安平幹部所說的因為地近北京，經濟活動受中央嚴格控制，反而安平開發區自始受香河縣政府完全監控，缺乏行政自主性。安平開發區早自 1985 年成立，初期開發區所有規劃與發展完全由縣政府主導，縣政府將工作人員移至安平，成立臨時辦事處，並針對開發區稅收、財政、與土地租用訂定特殊規則與辦法（百縣市社會經濟調查 1994: 62）。換言之，安平開發區所

39　美商 Motorola 於九〇年代中在天津建立中國第一座半導體晶圓廠。
40　作者於 2001 年 9 月訪問香河縣安平開發區。

有財政收入，包括土地開發與房地產經營完全由縣政府直接控制，成為縣財政預算的一部分，由縣政府統籌支配。直至 1993 年安平提升為省級開發區，縣政府才設置行政獨立的開發區管委會，但只具黨務與行政部門，不具財務獨立的經濟總公司，因此香河縣政府完全剝奪安平開發區的財政自主權。安平便利的地理交通位置，很有可能從壟斷性的房地產開發中獲得充裕財源，但安平開發區財政自主被剝奪，不具獨立財源，而且經費被縣政府挪用，導致建設經費困窘，基礎設施不足，外資卻步。截至目前為止，開發區內的基礎建設只進行一半，與新密類似，區內還住有大批農民，進行墾植與畜牧，農民低矮土房與牛羊圈舍對照外資摩登巨大廠房，形成強烈刺眼對比。

安平開發區由於成立時間長，區內總投資達40多億人民幣，高於新密但遠低於吳江，資金來自國內外，[41] 而且生產多為內銷取向。由於安平幹部專業素養不足，又缺乏與外商直接溝通的能力，安平幹部遂轉向台商招手。目前安平已組團到廈門去招商，和吳江早期到廣東去搶台商的做法類似，安平欲以更優惠的條件將廈門台商挖角到京區。安平管委會通常將地方權限用到極致，擅自免稅與減稅，土地可以免費贈送，企業稅率沒有標準可言，一廠一稅，已到無所不用之地。

與吳江、新密不同，安平不是經濟後發展者，不具後發展優勢，但是安平也未像珠江三角洲與昆山，及早抓住發展契機，引進大量外資帶動地方經濟發展，顯然安平幹部保守無能，不僅缺乏創新勇氣，而且不具專業素養，包括開發區管委會主任與辦事人員均為學校教員調任，對招商引資、經濟談判等事務一無所知，安平的幹部，必須從頭學起。[42]

比較吳江、新密、香河三地開發區，發現吳江出口導向經濟轉型之相對成功在於吳江地理區位優勢帶來的外資群聚效應，使吳江扮演台資高科技產業生產網絡中不可或缺的零組件供應商角色；而且吳江開發區後發展優勢與財政自主，為吳江帶來較為充裕的建設經費、寬廣的地理空間、先進的出口導向制度設計與基礎建設；同時吳江絲綢對外貿易的歷史傳統，不僅增強本土產業的出口意識，而且與外資企業共同推動地

---

41 安平開發區內的投資來自美國、德國、荷蘭、日本、台灣、與大陸國內。
42 作者訪問安平開發區幹部。

方出口導向經濟發展。相較之下，新密與安平開發區或者缺乏地理區位優勢，或者欠缺開發區財政自主，或者皆非地方傳統工商業中心，因此新密與安平開發區均無法像吳江那樣有效推動出口導向經濟轉型。

雖然吳江外資產業群聚的地理優勢也出現在珠江三角洲與昆山開發區，但由於兩地發展較早，區內早已遍佈各種外資勞力密集型產業，排擠了較晚移入的外資高科技產業發展的地理空間，迫使它們或與勞力密集產業雜處，或散佈於孤立的邊陸農村，無法形成像吳江那樣較為醒目的高科技產業聚集區，因此後發展地理空間優勢是促使吳江相對成功的重要因素之一。

相較之下，新密開發區雖也享有後發展地理空間經濟後進優勢與財政自主優勢，但與吳江不同，新密缺乏優越的地理區位，沒有國際級大都會與經濟特區的支持，缺乏外資輻射。由於外資不足，地價不彰，新密無法靠房地產經營籌措經費從事開發區基礎建設。由於基礎設施落後，外資興趣索然，新密只能向國內資金招手。顯然企業生產網絡聚集的地理區位是吸引外資不可忽略的重要條件。

與新密比較，香河的安平開發區雖享有與吳江類似的地理區位，很可以像吳江一樣鑲嵌於外資企業的生產網絡中。但不幸的是，香河縣政治控制嚴厲，安平開發區財政自主被剝奪，包括開發區內土地徵收與買賣都由縣政府控制。由於財政收入被香河縣政府挪用，以致開發區建設經費不足，欠缺基礎設施，外資裹足不前。故開發區財政自主，享有充裕經費使基礎建設相對完整也是吸引外資的重要因素之一。

由於新密與香河外資不足，兩地皆無法與外資形成人際網絡，而且開發區制度創新不足。新密與香河既非商業中心，也缺乏像吳江那樣的出口傳統，地方企業只重視產品內銷，缺乏出口競爭的視野，在推動出口導向經濟轉型時，自然不如吳江順利。

透過上述不同地區比較，顯示外資企業鑲嵌的地理區位優勢、地方貿易傳統、後發展優勢與開發區財政自主是吳江出口導向經濟轉型相對成功的主要因素，缺一不可。

五、結論

　　當九〇年代中國各地競相提供優惠政策吸引外資時，吳江卻脫穎而出，後來居上。透過吳江案例，我們看到國際資本是鑲嵌在企業生產網絡群聚的地理區位以及地方制度環境當中，因此地理區位、地方工商業稟賦、後發展優勢與財政自主是吸引外資不可或缺的條件。透過吳江、新密與安平三地的比較，我們發現外資流入中國呈現地域分佈的極大差異。外資流入中國，並未進入那些地理位置、資源稟賦、基礎建設較差且最欠缺資本的貧困內陸，反而大多數外資流向那些經濟原本就較富裕，資源稟賦與基礎建設較佳的沿海地區。外資流入中國並未降低區域之間的收入差距與貧富不均，反而繼續擴大中國區域發展的失衡。

　　為匡正此一不利現象，中國政府已於世紀之初提出開發大西部計畫，在內陸地區投入國家資金提供基礎建設，並給予內陸各省與沿海相同的優惠政策，吸引國際資本推動地方經濟發展。然而縱使內陸地區享有優惠政策與後發展優勢，但若缺乏大都會與國家級開發區為經濟後盾、地方工商業稟賦不佳或缺乏財政自主建設不足，內陸地區將無法提供外資企業區位鑲嵌與持續發展的基礎，外資裹足不前將會抵銷後發展的學習與政策優勢。故國際資本進入中國並不能同時推進中國不同地區的經濟發展，反而是那些原本位居國際浪潮尖端者獲利最大，得到最多外資投入，顯然中國沿海與內陸的發展差距，將因國際資本分佈的地域差異而更趨惡化。

參考文獻

一、中文書目

安平經濟技術開發區管理委員會編（2001）**河北香河安平經濟技術開發區**。河北：香河。

江蘇省統計局編（2001）**江蘇統計年鑑2001**。北京：中國統計出版社。

百縣市經濟社會調查編輯委員會（1994）**香河卷**。北京：中國大百科全書出版社。

吳介民（1998）中國鄉村快速化的制度動力：地方產權體制與非正式私有化。**台灣政治學刊**3(12): 3-63。

吳江人民政府編（2001）**吳江年鑑2001**。合肥：黃山書杜。

──（2000）**吳江年鑑2000**。合肥：黃山書杜。

──（1999）**吳江年鑑1999**。合肥：黃山書社。

──（1998）**吳江年鑑1998**。合肥：黃山書社。

──（1996）**吳江年鑑1996**。合肥：黃山書杜。

──（1995）**吳江年鑑1995**。合肥：黃山書杜。

吳江市統計局編（2001）**吳江統計年鑑2000**。江蘇：吳江市政府。

李培林（2001）中國在改革開放新階段的選擇──2000-2001年中國社會形式分析與預測。載於**2001年：中國社會形式分析與預測**，頁1-23。北京：社會科學文獻出版社。

沈榮法（1997a）與浦東和蘇州工業園區接軌：提高利用外資水平的調查。載於**吳江十年調研成果**，頁30-47。北京：新華出版社。

──（1997b）集中優勢加快開發區建設。載於**吳江十年調研成果**，頁216-22。北京：新華出版社。

──（1997c）吳江外向型經濟調查。載於**吳江十年調研成果**，頁188-99。北京：新華出版社。

林毅夫、蔡防、李周（1999）**中國的奇蹟：發展戰略與經濟改革**。上海：上海三聯出版杜。

河北人民政府編（2001）**河北經濟年鑑2001**。北京：中國統計出版社。

河南省統計局編（2001）**河南統計年鑑2001**。北京：中國統計出版社。

張樹成（1998）改革開放使昆山工業經濟迅猛發展。**蘇州農村通訊**23(9): 2-12。

陸南強（1995）堅持外向帶動加大發展力度。載於**改革開放與吳江實踐**，頁46-81。南京：南京大學出版社。

──（1998a）實施外向帶動戰略推動經濟國際化進程。載於**輝煌歷程**，頁96-103。蘇

州：蘇州大學出版社。

——（1998b）擴大對外開放接軌世界經濟。載於**吳江基本現代化研究**，頁46-77。蘇州：蘇州大學出版杜。

新密經濟技術開發區管理委員會編（2000）**新密經濟技術開發區政策文件彙編**。河南：新密。

當代中國叢書編輯委員會（1989）**當代中國的江蘇（下）**。北京：中國社會科學出版社。

劉雅靈（2000）廣東華陽的依賴發展：地方政府與外資企業的利益共生。載於 *Issues & Studies: a Journal of China Studies and International Affairs* (Monthly in Japanese) 29 (7), April: 57-72.

——（2001）強制完成的經濟私有化：蘇南吳江經濟興衰的歷史過程。**臺灣社會學刊** 26 (12): 1-54。

二、英文書目

Baum, Richard, and Alexei Shevchenko (1999) "The State of the State." Pp. 333-60 in *The Paradox of China's Post-Mao Reforms*, edited by Merle Goldman and Roderick MacFarquhar. Cambridge: Harvard University Press.

Burt, Ronale (1992) "The Social Structure of Competition." Pp. 8-49 in *Structural Holes: The Social Structure of Competition*. Cambridge: Harvard University Press.

Dobek, Marinsz Mark (1997) "Property Rights and Institutional Change in the Czech and Slovak Republics." including comments by Sharon Wolchik, pp. 182-207 in *The Political Economy of Property Rights*, edited by David L. Meimer. Cambridge: Cambridge University Press.

Evans, Peter (1979) *Dependent Development: Triple Alliance in Brazil*. Princeton: Pnnceton University Press.

—— (1995) *The Embedded Autonomy: States and Industrial Transformation*. Princeton: Princeton University Press.

Eyal, Gl, Ivan Szelenyi, and Eleanor Townsley (1998) *Making Capitalism Without Capitalist: Class Formation and Elite Struggles in Post-Communist Central Europe*. London: Verso.

Fligstein, Neil (2001) *The Architecture of Markets: An Economic Sociology of Twenty-First-Century Capitalist Societies*. Princeton: Princeton University Press.

Griffin, Keith (1999) *Alternative Strategies for Economic Development*. 2nd edition. London: Macmillan Press.

Guillen, Mauro F. (2001) *The Limits of Convergence: Globalization and Organizational*

Change in Argentina, South Korea, and Spain. Princeton: Princeton University Press.

Hanley, Eric, Lawrence King, and Istvan Toth Janos (2002) "The State, International Agencies and Property Transformation in Postcommunist Hungary." *American Journal of Sociology* 108 (1) , July: 129-167.

Hollingsworth, J. Rogers, and Robert Boyer (1997) "Coordination of Economic Actors and Social Systems of Production." Pp. 1-47 in *Contemporary Capitalism: The Embeddedness of Institutions*, edited by J. Rogers Hollingsworth and Robert Boyer. Cambridge: Cambridge University Press.

Hoogvelt, Ankie (2001) *Globalization and the Postcolonial World*. 2nd ed. Baltimore, MD: The Johns Hopkins University Press.

Kornai, Janos (1992) *The Socialist System: The Political Economy of Communism*. Princeton: Princeton University Press.

Lardy, Nicholas R. (2001) "The Role of Foreign Trade and Investment in China's Economic Transformation." Pp. 385-98 in *Growth Without Miracles: Readings on the Reform*, edited by Ross Garnaut and Yiping Huang. Oxford: Oxford University Press.

Lin, Justin Yifu, Fang Ci, and Zhou Li (2001) "Pre-reform Economic Development in China." Pp. 59-76 in *Growth Without Miracles: Readings on the Reform*, edited by Ross Garnaut and Yiping Huang. Oxford: Oxford University Press.

Liu, Yia-Ling (1999) "The Symbiotic Alliance Between the Local State and Foreign Capital: Jinjiang and Boluo." Unpublished paper presented at the Center for the Political Economy Studies. Mach 17, 1999. Taipei: National Chengchi University.

Moore, Thomas G. (2002) *Ghina in the World Market: Chinese Industry and International Sources of Reform in the Post-Mao Era*. Cambridge: Cambridge University Press.

Naughton, Barry (1996) *Growing Out of the Plan*. Cambridge: Cambridge University Press.

North, Douglass C. (1990) *Institutions, Institutional Change and Economic Performance*. Cambridge: Cambridge University Press.

Oi, Jean (1992) "Fiscal Reform and Economic Foundations of Local State Corporatism in China." *World Politics* 45 (October): 99-126.

—— (1995) "The Role of the Local State in China's Transitional Economy." *China Quarterly* 144 (December): 1132-49.

—— (1998) "Evolution of the Local State Corporatism." Pp. 35-61 in *Zouping in Transition: The Process of Reform in North China*, edited by Andrew G. Walder. Cambridge: Harvard University Press.

—— (1999) *Rural China Takes Off: Institutional Foundations of Economic Reform*. Berkeley:

University of California Press.

Putnam, Robert D. (2000) *Bowling Alone: The Collapse and Revival of American Community*. New York: Simon and Schuster.

Ros, Jaime (2000) *Development Theory and the Economics of Growth*. Ann Arbor: The University of Michigan Press.

Saxenian, AnnaLee (2000) "The Origins and Dynamics of Production Networks in Silicon Valley." Pp. 308-31 in *Entrepreneurship: The Social Science View*, edited by Richard Swedberg. Oxford: Oxford University Press.

Stark, David (1996) "Recombinant Property in East European Capitalism." *American Journal of Sociology* 104 (4) , January: 993-1027.

—— (2001) "Ambiguous Assets for Uncertain Environments: Heterarchy in Postsocialist Firms." Pp. 69-104 in *The Twenty-First-Century Firm: Changing Economic Organization in International Perspective*, edited by Paul DiMaggio. Princeton: Princeton University.

Stark, David and Laszlo Bruszt (1998) *Postsocialist Pathways: Transforming Politics and Property in East Central Europe*. Cambridge: Cambridge University Press.

Walder, Andrew G. (1995) "Local Governments and Industrial Firms: An Organizational Analysis of China's Transitional Economy." *American Journal of Sociology* 101 (2) , September: 263-301.

—— (1998) "The County Government as an Industrial Corporatism." Pp. 62-85 in *Zouping in Transition: The Process of Reform in North China*, edited by Andrew G. Walder. Cambridge: Harvard University Press.

Wang, Hongying (2001) *Weak State, Strong Networks: The Institutional Dynamics of Foreign Direct Investment in China*. Oxford: Oxford University Press.

Wank, David L. (1995) "Bureaucratic Patronage and Private Business: Changing Networks of Power in Urban China." Pp. 153-83 in *The Waning of the Communist State: Economic Origins of Political Decline in China and Hungary*, edited by Andrew G. Walder. Berkeley: University of California Press.

—— (1999) *Commodifying Communism: Business, Trust, and Politics in a Chinese City*. Cambridge: Cambridge University Press.

The World Bank (1994) *China: Foreign Trade Reform*. Washington, D.C.: The World Bank.

主題四　比較研究

導讀者：王春光（中國社會科學院社會學研究所研究員）[1]

　　最近在北京見到台灣政治大學教授王信賢博士，就想起他的老師劉雅靈教授，打聽她的近況，獲得的是一連串的壞消息：她最近深受病魔折磨，到了快不認識人的狀態，而其先生已於去年因病仙逝。我只能用唏噓和沈重來形容當時的心情！他們就 60 歲左右，按道理來說，正處學術創新頂峰！他們目前的境況讓人感到生命的無力以及老天爺的不公。在我交往的學者同仁中，劉雅靈老師與黃樹仁老師不論為人還是學問上，都屬上乘之列。不記得何年馬月認識劉老師，但是估摸下來，不會少於二十年。在這二十多年中，我們之間的來來往往還是相當頻繁的，不下幾十次，每次見面都有說不完的話題和內容。我是先認識劉老師，後才認識她的先生黃樹仁教授。他們都是社會學教授，我們有共同語言，由此成了很好的朋友。我每次去台灣，都會告知他們，他們也總會安排時間請吃飯，甚至帶我去見識和領略台灣的名勝古蹟。

　　記得有一年，劉老師邀請我去台灣政治大學講課，黃老師說，不能只到劉老師的學校講課，還得給他擔任系主任的台北大學社會學系講一次，否則他不甘。講完課，他帶我領略台北老城，親自當導遊和解說員，娓娓道來，非常生動，不是一個導遊能做到的，簡直是在聽一個著名歷史學家在講課一樣，收穫匪淺，至今印象深刻。還有一次應台灣中研院社會學所陳志柔教授邀請去交流，劉老師和黃老師趁我有間歇時間，開車帶我去宜蘭探訪老兵農場和眷村，品嘗那裡的農家風味小吃。

還有一年他們倆帶著孩子來大陸尋根，跑到內蒙古，返回時經過北京，我請他們到家做客。坐下來後，黃老師興致很高，大談此次尋根感想，因為他是第一次來大陸參訪，以前根本不想來大陸，但是此行徹底改變了他的大陸印象。

最近一次就是2013年我應邀去台灣大學，參加台灣社會政策年會，又去拜訪他們，儘管我的時間很緊促，但是他們還是安排開車帶我去參觀郊區一個日本侵佔時挖掘而今已經廢棄的煤礦景點，他們又成了很好的導遊。記得那次我還去他們新家吃飯，他們告訴我說，終於下決心買下這套房子，不再過著租房子的日子。有了自己的房子，他們自然高興。那套房子就坐落在木柵政大背後的山邊，周圍環境和視野都非常好，劉老師上班也近。我心中真的為他們高興，從他們的話語中體悟到他們對未來幸福生活的憧憬。可是沒有想到幸福會是那麼短暫！

往事一幕幕在眼前，久久難以揮去。在唏噓後，我問信賢兄，下一步如何幫助劉老師呢？他說，劉老師最珍視的就是她的學術，有好多田野調查筆記、未完手稿以及未發表的稿子都很多，於是想趁著劉老師還有一些意識和知覺，整理出版，讓她能親眼見到，也是一種安慰。我覺得這個建議很好，自然也是做學生應盡的責任。作為好朋友，我自然樂見這樣的好事。信賢兄當時提出，希望我能對劉老師的幾篇論文寫個評書。對此，我就有點惶恐，並不是我不願意去做，而是自己深感力不能逮，因為劉老師文章的學術功力豈是我所能吃透的。但是，既然信賢兄提出這個要求，既然是劉老師的事，我自然沒法推卸，也是我應該去努力做好和做到的。這裡趁機談點對劉老師三篇大作的學習體會，以求教於讀者。

劉雅靈老師在其學術生涯裡，大部分精力花在研究大陸的經濟發展模式，正因為這一點，我們認識而成為好朋友。她早在美國留學做博士論文的時候，就選定了這個方向。由於上世紀八〇年代和九〇年代初，台灣學者到大陸做調研，受到許多限制，相當不方便。但是，劉老師就

開始到大陸開展田野調查。據她說，當時她去過蘇南、遼寧、山東、陝西等地。從九〇年代後期開始，到大陸調研就比以前容易多了，後來她每年都會有來大陸調研的計劃。我曾陪她到溫州去調研當地的企業發展，還去溫州瑞安農村挨家挨戶開展訪談。〈中國大陸農村發展模式之比較研究——從發展社會學角度評估〉、〈中國都市化過程中新興的「農民收租階級」：溫州與無錫「城中村」的轉型路徑、集體抗爭與福利政策〉、〈經濟轉型中的應對策略與制度分歧：溫州與無錫〉這三篇論文反映了她對大陸經濟發展模式和機制研究的前後歷程，它們不僅有著時間先後次序關係，而且更有著學術思考的前後延續和深化過程。

上世紀八〇年代和九〇年代，中國大陸由於改革開放帶來了經濟「百花齊放」的發展局面，各種模式粉墨登場，一比高低。由此引發大陸學術界的各種研究和爭鳴，其中最引發爭議的是溫州模式和蘇南模式，尤其是溫州模式經常被一些所謂理論權威當作資本主義模式加以批判。在大陸，只有費孝通教授等少數學者不但提出這些發展模式，而且給予了充分的肯定，認為這些模式因各地發展條件不同產生，為中國走向現代化找到了自己的道路。但是，正如劉老師在〈中國大陸農村發展模式之比較研究——從發展社會學角度評估〉中所指出的，當時大陸的相關研究注重政治爭論，學術獨立性不夠，即使採用的一些理論大多是傳統的現代化理論觀點，而沒有引入一些新的現代化理論視角，更沒有將大陸的那些發展模式放在一個統一的分析框架內進行探討和分析。劉雅靈老師的〈中國大陸農村發展模式之比較研究——從發展社會學角度評估〉顯然彌補了這些研究的缺陷，這篇論文不僅是劉老師所有論文中最全面、最系統探討大陸各地發展模式的論文，而且也是學術界相關研究中對大陸各地發展模式做最系統、最具深度研究的一篇論文。

隨著時間推移，並不是每個模式都能長期延續下來，如寶雞模式、以煙台為代表的膠東模式等，由於沒有形成規模以及內在機制活力不夠等原因，在上世紀九〇年代鄉鎮企業和國有企業改制中很快被淘汰，已難尋蹤影。蘇南模式和溫州模式也不再是原來那樣了，至少經歷了兩次

大的轉型：第一次發生在上世紀九〇年代中後期，特別是蘇南模式在鄉鎮企業改制中轉變為新蘇南模式（以吸引外資為主），2008 年金融危機後，這兩個模式再次經歷經濟轉型。劉雅靈老師的另外兩篇論文正是對以蘇南模式和溫州模式為代表的大陸發展模式在這兩次大轉型中的變化機制進行深度的研究和分析。

〈中國都市化過程中新興的「農民收租階級」：溫州與無錫「城中村」的轉型路徑、集體抗爭與福利政策〉一改過去階級研究的做法，引入制度因素，提出「農民收租階級」這一有著中國特色的階級。以前階級研究偏重於從生產關係中的地位、不同階級之間的剝削和壓迫關係等關係角度去分析階級的形成、行動以及影響後果，而劉老師從對無錫和溫州的「城中村」的調查和研究中發現，還存在一個以集體產權為基礎的「農村收租階級」，這個階級有著很強的集體意識和行動能力，但是由於處在不同的福利制度和管理制度下，他們又表現不同的行動方式。這一研究為階級理論補充了新的視角，對大陸相關研究有著重要的啟發意義。中國大陸在過去的三十多年中，與工業化相伴隨的一個重要變化維度就是城市化，在城市化中廣大農民依然處於弱勢地位，但是處於城市郊區的許多村莊在城市化中利用其有利的地理位置以及集體產權這一優勢建構了自己的利益邊界，以致誕生出一個新的階級。至於這個階級的未來會怎樣以及對大陸社會有著什麼樣的意義，需要進一步追蹤調查和研究。這樣的階級視角是否可以應用到大陸其他社會現象中，值得社會學界深思和探討。

〈經濟轉型中的應對策略與制度分歧：溫州與無錫〉則從制度論視角出發探討溫州與無錫如何應對 2008 年金融危機後經濟轉型的策略、機制和效果。該文揭示了由於中國大陸內部不同地區存在著不同的文化、觀念、習俗、社會結構以及治理路徑，因此在應對經濟轉型的策略、機制和效果上存在著明顯的差異，出現了分歧的經濟轉型路徑。該文顯然肯定了商會在推動溫州的經濟轉型中有效地彌補了市場失靈，而指出無錫的轉型更多地依仗於政府的有形之手，雖然能招商引資、協助

企業上市並有較好的社會福利等，但是存在資源浪費和效率低下的問題。在劉老師看來，這裡背後的原因是新舊制度元素疊加。在我看來，該文的最大貢獻在於沒有把大陸的經濟作為同質性整體來看待，認為不同區域有著不同的制度因素在起作用，並提出制度元素疊加來解釋。這揭示了大陸經濟在應對經濟危機以及轉型中所具有的內在韌性和活力。該文對無錫在應對經濟轉型策略上的判斷雖然偏於消極，而事實上無錫的經濟發展在金融危機之後並沒有出現萎縮現象，在效率上並不低，但是總的來說，溫州模式在應對金融危機和經濟轉型的策略確實比較有效，已經出現相當好的回暖勢頭，這裡確實得益於溫州經濟有著很強的市場適應能力，其中商會組織扮演了重要的角色等。對此，劉老師看得是比較準的。

　　總而言之，我拜讀了劉老師的這三篇大作後，第一個感覺是研究有深度，觀點新穎，不論對理論和實踐都有啟發價值。三篇論文是緊密相關的，並緊跟大陸經濟發展節奏和步伐而作出深刻的分析。更讓我印象深刻和佩服的是，劉老師對田野調查的細緻、認真和深入，以及對材料的挖掘和分析之深，都是值得我學習的，尤其是她對一些看起來似乎沒有關係的因素的敏感觀察和理解尤其深刻，其中一個細節是她竟然看到了共產黨在溫州執政後的早期構成會對溫州模式的產生有著重要的影響，並進行了有力的論證，這是我以前所沒有關注到的。從劉老師那裡，我看到作為一個出色的社會學研究者至少需要具備的三個基本條件或素養：深厚的理論修養、持之以恆的研究關懷以及認真、細緻和敏銳的田野調查能力。

　　謹以上述膚淺的看法，表示對黃樹仁老師的懷念，並祈禱劉老師早日康復，繼續完成她未竟的學術使命，我也希望能有更多的機會向她請教！

11
中國大陸農村發展模式之比較研究
——從發展社會學角度評估

一、導言

　　中國大陸自 1978 年實行「市場社會主義」（market socialism）
（Kornai 1992）式的經濟改革以來，由於經濟管理權由中央下放到地方
政府，並且引進市場機制以刺激生產動機，大陸各地農村已產生急劇的
社會經濟轉型。集體農業與人民公社組織，在包產到戶的小農經營取代
之下，幾乎都全面瓦解。[1]同時，為解決農村龐大剩餘勞動力的待業壓
力，在中共改革政策允許下，農村家庭副業崛起，繼而農村專業戶、個
體戶、私營企業、聯戶企業、村辦、鄉辦，與鎮辦企業也陸續興起。大
陸農村經濟在政府行政官僚體系過度干預取消之後得以迅速發展。

　　根據中共統計，大陸農村地區於 1987 年，非農業生產收入第一次
超過農業生產總收入（人民日報 1988/6/3, p.1）。到 1990 年，此一非農
業產值已占大陸農村總產值的 58%（世界日報 1991/1/2, p.10），而且

1　大陸農村集體農業，即經濟核算單位尚未落實到家庭為主者，至今仍有小部分保存。

1992 年占全國工業總產值的 34%（中國鄉鎮企業報 1993/7/16, p.1）。
此一現象已明確指出，鄉鎮企業的急速發展不僅改變了大陸農村原有的
單一農業生產結構，而且促使大陸農村經濟多元化，逐漸朝向工商業發
展。

　　然而大陸農村工業化發展速度各地差異甚大。一般而言，大陸東南
沿海各省鄉鎮企業無論在發展規模、速度、技術，與經營效益上均比西
北半部各省優越。縱使如此，東南沿海各省之間，農村工業化之發展腳
步亦有明顯差異，發展之途徑、策略與速度亦有所不同。其範圍包括個
體私營工商業、集體經濟、外資經濟與混合經濟等的發展。例如浙江溫
州地區，是大陸起步最早的家庭工業與私營企業發展重鎮；蘇南地區
（主指蘇州、常熟、和無錫三市轄縣地區）和膠東半島均以鄉鎮集體工
商業為其發展特色；福建泉州與廣東珠江三角洲地區是以僑資（港澳和
台灣）帶動區域發展；江蘇北部宿遷市耿車鎮的發展是以個體、聯戶、
村辦、鎮辦企業之混合經濟為特色（胡同恭 1988）。而陝西的寶雞地區
是以當地國營經濟帶動周圍農村之鄉鎮企業為主。大陸各地之發展差異
甚巨，本文主從發展社會學的角度，檢視與評估大陸社會學界對這幾個
地區所進行的比較研究，以瞭解大陸學者採用何種理論架構來解釋不同
農村地區發展之差異，以及他們是否能超越政治意識型態的教條束縛，
以公正客觀的態度從事經驗事實的描述。

　　由於大陸從事農村發展模式的比較研究橫跨學術界與官方，前者包
括社會學、農村經濟、與農村發展等領域的學者，後者則涵蓋大陸各級
政府，從中央國務院、農業部到各省、市，與縣地方政府的政策研究
室，和農業委員會等。著作內容涵括極廣，水準亦參差不齊。本文所參
考的相關文獻著作橫跨這兩個領域，但以第一類發表於期刊、書籍、與
報紙的學術研究為主，參考的年限以經濟改革後最近十年的研究著作為
主。本文同時也包含地方政府政策研究室，以及地方社會科學聯合會的
研究人員訪談。本文認為大陸學術界所從事的農村發展學術研究，在八
〇年代仍不脫官方意識型態的色彩，著作中採納不少官方的解釋觀點，
而且缺乏理論概念來界定其所研究地區之發展特色。但進入九〇年代，
由於大陸社會學專業訓練已具備基礎，亦有少數海外學人返國，帶回新

的理論架構。因此學術研究中官方政治意識型態色彩較為降低,其研究內容也較能反應現實狀況,但從宏觀角度對大陸農村發展的批評與洞視仍付闕如。

本文在評估大陸學術界對農村發展途徑比較研究時,首先確立發展社會學討論第三世界國家經濟發展所使用的理論架構,然後探討大陸學者對農村發展模式的分析與解釋,由此進而評估大陸學者的研究是否客觀中立,是否受到官方政治意識型態的影響,以及學者是否採用西方發展社會學的概念架構來解釋。

二、發展社會學的重要理論概念

西方發展社會學者在六〇年代以現代化理論(Modernization Theory)來分析與解釋第三世界國家的發展,其側重一個國家內部的文化價值、成就動機、現代性的發展,以及文化傳播等觀點來解釋為什麼傳統會阻撓一個社會邁向現代化(McClelland 1970; Inkeles & Smith 1974; Lerner 1965; Rostow 1960)。一個國家的發展被界定為社會因教育普及、提升個人成就動機與刺激現代性的發展,進而促使社會整體邁向工業化與都市化。在經濟結構從傳統的單一農業種植轉向工商業發展,社會分工趨於複雜而呈現多元化與快速流動。現代化理論學者們似乎暗示第三世界國家透過大眾媒介與西方國家接觸越多,則越容易發展出現代人的特性,因而較能克服傳統的障礙而邁向經濟起飛。雖然現代化理論因其所隱藏的西方種族文化優越論而備受批評,但其著重教育以改變傳統觀念,提高人力素質以促進工業發展,與試圖從社會分工程度、社會多元化的程度,來界定一個社會的發展等論點,仍有其價值。

進入七〇與八〇年代,發展社會學以依賴理論(Dependency Theory)以及世界體系理論(World System Theory)取代了現代化理論來解釋資本主義世界體系中開發中國家的經濟發展。在分析東亞新興工業國家的發展時,東西方學者均認為東亞新興工業國家如台灣、南韓、新加坡等國較成功的經濟發展均依靠本土資本、國家資本與部分外

來資本（包括西方國家與日本），並利用本土廉價勞動力，發展勞力密集產業，開創國際市場，進而得以累積資本。在評估各自比較利益之後，東亞各國繼續開創資本技術密集工業，外銷國際市場，得以成功地從資本主義世界體系中邊陲地區晉昇到半邊陲位置，並且正逐漸從半邊陲向核心國家邁進（Deyo 1987; Haggard 1990; Gereffi & Wyman 1990; Koo 1994）。而拉丁美洲國家的發展雖也包括本土與國家資本的投入，但主要依靠西方核心國家（美國，歐洲與日本）的國際資本與技術。雖然核心國家的資本與技術透過獨資與合資帶動了當地經濟的發展，但是此一發展成果卻排除了社會大眾的分享，並且被本土少數富裕階級與國際資本所壟斷。這不僅導致當地社會財富嚴重分配不均，而且使本土工業與外來投資工業之間因技術脫節而無法整合。拉丁美洲國家因此陷入高失業率、高通貨膨脹，與外債高築的困境。此一現象被西方學者稱之為依賴性發展（dependent development）（Dos Santos 1970; Cardoso & Faletto 1979; Evans 1979; Dornbusch & Edwards 1991）。

　　與東亞工業國家自主性的發展不同，拉丁美洲國家的工業發展雖也從進口替代起步，但在本土輕工業建立之後並未採行出口導向政策，反而繼續深化進口替代，持續仰賴核心國家的資本與技術以發展重工業與高消費品產業。由於持續的向核心國家借貸，本土資本積累又被跨國企業匯回母國，導致拉丁美洲國家陷於龐大外債，無力償還；政府錯誤的貨幣金融政策、扭曲的物價以致社會消費能力高於經濟生產力，促使拉丁美洲國家財政赤字連連、社會產生高通貨膨脹、高失業率，以及經濟發展停滯。拉丁美洲國家的經濟問題通常導致社會秩序崩潰，政府無力安撫情緒不滿的社會大眾，因而演生軍事政變，產生威權政體。拉丁美洲國家的經濟發展並未因引進國際資本與技術而提升其原先在資本主義世界體系中半邊陲的位置（如巴西、阿根廷、墨西哥等國），更由於其所衍生的種種社會經濟問題，這些國家甚至有下滑到邊陲位置的趨勢。

　　更重要的是，拉丁美洲國家在持續仰賴國際資本與技術以發展本國經濟時，資本積累集中於少數本土資本家與跨國企業手中，當地社會大眾並未享受到經濟發展的果實，財富分配極為不均，導致嚴重社會問題。同時資本技術密集的產業並未利用到拉丁美洲國家豐富的剩餘勞動

力，以致這些國家高失業率並未改善。而且資本技術密集的外國高科技產業與當地工業的生產技術脫節，形成一個與當地社會隔離的經濟產業區（enclaved economy），導致拉丁美洲國家呈現曲扭的經濟發展（dis-articulated economy）。

不論是類似東亞國家依靠本土資本積累的自主型發展，或是拉丁美洲式的依賴發展，本文檢視大陸學者在從事農村發展模式研究時，是否採行發展社會學中類似的概念進行分析與解釋。

三、大陸學者對不同農村發展模式之比較與解釋

中國大陸於1978年始進行經濟改革，首先於農村地區進行家庭聯產承包責任制（即分田單幹）的試點實驗，然後推廣全國各地，並引進市場機制，以恢復市場經濟來提升農業生產力。同時為減輕農村龐大失業與待業的壓力，中共官方首先允許農村剩餘勞動力從事個體經營，放鬆官方對農民職業選擇與產權私有的管制。之後，中共政治體制進一步將經濟管理權下放到地方，並隨之進行地方政府財政承包，鼓勵各級政府自闢財源。大陸各地農村遂在政治與經濟放鬆管制的環境下，伸展手腳各自發展。1980年代，大陸農村就出現了蘇南模式、溫州模式、珠江三角洲（佛山）模式、泉州模式等不同農村發展途徑，引發大陸學者的關注，成為研究農村經濟發展的重點。

大陸學者對不同農村發展途徑的研究著作甚多，本文選擇溫洲、蘇南和膠東、寶雞，與珠江三角洲的發展模式作為分析焦點。它們發展的內容與方法非常不同，地理位置又橫跨沿海與內陸，堪為大陸農村發展的典型代表。大陸學者通常先闡釋各農村發展模式的內容，瞭解其產業、技術、資金、產權，與市場等結構之後，進一步解釋影響不同模式發展的因素，通常包括自然與經濟資源的薄豐、生產力水平的高低、歷史經商傳統的強弱，與地方政府的改革政策等（王貴宸、張留征1992）。在進行評估之前，讓我們先瞭解大陸學者的解釋。

（一）溫州地區的發展

　　大陸學者均認為溫州農村地區的發展是以家庭工業與私營企業為基礎。在大陸經濟改革前，尤其文革前後期間，溫州就曾建立地下工廠從事小商品製造，並且頗有農民暗中從事家庭副業與手工業製造，甚至有些市區集體企業停產，而將生產任務由職工承包，轉移到家中進行生產。在當時這些家庭手工業或私營地下工廠均屬非法，一直是政治運動打擊的目標。直到 1978 年中共經濟改革開始，陸續允許個體私營經濟活動，溫州的個體家庭工廠與私營企業才冒出地面，正式為社會所認可。由於當時眾多生產原料的分配仍然控制在政府計畫經濟手中，無法在市場上購得，溫州的家庭工業遂採用廢料與破舊物品，運用再生技術使之還原為初級原料之後，再予以加工生產。這些再生的小商品，如再生塑料袋與塑膠鞋、再生晴綸（acrylic）衣褲、低壓電器開關等，雖然製造技術簡單而且品質低劣，但因大陸過去在計畫經濟控制之下，民生物品短缺十分嚴重。縱使溫州小商品品質惡劣，仍然受到大陸農村市場的歡迎。當 1978 年經濟改革開始，大陸其他農村地區正逐漸脫離計畫經濟的控制，嘗試著手進行市場改革時，溫州農民就已先發制人，進行大量再生小商品之生產，以滿足大陸農村市場的需要（李紅、張仁壽 1986）。

　　和蘇南依靠鄉鎮政府集體投資有所不同，溫州家庭工業與私營企業的發展均來自本土民間資本，透過親朋好友集資與地下錢莊、民間自助會以及貸款專業戶進行借貸。溫州農民自發性的投資與滿足市場需要的生產，不僅促發本地工商業之繁榮，進而轉變溫州之產業結構。由於當地農民的主要收入已來自工商業之經濟活動，農業經營成為副業，溫州已從過去單一的農業種植轉變為多元化之工商業社會。

　　關於溫州經濟發展以私營為主體的解釋，大陸學者透過與蘇南和其他地區的比較，認為溫州自然資源薄弱，人民經濟生活困苦，中央政府在當地的投資與補助向來極為有限，使得當地的發展無法像蘇南一樣依賴資源雄厚的集體經濟（周曉寒 1987）。而且溫州地處偏遠山區，交通不便，無法像蘇南因地近上海而得到上海國營大企業在資金、技術與人

力上的支援以發展集體企業，故溫州只能以民間資本發展私營經濟。又由於溫州地方政府作風開通，對私營經濟並未採取壓制的態度，甚至是「無為而治」的放任，這是造就溫州私營經濟領先國營集體經濟的原因。

（二）寶雞地區[2]

陝西寶雞地區位於大陸西北內陸，當地農村鄉鎮企業之發展較東南沿海各省為晚。和溫州不同，寶雞農村在政治意識型態上強調集體經濟，個體私營經濟的發展速度因而緩慢。更由於寶雞處於西北內陸戰略後方的位置，中共自五○年代起陸續將沿海（如上海與大連）一些重要之國營與軍工大企業遷至寶雞。而溫州因位於對臺前線，中共國家投資極為有限。由於寶雞地理位置具有戰略價值，中共亦在寶雞投資興建大中型國營企業與國防工業。故寶雞之工業發展從一開始就具有濃厚之移植特性，其發展動力完全依賴中共國家投資，與溫州自發性之發展依靠本土投資的個體私營經濟不同。

大陸學者認為，不論是從外地遷移到寶雞地區的國營與軍工企業，或者中共在寶雞投資興建的國營與國防工業，其技術、資金、原料、人才與職工均來自於外地，並沒有使用寶雞當地的自然資源與人力。這些國防軍工大企業的職工均隸屬城市戶口，享受城市居民的福利待遇，醫療保險、廉價口糧、副食品、與住房，甚至職工子女的教育（從幼稚園到中學）與就業均由企業安排與照顧。因此寶雞地區國營與軍工大企業自成一個封閉的社會，與周圍農村老死不相往來，直到經濟改革前從未產生任何積極的城鄉互動。雖然寶雞市內大中型國營與軍工國防工業林立，然其下轄之各縣鄉鎮為典型之傳統農村經濟。這是典型之城鄉二元經濟（dual economy）現象。

由於大陸城鄉之間在福利、醫療、住房、與教育等方面的差別待遇，城鄉之間收入分配的差距，以及農村戶口轉換為城市戶籍之困難，

---

2 寶雞地區的資料主要來自於訪問當地農村幹部、寶雞市委政策研究室幹部、社科聯研究人員，與農村鄉鎮企業幹部等。

造成大陸城市居民看不起鄉下農民。寶雞的軍工大企業，從一開始就自閉門戶，從不與周圍農村通婚，也絕少使用農村豐富廉價的剩餘勞動力。而且這些企業並不利用與開發當地的資源，也不生產當地市場需要的產品，來發展地方經濟。反而這些大企業卻享受周圍農村提供的低廉農產品、電力，與水力。不僅如此，寶雞重工業生產還為周圍農村製造許多嚴重的空氣，河流與重金屬的污染，讓農民去承擔生態破壞的嚴重後果。因此寶雞的國營軍工業與周圍農村之間的關係向來就十分惡劣，時有衝突發生（王景文、張良銘 1991）。

自中共採行經濟改革之後，寶雞農村地區亦開始發展經濟。對寶雞而言，首先要改善城鄉壁壘，互不往來的局面。並促進城鄉積極互動，以城市國營軍工大企業之技術與資金帶動周圍農村鄉鎮企業之發展。近幾年來，在地方政府大力推動下，寶雞一些大企業的確與附近農村之鄉鎮企業產生互動關係，或者是城市大企業提供後者技術指導與老舊機器設備，或者是將產品生產程序承包給鄉鎮企業並與之聯營等。但由於寶雞農村鄉鎮企業發展腳步甚慢，生產技術落後，而且市場經濟概念不足，不擅經營。因此寶雞許多軍工大企業寧願與東南沿海的江蘇或浙江的鄉鎮企業聯營，因為他們比寶雞農村的鄉鎮企業在生產技術設備上較先進，送貨準時，且具有市場經濟時效的概念。由此可見，要靠寶雞重工業推動周圍農村鄉鎮工業發展的策略並沒有真正落實。反而寶雞農村經濟發展較好之地區，主要依賴當地優秀的農村幹部領導。和膠東半島的農村類似，寶雞農村多數已成立村工業公司，由村支部書記擔任董事或經理，帶領全村辦工業。有些能力強的村支部書記，不僅具有企業家的經營精神，對市場波動具有靈敏的反應，而且擅長開闢良好的政治關係，從而帶領全村集體致富。

（三）珠江三角洲與福建晉江

類似台灣早期加工出口的發展模式包括珠江三角洲與晉江模式。珠江三角洲不僅地理位置最接近香港與澳門，語言習俗也雷同。自 1978 年大陸經濟改革開始，珠江三角洲各縣與鄉鎮即陸續接受港澳（香港

為主）的投資，尤以勞力密集型的輕工業加工為大宗，進行大陸所謂的「三來一補」。利用外來的資金、技術設備，與原料，再利用當地廉價的勞工進行裝配或加工，不僅賺取加工費，更為農村剩餘勞動力解決就業問題，東莞的發展尤為典型。

與溫州再生小商品的內銷不同，珠江三角洲三來一補的加工工業產品，大多透過香港外銷到世界各地，直接面對國際市場。除了加工與裝配的三來一補企業外，珠江三角洲又大力發展三資企業，即中外合資、中外合作，與外商獨資企業。香港地區勞力密集型之企業目前已大多數轉移到珠江三角洲。近幾年台灣由於廉價勞動力的比較利益喪失，中小企業前往廣東投資的也不少，因此奠立了珠江三角洲出口生產的特色（陸立軍 1989）。

與珠江三角洲類似，福建泉州晉江市的發展也是以加工出口進而帶動當地經濟的發展。晉江市為僑鄉，海外華僑人數超過整個晉江市總人口，大多分佈在香港、台灣、菲律賓、新加坡，印尼等國家（晉江卷 1992）。華僑經常匯錢回鄉，因此晉江人民手中僑匯與閒散資金甚為豐富，奠定晉江農民辦企業的基礎。與珠江三角洲相同，晉江最早於1979 年起就與港商簽訂合同，進行來料加工與裝配業務，利用當地廉價的勞力賺取加工費（晉江卷 1992）。同時，晉江因具有眾多海外華僑的優勢，也吸引不少三資企業，以香港和台灣的投資為主。然而與珠江三角洲不同，晉江鄉鎮企業的產品外銷並非占據全市經濟結構中最大比例，其產品仍以國內市場為主。和溫州相同，晉江農民由於手中閒散資金充裕，早在文革期間就已辦起地下工廠，製造民生所需之小商品。在中共改革開放之後，晉江的地下工廠逐漸合法化，自 1982 年之後發展達到高潮，以農民集資的私營企業為主，從事紡織、縫紉、皮革、建材等行業（于祖堯 1987）。

總體而言，珠江三角洲的鄉鎮企業是以集體所有制為主體，但與其他各種所有制一齊發展。例如順德縣以鎮辦企業為骨幹，中山市則以市屬國營企業為基礎，共同推動周圍農村村辦企業、聯合體與個體私營企業。南海縣則是各種所有制並重，但以私營經濟為主（楊名 1991）。雖然如此，珠江三角洲各地的工業產值中集體所有制皆占到 70 % 以上

（唐啟洪、劉季芸 1993）。

　　簡言之，珠江三角洲的發展，用三來一補方式帶動地區之發展。雖然泉州晉江也是靠僑匯起家，但是與珠江三角州的出口導向以及集體企業之發展有所不同。然而兩地經濟之快速發展已用盡當地之剩餘勞動力，而成為外地民工聚集尋找就業機會的天堂。又由於外資大舉移入農村鄉鎮，從而減緩原有之城鄉二元經濟之差異。珠江三角洲正在加強農村城鎮建設與基礎設施，生活方式模仿香港。

（四）蘇南與膠東半島

　　大陸學者認為蘇南地區與膠東半島是大陸東南沿海各省中發展鄉鎮集體經濟最著名之地區。蘇南地區，包括蘇州、常州、與無錫三市及其管轄之農村地區，其鄉鎮企業的發展是建立在六〇與七〇年代的農村社隊企業基礎上（斯維納、潘承芬 1994）。蘇南地區工業基礎原本雄厚，又接近全國第一大城上海市，蘇南之鄉鎮企業因地利之便，接受上海國營大企業在資金、技術設備、人才等方面的照顧。因此蘇南地區之鄉鎮企業在生產規模和技術設備上皆領先於全國農村地區，甚至還超過一些城市中的小型國營企業。經濟改革後，蘇南發展的動力轉變為地方政府的投資，與上海之經貿關係更形密切。自八〇年代起，蘇南已有不少鄉鎮企業是為上海國營企業產品進行加工，甚至蘇南某些鄉鎮企業已成為上海國營企業的生產車間，所生產的產品冠上上海國營廠的品牌，而且依靠後者的銷售渠道行銷。許多蘇南企業因而抱怨被上海國營廠剝削，在經營上無法獨立自主。[3]

　　蘇南鄉鎮企業發展速度飛快，早在八〇年代中期，蘇南農村地區的剩餘勞動力就已幾乎完全為鄉鎮企業所吸收了，而且鄉鎮企業之產值已高達蘇南農村社會總產值之 80% 以上。農村工業化已成為蘇南地區之特色，而且農村生活之富裕與珠江三角洲和溫州地區同步。但與珠江三角洲靠港資起家，和溫州之私營經濟不同，蘇南地區從一開始即是以鄉鎮政府出資興辦之集體企業為主。鄉鎮政府在蘇南不僅行使行政權，

3　透過在蘇南地區鄉鎮企業的訪談而得知。

還行使經濟權。舉凡企業之資金、信貸、生產、經營、人事、管理、分配、與銷售，無不參與。在鄉鎮政府的大力推動下，蘇南鄉鎮企業生產規模不斷擴張，新生產線不斷增加，經濟發展以驚人之速度成長。

由於蘇南鄉鎮企業所有權屬於鄉鎮政府，而且鄉鎮政府無孔不入的干預企業內部之所有運作，造成鄉鎮企業只對上級政府的需索與要求產生反應，而失去作為一個經濟實體應有的市場反應行為。如企業廠長負盈不負虧，企業若發生虧損則是鄉鎮政府之責任。蘇南的鄉鎮企業似乎變成了大陸經濟改革中最為頭痛的國營企業，無法徹底將軟性預算約制（soft budget constraint）改變為硬性預算約制（hard budget constraint）。

蘇南政府與大陸經濟改革要求政經分離的做法背道而馳，在進入八〇年代中期以後，蘇南鄉鎮企業弊端叢生。舉凡計畫經濟下國營企業產生之弊病皆可在蘇南鄉鎮企業發現。首先為投資飢渴症（investment hunger）。蘇南地區的高速發展，尤以蘇州市鄉村工業固定資產規模為例，改革十年間每年平均遞增 33.65%（石恂如、陳志中、徐文華 1989），這種不正常之高速發展完全是鄉鎮政府一手推動之結果。因為基層幹部升遷與考核是以行政區內經濟產值大小作為依據（宋麗娜、杜荷 1994），在利益動機促使下，蘇南鄉鎮政府占用企業折舊費與流動資金，且盲目重複投資，擴張企業生產規模等，以增加產值數據，衍生出投資膨脹與饑渴症狀。最突出的是蘇州市在 1987 年同時發展了 170 條乳膠手套生產線，彼此惡性競爭，結果損失資金三億多人民幣（張桂龍、張建良 1993）。江陰市曾在一年之間興建了近 70 個汽車裝配廠，倒閉後又同時辦了 45 個毛紡廠。無錫市農村近幾年興建了近百家電子琴廠，造成蘇南地區地方市場過度競爭，而且產業結構太相像的弊病（江祥根 1989: 13）。

其次，在鄉鎮政府控制企業的人事管理方面。廠長與企業重要幹部均由鄉鎮政府任命。企業的職工除由本鄉鎮居民充任外，鄉鎮幹部亦不時安插自己的親朋好友。蘇南鄉鎮企業變成了國營企業的縮影，冗員過多，人浮於事。此外，鄉鎮企業的廠長是鄉鎮政府委派的「官員」，必須認同於鄉鎮政府的行政目標，因此對企業的長遠發展，尤其是技術更

新與開發新產品缺乏興趣。

　　此外，蘇南鄉鎮政府之主要財政收入來自企業上繳之利潤，造成鄉鎮政府把企業當成搖錢樹，干預企業內部資金之分配。鄉鎮政府可以默許企業逃稅，但企業必須完成對鄉鎮政府上繳之任務。由於企業對上繳有硬性約束，又必須照顧職工利益，造成企業本身積累有限。再加上企業承受各方非法之攤派與眾多費用，增加企業許多額外負擔。企業本身能用於再發展的餘力則已降至最低。這也是為什麼蘇南地區的先進企業之間存在許多設備陳舊的老企業，缺乏更新改造的能力。

　　膠東半島煙臺地區的發展也以集體經濟為主，但和蘇南不同，它缺乏像上海那樣的大城市與大型國營企業作為資金、技術、與人才的後盾，因此發展腳步較蘇南為慢。膠東煙臺地區的鄉鎮企業以村辦為主，約占農村工業總產值的 60.6%，而鄉鎮辦企業占 32.1%（楊林盛 1990：187）。和陝西寶雞農村相同，煙臺各個農村都成立了不同的工業總公司，村支部書記任董事長，村長任經理，下設村辦之各個企業。這些企業都是用村集體積累與銀行信用社貸款所建立起來的，為村工業公司所有。廠長為村工業公司直接任命，實行承包制，但企業之擴大再生產、再投資，與新產品開發之決定權在總公司的董事或經理而非廠長。企業之職工亦是由本村之村民充任，廠長無權開革村民所任之職工。和蘇南之鄉鎮企業相同，煙臺村辦企業亦需上繳定額利潤給村工業公司，除充作村幹部之薪資外，作為村福利事業之經費，照顧貧困，補貼農業等。

　　膠東煙臺為中共革命老區，和蘇南地區相同，在意識型態上堅持社會主義集體經濟，且一向對個體私營經濟採取壓抑的態度，這是為什麼兩地鄉鎮企業皆以集體面貌出現。實際上煙臺地區之村辦企業所遭遇到村行政上之干預，恐怕不比蘇南鄉鎮企業少。由此類推，煙臺村辦企業也將面臨蘇南鄉鎮企業的弊端。

四、對大陸農村發展模式比較研究的評估

　　從以上大陸學者及官方研究人員對農村發展模式的探討，我們發現凡是可以稱之為模式者，都是當地農村在產業結構上發生轉型，從過去單一的農業種植轉變到現今工商業的發展，尤其農村鄉鎮企業的發展，不論產權以集體或私營為主，已成為評斷一個模式成功與否的主要關鍵。大陸學者把相當的注意力放在闡釋每一個模式的發展特性上，譬如當地鄉鎮企業生產的大小規模、技術水準、資金來源、產業結構、當地商品市場發展的程度，以及所有制結構等。接著大陸學者就這幾個變項進行模式之間的比較，因而凸顯每一個模式的獨特性。如溫州的發展是建立在私有制的家庭工業和企業上；而蘇南與膠東煙臺是以鄉鎮政府及村工業公司的資金推動集體企業的發展；珠江三角洲與晉江市的發展是以面對國際市場的港澳臺三資企業所推動的；而陝西寶雞則以增進城鄉互動，用城市軍工大企業來帶動農村集體鄉鎮企業的發展。除此之外，大陸學者亦進一步從當地自然經濟資源、歷史發展的傳統、當地經濟富裕程度、地理交通位置、國家投資多寡，以及當地政府發展策略等因素，來解釋影響這些模式的發展（農村發展研究所 1992）。

　　在從事農村發展模式的特性描述與起源解釋時，大陸學者並非全然一致的客觀公正，秉持學術價值中立的觀點進行討論，反而往往將官方意識型態混合在學術研究中。譬如大陸學者不時提到農村發展模式的比較研究，必須以社會主義初級階段理論和有計畫商品經濟理論作為指導思想與方針（王貴宸、張留征 1992）。並且要以經濟改革後的社會主義商品經濟取代了早期馬克思、列寧與毛澤東思想的意識型態。對大陸學術界而言，政治體制的獨裁與壓制不取消，學術界無法保持真正公正客觀，學術研究一直需要政治思想的指導，學術服務政治，永遠無法取得獨立自主。

　　此一現象表現最為凸顯的，是大陸學術界在比較私有制的溫州模式和集體經濟的蘇南模式的爭論中（陳湘鯤、金憲寬、陳瑞銘、顧益康、胡方松、陳寶秀、李宗金、朱虎根、鄭子秋、楊曉光 1986）。溫州地區家庭作坊與地下工廠早在文革期間就已存在，雖然一直不斷受到政治整

蕭與打壓，但均無法將其斷根（Liu 1992）。經濟改革開始允許個體經營活動，溫州的家庭工場與私營企業才冒出地面。在短短幾年中，溫州私營經濟在工、商、服務、交通等行業就已領先當地國營與集體經濟的總合，成為推動溫州經濟發展最重要的力量。大陸學者對溫州私營經濟領先的看法不一。有些學者受限於個人政治意識型態的信仰，譴責溫州偏離社會主義公有制為主個體私營為副的原則，尤其溫州一些家庭作坊與私營企業技術簡陋，生產假冒商品，欺騙顧客，並雇用童工，工作時數過長，進行剝削勞動力的資本主義生產方式。這些學者在譴責溫州之餘，極力稱道符合社會主義商品經濟原則的蘇南模式。他們認為蘇南以鄉鎮政府出面，集資興辦企業，不僅增加地方政府財政收入，並且推動地方經濟發展。蘇南鄉鎮政府運用集體力量，推動地方基礎建設，如開路、建橋、開闢發電廠、自來水廠，與地下排污設施等，並增設學校、興建公園，以工補農等，增加政府的服務項目，並讓農民享受到發展成果，故蘇南與膠東的集體發展模式最為這些學者所贊揚。

雖然如此，我們也看到不少大陸學者，尤其進入九〇年代之後，在從事實地研究之餘，敢於提出地方發展模式的弊病，如檢討蘇南為何在九〇年代落後於珠江三角洲的發展，提出蘇南政府過度干預企業的經營，因而衍生許多類似國營企業經營不善的惡果，並影射膠東村辦企業在未來可能遭遇的後果。大陸學者也提及寶雞惡劣的城鄉關係，以及提出改善的建議。大陸學者近幾年的研究水準的確有所改進，排除政治意識型態影響，秉持客觀態度陳述事實，並提出批評與建議，然而這似乎只表現在少數學者的研究中，並非是一個普及的現象。縱使如此，這已是邁向學術獨力自主的第一步。

到目前為止，大陸學者討論農村發展模式所採用的理論性概念不出發展社會學中現代化理論的範疇，縱使在描述寶雞發展中所顯現的經濟二元化現象，亦為早期發展經濟學中常見的概念。通常大陸學者研究農村地區的發展時以社會分化或社會層級（stratification）改變等現代化理論概念作為觀察指標，來討論此一農村地區發展的程度（徐俊1992；謝立中、歐陽亮 1992）。社會分化是因產業結構由單一農業種植轉變為多元的工商業，社會層級結構的轉變是從勞動力職業分佈來鑑

定。因此大陸學者討論農村在改革之後，社會分化的高低由產業結構的變化所決定，農村階層結構的轉變由農民之間的收入分化與職業分化的狀況來決定。與現代化理論觀點不同的是，大陸學者很清楚地認識到大陸農村變遷的最初動力，是來自於國家所推動的經濟改革，而非透過西方文化的傳播。

　　大陸學者在解釋農村發展模式時，很少採用依賴理論或世界體系理論的觀點。如果以溫州的發展來比較拉丁美洲國家的依賴發展，溫州依靠本土資本而致富的經驗可媲美台灣，都是從世界體系中的邊陲爬升到半邊陲的自主性發展。本文認為溫州發展成功的關鍵在於它比大陸其他地區搶先一步占有偏遠大陸農村市場。溫州和台灣的企業規模均以中小企業和家庭工廠為主，生產方式不僅勞力密集，而且技術簡陋。由於行銷走低價位路線，而且產品品質不佳，台灣和溫州所占據的市場都是廉價產品的市場。但不同的是，台灣的產品絕少使用再生原料，而且台灣的中小企業是將產品外銷到世界市場中的核心國家，以美國為主；而溫州的再生產品是以大陸國內市場，尤其農村邊陲地區為主。

　　溫州的私營工商業雖然備受爭議，並且不時受到政治運動的打擊，但仍然持續擴張。[4]到八〇年代中，溫州就已用盡本地剩餘勞動力，並不斷大量吸引大量山區與外省的勞工。雖然溫州廉價勞動力的比較利益正逐漸喪失，又面臨大陸其他農村地區鄉鎮企業的競爭，溫州正努力尋求產業技術升級。簡而言之，溫州個體私營經濟發展的成果較為均勻地被當地農民所分享，社會貧富之間的差距雖比改革開放前加大，但並未出現像拉丁美洲國家那樣，只造就社會少數人之財富。和台灣類似，溫州發展的投資動力來自本土，外資比例很低，因此並沒有產生像拉丁美洲那樣，外來技術與本地產業完全脫節的區隔經濟（enclaved economy）。本文認為，如果中國大陸之整體經濟可視為一個「準世界體系」（a semi-world system），溫州農村的發展無異於資本主義世界體

4　由於私營經濟在過去計畫經濟體制下一直承受政治壓迫與打擊，溫州許多私營企業為求政治保護，均註冊登記為集體企業。根據本人1987和1992年在溫州做調查時，所訪問的每一個私營企業，不論獨資或合股，均掛集體企業的招牌，大陸學者將這種企業稱為「戴紅帽子」的假集體企業。

系中之台灣，已從大陸農村邊陲地區爬升到整體經濟結構中的半邊陲位置。同理，依靠外資起家的珠江三角洲與晉江，也同樣可解釋為從大陸農村邊陲地區爬升到半邊陲位置的發展。

大陸學者所描述的寶雞的發展，最符合依賴理論的觀點。在經濟改革前，寶雞市可視為大陸準世界體系的核心地區。但與資本主義世界體系中的核心國家不同，它不是透過國際貿易中的經濟分工與市場競爭而形成的。而是由國家官僚體系計畫經濟中的國家投資和資源配置所造成。從大陸學者的描述中，我們發現寶雞的軍工大企業從開始就具有濃厚的外來移植特性，其生產設備與周圍農村之差距就像工業社會與傳統農業社會之鉅。這些大企業使用高科技，生產各種電子、航空、軍事與國防用途等精密產品。而周圍農村卻仍處於工業革命前的手工業階段，使用手搖操作工具。這顯示寶雞重工業之發展與當地社會所使用之技術完全脫節，呈現區隔經濟之狀態。寶雞農民長期被排斥在工業化之外，不僅承受城市國營企業的資源剝削，而且農村工業技術落後，以致農村經濟停滯不進，處於工業化之前的自然經濟狀態。可見中共對寶雞重工業之移入與投資，完全出自於政治與國防之目的，而非考慮發展當地農村經濟。相反的，這些重工業之發展成果只讓屬於城市戶口的軍功大企業職工分享，寶雞當地絕大多數的農民完全排除在外。

寶雞地區此種曲扭經濟（disarticulated economy）的現象，重工業自成一格局，且與本地工業完全脫節，即是西方學者所界定的依賴發展，也是大陸學者所稱的「二元經濟」。不同的是，拉丁美洲國家的依賴現象是在資本主義世界體系中由核心國家的外來投資所造成，而寶雞地區的依賴發展卻是由國家（state）透過行政手段所形成的。

蘇南的工業由於受到上海國營企業的扶持，在經濟改革前即可視為大陸「準世界體系」的半邊陲地區，之後又透過鄉鎮政府在財力與行政上的大力支持，蘇南財富的積累直追屬核心位置的上海。然而蘇南國營企業式的經營方式已衍生許多弊病。誠如大陸學者所言，蘇南企業的技術設備已落後於珠江三角洲。膠東半島的發展雖然頗具潛力，但其經營管理模式與蘇南的行政干預頗為類似，其前景頗堪憂慮。

五、結語

　　大陸學者在進行農村發展模式之比較研究時，最常使用的分析概念即是現代化理論。雖然對某些農村地區發展的描述，如寶雞與蘇南，已經較客觀地陳述事實，但是大陸學者並未更進一步採用依賴理論與世界體系的概念，去闡釋造成城鄉二元經濟的真正原因，而且大陸學者也缺乏一個宏觀的理論架構來界定地區發展的流動取向，如溫州自主性的發展即可解釋為在大陸準世界體系中從邊陲爬升到半邊陲的位置。或許大陸學者對西方發展社會學理論接觸不多，但更有可能是大陸學術界在政治壓迫與監視下，不敢使用此一政治敏感的理論，來批評大陸農村因透過國家政治干預而產生的依賴發展現象。

　　此外，多數大陸學者在其研究中，仍不時提及官方政治意識型態，如「社會主義初級階段論」、社會主義計畫性的商品經濟，或鄧小平思想等。並將其作為研究指導方針，似乎用此作為政治保護之依據，可見大陸學術界雖然在經濟改革後較能客觀反應事實，並勇於批評現狀，但仍缺乏完整的獨立自主性。

12
經濟轉型中的應對策略
與制度分歧：溫州與無錫[*]

　　中國歷經三十多年的市場經濟轉型，不僅透過國際經濟分工、貿易、外商投資與資本主義世界經濟緊密鑲嵌，並於 2010 年躍升成為全球第二大經濟體。[1] 就在中國受惠於國際市場需求與外國直接投資之際，也承受國際經濟波動與產品競爭的衝擊。尤其中國於 2001 年加入世界貿易組織（WTO）之後，外資企業與外國產品不斷進入中國，更加促使中國國內市場競爭白熱化。再加上 2008 年席捲全球的國際金融風暴、近期南歐國家的主權債務危機、美國政府龐大財政赤字及緩慢的復甦腳步，不僅嚴重傷害中國外銷經濟部門，而且促使許多原本外銷為主的企業開始發展內銷，更加惡化中國國內市場與區域競爭。[2] 廠商間

* 　本文原載於 2011 年《台灣社會學》第 22 期（頁 59-110），經該刊同意後轉載，特此致謝。

1 　參見經濟學人雜誌（*The Economist* 2011/9/24）。

2 　中外學者認為中國在 2001 年加入世貿組織後，國內省際與不同地區間的貿易障礙與地方保護主義已逐漸消除，形成國內市場的統一性（Ji 2004）。雖然許多學者持相反觀點（Zhao et al. 2008; Li 2008; Poncet 2005; Lei and Liu 2005；洪銀興 2005: 314-320），但不可否認，中國境內的公營、民營、合資與外資企業為搶占市場而競爭激烈已成事實，尤其東部沿海省分的高度市場化、工商業化與都市化，不僅滲透影響省以下地級市的區域發展，並迫使各地區針對國內市場競爭做調適。

的競爭廝殺不僅展開優勝劣敗的淘汰機制，而且滲透地方經濟，迫使地方採取調適策略，回應國內外經濟衝擊。

中國在市場激烈競爭與全球經濟不景氣之際，有些地區面臨市場嚴峻挑戰而失去低價競爭優勢，有些尚能站穩腳跟維持既有水準而不下墜。顯然國內外的經濟波動促使中國國內不同地區在經濟階梯上呈現上下流動，重新洗牌。中國各地皆努力發展應對策略（coping strategies），以經濟轉型來應變國內外市場競爭壓力與金融危機。例如浙江溫州早先以私營經濟聞名，雖然近年來溫州仍維持對浙江省 GDP 產值貢獻的第三順位（見圖 1，頁 341），但在國內外市場競爭壓力下出現經濟產值增長率下跌、資金外流、企業外遷、工業生產外包、產業逐漸空洞化等現象，不僅引發地方幹部的政績焦慮，而且採取應對策略回應市場的激烈競爭，本文認為溫州已從早期類似割喉競爭式的準自由市場經濟（semi-liberal market economy），逐漸轉型為行業商會或協會協調為主的市場經濟（associational-coordinated market economy）。縱使如此，溫州仍難擺脫持續的產業外移與資金外流。相較之下，江蘇無錫的鄉鎮集體企業雖自 1990 年代不敵私營與外資企業而進行產權私有化改革，而且經濟產值成長率自 2004 年以來逐漸下滑（見表 1，頁 339），但在地方政府領導下積極引進外資（FDI），以外資取代本土企業的產值與稅收，使無錫維持對江蘇省 GDP 產值貢獻的第二順位（見表 5，頁 347）。此外，無錫市政府鼓勵發展企業集團，幫助它們進入股市取得資金，抗拒市場競爭壓力，並且更積極鼓勵科技產業發展、促進產業聚集、推動服務業成長、提升地方產業結構。本文認為無錫顯然已從過去鄉鎮集體企業所有者的地方政府公司法人（local state corporatism），轉型為以地方政府協調為主的混合市場經濟（local state-coordinated mixed market economy）。如何解釋溫州與無錫採取不同的應對策略去調適國內外市場競爭壓力與國際金融危機？如何界定對抗市場競爭的調適策略與制度變遷特性？

本文從制度論出發，企圖解釋當溫州與無錫面對全國一致的中央政府政策與制度環境時，為何兩地在回應國內外市場競爭與金融危機上呈現調適策略選擇與經濟轉型路徑的差異？雖然中央政府政策與全國性制

度環境在過去三十年持續調整，而且近二十年來中國政府採取國家領
導的資本主義（state-led capitalism）體制（Huang 2008: 237），可能
對無錫的經濟發展比溫州友善，但本文將焦點鎖定在兩地地方制度的差
異，尤其探索兩地的制度行動者，如地方政府、行業商會與企業廠商，
如何透過不同的地方比較制度優勢與制度互補，去形塑不同的應對策略
做經濟轉型以調適市場競爭。同時，建立在**社會生產體系論述**（**social
system of production**）、**資本主義多樣性架構**（**varieties of capitalism**）
與**超越資本主義多樣性觀點**（**beyond varieties of capitalism**）的概念
基礎上，本文強調在溫州與無錫的經濟轉型中，地方政府干預與協調經
濟能力的強弱、地方行業商會的外向連結或封閉性、地方企業經營行為
的依賴慣性或創新精神，都影響溫州與無錫不同的轉型路徑。本文進一
步認為溫州行業商會所建構的包容開放與外向連結的社會網絡，以及強
勢主導經濟發展的無錫地方政府，均扮演制度企業家角色（Campbell
2004: 74-77; DiMaggio 1988: 14-15），[3]在結合不同的地方比較制度優
勢與制度互補後，不僅共同推動地方制度變遷與選擇應對策略，而且複
製與延續地方經濟轉型的制度分歧。

　　本文比較溫州與無錫三十年來因應市場競爭的經濟轉型差異。溫州
自 1978 年中國經濟改革後走向民營企業發展道路，且被認定為私營經
濟發展最具代表性的地區之一（Liu 1992），而無錫地處江蘇省南部，
與蘇州、常州並列為蘇南鄉鎮集體企業發展的代表。溫州與蘇南在經
濟發展上的路徑走向與產權差異，一向是中國社會科學研究與媒體報
導（中國新聞周刊 2006/5/19）中最具代表性與爭議的地區。由於溫州
與無錫皆位於中國東部沿海省分，同屬行政級別上的地級市，[4]工商業
與市場經濟發展較其他地區早，也較其他地區發達，易於觀察市場競爭
對地方經濟造成的衝擊，也足以反映產權發展近似地區所做的調適策略

3　John L. Campbell（2004）將推動制度變遷與創新的行動者視為制度企業家，可以是個
　　人、企業與組織。若企業家居於網絡核心位置，易於接觸到眾多新理念並享有較多資
　　源，有利於推動制度變遷。作者同時感謝審查人之一的提醒，最早提到制度企業家的學
　　者是組織社會學大師 Paul DiMaggio。
4　中國地方行政體制中，地級市介於省與縣（縣級市）之間，由地級市管理下轄各縣、
　　市，如無錫市管理下轄的江陰與宜興兩個縣級市。

選擇。本文所使用的資料來自作者從 2004 到 2009 年寒暑假的田野調查。作者前後多次訪問溫州與無錫的私營中小企業、民營化之集體與國營企業、地方商會與協會、地方政府相關部門幹部、地區性大學的學者等。此外，作者以文獻資料、地方政府出版品、統計年鑑、中外學者學術著作等來彌補田野調查之不足。文中涉及訪問的企業、政府與退休幹部、企業家、商會與協會負責人、學者等均為匿名，並以符號代稱，以保護受訪者。在討論溫州與無錫因應市場競爭挑戰而採行不同的應對策略之前，有必要先瞭解比較制度優勢、制度互補與制度企業家的意義。

一、理論觀點：比較制度優勢、制度互補與制度企業家

　　近年探討有關經濟發展的文獻中，政治經濟學者認為一國的經濟成長無法完全被投入的資金、勞力、甚至技術所解釋，與生產相關的制度環境對國家經濟成長同樣重要。制度環境不僅可以降低交易成本，而且可以影響經濟成長率與技術進步（North 1990; Hall and Soskice 2001; Hollingsworth and Boyer 1997）。在此一理論基礎上，強調制度的比較政治經濟學文獻應運而生。例如**社會生產體系**（**social system of production**）觀點以企業為核心，強調企業的生產、交換、融資、雇傭等關係是緊密鑲嵌在地方制度網絡中，並接受市場、層級（hierarchy）、網絡、協會（associations）、國家等不同機制協調其經濟交易關係（Hollingsworth and Boyer 1997; Hollingsworth 2002），而**資本主義多樣性**（**varieties of capitalism**）架構強調國家層級的政治經濟制度會影響經濟行動者的策略互動，尤其著重各國不同的制度互補性（institutional complementarities）、比較制度優勢（comparative institutional advantage）來解釋各國不同的企業行為、投資與發展模式（Hall and Soskice 2001）。其中制度互補指涉經濟體中，一個制度的效益會被另一個制度出現的效益所增強，例如過去德國企業所採用的長期雇用制度，正巧與不注重企業利潤率為前提的金融體制並存，德國銀行

提供長期貸款照顧所扶持的企業，不會在經濟波動時抽取銀根，反而幫助企業繼續雇用原有員工，不致像美國企業在經濟不景氣時做大規模裁員，所以在照顧企業長期發展的金融制度互補下，德國企業得以維持長期雇用關係（Hall and Soskice 2001: 17-18）。而比較制度優勢則指廠商所處的地方政治經濟制度環境，不僅支持廠商的生產活動，而且為生產提供經濟效益，透過制度支持使廠商的特殊產品在國內外市場中具有競爭優勢（Hall and Soskice 2001: 37）。

　　探索比較政治經濟發展的學者，透過制度互補與比較制度優勢的概念建構，發現各國經濟體呈現多樣性，分佈在自由市場（liberal market economies, LMEs）與協調市場（coordinated market economies, CMEs）兩大理念型經濟體之間（Hall and Soskice 2001）。當東歐共產政權瓦解，全球經濟整合加速，各國均面臨國際市場挑戰與國內衝突壓力，強調政治經濟體靜態與功能的資本主義多樣性架構，遂被批評難以處理政治經濟體內的動態衝突與創新，因而超越資本主義多樣性觀點（beyond varieties of capitalism）興起，將權力、衝突、政治結盟、國家角色等納入政治經濟體制的分析研究中，並在已有的政治經濟體理念型中，加入混合市場（mixed market economies, MMEs）與新興市場（emerging market economies, EMEs）的經濟體架構，以回應全球經濟震盪的挑戰（Hancke et al. 2007）。

　　在東歐經濟轉型的制度變遷研究中，一些學者認為主導經濟轉型的行動者如同制度企業家，不僅從外向連結的社會網絡與組織場域中匯集各種資源、理念與資訊來做制度創新與策略選擇，並且從已被揚棄的共產政治經濟體系中挑選可用的制度元素予以重新組合，因此市場經濟轉型並非全新的建構設計，而是路徑依賴式的制度元素重新組合與手工修補（bricolage）[5]（Campbell 2004: 69-74; Stark and Bruszt 1998）。本文則從溫州與無錫回應市場競爭的策略選擇比較中，體認到兩地經濟轉型的制度變遷，不僅具有舊制度元素重新組合的手工修補，而且新制度元素引進覆蓋在舊元素之上的層疊交替（layering）（Mahoney and Thelen

---

5　Campbell（2004）在討論制度變遷的路徑依賴特性時，強調制度企業家從舊有制度材料中擷取有用者，重新拼裝組合又予以手工修補，這種制度變遷稱之為 bricolage。

2010: 15-17），[6]形構中國經濟轉型中制度變遷的特性。

本文承襲上述理論架構的制度論述，但轉移中央政府與全國性制度環境的理論關懷，而將分析焦點置於中國境內不同的區域經濟——溫州與無錫，並觀察地方制度行動者，如企業經營者、地方政府、地方行業商會與協會之間的策略互動，來理解地方制度如何形塑行動者的應對策略選擇，以回應激烈的國內外市場競爭與金融危機。本文強調溫州地方制度的比較優勢在於私有產權與靈活的企業經營精神，相應的制度互補則是無為而治的地方政府，而制度企業家則由相對自主的地方各種行業商會、協會與中小企業發展促進會承擔，負責協調地方經濟秩序與制度創新。至於無錫的比較制度優勢在於相對豐富的集體資產，以及規模較大的國營和集體股份制企業集團，相應的制度互補是弱勢的民營企業與附屬於地方政府且輔助政策執行的地方行業協會，制度企業家則是一向強勢干預經濟的地方政府。

由於溫州向來資源貧瘠，欠缺集體積累，在計畫經濟時代就因財力困頓無法發展國營與集體企業，以致地方政府鮮少插手與干預農民的私營經濟活動，縱使在毛時代的政治運動中曾發揮政治壓制，但放任無為成為常態，導致溫州「走資派」的惡名遠播，也因此奠定日後私營企業成為市場經濟發展的基礎（Liu 1992）。相較之下，無錫地方政府一向忠於社會主義的集體產權，在 1970 年代就積極利用集體資產發展農村社隊企業，[7]在此基礎上，無錫繼續於 1980 年代推動鄉鎮集體企業，而且不遺餘力鎮壓私營經濟，並以弱勢的私營經濟作為制度互補，凸顯集體企業的生產效益。在改革初期的短缺經濟年代，以生產民生用品為主的鄉鎮集體企業曾大放光彩。與溫州家庭作坊及中小企業相同，無錫鄉鎮集體企業的產品，不論品質如何低劣與技術如何原始，均能搶占國內市場，造就蘇南與無錫在 1980 年代的經濟奇蹟（彭安玉 2007）。

當短缺經濟不再，買方市場形成，溫州勞力密集、技術原始的中小

6　James Mahoney 與 Kathleen Thelen（2010）在討論制度變遷特性時，按政治脈絡、制度特性與變遷代理之間的互動關係，將制度變遷分為四種類型：取代（displacement）、層疊交替（layering）、隨波逐流（drift）與轉變（conversion）。本文認為溫州與無錫經濟轉型中的制度變遷最符合層疊交替（layering）。

7　社隊企業指毛統治年代由公社與生產大隊所創辦的企業。

私營企業，易於在中國各地複製，形成競爭對手。在地方政府無為放任之下，中小企業在溫州準自由市場的激烈競爭中，惡性削價相互廝殺，導致廠商利潤微薄，又因相互挖角技術工人，以致勞動力跳槽頻繁。廠商為降低生產成本，不斷偷工減料、製造偽劣產品，重挫溫州商品信譽。此時地方政府應適時干預，制定法規與加強監督，防止惡性競爭帶來的市場失靈，但地方政府卻袖手旁觀缺乏作為。在市場激烈競爭下，溫州許多行業商會與協會遂自發而生，取代地方政府，出面協調廠商間的惡性競爭，制定生產法規、協調價格，解決同業面臨的困難，並提供同業相關的諮詢與法律服務，促使溫州邁向商會協調為主的市場經濟，防止市場失靈。同時中小企業在經濟危機中急需的融資貸款，也由中小企業促進協會與行業商會出面，在地方政府默許下，以民間小額擔保公司進行融資放款，進行類似銀行的金融業務。因此本文認為溫州行業商會與協會的包容開放與外向連結，承擔地方經濟轉型與制度變遷的制度企業家角色，在與地方政府、廠商的策略互動中，促使地方從過去的準自由市場經濟轉型為商會協調為主的市場經濟。

相較之下，無錫鄉鎮集體企業在市場白熱化競爭中，暴露類似國營企業的冗員充斥、生產疲憊與欠缺經營效益弊病，在虧損倒閉之際，鄉鎮企業被迫邁向產權私有化。但不同於溫州地方政府的消極作為，無錫地方政府強勢積極，全力主導地方經濟轉型，不僅產業協會與商會無用武之地，必須依附地方政府才能生存，造成它們弱勢無能。為提升地方經濟，無錫市政府創造企業發展所需的制度支持，包括企業集團的上市融資、企業利潤保證的市場寡占與壟斷、企業經營所需的政商關係、積極引進外資、發展高科技產業的地理群聚等。不論經濟轉型成效如何，無錫地方政府始終以制度企業家身分推動地方經濟轉型，使無錫從過去企業所有者的公司法人轉變為地方政府協調為主的混合市場經濟。縱使無錫地方政府全力主導地方經濟發展，卻始終追隨中央政策之後，並以落實中央政策為已任，與溫州商會時而為之的大膽創新有所不同。

本文同意制度經濟學與比較政治經濟文獻的觀點，制度演化與變遷具有路徑依賴的特性，而且制度變遷與演化未必改變原有核心的制度互補或比較制度優勢（Hancke et al. 2007: 11）。換言之，當溫州與無錫

面對國內外市場激烈競爭做應對策略選擇時，舊有制度中的比較制度優勢與制度互補會被制度企業家保留，但這並不表示它們會為地區的經濟轉型帶來正面結果。例如溫州靈活的企業經營在惡性競爭中導致市場失靈、企業出走與投機性的利潤賺取，而無錫比較制度優勢中的較大規模集體與國營企業集團，雖在私有化中與地方政府切割產權，但卻無法培養獨立經營精神，仍持續冀望政府給予優惠補助。溫州私營經濟發展的制度互補——無為而治的地方政府，雖不像無錫那樣打壓私營經濟，但面對惡性競爭與高利貸席捲的市場失靈卻束手無策，需要較為強勢的地方行業商會與協會以制度企業家姿態協助經濟治理與制度創新。相較之下，無錫雖有行業協會輔助地方政府做政策執行，並以弱勢的民營經濟陪襯大型國營與集體企業集團，而位居制度企業家的強勢政府，在主導地方經濟轉型之際，卻經常造成投資浪費，欠缺經濟效益。因此不論正負結果，地方制度企業家會在原有比較制度優勢與制度互補配合下，加入新的制度元素，持續形塑地方經濟轉型的策略選擇來應對市場競爭與金融危機。在解釋兩地的制度企業家、比較制度優勢、制度互補如何形塑不同的應對策略與轉型路徑之前，我們應先瞭解中國市場激烈競爭對區域經濟造成的衝擊。

二、溫州與無錫面對市場競爭的衝擊

溫州與無錫均為中國沿海省分最富裕地區，自 1980 年代初期就因善用地方資源稟賦與比較制度優勢，分別以農村私營經濟與鄉鎮集體企業，及早搶占國內民生用品市場，創造地方經濟奇蹟。表1呈現溫州與無錫近十年的經濟生產總值與成長率。

不論城鎮或農村，今日溫州與無錫人均收入均遠高於全中國平均所得（見表2），展現兩地在中國市場經濟轉型中的早發展優勢。但當中國國內市場競爭日趨激烈，溫州與無錫的發展均受到嚴重衝擊。

表1　無錫與溫州經濟生產總值及成長率（2001-2010 年）

（單位：人民幣億元）

年／地區	無錫		溫州	
	生產總值（GDP）	成長率（%）	生產總值（GDP）	成長率（%）
2001	1,360	11.5	932.08	12.3
2002	1,601.7	13.1	1,055	13.0
2003	1,901.22	15.4	1,220.3	14.8
2004	2,350	17.4	1,402.57	14.1
2005	2,850	15.1	1,600.17	13.0
2006	3,300	15.3	1,834.38	13.3
2007	3,858	15.3	2,157	14.3
2008	4,419.5	12.4	2,424.29	8.5
2009	4,992	11.6	2,527.88	8.5
2010	5,758	13.1	2,925.57	11.1

資料來源：溫州市統計局（2001-2010），溫州市國民經濟和社會發展統計公報；無錫市統計局（2001-2010），無錫市國民經濟和社會發展統計公報。

表2　溫州、無錫城鎮與農村人均所得（2001-2010 年）（單位：人民幣元）

地區／年	2001	2002	2003	2004	2005	2006	2007	2008	2009	2010
溫州										
城鎮	13,200	14,591	16,035	17,727	19,805	21,716	24,002	26,172	28,021	31,201
農村	4,683	5,091	5,548	6,202	6,845	7,543	8,519	9,469	10,100	11,416
無錫										
城鎮	9,454	9,988	11,647	13,588	16,005	18,189	20,898	23,605	25,027	27,750
農村	5,524	5,860	6,329	7,230	8,004	8,880	10,026	11,280	12,403	14,002
全國										
城鎮	6,860	7,720	8,472	9,442	10,493	11,759	13,786	15,781	17,175	19,109
農村	2,366	2,476	2,622	2,936	3,255	3,587	4,140	4,761	5,153	5,919

資料來源：溫州市統計局（2001-2010），溫州市國民經濟和社會發展統計公報；無錫市統計局（2001-2010），無錫市國民經濟和社會發展統計公報；全國平均所得資料來自中國國家統計局（2001-2010），全國年度統計公報。

（一）溫州經濟面臨的困境

溫州位於浙江省南部沿海，南接福建，西臨麗水與金華，人口共計 756 萬。溫州下轄 6 個縣、2 個縣級市、3 個市級區；2006 年城鎮人

口占全市總人口 60.22%，高於浙江全省平均的 56.5%，都市化程度名
列全省第四（課題組 2008: 2-5）。溫州早在 1980 年代初以私營經濟崛
起，農村人均所得從 1978 年的 113 元（課題組 2008: 5）上升到 2010
年的 11,416 元，同年城鎮人均收入高達 31,210 元，名列浙江全省第一
與全中國第四，僅次於東莞、深圳與上海（見表 3），由此可見溫州民
間財富積累的實力與充裕的游資。

表3　2010 年中國主要各城市人均可支配收入及排名（單位：人民幣元）

	城鎮人均可支配收入	排名		城鎮人均可支配收入	排名
東莞	36,350	1	北京	29,073	11
深圳	32,381	2	南京	28,312	12
上海	31,838	3	無錫	27,750	13
溫州	31,210	4	嘉興	27,487	14
廣州	30,658	5	佛山	27,245	15
寧波	30,166	6	台州	27,212	16
紹興	30,164	7	常州	26,269	17
杭州	30,035	8	舟山	26,242	18
廈門	29,253	9	湖州	25,729	19
蘇州	29,219	10	珠海	25,382	20

資料來源：中國統計信息網（2010），（各城市）2010 年國民經濟和社會發展統計公報。

　　溫州對浙江省 GDP 的成長貢獻一直位居全省第三，僅次於杭州與
寧波（見圖1）。溫州各項經濟指標表現亮麗，但最近十年溫州幹部對
地方經濟發展充滿隱憂與焦慮。第一，溫州 GDP 成長率雖自 2008 年
全球金融風暴急速下跌，但自 2010 年已有所回升（見表1與圖2），
可是浙江省其他地級市 GDP 成長速度更快。溫州 GDP 的增長率自
2003 年以來在浙江省 11 個地級市中就已排名倒數第二或第三（朱
康對 2008: 27）。圖1顯示溫州 GDP 成長率在 2010 年與舟山並列
（11.1%），居全省倒數第二，只比紹興（11%）略高，但低於全省平均
（12.25%）。圖2是溫州市 GDP 從 1979 到 2010 年之間的增長變化。圖
1 與圖2 均顯示溫州近年經濟發展遲滯，造成溫州幹部焦慮政績，擔心
溫州經濟成長墊後，失去原有發展的經濟優勢與位階。
　　溫州幹部的第二個焦慮來源是資金外流與企業外移。在溫州經濟成
長中，許多中小企業為擴充產能，迫切需要額外土地擴建工廠，但卻發

現土地短缺與地價昂貴。例如溫州瑞安市工業區中一畝土地索價21 到
30 萬人民幣之間，而在無錫一畝只要 10 到 20 萬元之間。[8]溫州許多中
小企業均申請進入開發區，希望取得廉價工業用地擴張產能，但卻發現
候補名單過長，而且中小企業每年繳納營業稅若少於 50 萬元者，將失
去申請資格。[9]

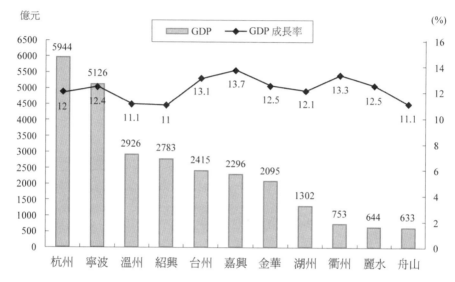

圖1　2010 年浙江省 11 個地級市的 GDP 的增長變化

資料來源：金浩、王春光編（2008: 27），溫州藍皮書：2008 年溫州經濟社會形勢分析與預測；浙
　　　　　江省各地級市國民經濟和社會發展統計公報（見附錄）。

8　作者於 2004 與 2005 年先後訪問瑞安市經濟開發區管理委員會（管委會）幹部與無錫新
　　區管委會，兩園區均提供廉價工業用地，但價格差異很大。
9　中國社會科學院社會所一位學者提供的資訊。

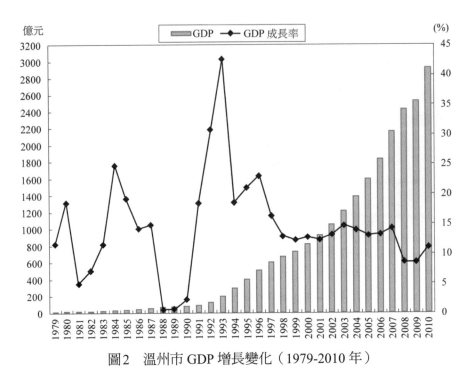

圖2　溫州市 GDP 增長變化（1979-2010 年）

資料來源：金浩、王春光編（2008: 23），溫州藍皮書：2008 年溫州經濟社會形勢分析與預測；溫
　　　　　州市統計局（2008-2010），溫州市國民經濟和社會發展統計公報。

　　由於溫州經濟富裕與物價較高，勞動成本逐年上升，削弱溫州本
地企業在全國市場的競爭力。早在 1990 年代溫州本地企業大肆擴張之
際，就被日漸上升的生產成本與土地能源不足所制約，導致許多本地企
業於 1990 年代下半葉開始將生產線外移到工資較為低廉、環境較為友
善、水電供應較充分的地區。同時溫州許多企業將生產訂單從溫州本地
轉移到其他地區，尋找工資廉價的外包工廠。顯然，資金外流與生產外
移削弱溫州 GDP 的增長率，這使溫州幹部神經緊張，擔心溫州在浙江
的經濟地位不保，會被其他城市取代。但業界卻有不同的看法，認為溫
州幹部若擔心溫州企業在浙江與全國的競爭力，就應該想辦法替企業解
決困難與提供援助以挽留企業。一位將成衣工廠遷到浙北湖州生產的溫
州企業家談到：

我曾在溫州市住宅區內擁有三層樓的工廠大廈，一樓是車間，二樓是倉庫，三樓是工人宿舍。因為工廠無法通過溫州市政府衛生單位每年的安全檢查，我被政府要求遷出溫州市住宅區。當時我無法在溫州市找到其他合適地點重建工廠，因為美國 Wal-Mart 與 JC Penny 已下訂單給我，我必須立刻擴充產能。溫州市政府對我沒有提供任何幫助，正在我面臨發展困頓之際，湖州正在招商，我就將工廠遷到湖州 Z 鎮工業區，本地工資與土地都很廉價，適合我做擴大生產。Z 鎮政府對我非常禮遇，經常噓寒問暖，提供幫助。我若有所需要，就直接去鎮政府要求協助，去鎮政府如同去鄰居家一樣方便。但在溫州沒有任何幹部會理我，更不會主動提供幫助。[10]

另一位溫州企業家也認為溫州市政府能力低落，無法整頓溫州經濟秩序，以致溫州產品惡名昭彰，遂將生產移到上海：

我在 1993 年開始生產做產品包裝的機器工具，包括封罐機與包裝機。那時溫州工業產品不僅贗品多，而且品質差不牢靠，消費者對溫州產品沒信心。因此我將生產線遷到上海，因上海工業產品聲譽好，品質佳且可靠。我在上海不僅為你們台商做代工，還銷售到德國去，這是在上海生產的好處。我遷到上海的第二個原因，是因為溫州的地價成本高於上海，而且上海地區的政府不像溫州地方政府那樣向我們伸手要錢。[11]

上述訪談不僅表現溫州典型的準自由市場競爭，資金與工廠均自由外移，而且反應溫州地方政府的勒索慣性。首先，溫州企業外移，除降低生產成本考量外，就是要避免地方政府官僚體系的騷擾索賄。由於溫州地方政府財政一向困窘（Liu 2012），為增加地方預算外收入，不時以各種名目、攤派、規費，要求企業出資捐款，贊助地方政府舉辦的各種活動與建設，許多中小企業不勝其擾。然而當企業產能擴張需要政府

---

10 作者於 2006 年訪問投資浙江湖州 Z 鎮的溫州企業家。
11 作者於 2008 年訪問溫州 S 公司董事長。

幫助之際，地方政府卻反應冷淡，愛莫能助，這與中小企業在外地投資受到當地政府禮遇與熱心協助截然不同。在地方推力與外地拉力推動下，溫州自然產生資金外流與企業外移。

其次，在先天不足、後天失調的惡劣投資環境下，溫州企業家出走全國各地尋找合適的投資機會，近者如到鄰近縣市的麗水、義烏、金華等地或浙北投資，或到鄰省福建建立工業園區與商場（如福鼎與寧德等地），[12] 遠者則赴黃河以北與中西部偏遠山區去投資。[13] 自國際金融風暴席捲全球以來，溫州私營中小企業在缺乏融資與訂單衝擊下，將近20% 關門歇業，其中約 80% 的服裝廠與 50% 的打火機廠停工。[14] 在投資環境惡化與市場競爭力不足之際，溫州許多企業挪用技術改造與升級的銀行貸款，轉做投機性的房地產投資。根據調查，2010 年溫州市前百大企業中，超過一半以上的著名製造廠商涉入投機性的房地產開發與土地買賣，少有將銀行貸款融資用於企業的技術發展，而更多企業到外省去投資。[15] 不僅如此，溫州絕大多數家庭均捲入房地產投資，以致溫州「炒房團」聞名全中國。資金外流他省已成為溫州地區的敏感話題，自 2005 年之後就很難找到資金外流的官方統計。表 4 是溫州 2002 到2005 年資金外流他省與外地的數據。

表4　溫州外流他省與外地的資金總額（2002-2005 年）

（單位：人民幣億元）

年	金額
2002	超過 100
2003	270
2004	380
2005	200
總計	950

資料來源：溫州年鑑（2003, 2004, 2005, 2007）。

---

12 作者 2008 年訪問溫州大學城市學院與市委黨校教授。
13 作者 2008 年在湖北西部山區的建始縣做田野調查，訪問在當地投資的溫州企業家。
14 作者 2008 年訪問溫州中小企業發展促進會會長。
15 見《經濟觀察報》（2011）溫州面臨「產業空心化」。

　　第三，溫州家庭作坊與中小企業為及早搶占地方與國內市場，產品粗製濫造，各種仿冒品充斥全國，反映出誰先生產，誰就搶先獲得商機。在地方準自由市場惡性競爭下，地方政府干預無效，並在地方利益驅使下，任由溫州生產贗品，惡名遠播，往往在中央政府出面干預下，溫州市政府才有所作為。例如 1980 年代樂清縣柳市鎮家庭作坊以生產低壓電器開關聞名，但因產品粗製濫造，引發多起電線走火，造成災難，因而中央機械部下達公文，譴責柳市鎮電器產品的惡質，溫州市政府才跟進做整頓（Liu 1992）。又如溫州製鞋工廠生產的粗劣假鞋於 1987 年被杭州市政府大規模銷毀後，溫州市政府只得動員成立鞋業協會，進行品質管制與制止同業惡性競爭（張弘遠 2006；葉培紅、張錦春 2002: 76）。[16] 縱使後來溫州各種輕工業產品品質有所改善，但 1990 年代以來溫州惡質產品仍不斷被揭發，包括假藥、假嬰兒奶粉、缺乏安全性的打火機等，顯示地方政府經濟治理能力不足，不願主動干預與管理經濟事務，放任溫州中小企業在缺乏規範的準自由市場中彼此惡性競爭。

　　第四，2008 年國際金融危機席捲全球之際，中國政府因應國際市場訂單減少，為解救本國外銷為主的企業，防止大批工廠倒閉與失業率上升，遂投入四兆多人民幣，創造國內市場消費需求，以內需替代出口來維持國內經濟成長。[17] 然而短期間大量貨幣投入市場，造成物價飛漲。中央政府遂在 2010 年為壓制嚴重的通貨膨脹，採取銀行緊縮銀根策略，導致中小企業更難從銀行得到貸款，在資金周轉困難下，原已發達的溫州地下金融更形猖獗，高利貸橫行。溫州全民，包括地方官員，各式各樣的互助標會到地下錢莊，甚至政府單位的「小金庫」與現款充裕的國營企業，一齊捲入地下金融的高利放款，尋求暴利（中國時報 2011/9/27），利率甚至高達 60%（*Time* 2011/11/28）。在利息無以為繼之下，於 2011 年秋季便出現溫州企業老闆為躲避暴力討債而失蹤，甚至傳出自殺消息。當消息登上媒體成為全國性新聞，甚至傳播國外，溫

---

16 最早成立於 1988 年的溫州鹿城鞋業協會，後來加入 1991 年成立的溫州市鞋革工業協會（葉培紅、張錦春 2002: 77）

17 作者 2009 年訪問無錫市政府發展和改革委員會（發改委）的退休官員。

州幹部更加焦慮。目前，中央政府雖已指示地方銀行放寬貸款限制，改善溫州私營企業的資金周轉困難，但地方金融市場的嚴重失靈將會持續困擾溫州經濟，徒增溫州官員的神經焦慮。

　　溫州私有產權與靈活經營手腕的比較制度優勢，較集體和國營企業更早嗅得商機，並在溫州各級政府無為默許的制度互補下，使私營中小企業在全國市場競爭中捷足先登。但因缺乏政府有效管制與干預，無力建構地方完整的金融制度、幫助解決私營企業資金周轉的困難，致使溫州在全球金融危機、市場競爭與銀根緊縮壓力下，不僅呈現經濟成長停滯、資金外流與企業外移，也造成地方金融市場捲入政府無法控制的高利貸風暴中。溫州要如何選擇應對策略來因應市場競爭、資金外流與銀根緊縮的挑戰？

（二）無錫經濟面臨的市場挑戰

　　無錫位於江蘇省南端，南鄰太湖，北濱長江，東距上海 128 公里，西距南京 183 公里，與蘇州、常州同為蘇南經濟發達地區，以「蘇南模式」著稱。無錫輕工業於十九世紀末奠定基礎，以繅絲、紡織、麵粉食品等工業出名（嚴克勤、湯可可等 2003: 19；吳柏均 1995），是蘇南地區農業、工業與文化重心之一。自共產政權建立，無錫本身因工業基礎強大，又地近上海，獲得中央政府重視，得到政府重大投資，建立不少大中型國營企業，導致無錫受制於計畫經濟，必須緊追中央政策。與溫州的輕工業發展不同，無錫今日是全中國第七大工業城，重工業產值是輕工業的兩倍（黃勝平、湯可可 2005: 15）。無錫 GDP 產出在江蘇省僅次於蘇州，高於首都南京（見表 5）。

　　與溫州鄉鎮的資源貧困不同，無錫農村的比較制度優勢在於豐富的集體資產，無錫地方政府利用此一集體積累，於 1970 年代發展社隊企業，並在 1980 年代繼續推動集體所有制的鄉鎮企業，因而造就蘇南經濟奇蹟。無錫鄉鎮政府一向強勢干預地方經濟，將管轄境域內所有鄉鎮企業組織成農工商總公司，以鄉鎮書記出任公司董事長，鄉鎮長出任總經理，政府與企業重疊，形構成典型的地方政府公司法人（local state corporatism）（Oi 1992, 1999）。與過去計畫經濟的公社體制相同，地方政府公司法人是政治與經濟合一，政府既是經濟生產者，又同時是管理協調者；但與公社體制不同的是，地方政府公司法人是政府與市場共同協調資源分配與經濟活動，雖然地方政府對經濟的干預遠大於市場機制。

表5　2010年江蘇省各地級市對省GDP貢獻的排名順序

（單位：人民幣億元）

	江蘇省各地級市的GDP	對江蘇省GDP貢獻排名
蘇州	9,168.91	1
無錫	5,758.00	2
南京	5,010.36	3
南通	3,417.88	4
常州	2,976.68	5
徐州	2,866.93	6
鹽城	2,266.26	7
揚州	2,207.99	8
泰州	2,002.58	9
鎮江	1,956.64	10
淮安	1,345.07	11
連雲港	1,150.81	12
宿遷	1,015.21	13

資料來源：江蘇省各地級市國民經濟和社會發展統計公報（見附錄）。

　　1990年代中期以後市場競爭日趨激烈，無錫鄉鎮企業已不敵私營與外資企業的經濟效益。尤其鄉鎮企業所有權屬於鄉鎮政府，與國營企業類似，承擔許多政治與社會任務，並非單純的追求經濟利潤。若企業經營不善而虧損，往往不是經營幹部的責任，因為外加的政治與社會任務，使鄉鎮企業在經營中無法以成本效益來衡量企業的經濟表現。一旦企業財務出現赤字，鄉鎮政府有責任為企業尋找救急資金，不僅造成地方銀行與信用社的呆帳虧損，也造成鄉鎮政府債臺高築。更由於鄉鎮企業投資不足，技術設備老舊，產品品質無法改善，導致市場競爭力不足。更有甚者，由於鄉鎮企業產權不夠明確，經營者易於從中造假，暗中侵吞企業資產。無錫與蘇南鄉鎮企業相同，在市場競爭中走投無路，被迫邁向產權私有化（劉雅靈2001）。

　　無錫地方政府強勢主導經濟發展，更於 1990 年代在城鎮地區追求外延式成長策略（extensive growth），以資源投入拉動經濟成長。根據大陸學者的說法，這是一種「高投入、高耗能、重污染、低產出、難持續」的傳統粗放式經濟發展策略，依靠高度投入與大量資源消耗來維持經濟快速成長，但投入產出的經濟效益很低，並犧牲大量耕地與生態環境（洪銀興 2007: 9；申俊喜、蔣伏心 2007: 134；陳耀興 2007: 364）。大陸學者更進一步指出，無錫市在 1992 年每增加 1 元的 GDP 產出，需要固定資產投入 1.09 元，到 1996 年增加為 2.30 元，到 2003 年為 2.78 元，反映投入產出效益的降低（黃勝平、湯可可 2005: 20）。此外，無錫在經濟成長中承受高度廢水、廢氣與廢物的污染。有鑑於此，無錫市政府近年改變產業結構，著重投資效益，提高投入產出水準，減少污染，降低盲目的產能擴張，提倡所謂密集式成長（intensive growth）。

　　從統計數字觀察，無錫的工業發展實力明顯高於溫州，不僅 GDP 產值一向領先於溫州（見表1），城鄉收入差距也較溫州低，2005 年無錫與溫州的城鄉收入差距比為 0.32 與 2.89（范從來、孫覃明 2007: 123），但無錫城鎮人均收入始終落後於溫州（見表2），與溫州城鎮人均收入排名全國第四相比，無錫則排名全國十三（見表3）。為何無錫經濟發展的果實無法像溫州那樣多被城鎮居民所分享？無錫的比較制度優勢在於豐富的地方資源與集體資產，在強勢地方政府干預下，不僅以地方市場的寡占與壟斷保障集體與國營企業的利潤，而且壓制私營經濟發展，土地增值的暴利又完全被地方政府壟斷，導致地方政府財稅實力遠超過民間的富裕。[18] 而溫州民營經濟的利潤多半落入私人口袋，地方政府又無力汲取課稅，以致溫州民間經濟實力較政府雄厚。無錫面對國內外市場競爭的夾擊，如何維持原有經濟地位、化解危機與追趕溫州民間的富裕？

---

18 作者於 2007 與 2009 年訪問多位無錫民營企業、學者、企業集團幹部等，都表達了類似看法。

三、溫州與無錫的應對策略：制度互補、比較制度優勢與制度企業家

溫州家庭企業在 1980 年代地方準自由市場經濟中的惡性競爭，已敗壞溫州商品聲譽，同時無錫地方政府公司法人推動的鄉鎮企業與國營經濟也喪失競爭優勢，在無錫採取產權私有化與積極引進外資作為調適策略應對市場挑戰之際，已處於私有產權環境中的溫州家庭企業如何應對市場競爭與恢復溫州商品名聲，並建立消費者信心？本文強調在溫州與無錫原有的地方比較制度優勢與制度互補下，溫州以行業商會的開放包容與外向連結，無錫以地方政府的強力經濟干預，分別扮演推動制度變遷的企業家角色，形塑地方策略選擇來回應市場競爭壓力，以致溫州與無錫走向不同的市場經濟轉型路徑。在制度變遷過程中，制度企業家的策略選擇範圍已被原有地方制度所局限，不僅從既有制度中挑選可用的元素與成分，重新組合並做手工修補，而且引進新制度元素，強加於舊元素之上，形成新舊制度混合的層疊交替。

（一）溫州應對策略：從準自由市場到商會協調的市場經濟

與無錫採行產權私有化和積極引進外資不同，溫州雖處於私有產權環境，但地理位置遠離上海與長江三角洲，不利溫州吸引外資。溫州地方政府又無為而治，欠缺經濟干預的積極性，因此溫州只能從企業本身做起，不僅做技術、行銷與通路的升級，而且組織商會與行業協會做自我管理與監控，降低同業之間的惡性競爭，確保產品品質，防止市場失靈。

1. 溫州私營企業的獨立經營精神：地方比較制度優勢

溫州私營經濟起源於農村家庭作坊的小商品生產，依靠傳統制度中的親戚、血緣與鄰里關係作為互助信任的基礎，建立起分工合作的生產網絡，不僅降低生產與交易成本，而且以低價競爭取勝，形塑溫州在 1980 年代的準自由市場經濟體系。然而溫州低技術層次與勞力密集

的小商品生產極易在全國各地複製，造成血淋淋的割喉競爭。例如成衣業者為爭奪外商訂單，彼此惡性削價、挖角技術工人，造成市場價格混亂、企業流血生產，無法賺到利潤。[19]

然而經歷三十年市場經濟轉型，許多溫州家庭作坊已開始蛻變，從結構扁平的小工廠轉變為生產垂直整合與多部門的大型公司，或跨產業生產的集團公司。例如今日溫州最大的正泰企業集團，最早從樂清縣柳市鎮製造低壓電器開關的小工廠起家，[20] 在發展過程中透過投資持股，將其他家庭作坊與小工廠併入成為企業集團的子公司，之後又陸續併入許多外包公司，並在全國各地城鎮建立獨立的行銷網絡，今日正泰集團仍在擴張之中（史晉川等 2002: 129-152）。

不同於無錫，溫州多數企業家保持低姿態，不願財富露白，縱使這些企業家的投資與生產已經遍布各個不同產業領域，他們也不願將多元投資事業正式組織為企業集團。溫州企業家對組織集團公司上市，從股市中取得企業發展資金頗為猶疑。一方面，許多溫州大企業自認不需要從股票證券市場募集資金，它們通常資金雄厚，使用自我積累利潤做再投資，或企業之間彼此相互拆借互為引援。另一方面，它們對公開財務報表取得上市資格頗有疑慮，擔心財務公開會引發地方政府覬覦，對企業發展未必具有正面效益。[21] 溫州地方政府也消極被動，不會主動提供幫助、鼓勵企業進入股市，唯有在最近國際金融風暴衝擊過後，才轉變消極態度積極幫助企業上市。[22] 相較之下，無錫的企業集團反倒競相爭取政府的幫助，從股市取得發展資金。

雖然溫州中小企業的技術層級低落，容易在他處複製而成為競爭對手，但在全國市場競爭壓力下，溫州一些企業逐漸結束勞力密集生產，走向科技成分較高的產業。根據一位生產 IC 智能（慧）卡的溫州老闆：

---

19 作者 2008 年訪問溫州市服裝商會。
20 作者早在 1987 年蒐集博士論文資料期間，曾訪問過正泰集團前身，位於樂清縣柳市鎮的求精開關廠。
21 作者 2008 年訪問溫州大型私營企業 S 公司等。
22 根據中國經濟網轉載中國證券網消息（2011/11/8），溫州市政府在高利貸風暴後，開始鼓勵與協助溫州私營企業上市，取得股市資金。

我過去是經營成衣廠的，但當我在 1990 年代末考察義大利米蘭的成衣工業之後，就把自己的成衣廠關閉，因為在服裝設計與製造上，我發現雙方差距過大，無法追趕。我從 2000 年開始轉向 IC 晶片設計、IC 智能（慧）卡生產與印刷事業，例如我生產信用卡、身分證、門禁卡等。我生產 IC 智能（慧）卡所需的塑膠片，過去都是從台灣進口，現在這些台灣廠商都到大陸設廠，一直是我的供應商。台灣在智能（慧）卡生產上技術進步，品質也很好，我有許多地方是向台灣廠商學習的。由於我目前經營的產品科技成分高，得到溫州市政府的幫助，進入工業園區，獲得廉價土地建立自己的工廠。[23]

此外，溫州傳統產業的打火機裝配，為因應國內外嚴峻的市場挑戰，也開始做技術升級，根據溫州 D 打火機公司的董事長行政助理：

我們公司生產的打火機，約有 60% 到 70% 是出口，其中包括為 Marlboro 香煙的打火機做代工。打火機其實沒有太多技術含量，只是裝配而已。但因應業界的競爭，我們從 2005 年開始做研發，開發在高原空氣稀薄地區使用的打火機，由於研發成功，我們於 2007 年出口南美洲的高原國家，如墨西哥與哥倫比亞等國。目前全球經濟不景氣，我們的應對策略是生產 20% 的高價位精品打火機，這是賺錢用的，其餘 80% 是中低價位的打火機，這是不賺錢的，但可發工資給工人吃飯。[24]

另外，位於瑞安市的 H 集團公司，旗下一家子公司已完成汽車引擎噴油系統零件的研發，根據該集團公司總經理：

我們剛完成汽車引擎噴油系統零件的研發，這是電腦控制的電子零件，與過去我們生產的機械零件不同。目前我們已經在汽車維修市

---

23 作者 2008 年訪問溫州工業區的 W 科技集團副總裁。
24 作者 2008 年訪問溫州 D 打火機公司董事長行政助理。

場中銷售，正等待與汽車裝配廠簽約，希望能成為它們的零件供應商。此一零件過去完全靠進口，但現在我們已完成進口替代。我們還要進一步研發出適應高原、高熱地區的引擎噴油系統，提高產品的穩定性。[25]

除技術研發與新產品開發因應市場競爭外，許多溫州企業家為分散市場風險，開始做不同產業領域的多元化投資，根據前述生產包裝機器的溫州企業家：

我除生產包裝機器外，並於 2003 年成立房地產開發公司，而且陸續投資網路科技公司與旅遊事業。我又於 2006 年以溫州第一個民間資本在上海成立創投公司，目前我已與嘉興地方政府合作，投資於嘉興政府推薦在當地科學園區經營優良的科技公司，有政府推薦與保證的公司應是安全的，我們公司總共投資兩億元的基金在嘉興科技園區。[26]

此外，溫州企業家也積極做產品通路的開發，一位做辦公室家具的溫州老闆已開始建立電子商務的行銷部門，擴大他的產品銷售。除開設店面展示商品，如影印機、印表機、碎紙機、辦公室桌椅、文具等外，並建立網上購物站，專注於產品行銷。為降低成本，這位溫州老闆甚至關閉自己的工廠，不僅將生產外包，而且向外採購所需商品。[27] 溫州企業家們應變市場需求的速度很快，相互模仿學習，行銷手腕不輸外國企業。

溫州生產童裝的一位民營企業老闆，採取類似西方名牌成衣業的銷售方式，建立全國連鎖店的行銷管道出售童裝產品。這家童裝公司將生產全部外包，由總公司提供設計樣式，在溫州以外地區的成衣工廠代工生產，並由總公司負責品牌形象、廣告、行銷、採購、品質管理與資

---

25 作者 2008 年訪問溫州瑞安市 H 集團公司總經理。
26 作者 2008 年訪問溫州 S 創投公司董事長。
27 作者 2008 年訪問溫州 Ren 企業董事長。

金周轉，目前這位老闆在全國已有 300 多家連鎖店做行銷。[28] 此外，溫州許多知名品牌的服裝業也走相同路線，利用外地廉價勞力做服裝代工，公司本身只做產品生產鏈中高附加價值的部分。[29] 溫州知名品牌的製鞋業也採取全國連鎖店加盟的方式，作為行銷手段。[30]

溫州雖以勞力密集的中小企業起步，但面臨市場巨大競爭壓力，溫州企業家以靈敏嗅覺與經商頭腦，不斷向外學習新知，或做產品技術升級，或開發電子商務以擴張市場銷售。為降低生產成本，溫州許多企業家關閉生產線，向外地廠商採購或建立代工關係，作為應對市場競爭的策略。雖然在地方政府無所作為的制度互補下，多數溫州中小企業選擇生產外移與資金外流，造成媒體危言聳聽的「溫州產業空洞化」報導。畢竟選擇做科技研發與技術升級的溫州企業為數不多，而且溫州中小企業在浙江省科技進步水平排名倒數第二（課題組 2008: 10）。縱使如此，與無錫企業集團事事要求政府協助的依賴心態相比，溫州企業家不等政府提倡，並走在後知後覺的政府前面，積極開拓與爭取市場，搶奪先機。這種以企業獨立經營精神為基礎的地方比較制度優勢，形構溫州中小企業在全國市場中的競爭力。與無錫依靠外資企業支撐地方稅收與 GDP 產值不同，溫州經濟體主要依靠地方中小企業與集團公司的支撐。

2. 溫州行業商會與協會的外向包容與連結：創新的制度企業家

面對無所作為的地方政府，溫州各產業在準自由市場的割喉競爭中，均認同成立行業商會與協會的迫切需要，以重整市場秩序與恢復溫州商品聲譽。在 1990 年代初期，溫州民間各行業商會與協會在自發基礎上陸續成立，[31] 而中央政府直到 1997 年才頒布鼓勵辦法。溫州各商

---

28 作者 2008 年訪問溫州 Y 童裝服飾有限公司董事長。
29 作者 2008 年訪問溫州服裝商會秘書長。
30 作者 2004 年訪問溫州永嘉製鞋業的 H 集團公司。
31 作者在此未將行業商會與協會作細緻區分，因中國政府自 1990 年代末鼓勵商會與協會都回歸民間組織。但各地做法差異很大，例如無錫許多行業協會，過去由政府發起，隸屬經濟貿易委員會管轄，至今不願完全放棄管轄權，仍由幹部兼任協會職務。而商會多是新興行業的自發組織，伴隨私營經濟而發展，歸屬中華全國工商聯合會（工商聯）管轄。兩會性質的差異，見郁建興等（2006: 20-26）、張弘遠（2006）、浦文昌（2006）、保

會與協會，為禁止各行業內的流血惡性競爭，訂定生產標準程序、決定價格、協調業界糾紛與衝突，禁止與打擊偽劣贗品，幫助解決同業間的困難，增強同業間的自律行為等（郁建興等 2006: 91），成為建構創新的制度企業家。

與無錫類似，溫州頗有些行業協會早期由官方成立，但目前多已轉變為民間法人團體的協會，如溫州印刷協會。根據印刷協會秘書長：

> 溫州印刷協會過去由政府二輕局成立，不是民間新興商會，但目前溫州印刷協會已是民間團體，與政府脫勾，專門為印刷業者服務。我過去任職於二輕局，退休後才應聘到印刷協會服務，成為秘書長。我們印刷協會的經費來自會員繳納的會費，並沒有任何政府經費挹注，因此印刷協會是真正的民間團體。目前全溫州市有 2,734 家與印刷相關的企業，絕大多數集中在蒼南縣，約 1,000 多家。我們溫州市印刷協會會員共有 280 家，這些都是規模較大的印刷企業、集團公司或團體會員，如溫州市下轄各縣的印刷協會分會，就是以團體會員資格，加入我們市區的印刷協會。我們的會員絕大多數是私營業者，在近年金融危機與市場競爭壓力下，約有 10% 的業者停產與關門。許多業者為生存考量，集體遷到上海閘口區，落戶當地。我鼓勵他們要加入當地協會，以便適應當地環境而生存。我個人也和上海閘口區的印刷協會聯繫，服務我們外遷的溫州廠商。[32]

但不論是否為民間自發性組織，溫州商會與協會都吸收同業個別廠商與團體會員，並與外移的溫州廠商及異地商會保持聯繫。[33] 溫州商會與協會也與地方政府密切合作，幫助地方政府宣揚政策，並執行政府委託交辦的事務。例如幫助地方政府動員資金、鼓勵廠商捐獻、為偏遠貧

育均（2006）等的討論。

32　作者 2008 年訪問溫州市印刷協會。

33　溫州外移他地生產的中小企業，又在當地成立溫州同業之間的商會或協會，稱之為異地商會。

困地區建學校，甚至到西部地區做投資、促進當地經濟成長，降低區域
之間發展的失衡。[34]

　　除同業協會與商會外，溫州還成立跨行業的中小企業發展促進協
會，幫助解決溫州中小企業的困難。根據促進會會長：

> 中小企業最大困難是融資，缺乏貸款的抵押與擔保，因為中小企業
> 沒有土地與廠房，土地與廠房都是租的，無法成為銀行貸款的抵押
> 品，於是我們發起成立擔保公司，為中小企業借款做擔保。我們協
> 會邀請各銀行負責人與政府官員加入為會員，壯大小額擔保公司的
> 信譽。在我們帶頭下，目前溫州已經成立 270 多家小額擔保公司。
> 目前全球經濟不景氣，中小企業首當其衝，許多擔保公司想要增加
> 融資貸款業務，因民間利率最高可以是一般銀行的四倍。可是擔
> 保公司不是銀行，禁止做銀行業務。而我們促進會就為擔保公司說
> 項，將當前中小企業的困境向政府說明，因此溫州市政府已經應允
> 小額擔保公司在 2008 年秋季轉型為社區銀行，為中小企業進行融
> 資，並受法律保護。[35]

　　在中小企業發展促進會說項之下，溫州小額擔保公司自 2008 年開
始為中小企業進行融資貸款，這使溫州民間「地下錢莊」浮上檯面，進
行合法的金融交易。在中國銀行融資貸款的金融業務仍受政府嚴格控
制之際，溫州小額貸款公司的出現，是金融業務邁向民營化的一大創
舉。[36] 不論這些民間小額擔保、貸款公司或社區銀行是否靠掛在中小企
業發展促進會或一般商會、協會之下，它們都是獨立經營，在業務上與
促進會或商會、協會無關。然而一旦中央政府勒令全國緊縮銀根，就引
發溫州資金市場的貸款需求暴增，利率因而攀升為高利貸，賺取暴利動
機遂席捲手中握有游資的溫州小額擔保與貸款公司、家戶與政府官員

---

34 作者 2008 年訪問溫州服裝商會與中小企業發展促進協會。
35 作者 2008 年訪問溫州中小企業發展促進協會會長。
36 溫州民間早在 1980 年代就出現地下錢莊，為農村家庭作坊與中小企業進行融資。因未獲
　得政府正式允許，通常被視為非法營業。但基於民營經濟資金周轉的迫切需要，地方政
　府通常睜一隻眼、閉一隻眼默許，作者曾在 1987 年訪問溫州蒼南縣農村地下錢莊老闆。

（中國時報 2011/10/6）。

　　當溫州中小企業在市場競爭中逐漸失去優勢，而全國各地不斷向溫州企業招商之際，溫州資金外流與企業外移已成為無法阻擋之趨勢。溫州各行業協會、商會、促進會遂組織溫州中小企業到外地考察，[37] 又幫助各地方政府到溫州招商，甚至與國際組織及社團交流，促進溫州中小企業的國際化，幫助尋找外資合作機會（周德文 2007）。

　　此外，溫州中小企業發展促進會積極擴張會員，不僅拉攏各行業的個人與法人入會，也邀請相關銀行行長（包括中國交通與商業銀行、溫州銀監局副局長等）、政府相關部門官員、溫州異地商會、全國各地中小企業協會、各地區的地方政府官員、媒體、研究機構等入會成為副會長、顧問或會員，擴大促進會的網絡連結，吸收許多新的理念與資訊。由此可見，溫州中小企業促進會，甚至個別行業商會與協會都不是自我封閉的地區組織，不僅包容性廣闊、向外連結，而且這些民間組織掌握更多資訊、資源與新理念，能提供會員更多協助，增加會員對外建立關係。

　　溫州許多行業商會與協會均提供類似中小企業促進會的服務，例如在 1994 年成立的溫州服裝商會，[38] 幫助本地成衣工廠尋找外地投資機會，更與外地政府（湖北省）合建工業園區，不僅將溫州成衣業廠商遷移過去，而且組織成衣業的協力廠，包括鈕釦、拉鍊、包裝、印刷、布料等廠商也一起遷移，在外地複製溫州成衣業的生產鏈。溫州服裝商會更為當地園區的服裝業者開闢物流與銷售通路，爭取溫州廠商進入當地市場。商會或者要求當地政府建立服裝商場，或者商會自建，解決溫州業者的服裝行銷。[39] 溫州市政府當然不願見到資金外流與工廠外移的產業空洞化惡果，因此在溫州服裝商會建議下，溫州市政府與下轄平陽縣政府合作在當地建立工業區，利於溫州服裝業者遷到當地，擴大生產以

---

37 作者 2008 年訪問溫州中小企業發展促進會會長，中小企業在促進會組織下到山東鄆城縣、濟南市、陝西榆林市、通州市、滄州市、上海淞江、遼寧朝陽、浙江衢州、貴州等地考察投資機會。

38 作者 2008 年訪問溫州服裝商會時，溫州服裝業計有 3,000 多家，服裝商會約有 1,200 家會員企業，以及 6 個團體會員，經費來自各廠商會員所繳交的會費。

39 作者 2008 年訪問溫州服裝商會秘書長。

便外銷（郁建興等 2006: 147；浦文昌 2006）。

　　溫州行業協會還提供法律服務，幫助業者進行國內外法律訴訟。當溫州打火機在 1990 年代外銷歐盟國家，卻被歐盟認定有傾銷嫌疑且缺乏安全性。根據歐盟規定，價格低於兩歐圓的廉價打火機，內部必須有安全裝置以保護孩童，因此禁止溫州生產的廉價打火機進入歐盟市場。面對國際貿易的法律糾紛，溫州市政府手足無措。此時溫州煙具協會出面，聯合廠商雇用律師與歐盟進行訴訟，辯護溫州生產的金屬外殼打火機並非一次性打火機，也非低於成本傾銷，最終贏得官司，解決歐盟反傾銷訴訟（郁建興等 2006: 142-144；浦文昌 2006）。此外，溫州鞋革工業協會制訂生產各種鞋類的標準程序，確保製鞋業者均遵守規定，並嚴格打擊假冒品牌，維護溫州製鞋業的聲譽（張弘遠 2006；葉培紅、張錦春 2002）。

　　溫州各行業商會與協會協助弱勢的地方政府，執行地方經濟治理與協調市場活動，防止市場失靈的惡性競爭，促使溫州從割喉競爭的準自由市場經濟轉向商會協調為主的市場經濟，因應國內外市場的競爭壓力。但這並不表示溫州商會與協會力量大到可與地方政府抗衡，或地方政府無法控制行業協會與商會。相反的，溫州商會與協會仍抱怨地方政府不願放權，政府相關部門仍掌控廠商的營業執照發放、專業技術認定、新產品開發、商品展示會的召開等，導致廠商看輕協會，只重視與政府建立關係。[40] 甚至有些廠商認為行業商會力量不足，無法真正解決廠商在市場中面對的困難，感覺加入行業商會用處不大。溫州許多中小企業覺得商會易於被同業中規模較大廠商所把持，成為它們與政府關係建立的通道。加上商會力量不足，很難真正約束同業之間的削價競爭，導致競爭能力較佳的中小企業質疑加入商會的效用。[41] 縱使溫州中小企業發展促進會、商會與協會採取外向連結與開放包容的策略，吸收各種不同的組織成員，並使自己成為網絡核心或組織場域關鍵位置的制度企業家，擁有較多資訊、理念與知識庫存，主動協助地方政府經濟治理與政策執行，並推動地方制度創新與變遷，但商會與協會無意取代及超越

---

40 作者訪問過的溫州印刷協會與服裝商會都有同感。
41 作者 2008 年訪問溫州服裝業者、創投公司與家電業者。

政府。

3. 地方政府治理經濟的弱勢：地方私營經濟發展的制度互補

溫州市政府在經濟治理上的無所作為，有時被美化為務實主義，因為地方集體資產薄弱，無法發展集體企業，只好採默許態度任由農民發展個體經營。與無錫鎮壓私營經濟不同，溫州地方政府只有在中央發起政治運動後才對私營家庭作坊進行政治打壓。溫州市政府在經濟領域的消極作為，無力插手地方經濟事務，並不表示在其他政策領域也同樣弱勢，畢竟政府治理能力的強弱在不同政策領域中表現不同（Skocpol 1985）。尤其當地方政府與私營經濟產生正面衝突時，政府會為一己之利而犧牲私營企業。例如在 1989 年天安門事件之後，中央政府開始壓制私營經濟發展，面對全國大環境的政治壓力，溫州市政府害怕像過去一樣被指責為「走資派」，遂大力鼓吹股份合作制企業，以社會主義成分較高的股份合作制取代私營企業。當時溫州許多私營作坊與企業擔心這是另一波的合作化運動，不僅指責地方政府缺乏擔當，「只顧自己頭頂的烏紗帽，不顧老百姓死活」，私營業主紛紛關門避難。[42] 溫州市政府認為提倡社會主義的股份合作制可以保護私營企業，但卻遭到民間反對與抗拒。值得注意的是，溫州市政府雖以股份合作制作為私營企業的政治掩護，但要求私營企業提取紅利時必須符合股份合作制規則，不得超過企業稅後利潤的25%。[43] 可是領取股份合作制經營執照的私營企業，依然按照原有慣例行事，顯示私營企業的陽奉陰違十分普及。這反映出溫州地方政府經濟政策執行能力十分薄弱，尤其難以落實違背民間利益的中央政策。

溫州地方政府長期被財政收入不足所困，但卻必須如期完成上級政府下達的眾多政策指標，在毛統治年代即已如此，地方必須想辦法自籌經費，執行政策完成任務。此一「準計畫行政」體制的壓力在經濟轉型期間愈演愈烈（Liu 2012），例如溫州在 1990 年代初期為響應上級都市

---

42 作者於 1992 年初訪問溫州市與下轄的甌海縣，農村幹部與私營企業紛紛陳情對股份合作制的疑懼，認為這是走回集體經濟的倒退之路。

43 見溫州市人民政府（1987）〈關於農村股份合作制企業若干問題的暫行規定〉。

發展政策，必須做都市建設與更新，但欠缺建設經費，各級政府部門為
完成政策指標，不時向私營企業與個人募款甚至勒索，成為政府預算外
財政收入來源。溫州眾多中小企業不時被地方政府各種名目的樂捐、攤
派、集資等騷擾，生產外移遂成常態。在都市更新計畫中，溫州市政府
將市區某些地段的拆遷更新，發包給民營建設公司去經營。在實際執行
中，政府以低價做土地徵收，轉換為國有土地後，在土地市場中以高價
拍賣，獲取土地增值的暴利，再與私人建設公司分享，因此民營建設
公司在承包都市建設與更新中，獲得不少利潤。溫州市後來的各種基
礎建設，包括機場、港口、鐵路、公路、下水道、垃圾回收場、水電
設施、鄉鎮政府行政大樓建設等，如果不是向民間集資與攤派，就是
由民營建設公司承包，多以土地拍賣方式取得建設經費（諸葛雋 2007：
232-233）。地方政府雖以公開方式徵收土地與拍賣，但其中作業晦暗不
明，政府相關部門與建設公司，官官相護以及腐敗叢生，有些學者稱之
為政府失靈（史晉川等 2002：276-278）。

溫州發展路徑中，政府一向弱勢，又與地方企業鑲嵌不足，導致轉
型策略失敗的批評，造成企業外移與資金外流的產業空洞化。根據溫州
學者、退休幹部與私營業主，溫州之所以缺乏發展後勁，易於被其他地
區追趕，在於溫州上層的政治領導向來缺乏發展策略與遠見，無法在溫
州私營經濟基礎上設計出適合溫州永續發展的道路，以致一任領導一個
政策，甚至移植他處不適合溫州發展的策略，造成地方幹部與民間業者
的壓力，顯現溫州地方政府治理經濟的弱勢與無能。[44] 也因為如此，溫
州行業協會與商會趁勢而起，代理政府職能，協助地方中小企業解決困
難。

溫州地方政府雖在經濟治理上弱勢，但也在 1990 年代末追隨中央
政府倡導產業技術升級，鼓勵民間發展高科技產業，企圖推動地方產業
結構轉型。但是企業技術升級與高科技產業發展，首先需要專業訓練的

---

44 作者 2006 年訪問溫州民營企業家、任職私營部門的退休幹部、溫州大學與其他學校的學
者、溫州商會與協會負責人等，他們均認為前任的市委書記企圖移植浙北「蕭山經驗」，
強調港口等重大基礎建設、石化重工業發展、積極引進外商與外資等，而忽略溫州經濟
基礎的私營中小企業，完全與地方發展路徑背道而馳。

工程師與科技人才，可是溫州市政府只知高喊口號，不瞭解地方政府必須投資高等教育，設立大學與研究機構培養地方科技人才。溫州欠缺蘇南地方政府的魄力，以政府力量廣設專科學校，引進研究機構，培育技術人才。當技術能力無法支持地方科技產業發展之際，蘇南積極引進外商高科技產業，不僅冀望外商做技術轉移，而且指派地方培育的專業科技人才進入外資企業，學習科技產品的裝配製造，以此作為地方產業結構轉型的基礎。

此外，由於地方財政困窘，溫州也無法像無錫小康社會那樣，採取普及全民的養老年金與醫療保健政策。溫州難以將城鎮郊區農民的老人年金與健康保險納入政府福利體系，只能訴諸於市場取向的商業保險（劉雅靈 2009），導致溫州社會福利的普及率甚低。

總結來說，溫州在全國與地方市場競爭壓力下，採取技術升級作為回應手段，然而向來弱勢的地方政府轉型能力不足，不僅與企業鑲嵌程度不夠，也缺乏魄力培養地方技術人才，更遑論創造地方比較制度優勢來支持企業的在地生產。溫州地方政府在經濟治理上的弱勢，不僅是地方制度慣性的延續，也成為地方私營經濟繁榮的制度互補。也正因為如此，在弱勢地方政府的制度互補下，溫州商會與協會享有相對較高的自主性，建構外向連結與開放包容的成員網絡，以制度企業家角色協助弱勢的地方政府來維護市場秩序與經濟治理，推動制度變遷與防止市場失靈。但在近年國內外金融危機雙重衝擊下，縱使享有相對自主性較高的地方商會與協會，在缺乏支持私營經濟發展的金融改革政策與全國制度環境不利條件下，難以有效治理溫州資金市場中高利貸的猖獗。

（二）無錫的調適策略：從政府公司法人到混合市場經濟

無錫為因應市場競爭壓力，地方政府一向強勢領導，不僅強行介入經濟治理，並主動協調經濟交易，甚至取代市場機制的資源分配，導致無錫行業協會與商會的弱勢無能，必須依賴政府生存。無錫應對市場競爭的策略選擇如下：

第一，大力引進外資。無錫市政府擔心本地企業私有化之後，在短

期內不利於無錫市的經濟產值表現與地方稅收，而且對江蘇省經濟產值貢獻也會下跌。為解決此一問題，無錫市政府在 1990 年代初模仿浦東開發區，在市、縣、鄉鎮各級政府建立不同行政級別的經濟技術開發區，除國家級開發區外，計有 15 個省級開發區，積極引進外資，希望利用外資企業的生產與對外貿易，來創造經濟產值、貢獻地方稅收、增加就業機會、促進出口、轉移先進技術與管理方法，促進地方產業結構升級。[45] 目前無錫本地企業在國際生產鏈中仍處於底層，只做加工貿易，以廉價勞力貢獻生產，或為外資企業做代工出口。無錫多數外資企業聚集於孤立隔離的經濟開發區（enclave economy），尚未與本地企業建立綿密的生產網絡。縱使如此，已有少數本地企業開始為外資企業提供基本零組件生產、運輸、包裝等服務（祖強 2007）。無錫外資企業在2006 年底就已占當地經濟產值 30%，而溫州在 2004 年只有 12%（楊衛澤 2007: 33；范從來、孫覃明 2007: 119）。在今日無錫工業產值中，三資企業[46] 占第一位，而且外資企業對無錫 GDP 成長的貢獻已超過國營企業。

　　第二，籌組企業集團與發行股票上市。縱使無錫地方政府在企業私有化過程中全面退出生產領域，但依計畫經濟的制度慣性，無錫對企業做大規模的政策偏好前後一致。無錫市政府鼓勵鄉鎮、國營、集體企業在私有化過程中籌組企業集團，透過複雜的資產剝離與財務重組，將不相干的企業強制拼湊而成企業集團，幫助它們做財務包裝，從股市汲取發展資金，增加企業存活率。然而以政治手段強行兼併企業，導致集團內部利益衝突不斷，缺乏經濟效益（劉雅靈、王信賢 2002）。與溫州私營企業相比，無錫企業規模的平均產值是溫州企業的三倍，在 2004 年比例為 10,070 萬元與 3,373 萬元（范從來、孫覃明 2007: 120）。無錫市政府又幫助新興企業集團進入國內外股市集資，到 2011 年底，無錫共有 74 個企業集團進入國內外股市（江南晚報 2011/12/20），而溫州

---

45 作者 2005 與 2009 年先後訪問無錫市新區管委會與惠山區經濟開發園區。

46 一般對三資企業的理解，包括在中國投資的外商獨資企業、與本土廠商共同出資的合資企業，以及本土廠商以土地、能源、勞力與廠房等入股，而外商以技術、資金等入股的合作企業。

只有 9 個私營企業集團進入國內股市，但沒有任何集團進入國際股市（中國證券網 2011/11/8）。不像無錫，溫州市政府少有介入企業集團的形成，也不會幫助它們進入股市，市政府將企業集團發展的機會讓給市場。但最近溫州在經歷高利貸風暴後，市政府已開始積極將地方私營企業推入股市，獲取企業發展所需資金。

第三，改採密集式成長策略。無錫在二十世紀末放棄快速成長的外延式發展策略，走向強調經濟效益的密集式成長，並鼓勵發展高科技產業、提高生產力、促進服務業發展、降低污染與廢棄物、促進地方產業結構升級，並以達到小康社會的政策目標為優先。無錫市政府為推動高科技與高附加價值產業，積極向國際電子通訊產業招商，除國際資本外，也向內地招商，引進本地企業。[47] 招商重點在淘汰傳統高污染與高耗能的化工、印染、造紙等產業，企圖引進先進製造業中的電子資訊、汽車零件、生命科技等產業。為達到產業地理集聚效應，無錫各開發區鼓勵屬於同一生產鏈的上下游企業進入，降低交易成本與增加產業在國內外市場中的競爭力。此外，無錫各級地方政府均大力提倡服務業，包括軟體設計的承包、物流業與商場等的發展，[48] 如鼓勵溫州商人在無錫投資東方國際輕紡城。[49]

不像溫州的資金外流，無錫本土企業很少外移，地方資本主要用於地方經濟發展。若地方企業對外投資，通常集中於生產原料與半成品的外地廠商，尋求貨源供應穩定。近年無錫企業界響應中央政府西部大開發政策，被無錫市政府動員到西部各省去投資，幫助西部做建設；無錫企業家也被動員到柬埔寨投資，建設當地工業開發區，並鼓勵國內出口企業遷到此地生產，以免受制於美國進口配額限制，這些均是響應無錫市政府政策目標的配合行為。[50]

第四，城鎮建設與社會福利。無錫市為落實城市現代化的政策目標，致力於農村與城市總體規劃。市政府在長程發展計畫中欲將原有轄

---

47 作者 2009 年訪問無錫市惠山經濟開發區經濟發展局幹部。
48 作者 2009 年訪問無錫市發改委之下的服務業處與工業處官員。
49 作者 2007 年訪問在無錫成立的溫州商會。
50 作者 2009 年訪問無錫 Y 建設集團公司董事長。

區內 6,785 個自然村撤除 6,435 個，不僅計劃將農民全數遷移到城鎮的農民安置房，改變農民戶口為城市居民，並且計劃將城市居民享有的社會福利延伸給新興城市居民的農民，包括退休養老金與健康保險。[51] 無錫市政府將農民遷移後的農村土地，重新規劃為商業、綠地、公園與工業用地，尤其在工業用地上建立工業區，將農村中小企業聚集於其中，不僅控制污染，並增加土地使用效益。[52] 無錫市以政治強制手腕達成都市化目標，與世界各國在市場經濟導引下形成的都會發展截然不同。無錫市政府只打算保留 350 個自然村，呈現農村鄉野景觀，並以超乎實力的野心作都市景觀規劃，在財力不足情況下，宣稱要普及全民照顧，包括新興居民（原農民）的社會福利。

簡言之，無錫地方政府訴諸私有化、企業集團發展、吸引外資、追求密集成長、改變產業結構、規劃城鎮發展與全民福利，以這些應對策略回應日漸增強的全國與區域市場競爭，使無錫從原來的公司法人集體經濟，走向地方政府協調為主的混合市場經濟。無錫市政府所推動的策略選擇與制度變遷，並不足以使無錫成為發展型政府，[53] 反而無錫地方政府亦步亦趨的跟隨在中央政策之後，偏好做大企業規模，以市場寡占與壟斷照顧企業集團利潤、壓制私營經濟發展，造成市場不公平競爭。在財力不足情況下，無錫市政府責令農村承擔農民城市福利銜接的財務重任，將財政負擔轉移下級。換言之，無錫地方政府雖在經濟轉型中推動制度變遷，但以落實中央政策為目標，未見大膽的制度創新，走出自己獨特的發展路徑。

1. 無錫地方政府推動的經濟轉型：弱勢制度企業家

無錫市政府在 1990 年代中葉推行的企業私有化改革，是追隨中央政府的國營企業產權改革政策，並非地方獨特創舉。同理，無錫市政府積極推動高科技產業發展，也是配合本世紀之初的中央政策。為達地方

---

51 作者 2005 年訪問無錫市國土資源局官員。
52 作者 2007 年訪問無錫市政府規劃局官員。
53 發展型政府也就是西方學術界稱之的「發展型國家」，主要強調國家規劃與推動產業發展的能力（Johnson 1982），也有學者強調國家與產業的「鑲嵌自主性」（Evans 1995），或強調政府推動經濟成長的轉型能力（Weiss 1998）。

產業升級的政策目標，無錫市模仿台灣新竹科學園區的大學研究機構，首先在市郊設立教育園區，建立技術專業學校，引進全國性研究機構的分支，並建立知名大學的分部，為本地科技產業培養人才。[54] 又為縮短科技產業發展的時間，無錫市積極引進外商科技企業，進入無錫市的經濟開發區，不僅希望形成產業地理群聚效果，而且帶動無錫本土零組件產業及服務業發展。[55] 然而許多探索產業地理群聚效應的學者，均認為產業之所以能形成群聚，除產業內部因生產分工形成中下游產業鏈的生產網絡外，群聚企業會緊密鑲嵌在地方制度、歷史與文化中，凝聚與強化企業生產網絡的信任、互惠與合作（Hollingsworth and Boyer 1997）。但是外資聚集在開發區中，隔離於地方制度文化影響，又由於與本土企業間的技術差距，很難與之發展信任為基礎的生產網絡。雖然無錫市政府以產業地理群聚政策來推動科技產業發展，但以政治強制力量取代市場的硬性推動，政策效果難以實現，不僅無法落實產業與地方制度的鑲嵌，也難以使外資企業在地方生根。

　　無錫市政府同時展現城市發展與更新的魄力，重新規劃無錫都市更新與農村發展。與溫州的都市建設與更新相同，無錫市政府首先透過農村土地徵收與土地拍賣取得豐厚利潤，再按都市規劃藍圖進行大規模拆遷與建設。雖然無錫都市景觀與建築物分佈較溫州整齊，但與溫州各級政府和民間財團共同分享土地暴利不同，無錫市政府不僅獨享土地增值暴利，而且壟斷都市更新與建設工程，圖利市政府部門下轄的建設公司。[56]

　　隨著都市發展與擴張，無錫市企圖將轉變為城市居民戶口的農民納入城市福利保障體系，享有與城市居民等同的醫療保健與養老年金，達到小康社會的政策目標。然而無錫與溫州均呈現財政困窘，難以執行全民普及的福利照顧。但與溫州不同，無錫責令納入城市地界的農村與鄉鎮，承擔此一財政與福利重任，幫助市政府完成政策任務。[57] 但對偏遠

---

54 作者 2005 年訪問無錫新區的高新技術開發區官員。
55 作者 2009 年訪問無錫市惠山區經濟開發區管委會，下屬經濟發展局官員。
56 作者 2005 年訪問無錫市 C 蔬果企業集團幹部。
57 作者 2005 年訪問無錫市北塘區 H 鎮 Liu 村支部書記與村主任，討論村民與城市居民福利銜接的財政支出。

且財力較弱的農村，無錫市實行「土地換社保」的做法。每當農村獲得農地徵用補償時，市政府將賠償金額直接匯入城市勞動社會保障局，作為農民重新註冊為居民時的福利銜接，不再將補償金交給農村或鄉鎮政府，以免基層政府轉挪他用。[58] 雖然無錫市居民享有社會福利的普及率高於溫州，但農村與城市的福利銜接以及農民安置房的分配補助做法，引發許多爭議與農民抗爭（陶逸駿 2008）。

無錫雖歷經產權私有化的轉型，然而在今日無錫市政府的優先發展策略中少見私營企業蹤跡，多為各級政府偏向帶動科技產業發展的外資企業、本土大型股份制國營與集體企業，政府幹部對大型企業的偏好慣性，極為明顯。無錫各級政府在照顧外資企業與政府優先發展的大型股份企業之餘，似乎忘記本土極待扶持與發展順序排後的私營中小企業與私有化企業。尤其無錫市政府在追求密集成長策略下，過去依靠外延式發展的污染性企業成為政府的燙手山芋，難以處置。一位私營化工集團經理人談到：

> 我們原先是國營企業，但自從 2004 年全盤私有化之後，無錫市就不再重視我們的發展與需要，認為我們企業消耗過多電力，又容易製造廢氣污染。例如在 2005 年我們廠的氯氣意外洩漏，造成無錫市居民恐慌。我們化工集團急需土地，擴張產能，但市政府一直遲遲沒有回應，不批土地，也不決定化學工業園區要蓋在何處，使我們無所適從。難道我們變成私營股份企業，而且沒有列入政府的優先發展序列，就忽視我們？[59]

無錫一位私營企業董事長談到無錫市政府對私營企業的觀感：

> 像我這樣原生型的私營企業，在無錫市是最不受重視的。無錫市向來就偏重大型國營與集體企業，提供企業發展所需的所有資源。縱使鄉鎮企業私有化之後，原有政府與企業的關係仍維持住，企業有

---

58 作者 2005 年訪問無錫市國土資源局官員與下轄 H 鎮國土所幹部。
59 作者 2007 年訪問無錫市 G 化工集團公司。

困難就找政府幫忙。照理講在推動私有化之後，無錫市就該照顧我
們私營企業，給予扶持，可是與外資企業所受優惠相比，我們私營
中小企業真是差遠了。我們中小企業在無錫提供絕大多數的就業機
會，但政府就是忽視我們。[60]

　　無錫在經濟轉型中偏袒外資與優先發展股份制大型國營與集體企
業，提供它們所需的資源與優惠。尤其外資企業對當地財稅貢獻、出口
創匯、推動高科技產業發展上獨當一面，不僅私營中小企業在銀行融
資、土地取得、稅收優惠等方面，難以與之匹敵，[61] 非優先發展的企業
集團也受排擠。外資在無錫經濟體中所占比重遠大於溫州，無錫經濟成
長果實遂被外資瓜分，這也是為何無錫經濟成長果實不像溫州那樣多被
地方居民分享，導致無錫城鎮居民平均收入低於溫州。如果無錫不想被
外界解讀為純粹依靠外資發展經濟，地方政府勢必要輔助地方民營企業
成長。

　　無錫地方政府以制度企業家角色強勢干預地方經濟發展，但在實際
做法上多追隨中央政策，延續地方制度慣性，偏袒並圖利大型國營與
集體股份企業集團，造成市場競爭不公與私營中小企業不滿。無錫地方
政府雖以經濟開發區作為高科技產業發展聚集區，可是並未建構外資與
本土企業間生產網絡所需的制度支持，降低了政策落實效果。無錫與蘇
南地區的經濟發展成果，來自強勢的地方比較制度優勢，以股份制集體
與國營企業為主，並與弱勢的私營經濟作為制度互補，襯托出規模偏大
的國營與集體股份企業集團聲勢。這表示形同弱勢制度企業家的地方政
府，始終追隨中央政府政策，不僅創新不足，而且持續複製地方制度慣
性。

2. 比較制度優勢：大規模國營與集體股份企業及其對政府依賴的慣性

　　在計畫經濟的制度慣性下，無錫地方政府偏好以大規模企業集團來

---

60 作者 2007 年訪問無錫市私營 R 實業公司董事長。
61 作者 2007 年訪問無錫市發改委退休官員。

應對市場的激烈競爭，集團通常採公司法人的組織架構，透過財務包裝，使母子公司之間交叉持股，並在地方政府輔助下爭取上市，獲得股市資金後進一步做大企業集團，同時負擔集團當中不良資產與非生產性債務。[62] 為幫助這些政府扶持的股份制企業集團，無錫市政府允許它們寡占或壟斷地方市場，保證它們的獲利。無錫許多企業集團生產具壟斷性的化學與機械產品，例如無錫 WF 集團中的 W 公司與德國 Bosch 技術合作，生產汽車廢氣淨化器的技術領先全國，因此幾乎寡占甚至壟斷無錫汽車淨化器市場。[63] 又如無錫 C 蔬果集團公司前身為國營企業，私有化後除維持在無錫寡占性的蔬菜水果供應，還經營連鎖超市、便利商店、醬菜製造等。它不僅採購無錫本地蔬果，更與全國蔬菜水果基地簽約，包辦當地蔬果採購，遠至新疆地區。[64]

無錫企業從開始便與政府關係密切，縱使施行產權私有化切斷政府與企業的關係，但企業遇有問題與困難，仍然回頭尋求政府幫助，深怕在私有化後被政府拋棄。無錫企業家似乎缺乏溫州企業家那種勇於學習與開創的精神去應付市場挑戰，前述的無錫私營企業家曾經抱怨政府只重視大企業而忽略中小企業需求，但他卻靠政治關係幾乎壟斷政府公安部門的汽車檢測：

中國政府為求汽車安全，要求每輛汽車每年都要做汽車安全檢測，由公安系統壟斷安全檢測，以此保證公安系統的費用收取。我生產機動車安全檢測設備，成本只需幾萬元人民幣，但附加價值高，一套設備賣給公安系統 45 萬元。我花了三年時間與公安部門洽商，在他們同意購買後我才做檢測設備的研發，他們使用後發覺我的設備好用，我才打開市場。目前我的產品約占全國市場的 1/3，一年

---

62 作者 2007 年訪問無錫 G 化工集團公司與 W 高科技股份有限公司總經理。在企業集團成立過程中，地方政府以行政命令將一些經營虧損、欠債倒閉的國營與集體企業，強硬塞進集團公司，並勒令集團公司從股市中取得資金幫助這些虧損企業償還債務，並負責原有職工轉業等，形成集團中不良資產與非生產性債務。

63 作者 2007 年訪問無錫 W 高科技股份有限公司總經理。

64 作者 2007 年訪問無錫 C 蔬果集團公司董事長。

營業額超過一千多萬元。[65]

　　由此可見私營業主也必須與政府部門建立良好關係，才能得到後者的訂單，而且政府是唯一的客戶。

　　在無錫流通領域的 H 家具大賣場，像開設百貨公司一樣，吸引許多家具廠商進駐。根據此賣場負責人：

> 我們 H 家具大賣場發源於常州，業務擴大後到無錫做投資。我們與瑞典 Ikea 家具店做策略聯盟，相互幫助，兩店比鄰而居，用物以類聚為號召，吸引顧客上門。我們在做投資前先選中某一城市，再在市區中尋覓最佳地點，購置土地，做大賣場建設，招呼 Ikea 建在我們旁邊。如果一個城市已經有 Ikea 或是美商 Home Depot，我們就想盡辦法搬到它們旁邊去。我們賣場建好之後，將攤位出租給家具行，收取租金，這才是我們的利潤來源。因為賣場地點重要，因此我們必須和當地市政府打好關係，才容易得到我們想要的地段。[66]

　　綜觀無錫的企業經營精神，企業家依賴政府的制度慣性衍生自計畫經濟時期，縱使無錫在 1990 年代推動私有化，政府不願再為企業背負財務重擔，但兩者間的關係藕斷絲連，無法完全切割（鄭傑憶 2000）。一方面企業擔心被政府拋棄，另方面政府仍然繼續干預重點企業的發展，例如無錫上市的集團公司都是在政府幫助輔導下而成立。無錫企業家，不論私營或國營，幾乎都靠市場壟斷或寡占賺取利潤，要達到此一目標，企業必須主動與政府建立親密關係，取得政府的合作，企業生存才得到保障。對照之下，溫州中小企業自始就在市場中單打獨鬥，獲得求生本領。雖然溫州企業也必須與政府建立關係，得到政府支持與保護，但政府的消極與被動，造就出溫州企業家的獨立、創新與變通。溫州企業集團數目不多，母子公司之間組織關係鬆散，縱使有交叉持股，

---

65 作者 2007 年訪問無錫市私營 R 實業公司董事長。
66 作者 2007 年訪問無錫市 H 家具大賣場總經理。

垂直整合度低，而且子公司自主性較高。無錫企業集團中母子公司之間的監督關係嚴謹，垂直整合度較高，母公司對子公司下達生產與利潤指標，責令子公司完成，如同計畫經濟下的生產指標，具有強制約束力。[67] 也因為如此，無錫企業家偏向唯命是從，強烈依賴上級，成為政府偏袒的最愛。

3. 地方行業商會、協會的弱勢制度互補

無錫行業商會與協會向來從屬地方政府，甚至商會會長多由政府任命，而非商會會員選舉產生。無錫商會缺乏自主性與自治能力，如同政府的附屬單位，幫助政府完成政策指標，聽命政府辦事。雖然無錫商會與協會已於 2005 年開始脫離政府的資源輸送，遷出相應政府單位的辦公室，但仍然與政府關係密切，成為政府施政的傳聲筒；許多政府部門甚至仍然不願釋出管轄行業協會的權力，交由地方工商聯接管。[68] 相較於溫州商會的豐富資源、外向連結與高度自主性，無錫商會與協會規模小、資源少、力量薄弱，少有向外拓展的會員。無錫許多企業在私有化轉型中雖然切斷與政府的產權關係，然而當企業發生問題時，仍然回頭找政府，鮮少透過協會與商會幫忙，甚至同業廠商都不願加入商會或協會，不僅參與率低，而且認為加入商會無用，反映無錫商會的弱勢。[69]因為力量薄弱，很難承擔重務與責任，更無法幫助企業會員解決困難，無錫商會與協會常被當地企業譏笑為政府的附庸。雖然無錫商會與協會的上級主管——工商聯——幫助成立小額擔保公司，為中小企業尋求融資貸款，但與溫州中小企業發展促進會不同，無錫工商聯缺乏外向網絡連結，欠缺資訊與財務實力，使銀行承擔過多貸款風險，導致小額擔保公司無法持續，轉而投資上海房地產，失去原有功能與性質變調。[70]

---

67 作者 2007 年訪問無錫市重要大型企業集團的總經理與董事長，訪談有關企業集團內部的組織管理。

68 作者 2009 年訪問無錫工商聯負責人。

69 作者 2005 年訪問無錫家具行業商會時，會員只有 125 個，顯示家具業者參與商會比例極低，經費來源過於薄弱，使商會無法提供會員有效服務；無錫民營經濟和民間組織研究所的一位學者也證實此一觀點。

70 作者 2009 年訪問無錫工商聯負責人。

　　無錫市許多商會會長均認為，無錫地方政府控制過強，管理的事務過多，造成商會無能。根據無錫建設商會負責人：

> 無錫建設商會始於 2001 年，我們商會的功能是初級的，非常弱勢，因為中國政府功能過於強大，未將許多管理權限讓出，我們建設商會只是幫助政府做協調。建設商會雖是民間一級財團法人，但對我們的意義不大，因為無錫市政府建設局下面有建設協會，它是官辦的，而且是政府退休幹部的落腳處。建設協會應該要與政府脫勾，可是它們仍享有權力，成為二政府。我們建設商會完全是民辦的，會員有 60 多家，入會是自願的，但我們實力有限。[71]

　　無錫建商為了和政府掌控的建設協會打對台，幾家私營建設公司遂出面組織建設商會，擺脫官方的控制。縱使建設商會的民辦性質，自主性較高，而且建商老闆們財力雄厚，建設商會仍然相對勢弱，無法與政府機關及建設協會抗衡。相較於享有較高自主性的溫州商會能推動地方經濟轉型與制度變遷，無錫商會在地方政府強大控制下，黯然失色，難以擔負或協調地方市場經濟轉型的重任。

四、結論

　　溫州與無錫均為中國市場經濟轉型中的先行者，經歷三十餘年的市場經濟發展，在日漸激烈的市場競爭挑戰下，溫州已逐漸脫離早先割喉式競爭的準自由市場經濟，並在地方政府無為而治的制度互補下，走向地方商會協調為主的市場經濟，而無錫也跳脫地方政府所有者的公司法人以及政府主導的外延擴大成長模式，轉變為地方政府協調為主的混合市場經濟，並採行強調經濟效益的密集式成長。

　　在溫州與無錫的經濟轉型與制度變遷中，溫州以其既有的比較制度

---

71 作者 2005 年訪問無錫市建設商會。

優勢：私營中小企業靈活的經營手腕、快速學習的精神、獨立於政府的大膽創新，來回應激烈的市場競爭。在無所作為的地方政府放任默許下，溫州私營企業得到開放發展空間。也因為弱勢地方政府的制度互補，面對市場失靈的束手無策，導致地方行業商會與協會展現制度企業家的強勢，不僅規範同業成員的生產、行銷與競爭，並輔助地方政府的經濟治理與改善市場競爭中的失序，成為溫州經濟轉型中新興的制度元素。相較之下，無錫雖已完成產權私有化改革，切斷政府與企業的產權關係，但大型股份制國營與集體企業仍展現地方比較制度優勢，繼續成為地方政府扶持的寵兒。透過弱勢私營經濟的制度互補，更凸顯無錫股份制國營、集體企業集團的強勢。無錫地方政府仍維持一貫制度企業家的角色，前後採取不同的發展策略與新制度理念主導地方經濟轉型，卻始終跟隨中央政府腳步，少有大膽超越的創新之處，強勢的地方政府反倒顯現弱勢的蕭規曹隨。

溫州與無錫的經濟轉型沿著地方既有制度軌跡前進，雖然兩地回應市場競爭的策略選擇，受到各自的比較制度優勢、制度互補與制度企業家的形塑與約制，但溫州與無錫的制度變遷中出現保留舊制度元素與引進新制度元素，已經超越東歐國家制度變遷中舊制度元素的重新組合與手工修補特色，而呈現新舊制度元素相互覆蓋混合的層疊交替特性。

中國市場經濟轉型雖已步入資本主義體制而難以反轉，但在討論中國市場經濟轉型特性時，有學者認為中國在 1980 年代的經濟改革最為開放，不僅扶持農村私營經濟發展，而且容忍許多由下而上的自由化改革，以農村企業經營的資本主義（entrepreneurial capitalism）創造中國 1980 年代的經濟奇蹟。但 1990 年代以後中國開始反轉之前農村自由化的做法，不僅壓制私營經濟發展，而且走向國家領導的資本主義體制（state-led capitalism）（Huang 2008; Baumol et al. 2007），甚至美國國會稱之為國家資本主義（state capitalism）（*The New York Times* 2011/11/ 15）。[72] 縱使在本世紀初，胡溫領導體制意圖恢復 1980 年代的

---

72 根據《紐約時報》（*The New York Times*）的這則新聞（Monetary Fund Urges China to Ease State Controls on Banking）報導，美國國會設立的中美經濟與安全評論委員會（the U.S.-China Economic and Security Review Commission）在 2011 年 11 月呈遞美國國會報告時，

自由經濟，並企圖改善日益擴大的城鄉收入與福利差距，但國家干預與領導的資本主義制度環境改變不大。

　　溫州中小企業的融資困難，始於 1980 年代初期且從未間斷，導致溫州民間互助標會與地下錢莊應運而生，取代正式制度的國家銀行，幫助中小企業取得周轉資金。然而中央政府在 1990 年代改採政府主導的發展策略，大制度環境不變，不僅壓制私營企業發展，同時優惠外資與大型國營、集體股份企業。在此期間中國金融體制雖已進行多次改革，也容許少數有政治關係的私人銀行試點經營，但小規模的民間金融業務是被嚴格禁止的。溫州民間游資雖然充裕，但在大制度環境不利私營企業發展下，轉向投機性的房地產、股市與能源礦產等領域，可是溫州中小企業資金周轉的困難持續複製。雖然溫州中小企業促進會努力為地方小額貸款與融資公司爭取金融貸款服務，但缺乏大制度環境的支持，難有進展。一旦遭遇國際金融海嘯或國內銀根緊縮，溫州地下金融市場即被高利貸席捲。在金融市場失靈局面下，溫州企業主失蹤，或在高利貸逼壓下走上絕路。縱使溫州私營企業有靈活經營的比較制度優勢，但缺乏制度互補的金融市場支持，造成發展缺陷。

　　相較之下，中國國家領導的資本主義體系對無錫經濟發展較為友善，無錫政府也始終追隨中央政府，在調適市場競爭所採取的各種應對策略上，亦步亦趨緊隨中央政府之後。無錫地方政府偏好大規模企業、給予各種優惠待遇、幫助占有市場，是計畫經濟與地方制度慣性的延續。為了吸引外資高科技產業，無錫地方政府提供稅收、土地、能源等優惠，使備受歧視、壓制的私營中小企業為之氣結。無錫中小企業必須在壓縮的空間中自謀生路，地方行業商會與協會在地方政府主導下也成為弱勢附屬，但也因此使無錫不會發生像溫州那樣激烈的產品或金融市場失靈現象。從地方比較制度優勢與制度互補觀察，無錫顯然是國家領導資本主義體制的翻版，地方 GDP 快速持續成長，但個人平均所得卻落後於私營經濟發展的溫州。

批評中國政府追求「國家資本主義」。甚至國際貨幣基金會（IMF）警告中國政府，過嚴管制國家銀行與金融體系將會妨害經濟成長。在這之前，《紐約時報》（2011/7/6）在報導中國經濟發展時就以國家資本主義稱之。

　　溫州與無錫在經濟轉型的制度變遷中，兩地不同的比較制度優勢與制度互補，均局限制度企業家的策略選擇，以不同的調適策略來回應兩地所面對相同的市場競爭與金融危機，因而兩地走向不同的市場轉型路徑，複製與延續地方制度的分歧。雖然中央政府已在 2006 年釋出對私營經濟友善的策略，並鼓勵私營企業發展，但在缺乏配合私營經濟發展的金融制度條件下，中小企業迫切需要的資金周轉仍難以解決。縱使溫州 GDP 的成長持續轉換為民間個人收入的增加，但中小企業發展的結構制約無法突破，溫州地下金融勢必猖獗而難以壓制，國際金融風暴與國內銀根緊縮會一再複製溫州金融市場的失靈，也將持續複製無錫經濟的短期得利與溫州經濟的長期失利。

附錄　江蘇省、浙江省各地級市國民經濟和社會發展統計公報

江蘇省：

南京統計局 http://www.njtj.gov.cn/

南通統計局 http://tjj.nantong.gov.cn/

徐州統計局 http://tjj.xz.gov.cn/

泰州統計局 http://xxgk.taizhou.gov.cn/xxgk_public/jcms_files/jcms1/web61/site/index.html

宿遷統計局 http://tjj.suqian.gov.cn/

常州統計局 http://www.cztjj.gov.cn/

淮安統計局 http://tjj.huaian.gov.cn/

連雲港統計局 http://tjj.lyg.gov.cn/

揚州統計局 http://tjj.yangzhou.gov.cn/

無錫統計局 http://www.wxtj.gov.cn/

鎮江統計局 http://tjj.zhenjiang.gov.cn/

蘇州統計局 http://www.sztjj.gov.cn/

鹽城統計局 http://www.yctj.gov.cn/

浙江省：

台州統計局 http://www.tzstats.gov.cn/

舟山統計局 http://www.zstj.net/

杭州統計局 http://www.hzstats.gov.cn/web/

金華統計局 http://www.jhstats.gov.cn/

紹興統計局 http://www.sxstats.gov.cn/

湖州統計局 http://tjj.huzhou.gov.cn/

溫州統計局 http://www.wzstats.gov.cn/

嘉興統計局 http://www.jxstats.gov.cn/web/Default.aspx

寧波統計局 http://www.nbstats.gov.cn/

麗水統計局 http://tjj.lishui.gov.cn/

衢州統計局 http://stats.qz.gov.cn/

參考文獻

一、中文書目

中國國家統計局（2001-2010）**全國年度統計公報**。http://www.stats.gov.cn/tjgb 。

中國時報（2011）**高利貸害慘溫州溫州老闆跑路潮**。9 月 27 日。

──（2011）**救溫州倒閉潮溫家寶遭批「馬後砲」**。10 月 6 日。

中國統計信息網（2010）**（各城市）2010 年國民經濟和社會發展統計公報**。http://www.tjcn.org/tjgb/201103/18159.html 。

中國新聞周刊（2006）**珍惜溫州旗幟**。http://finance.sina.com.cn/chanjing/b/20060519/14462582026.shtml 。

中國證券網（2011）強盟股份擬中小板　IPO 溫州掀企業 " 上市潮 "。**中國經濟網**，11 月 8 日，http://big5.ce.cn/gate/big5/finance.ce.cn/rolling/201111/08/t20111108_16667262.shtml 。

史晉川、金祥榮、趙偉、羅衛東等（2002）**制度變遷與經濟發展：溫州模式研究**。杭州：浙江大學出版社。

申俊喜、蔣伏心（2007）分報告 4：創新引領蘇南產業結構優化升級。載於楊衛澤、洪銀興編，**創新蘇南模式研究：無錫的實踐與探索**，頁 128-171。北京：經濟科學出版社。

朱康對（2008）溫州發展形勢分析與展望。載於金浩、王春光編，**溫州藍皮書：2008 年溫州經濟社會形勢分析與預測**，頁 22-37。北京：社會科學文獻出版社。

江南晚報（2011）又有兩家科技股上市　無錫上市企業高達 74 家。**新華網無錫頻道**，12 月 20 日，http://wx.xinhuanet.com/2011-12/20/content_24371186.htm 。

吳柏均（1995）**中國經濟發展的區域研究**。上海：上海遠東出版社。

周德文（2007）努力為實現溫州第三次跨越做貢獻。**溫州中小企業發展促進會 2007 年年會工作報告**。浙江：溫州中小企業發展促進會。

金浩、王春光編（2008）**溫州藍皮書：2008 年溫州經濟社會形勢分析與預測**。北京：社會科學文獻出版社。

保育均（2006）中國商會的現狀和發展方向。載於見浦文昌編，**建設民間商會：「市場經濟與民間商會」理論研討會論文集**，頁 25-29。西安：西北大學出版社。

洪銀興（2005）**以制度和秩序駕馭市場經濟：經濟轉型階段的市場秩序建設**。北京：人民出版社。

──（2007）總報告 1：蘇南模式的演進及其對創新發展模式的啟示。載於楊衛澤、洪銀興編，**創新蘇南模式研究：無錫的實踐與探索**，頁 1-18。北京：經濟科學出版社。

范從來、孫覃明（2007）分報告 3：新蘇南模式的所有制結構。載於楊衛澤、洪銀興編，**創新蘇南模式研究：無錫的實踐與探索**，頁 97-127。北京：經濟科學出版社。

郁建興等著（2006）**民間商會與地方政府——基於浙江省溫州市的研究**。北京：經濟科學出版社。

浦文昌（2006）溫州民間商會的新發展——溫州商會行業協會考察報告。載於浦文昌編，**建設民間商會：「市場經濟與民間商會」理論研討會論文集**，頁 350-356。西安：西北大學出版社。

祖強（2007）「新蘇南模式」與開放型經濟。載於黃文虎、王慶五等著，**新蘇南模式：科學發展觀引領下的全面小康之路**，頁 147-165。北京：人民出版社。

張弘遠（2006）從失序市場到有序市場：中介組織與市場規範——以溫州市鞋革行業協會為例。**政治學報** 41: 81-107。

陳耀興（2007）分報告 10：無錫創新發展模式的探索和實踐。載於楊衛澤、洪銀興編，**創新蘇南模式研究：無錫的實踐與探索**，頁 357-384。北京：經濟科學出版社。

陶逸駿（2008）經濟轉型下的產權耗損——中國農村徵地協商案例研究。**國立清華大學社會學研究所碩士論文**。新竹：國立清華大學

彭安玉（2007）傳承與超越：從「蘇南模式」到「新蘇南模式」。載於黃文虎、王慶五等著，**新蘇南模式：科學發展觀引領下的全面小康之路**，頁 43-73。北京：人民出版社。

無錫市統計局（2001-2010）**無錫市國民經濟和社會發展統計公報**。 http://www.wxtj.gov.cn/tjxx/tjgb/index.shtml 。

黃勝平、湯可可（2005）無錫走新型工業化道路研究總報告。載於黃勝平、湯可可主編，**無錫走新型工業化道路的探索**，頁 14-36。北京：紅旗出版社。

楊衛澤（2007）總報告 2：貫徹科學發展觀推動蘇南模式創新發展。載於楊衛澤、洪銀興編，**創新蘇南模式研究：無錫的實踐與探索**，頁 19-47。北京：經濟科學出版社。

溫州市人民政府（1987）關于農村股份合作企業若干問題的暫行規定。**溫政** [87]79號。http://www.wzcts.com/msg.php?id=376。

溫州市統計局（2001-2010）**溫州市國民經濟和社會發展統計公報**。 http://www. wzstats.gov.cn/pageall.asp? id=7。

溫州年鑑 2003、2004、2005、2007。北京：方志出版社。

經濟觀察報（2011）溫州面臨「產業空心化」。**新華網**，http://big5.xinhuanet.com/gate/big5/www.zj.xinhuanet.com/newscenter/2010-09/13/content_20884298.htm 。

葉培紅、張錦春（2002）溫州鞋業發展的第三推動力。載於高波、張錦春編，**溫州——中國鞋都**，頁 75-83。北京：中國輕工業出版社。

劉雅靈（2001）強制完成的經濟私有化：蘇南吳江經濟興衰的歷史過程。**臺灣社會學刊** 26: 1-54。

——（2009）中國都市化過程中新興的「農民收租階級」：溫州與無錫「城中村」的轉型路徑、集體抗爭與福利政策。**台灣社會學** 18: 5-41。

劉雅靈、王信賢（2002）缺乏發展的增長：中國大陸股票市場的制度內捲化。**中國大陸研究** 45 (4): 43-74。

課題組（2008）溫州發展形勢分析與展望。載於金浩、王春光編，**溫州藍皮書：2008年溫州經濟社會形勢分析與預測**，頁 1-21。北京：社會科學文獻出版社。

諸葛雋（2007）**民間金融：基於溫州的探索**。北京：中國經濟出版社。

鄭傑憶（2000）「藕斷絲連」：中國鄉鎮集體企業所有制改革前後政府與企業關係。**國立政治大學政治研究所碩士論文**。台北：國立政治大學。

嚴克勤、湯可可等（2003）**無錫近代企業和企業家研究**。哈爾濱：黑龍江人民出版社。

二、英文書目

Baumol, William, Robert E. Litan, and Carl J. Schramm (2007) *Good Capitalism, Bad Capitalism, and the Economics of Growth and Prosperity*. New Haven, CT: Yale UniversityPress.

Campbell, John L. (2004) *Institutional Change and Globalization*. Princeton, NJ: Princeton University Press.

DiMaggio, Paul (1988) "Interest and Agency in Institutional Theory." Pp. 3-21 in *Institutional Patterns and Organizations: Culture and Environment*, edited by Lynne G. Zucker. Cambridge, MA: Ballinger Publishing Company.

Evans, Peter (1995) *The Embedded Autonomy: States and Industrial Transformation*. Princeton: Princeton UniversityPress.

Hall, Peter, and David Soskice (2001) "An Introduction to Varieties of Capitalism." Pp. 1-68 in *Varieties of Capitalism: The Institutional Foundations of Comparative Advantage*, edited by Peter A. Hall and David Soskice. New York: Oxford University Press.

Hancke, Bob, Martin Rhodes, and Market Thatcher (2007) "Introduction: Beyond Varieties of Capitalism." Pp. 3-38 in *Beyond Varieties of Capitalism: Conflict, Contradictions, and Complementarities in the European Economy*. New York: Oxford University Press.

Hollingsworth, J. Rogers (2002) "Social Systems of Production and Beyond." Pp. 239-252 in *Advancing Socio-Economics: An Institutionalist Perspective*, edited by J. Rogers Hollingsworth, Karl H. Muller, and Ellen Jane Hollingsworth. New York: Rowman & Littlefield.

Hollingsworth, J. Rogers, and Robert Boyer (1997) "Coordination of Economic Actors and Social Systems of Production." Pp. 1-47 in *Contemporary Capitalism: The Embeddedness of Institutions*, edited by J. Rogers Hollingsworth and Robert Boyer. Cambridge: Cambridge University Press.

Huang, Yasheng (2008) *Capitalism with Chinese Characteristics: Entrepreneurship and the State*. New York: Cambridge University Press.

Ji, Guozhong (2004) "On the Provincial Trade Barriers." *Journal of Guangdong Vocational College of Finance and Economics* 3 (5): 49-53.

Johnson, Chalmers (1982) *MITI and the Japanese Miracle: The Growth of Industrial Policy, 1925-1975*. Stanford: Stanford University Press.

Lei, Ming, and Jingbo Liu (2005) "Difang Baohuzhuyu han Diqujian Maoyi Bilei de Jiayanxing Fenxi (The Analysis on the Local Protectionism and Trade Barriers among Regions) ." *Journal of Peking University* (*Philosophy and Social Sciences*) 42 (1): 92-100.

Li, Bingqiang (2008) "Inter-provincial Trade, Economic Status, and Market Segmentation." *Journal of Taiyuan University of Technology* (*Social Sciences Edition*) 26 (1): 18-21。

Liu, Yia-Ling (1992) "Reformfrom Below: The Private Economy and Local Politics in Rural Industrialization of Wenzhou." *The China Quarterly* 130: 293-316.

—— (2012) "From Predator to Debtor: Soft Budget Constraint and the Semi-Planned AdministrationinRural China." *Modern China* (forthcoming). DOI: 10.1177/009770041143 2674. http://cmx.sagepub.com/content/early/recent

Mahoney, James, and Kathleen Thelen (2010) "A Theory of Gradual Institutional Change." Pp. 1-37 in *Explaining Institutional Change: Ambiguity, Agency, and Power*, edited by James Mahoney and Kathleen Thelen. New York: Cambridge University Press.

North, Douglass C. (1990) *Institutions, Institutional Change and Economic Performance*. Cambridge: Cambridge University Press.

Oi, Jean C. (1992) "Fiscal Reform and the Economic Foundations of Local State Corporatism in China." *World Politics* 45 (1): 99-126.

—— (1999) *Rural China Takes Off: Institutional Foundations of Economic Reform*. Berkeley: University of California Press.

Poncet, Sandra (2005) "A Fragmented China: Measure and Determinants of Chinese Domestic Market Disintegration." *Review of International Economics* 13 (3): 409-430.

Skocpol, Theda (1985) "Bring the State Back In: Strategies of Analysis in Current Research." Pp. 3-37 in *Bringing the State Back in*, edited by Peter B. Evans, D. Rueschemeyer, and T. Skocpol. Cambridge: Cambridge University Press.

Stark, David, and Laszlo Bruszt (1998) *Postsocialist Pathways: Transforming Politics and Property in East Central Europe*. Cambridge: Cambridge University Press.

The Economist (2011) "Becoming Number One." September 24, http://www.economist.

com/node/21528987.

The New York Times (2011) "Monetary Fund Urges China to Ease State Controls on Banking." November 15.

—— (2011) "Building Boom in China Stirs Fears of Debt Overload." July 6.

Time (2011) "When Wenzhou Sneezes." November 28.

Weiss, Linda (1998) *The Myth of the Powerless State*. Ithaca, NY: Cornell University Press.

Zhao, Yongliang, Yong Xu, and Gueifu Su (2008) "Trade Barriers among Regions and Its Marginal Effect." *World Economy* 2: 17-29.

13
中國都市化過程中新興的「農民收租階級」：溫州與無錫「城中村」的轉型路徑、集體抗爭與福利政策[*]

　　中國三十年的市場經濟轉型，相對成功的帶動工業化、商業化與都市化發展。尤其自 1990 年代末當中國都市化發展成為地方政府政績考核目標之一，全中國各地城鎮皆積極擴張都會區域面積，兼併農村郊區，減少農村人口，以回應上級政府都市化政策目標之要求。[1]就在中國都會擴張之際，出現「城中村」與「農民收租階級」。

　　在都市化過程中，城鎮公共建設、道路、橋樑、房地產開發、商業活動等均向外延伸，不僅改變城市外觀，也徹底改變城郊農村面貌。農村土地不斷被徵用，納入都市計畫與更新藍圖，不僅成為都市工業、商業、住宅與公共設施的預定用地，而且許多郊區農村在城鎮擴張中已發展為商業鬧區，村民也多數轉業在都市謀生。這種因城鎮擴張而納入都市行政體系的農村，被大陸學者稱之為「城中村」（李培林 2003；藍

---

[*]　本文原載於 2009 年《台灣社會學》第 18 期（頁 5-41），經該刊同意後轉載，特此致謝。

[1]　中國政府自九〇年代中葉以後，將都市化的城鎮發展列為地方執政考核項目之一。為追求城鎮發展的政策目標與考核績效，各地方政府積極擴大城鎮行政管轄範圍，併吞周圍農村，推動都市建設。

宇蘊 2005；鄭孟煊、黃紹汪 2006），或人類學家稱之為「農村隔離區」（village enclave）（Siu 2007）。

　　今日城中村農民在都市轉型中已喪失耕地，並缺乏專業技術與其他謀生計能，難以在城市就業。然而村民卻在農地徵用，獲得農民安置房補償後，得以將多餘房間或原有農村宅基地老舊房舍出租給外來民工，[2]轉變為收取租金（rent）的房東，仰賴房租而活。另方面，在都市擴張與工商業發展衝擊下，土地供應不足造成地價暴漲，農村作為集體土地所有者，趁此機會發展與土地相關的開發與租賃事業獲取暴利，成為農村財政收入主要來源，不僅支付村的行政開支，並以紅利形式補貼村民生活津貼、醫療保健、養老津貼以及其他社會福利與救助。顯然城中村農民除個人房租收入外，同時享有村集體資產衍生的社會主義集體租金（socialist rents）。因此不論在職或失業，中國「城中村」的村民在經濟轉型中儼然從身分團體變成農民收租階級（peasant rentier class），不僅尋求租金最大化，而且在強大階級意識下組織集體行動，維護階級共同利益。如何解釋中國都市化過程中「城中村」與「農民收租階級」的興起？

　　更有甚者，當昔日農村併入城鎮行政管轄體系之內，這些城中村卻仍沿用昔日農村之名，而且村民拒絕轉變城市戶口，不願登記為城市居民，顯然農村集體主義意識增強，農民對村集體的認同遠超過所在的都會城鎮，似乎昔日毛統治下城鄉二元結構中被踐踏為二等公民的農民，已獲得翻身機會，在中國都市化發展中農民身分地位與所獲之利益遠高於城市居民，以致農民不願放棄農村戶口轉變為城市居民。如何解釋中國都市化過程中「城中村」農民身分地位的轉變？為何農村集體主義在中國都市化發展之際死灰復燃？「城中村」的轉型在中國市場經濟發展中是去集體化（decollectivization），[3]或再集體化

2　根據作者 2004 年訪問溫州甌海區國土資源所幹部，農民在農村居住的房舍所在地，稱做宅基地。當農民因嫁娶或兄弟分家需要蓋新房時，須向村委會申請宅基地，經批准後才得以蓋房子。宅基地的面積有嚴格規定，農民蓋房子時不得超過規定面積。目前在中國沿海經濟發達省分，因城鎮擴張需徵用農村土地，導致農村宅基地的分配已經停止。

3　中國農村在 1978 年底實行的農業去集體化改革，取消農村對農民的統一勞動、管理與分配，並將農地分配給農民進行個別經營，讓農民獲得對土地經營的自主權，但農地所

（recollectivization）？

　　在全球已開發或開發中國家，都市擴張與更新皆引發地價上漲而使地主獲利。但在中國都市地價上漲促使「城中村」村民自我組織，以集體示威方式捍衛村民的集體資產，不僅抗議資產被村幹部侵奪，而且引發村民與「前村民」（ex-villagers）之間的分配衝突。為何在其他開發中國家土地所有者只是個別獲取租金的受益者，而在中國作為集體土地所有者的「城中村」村民不僅集體受益，而且轉變為收租階級？

　　本文主要探索在中國都市化過程中「城中村」的發展與「農民收租階級」的興起。本文採取以租金為基礎的階級概念（rent-based class concept），認為農民收租階級意識與階級利益不僅被農村集體產權衍生的租金所形塑，更被戶籍制度所增強，階級間的分配衝突也因此而衍生。本文進一步分析並比較浙江溫州與江蘇無錫對城中村的治理，探討兩地城中村轉型速度的快慢，農民收租階級集體行動的強弱，以及兩地對城中村民為何採取不同的社會福利政策。在制度論基礎上，本文從村與鄉鎮原有治理結構的延伸，以及地方治理自主務實的歷史遺產，解釋溫州與無錫都市化轉型的差異。

　　本文的資料蒐集主要來自田野調查與文獻閱讀。作者於 2004 年至 2007 年的寒暑假分別前往溫州與無錫進行田野工作，前後共計七次，分別訪問溫州與無錫近郊的鄉鎮（街道）[4] 與農村（城中村），訪問對象包括村民、村幹部、鄉鎮（街道）幹部、鄉鎮國土所與財政局，以及溫州與無錫市規劃局、國土資源局、社會保障局、農村集體資產改制辦公室（溫州區政府）等官員與幹部。為保護作者訪問過的村、鄉鎮與街道，在文中均以名稱中第一字的漢語拼音為代表。

　　本文論述分為下列六節，第一節解釋中國都市化過程中「城中村」與「農民收租階級」的興起，第二節回顧大陸學者對城中村興起的解

　　有權仍屬於農村集體，為集體產權。農民並沒有獲得土地所有權，只有承租土地的使用權與獲益權。換言之，在去集體化改革中，農村耕地並未進行私有化，農地仍為集體所有。

4　中國農村與都市行政管理體系有所不同。在農村基層，村為自治體，其上級領導機構為鄉鎮政府。而城市行政體系的基層是居民委員會，今日又改稱為居民社區，其上級領導機構為街道辦事處。

釋，同時指出這些理論解釋均忽視農民收租階級的興起。第三節從租金
為基礎的階級概念，解釋「農民收租階級」的興起。第四節則進行溫州
與無錫都市化的比較。雖然溫州與無錫都市化過程中均出現城中村與農
民收租階級，但兩地農民收租階級的內部利益衝突、城中村轉型的步
調、農民集體抗爭的強弱，以及採行的社會政策有所不同。第五節則從
農村治理結構的延續或中斷，以及地方治理的務實傳統解釋兩地都市轉
型之差異。第六節則評估都市化對城中村民身分轉變帶來的利弊。最
後，本文認為集體產權與戶籍制度持續複製社會主義的集體性，促使中
國市場與都市轉型中的再集體化現象。

一、「城中村」的興起與新興「農民收租階級」

　　今日中國城市中之所以出現城中村，也就是都市裡的村莊或都市中
的隔離農村，可追溯到 1958 年城鄉戶口制度的建立。中共建政初期，
為在短期內超英趕美，實現國家快速工業化，不僅發展城市重工業，而
且使用極權手腕強制轉移農業剩餘（agricultural surplus），來補貼城市
居民與國營、集體企業的勞工，這些優惠包括糧食補貼、副食品供應、
低價住房、工作分配、子女教育、醫療保健、退休養老等福利（Lu and
Perry 1997）。同時為避免農村大量人口遷入城市，分享城鎮居民的福
利待遇，在中央政府財政緊縮下，建立戶籍登記，作為制度障礙，阻撓
城鄉人口流動。戶籍制度將農民圈在農村，依附於土地，沒有特殊允
許，農民不得隨意進入城市。中國農民被國家發展政策所犧牲，像西方
中世紀封建體制下的農奴，缺乏遷徙自由，遑論進入城市，社會流動機
會極其有限。[5]由於農民無法分享城市居民的社會福利與權益，必須靠
自己生產的農業剩餘做自我照顧。農村缺乏政府提供的基礎建設與公共
服務，農田灌溉的水利設施都由農民體力勞動，自我建設完成。城鄉之
間成為現代與傳統的對比，兩者之間缺乏溝通與互動，城鄉通婚雖未

5　在毛統治年代，中國農民向上流動的機會極小，只能靠參加軍隊、考入大學等管道。

完全絕跡，卻也少見。在毛統治年代，中國幾乎成為準隔離社會（semi-apartheid society），更由於中國農民不完整的公民權，在政治與社會上備受歧視，遂成為中國社會中的二等公民。正因為如此，當時城市居民身分成為農村極為短缺的搶手貨，若農民能轉變戶口登記為城市居民，猶如一步登天。

（一）城中村的形成

毛時代建構的城鄉二元社會制度遺產，一直延續到今日的市場經濟轉型，難以打破。縱使當今中國城市快速擴張，兼併城郊農村，甚至已將農村置入城鎮管轄體系，但農村名稱及村落位置仍原封不動。溫州市原屬郊區的許多農村，隨城市行政區域擴張，今日已變為城市繁華鬧區的一部分，雖然農地已被城市徵用完畢，但仍維持原有村落位置與名稱。相對而言，無錫許多城中村已逐漸完成都市轉型，村民已轉移到隸屬不同街道的社區安置房落戶，戶口也轉變為城市居民，原有的村落遂被解散，但農民安置房所在的都市社區仍帶有農村生活習性，村民房東與外來民工房客混居。

今日溫州城中村的田園景觀已完全消失，並與城市的高樓大廈混合，原有的農地也已開闢成為工業區、商業區、住宅區，或公共設施的公園。市區商業大街兩邊的商家店鋪，不少是徵用城中村土地所建，村落則散佈在這些光鮮亮麗的商家店鋪之後。一旦轉入交通幹道與商業大街的背後，舉目所見是狹窄彎曲、凹凸不平的小巷，道路中間水窪點綴，巷角垃圾堆積，異味橫行，髒亂成為常態。雖然村落民房新舊交錯，高矮參差不齊，與廣州城中村相比（藍宇蘊 2005），溫州村落民房並未向上任意加蓋，沒有雜亂無章不見天日的景象。溫州城中村內仍居住許多村民，但也有不少搬遷到市區高樓住宅，而將原有村落民房出租給外來民工。與眾多城市的城中村相同，許多外來民工職業不固定，教育程度與收入偏低，形成危害城市治安的犯罪地點，原有城市居民避之唯恐不及。但溫州與無錫城中村的治安問題似乎不如廣州城中村嚴重。

無錫城中村的進展雖較溫州為快，但至今仍有大批城中村等待改

造。尤其無錫市政府訂定年度政策目標，每年必須吸納 250 畝周圍農村進入城市管轄範圍，並將城市居民享有的社會福利延伸給併入城市範圍的村民。[6]無錫市相當重視城市總體規劃與建設，不僅完成無錫市未來發展規劃藍圖，並在都市下轄的行政區與街道做細部規劃與建設。無錫市下轄的基層行政單位——街道，在政策目標壓力下，限期拆除城中村以配合都市總體規劃，[7]顯然無錫城中村的改造是出於城市規劃發展與建設的需要。此外，當城中村村民改變為城市居民的同時，必須享有與城市居民相同的社會福利與權益，因此無錫城中村的改造與社會保障同步並行，溫州則有所不同，走向市場化的商業保險。

不論溫州或無錫，城中村皆擁有許多與土地相關的集體資產，包括土地與房地產出租的租金收益、村集體企業的利潤，以及其他投資事業的營利。這些資產屬於村民全體，因此城中村在併入城市之際，不容上級政府侵犯與占有屬於村民全體的集體資產。市政府所能做的是透過法定程序徵用農村土地，而且徵用農地必須補償農民損失。當農村併入城市，農村無法立即轉變成都市居委會，[8]原因在於郊區農村因土地價值暴漲而累積大筆財富，在農村集體資產未得到妥善處置前，農民拒絕變更身分為居民，更拒絕城市的管轄與控制。與無錫因應城市總體規劃必須改造城中村的壓力不同，溫州城中村村民發覺村集體財富在地價暴漲之下急速增值，在目睹村幹部生活奢華與貪污腐敗不時發生之際，提出分享集體資產利潤的要求，但由於村財務時被操弄，村幹部又常做錯誤的投資決策，造成集體資產大量流失，村民喪失對村幹部理財能力與廉潔的信心，遂要求分光村集體資產作為改變城市居民身分的前提。[9]溫州城中村經常因集體資產處置不當或利益分配不均爆發村民的集體抗

6　作者 2005 年訪問無錫市規劃研究院，2007 年訪問無錫市規劃局官員。

7　作者 2005 與 2007 年訪問無錫市規劃局與之下的規劃研究院，瞭解無錫市的城市總體規劃與細部建設。作者又訪問無錫市崇安區下轄的 Guang 街道，瞭解 Guang 街道如何在落實細部規劃的壓力下處置與分配城中村的集體資產，以及宅基地拆遷和村民安置事項，這是城中村改為社區居委會的前置作業。

8　中國城市行政管理體系在九○年代末產生變革，已將原先處於城市最基層的居委會改變為社區，接受上級街道管轄。

9　作者 2006 年溫州田野調查時，城中村村民因集體資產分配以及村幹部的貪污腐敗，而上街頭抗議。類似的抗爭活動早在本世紀初就已發生。

爭遊行，而城中村的上級政府，在原有鄉鎮被撤銷而由城市街道接管之際，受限於人員編制與有限資源，街道往往不願介入城中村內部難以理解的複雜土地產權糾紛與宗族關係，以致溫州城中村像城市中的孤島，被城市包圍，但又具有自治權。

在中國急速的都市轉型中，城中村現象在各級城市中已極為普遍，縱使中國政府缺乏城中村的詳細統計數字，但有關各級城市城中村的數據散見學術研究與新聞報導中。例如廣州市城中村在 2005 年共有 139 個（藍宇蘊 2005: 7），陝西省西安市在 2002 年有 417 個城中村與 42 萬村民，山西省太原市有 75 個城中村與 12 萬村民，浙江省紹興市有 45 個城中村與 15 萬村民，河北省石家莊市有 45 個城中村，浙江省杭州市有 60 個城中村等（藍宇蘊 2005: 2；鄭孟煊、黃紹汪 2006: 11）。溫州市在 1994 年就將鄰近甌海縣併入原有的鹿城區與龍灣區，擴大為三個行政區，2004 年溫州市下轄 70 個城中村、334 個城郊村與 139 個農村，共計 82.2 萬農民（謝健等 2004: 36）。相較之下，無錫市在 2001 年擴大納入原為無錫縣的錫山市，將原有都市行政區從一個變為七個（王安嶺 2007: 1）。[10] 在中國市場經濟轉型中，都市化正方興未艾，城中村現象愈來愈普及。

（二）農民收租階級的興起

與英國中世紀圈地運動造成的農民流離失所不同，中國農民在農地徵用與房舍拆遷後，多數遷入政府補貼的農民安置公寓，作為失地補償之一。如同西方資本主義興起之際，工人被迫與生產工具分離，中國城中村民在都市擴張農地徵收後，被迫與耕種工具──土地──分離，因此多數村民已不再從事農耕，而進入城鎮的正式與非正式經濟部門尋找就業機會，幸運者找到全職工作，許多是兼業性質，甚至更多因缺乏謀生技能而失業。城中村民的兼業多集中在城鎮的中下階層工作，包括街頭小販、出租車或卡車司機、小吃攤經營、清潔工作者、裁縫、工廠勞工等。但不論就業與否，溫州與無錫絕大多數城中村村民均靠出租房舍

---

10 今日無錫市包含崇安、錫山、惠山、北塘、南長、新區、濱湖七個行政區。

與公寓為生，同時仰賴村集體發放的生活津貼、貧困救助、教育補貼、老人津貼、與部分醫療照顧等社會租金而活，因此村民不必參與勞動過程與就業，就能依靠個人的房租收入與村集體的社會主義租金維持基本生存，儼然成為收租階級。

城中村村民清楚意識到村民身分是獲得社會主義集體租金與房屋租金的唯一資格認定，因而村民之間具有濃厚的村集體意識，他們是村集體資產的所有者與分享者。村民收租階級會以集體的階級行動維護集體資產的所有權，並匡正被侵犯的資產權益，城中村民的抗爭行動發生在溫州比在無錫多。如何解釋溫州與無錫農民收租階級抗爭行動的強弱差異？在回答此問題之前，有哪些理論觀點解釋中國城中村與村民收租階級的興起與發展？

二、城中村興起的理論回顧

大陸學者對近年都市化過程中出現的城中村現象十分關注，尤其對城中村的社會組織、經濟制度與文化生活均有詳細描述。例如新村舍共同體觀點認為被城市包圍的城中村，是傳統農民社區（gemeinschaft）與現代商業社會（gesellschaft）的混合體。鑲嵌在都市經濟中，新村舍共同體一方面被傳統的人際關係、相互信任、家庭忠貞所凝聚，另方面又必須適應都會陌生人之間的片面互動與城市生活（李培林 2003；藍宇蘊 2005；鄭孟煊、黃紹汪 2006）。不論失業與否，城中村民具有強烈的集體村民意識，共同享有村集體資產與租金。此外，新村舍共同體觀點也討論城中村資產重組與紅利分配，以此凝聚村民的集體意識（Siu 2007；藍宇蘊 2005；鄭孟煊、黃紹汪 2006）。都市化論述則認為城中村為中國城市化過程中短暫的過渡現象，最終將會融入都市而消失。持此一觀點的學者更關切都市擴張過程中是否能提供充分的居住空間、水電供應、公共財與社會服務，以滿足都會居民需要。在此前提下，有些學者將焦點鎖定在都市中社會層級（social hierarchy）結構的轉變（Zhang 2008），有些則使用市民社會觀點解釋農民從下而上獨立

建構的城鎮，如八〇年代在溫州蒼南縣成立的龍港鎮，由農民集資進行基礎建設，並興辦公益與文化事業（朱康對 2003），有些則從鄉鎮政府組織力量出發，透過基層政府自籌財源，完善城鎮規劃與建設，如無錫玉祁鎮的發展（唐岳良、陸陽 2006: 75-102）。甚至有學者討論都市不同部門之間爭奪土地所有權、使用權、地租占有等的權力政治（Hsing 2008）。

雖然新村舍共同體與都市化觀點對城中村居民的都會生活與社會組織提供深入分析與見解，但它們都忽略建立在社會主義租金基礎上的農民收租階級之興起。他們更忽略收租階級內部發生的租金分配衝突，以及收租階級發起的集體行動，以實際行為宣稱他們擁有村集體資產的共同利益與不容侵犯之產權。本文提出收租階級理論（thesis of peasant rentier class）來界定中國都市化過程中的城中村村民，尤其建立在集體產權制度上的社會租金、村民認同的階級身分、村民發動的集體行為確保村集體資產所有權與租金最大化追求，最能解釋中國都市化過程中「城中村」的崛起與村民收租階級維護財產權益的階級行動。

三、收租階級理論的建構

在探索東歐社會主義政權瓦解與捷克斯拉夫的分裂時，西方學者提出新階級理論（the new class theory），認為建立在知識壟斷基礎上的新階級主導東歐共產政權的轉型，這些新階級包括部分知識份子、技術官僚、工程師與政府部門官員（King and Szelenyi 2004; Eyal 2003）。雖然新階級理論著重異議知識份子與技術官僚之間的階級聯盟，共同完成東歐共產政權瓦解與資本主義轉型的任務，但新階級理論並未探索東歐後共時期的階級結構，也難以應用解釋中國的市場經濟轉型，更遑論解釋中國都市化過程中農民收租階級的興起。

使用階級概念區分社會中人群的差異，仍是今日中國社會的政治與學術禁忌，大陸學者多半避而不用，或寧用較為中立的階層替代政治敏感的階級概念（Zhang 2008）。另方面，在社會學研究中階級概念也引

起許多爭議，尤其馬克思從勞動過程中以擁有生產工具為基礎的階級界定過於狹隘，故當代社會學家超越馬克思的階級定義，從個人所擁有之財富、權威、知識所產生的租金，以及掌握這些租金的權力與權利，來界定個人所屬之階級，因為這些租金報酬會進一步影響個人在市場中的生活機會（Wright 2005; Breen 2005），決定個人的社會流動。在主流經濟學中，租金相當於因擁有財富、權威與財產而衍生的收入、利潤與回報（Buchanan 1981; Sørensen 2005），因此有學者認為以租金為基礎的階級概念而非生產工具的掌握，更能有效掌握階級意識與階級對立的剝削觀點（Sørensen 2005）。不論新馬克思或新韋伯學派，階級分析主要探索階級形成、階級不平等、與敵對階級之間的分配衝突。不論階級概念隱含剝削與否，本文認為中國都市轉型中的農民收租階級是以享有村集體資產衍生的社會主義集體租金為基礎。

　　根據中華人民共和國土地法，農村土地是集體所有，也就是村民小組、大隊、公社三級所有。精確的說，農民作為土地共同所有者，有權利使用村的集體土地，但農民並非土地的個別所有者。社會主義集體租金從土地共同所有權衍生出來，應被全體村民所共享，所以在中國農村脈絡下，農民收租階級的界定是以享有社會主義集體租金為基礎，不僅獨立於占據階級結構位置的職業或收入，而且以戶籍制度中登記為農民身分的村民決定收租階級的界線（class boundary）。與教育文憑或專業證照的作用類似，村民身分使收租階級成為封閉團體，排除農村中非村民身分成員。

　　城中村的集體資產在中國都市化過程中迅速膨脹，尤其在地價暴漲中，城中村與城郊村皆趁機進行土地投機與商業化經營，獲得暴利租金，成為村鎮預算外收入主要來源。在地價上漲的基礎上，許多村落繼而發展與土地租賃相關的經營活動，賺取固定租金。縱使各村因地理位置不同，地價有所差異，所獲土地租金也有所不同，但幾乎城中村民均享有地租衍生的生活津貼、教育補貼、老人年金、貧困補助、醫療保健等。村民甚至將補貼安置房的多餘房間出租，收取個人租金。故不論失業與否，城中村民作為村集體資產的共同所有者，在中國市場轉型與都市化過程中的生活機會均獲得改善。為擴大地租的分享，城中村民會自

我組織進行抗爭，一方面防範幹部侵吞集體資產，另方面阻止已移居城市的原有村民回流，要求分享財產。

　　本文提出農民收租階級的論述觀點，是以社會主義集體資產所有權為制度基礎，闡述新興農民收租階級成為中國市場與都市轉型中的受益者。作為農村集體資產的共同所有者，農民收租階級不僅追求租金最大化，並極盡所能保護他們的集體資產與共同利益。由於村民身分與租金分享結合，農民收租階級對村民身分具強烈認同感，農民身分已成為收租階級的集體意識，他們用此抗拒已轉變身分的原村民分享租金與村幹部的侵吞集體資產。以下則是用租金為基礎的階級概念來瞭解溫州與無錫農民收租階級的興起，並比較他們階級行動強弱、城市福利銜接以及城中村轉型快慢的差異。

四、溫州與無錫的新興農民收租階級

　　溫州與無錫均為中國沿海省分最富裕地區，自八〇年代初期就因善用地方資源秉賦與比較利益，以農村私營經濟與鄉鎮集體企業，創造地方經濟奇蹟。不論城鎮與農村，溫州與無錫人均收入均遠高於全國平均，見表1。

　　溫州由於地方政府較寬鬆的政治管制與地方自主，在改革前後家庭作坊與私營企業蓬勃發展，無錫則因嚴密的政治控制，走向集體經濟為主的鄉鎮企業。當九〇年代中國短缺經濟不再，市場競爭日趨激烈，集體所有權性質的鄉鎮企業不敵經濟效益較高的私營與外資企業，被迫走向全盤私有化。為填補集體甚至國營企業私有化之後的空窗，無錫積極引進外資企業，以外商雄厚的資本、技術、外銷實力再創地方經濟光環（方勇、張二震 2007；談鎮 2007）。[11] 溫州因遠離長江三角洲，始終不是外資的優先選擇，因而自始即依靠本土資金，以家庭作坊與中小企業形成的生產網絡，不僅搶占大陸國內市場，並以勞力密集產品行銷國

---

11 無錫地處江蘇南部，發展型態與蘇南各地極為類似，都於 1990 年代末做鄉鎮企業私有化，並引進外資，發展高科技產業。

際低價市場。兩地發展路徑雖然不同，但溫州與無錫市場經濟轉型與城市逐步擴張，城中村與農民收租階級皆是兩地社會變遷中的新興普及現象。

表1　溫州、無錫城鎮與農村人均所得（2000-2007 年）（單位：人民幣元）

人均所得 ＼ 年	2000	2001	2002	2003	2004	2005	2006	2007
溫州								
城鎮人均所得	12,051	13,200	14,591	16,035	17,727	19,805	21,716	24,002
農村人均所得	4,298	4,683	5,091	5,548	6,202	6,845	7,543	8,519
無錫								
城鎮人均所得	8,603	9,454	9,988	11,647	13,588	16,005	18,189	20,898
農村人均所得	5,262	5,524	5,860	6,329	7,230	8,004	8,880	10,026
全國								
城鎮人均所得	6,280	6,860	7,720	8,472	9,442	10,493	11,759	13,786
農村人均所得	2,253	2,366	2,476	2,622	2,936	3,255	3,587	4,140

資料來源：金浩、王春光（2008），2008 年溫州經濟社會形勢分析與預測；無錫市統計局（2000-2007），無錫市國民經濟和社會發展統計公報，2000 年至 2007 年；中華人民共和國國家統計局（2008），中國統計年鑑 2008。

（一）農民收租階級的集體所有權與村民身分認同

　　農村土地集體所有權雖排除個人所有者，但建立在宅基地之上的房舍屬於農民個人所有。如果在農村土地徵用中包括農民宅基地的房舍，農民除得到房舍拆遷的賠償金之外，還可以獲得購買政府補貼的安置房公寓作為補償。溫州農民可以獲得原來宅基地房舍面積三倍大的安置房補償，這通常相當於兩到三套的安置房公寓，視公寓面積大小而定。[12] 無錫農民宅基地房舍補償沒有像溫州那麼慷慨，但通常無錫農民也都購買兩套補貼價格的安置房公寓；有些農民在購買安置房之後，立刻以市場價格出售給其他居民，賺取暴利差價。[13] 雖然溫州與無錫農民在徵

---

12 作者 2006 年訪問溫州鹿城區 Shui 村村民，他原有宅基地房舍面積是 60 平方米，所以當房舍拆遷後，他可以購置 180 平方米的安置房作為補償。最後，他購買一大間 110 平方米與一小間 70 平方米的安置房公寓。

13 不論在溫州或無錫，規定安置房必須住滿五年之後才可出售，但有些村民未按規定行

地補償上有所差異，但兩地城中村民多數成為房東，出租房舍賺取租金維持生活，使他們免於在勞動市場中尋找就業的勞頓，可見城中村民作為房東收取個別租金，也因村集體資產——土地——被徵收而獲利。根據溫州鹿城區 Feng 村幹部：「本村有 80% 的村民靠出租房間與公寓維生，如果村民的公寓鄰近商業大街，租金收入更多，一年約可得到六萬元。」[14] 無錫城中村分佈也相當廣，以濱湖區 H 村為例，在 7,829 戶中就有 4,000 多戶出租給外來民工居住。無錫城中村內不僅房東多，失業人口也多，[15] 但失業者多為房東，不愁生活無以為繼。

除私人的房屋租金收入外，作為村集體成員，村民還得以分享村集體資產租金。當溫州農村土地被徵用所剩無幾，徵用單位會返還一定比例的土地給村集體，作為村民生活依據，通常返還土地的面積是原徵用面積的 20% 到 30%。[16] 根據政府規定，返還土地面積的 60% 可作為工業開發用地，農村可以蓋工廠廠房出租收取租金。剩餘 40% 的返還土地可用於發展服務業，如設立加油站、停車場、餐飲業等解決村民勞動就業問題。這些與土地相關的經營收益，可以作為村的財政收入與村民福利金的發放。根據溫州市龍灣區郊區的 Fu 村幹部：[17]

> 溫州市政府為擴大濱海工業區面積，在 2003 年向我們村徵收一千畝土地，除了每畝補償我們五萬元之外，我們還獲得 60 畝（6%）返還土地。我們打算利用這 60 畝返還土地做工商業用途，例如建工廠廠房、商業住宅、房地產開發等，我們收取租金，作為村的財政收入，並提供村民各項服務與福利。

溫州許多城中村因地價上漲，使村集體資產增值而收入增加，根據溫州

事，也有村民從一開始就將安置房的購買指標以市場價格出售給其他居民。

14 作者 2006 年訪談溫州鹿城區 Feng 村退休幹部。

15 參考政協無錫市委員會（2008）。

16 作者 2004 年訪問溫州甌海區國土資源局分局幹部。原則上農村可以獲得原徵地 20% 到 30% 的返還土地，但實際上村所得返還土地面積遠低於政策宣示。

17 作者 2004 年訪問溫州龍灣區 Fu 村幹部。

鹿城區 Jiu 村幹部：[18]

> 我們村資產在 2003 年就已累積超過二億元，包含一家村辦餐館，一家印刷廠，以及商店店面、市場攤位、公寓出租等。自從村民發現村集體資產每年利潤暴增，遂提出分享紅利要求。我們遂於 2003 年開始發放福利金，男性村民年滿 35 歲每月可得 1,000 元生活津貼，女性可得 600 元，男性 15 歲以上 35 歲以下每月津貼 300 元。村對高中生與大專生有學費補貼。此外，村每月發放老年津貼與部分醫療補助。你覺得我們村福利做得很好？才不是！我們隔鄰 Song 村福利做得更好，他們還可以提供老人免費出國旅遊。

溫州鹿城區 Shui 村的村民福利比 Jiu 村更佳，根據 Shui 村幹部：[19]

> 我們村在 1996 年組織企業集團，包括所有租賃事業與超市連鎖店，我們出租工廠廠房、店面、公寓等，每年租金收入可觀。自 2001 年當村民發現村有鉅額收入，便要求分享，但村主任拒絕，村民就發起罷免村主任的行動，我們是溫州第一個罷免村主任成功的村。就在罷免村主任活動中，村開始發放福利金給村民，目前 25 到 60 歲之間的男性村民每月可領取 1,200 元生活津貼，女性 840 元，村民滿 18 歲也有津貼可領。村民年滿 65 歲每月可領老人津貼 700 元。此外還有低廉的老人公寓與餐飲提供。村民還享有醫療照顧，可向村裡報銷 80% 的醫療費用。

當溫州城中村將村民置於村集體保護之下，無錫城中村民也享有村集體資產的紅利，但待遇不如溫州村民豐厚。又因為無錫強調城市總體規劃，無法像溫州那樣在徵收農村土地後返還一定比例的留用地，幫助村維持生計。縱使目前無錫市已有區政協機構呼籲返還部分徵用地

---

18 作者 2004 年訪問溫州鹿城區 Jiu 村幹部。
19 作者 2004 與 2006 年訪問溫州鹿城區 Shui 村幹部。

給城中村，[20] 但在城市總體規劃要求下，無錫市政府難以辦到。反而無錫市政府要求城中村在轉型中將原有村集體資產組織成股份合作公司，承擔村民銜接城市居民養老與醫療保險的財政負擔。根據無錫 Yiu 村幹部：[21]

> 我們村過去靠村辦企業提供財政收入與社會服務支出，但在鄉鎮企業私有化之後，我們主要收入來源轉變為租賃經營，包括出租工廠廠房、店鋪、市場攤位等，租金收入一年超過一千萬。我們已經將這些資產組織為股份合作公司，將村民變成股民，分享紅利。在 2002 年每個村民領到紅利 600 元，2003 年增加為 800 元，包括小孩。那些已變更為居民身分，但過去對村的發展有所貢獻的村民，也領到紅利一年 400 元。此外村支付老人津貼每月 300 元，提供村民每人每年 240 元的醫療補助，其中村民需自付 80 元。失地農民還可領取失業救濟。我們村捐助村小學電腦教學，幫村民支付有線電視年費，補助退休村民國內旅遊等。

　　兩相比較，雖然溫州村民的集體租金與紅利優於無錫，但這只局限於資產雄厚的城中村，不是一般普通農村所能享有的。不論溫州或無錫，兩地城中村與土地相關的租賃經營獲利頗豐，皆提供村民社會主義集體租金的分享與相對慷慨的福利照顧。建立在村集體資產上的社會主義租金制度，不僅改善村民在市場中的生活機會，而且將他們轉變為收租階級。由此可見，中國都市轉型中村集體資產與村民身分認同的戶籍制度，共同形構農民收租階級的興起。

　　相較之下，廣州城中村村民熱中於投資原有宅基地房舍的擴建與加蓋，發展租賃業務，成為房東招攬外來民工房客，依靠租金收入而活。和溫州相同，廣州在 1980 至 1990 年代大量徵收農村土地，徵用

---

20 無錫市濱湖區政協委員會在 2008 年對無錫市建設局提出城中村改造相關政策建議中，要求市政府在改造中拿出一定量的土地（留用地政策），作為商業開發滿足村股份合作資產收益的用途。見政協無錫市委員會（2008）。

21 作者 2004 年訪問無錫市 Yiu 村幹部。

單位會返還一定比例的留用地給村民作為生活依據，例如廣州 Shi 村自
1979 年以來經歷多次徵地，已累積徵地單位返還的留用地 450 多畝，
成為該村發展租賃經營業務之來源（鄭孟煊、黃紹汪 2006: 53）。廣州
市雖未像無錫那樣嚴格要求城中村提供村民與城市居民等同的社會保
障，但已責成城中村將集體資產組織成社區股份合作經濟聯社，將集體
資產所有權以股份形式分給個人，並更進一步將股份合作經濟聯社轉變
為企業集團公司，擔負新興城市居民的社會福利與基本生活。但不論村
民或居民，建立在社區集體資產所有權與社區居民身分認同上，新興收
租階級已在中國都市化過程中產生。

（二）農民收租階級的利益分配衝突

村集體資產與村民身分不僅鞏固城中村民的凝聚團結，更排除「前
村民」分享村集體資產與租金的權利要求，因為他們已搬離村落移居到
城市，並改變原有的村民戶口登記為城市居民。但這種社會排除激怒那
些曾經對村發展有所貢獻的前村民，他們回到原村進行抗爭，要求分享
租金與資產，引發城中村內部的利益分配衝突，並引起中國各都會城市
政府的注意。為平息利益衝突，廣州市與無錫市城中村在上級政府協調
下，允許已改變城市居民身分的前村民分享村集體資產，但分配加權比
重較輕，以平息村民潛在的不滿與爭議。[22]

當中國城市擴張，不斷徵用農村土地，失去耕地的農民勢必要轉變
為城市居民，而且徵地單位必須提供就業機會給失地農民。按農村過
去慣例，通常有三種方式可以改變村民為城市居民：（1）勞力安置：
不論政府機構或國營企業，只要徵用農村土地，就必須提供工作給失地
農民，幫助他們在城市就業，並轉變為城市戶口。在溫州按規定每徵一
畝農地，必須安排兩個農村勞動力轉業。[23] 例如溫州市財政局過去曾徵
用 Jiu 村農地，除以現金補償徵用農地外，財政局按規定必須提供若干

22　廣州市城中村的做法，參考藍宇蘊（2005）著作，有關無錫城中村的做法來自作者 2004
　　年訪問無錫 Yiu 村與 2005 年訪問無錫 Xiang 村幹部。
23　勞力安置在各地略有不同，如在廣州每徵一畝地，徵地單位必須安排 1.5 個農民勞動力
　　就業，見藍宇蘊（2005）著作。

工作機會給失地農民，並幫助他們轉變為城市居民戶口。[24]（2）貨幣安置：若用地單位無法提供工作機會，則可對失地農民提出個人金錢補償，並改變農民身分為城市居民。（3）購房安置：當村在政府返還的留用地上建公寓樓房，並讓村民以優惠價格購買，但附帶條件是凡購買者必須同時改變身分為城市居民。[25]然實際上許多村民接受了城市單位的工作安排，有的也接受了個別金錢補償，也購買了補貼價格的公寓，但是並沒有改變農民身分。或者有些已經提出申請，但不知為何並未成功的轉變為城市居民戶口。所有這些均構成溫州城中村村民之間的分配衝突，導致村民分享集體租金與資產的資格紛爭。資格認定的唯一標準是村民戶口登記為本村村民身分，但不管是否仍登記為本村村民，只要他／她曾接受就業、貨幣、認購補貼價格公寓當中的任一選擇，就已經不再視為本村村民，而被排除集體資產與租金分享之外。

當村民改變登記為城市居民戶口，後者享有的城市福利待遇就必須延伸給新註冊為居民的村民，但是城市政府財政困窘，無力負擔額外的福利照顧，因此要求城中村保留村集體資產，以資產衍生的報酬租金來支付村民轉變為居民的社會福利照顧，但溫州與無錫城中村採取不同的方式處置村集體資產。無錫城中村所有集體資產原封不動的被組織成股份合作公司，支持村民轉變為居民所應享有的城市福利待遇，但溫州多數城中村民要求將集體資產全部拍賣，讓所有村民均分拍賣所得。溫州村幹部經常濫權經營與侵吞村集體資產，貪污腐敗層出不窮，導致溫州村民對村幹部失去信任，而且當集體資產組織成股份公司後，村民又無力有效監督幹部的經營管理，因此要求在全部村民轉變為城市居民與村解散之前分光所有村集體資產。根據溫州鹿城區集體資產改制辦公室幹部：[26]

24 作者 2004 年訪問溫州鹿城區 Jiu 村幹部。
25 作者 2004 與 2006 年訪問溫州 Shui 村與 Feng 村的幹部與村民，村民均認同幹部所說的村轉居三種方式。
26 作者 2006 年訪問溫州鹿城區農村集體資產改制辦公室幹部。

鹿城區許多城中村村民都曾上街遊行示威，要求分光所有村集體資產，但到目前為止，鹿城區29個城中村當中，只有 Hong 村完成資產分光。其他許多城中村都模仿 Hong 村的做法，但都卡在村民分享資產的資格認定上。

在做集體資產均分之前，必須要做村民資格認定與集體資產評估。根據溫州各城中村幹部，產生資格認定糾紛的第一類人是各村外嫁到別村或城市的婦女，這些婦女有的在出嫁後就將戶口遷出本村，但也有出嫁婦女戶口並未遷出，仍留在本村。然而不論她們戶口是否留在本村，出嫁婦女在傳統上已經不再視為本村村民，但她們回到村內來要求分享資產，尤其她們認定出嫁前對村集體經濟發展的貢獻，應使她們有資格分享集體資產。根據溫州 Feng 村一位退休幹部：[27]

> 我們村外嫁到別地的婦女，不論戶口是否仍留在村內，在 2002 年的時候都上街示威遊行，抗議她們被排除村集體資產分享之外。當時的示威遊行在溫州市引起許多注意。為平息這些嫁出婦女的抗爭，我們村委會決定用錢收買，發放每一位嫁出女性 38,000 元，取得她們的切結書，了斷與村的關係。但是她們當中有些人拒領，也拒絕離開村落，因為她們嫌錢少。此示威事件在溫州具有傳染性，結果其他村的出嫁婦女跟進，包括 He、Song、Suang 村等婦女都上街示威抗議。

第二類有資格爭議的是那些得到城市工作機會而應該轉變為城市居民的前村民，由於他們並未真正得到徵地單位或企業提供的工作，有些反而獲得購買補貼價格公寓的機會，因此他們應該放棄村民戶口。一旦他們購買補貼價公寓，不論其戶口是否仍在村內，他們已經不再被視為村民，可是他們認為既然沒有改變村民身分，他們就有資格與權利分享村集體資產。根據溫州 Shui 村幹部：[28]

---

27 作者 2006 年訪問溫州 Feng 村退休幹部。
28 作者 2006 年訪問溫州 Shui 村幹部。

在九〇年代初溫州市政府向我們村徵用土地，又按一定比例返還我們一塊留用地，我們遂在返還的留用地上建住宅公寓，以補貼價格賣給村民。當時的條件是村民一旦購買低價公寓，就必須轉變身分為城市居民，切斷與村的關係。因此今天不論是否改變村民身分，只要購買了補貼價格的公寓，就已經不算是村民，無法分享村集體資產。然而當我們村委會宣佈要拍賣村集體資產時，所有這些資格有爭議的人全跑回來要求分享資產，他們跑上街頭抗議被剝奪分享的資格，甚至以請願方式包圍市政府，把事情鬧大。為平息紛爭，我們村委會只好讓步，發放每人三萬元作為補償，感謝他們過去為村付出的勞力，以此交換他們簽字與村斷絕關係。

但根據 Shui 村一位女性村民敘述：[29]

當我就讀高中時，一天村幹部上門告知，溫州市政府有提供廉價勞動安置房政策，幫助村民轉變為城市居民。當時我父親在外地跑長途運販，人不在家，母親不識字，搞不清楚狀況。但看到左鄰右舍都願意購買安置房，並簽字願意遷出戶口，所以母親就決定這麼做了，但我當時並非自願轉變戶口。全家也只有弟弟與父親保留村民身分，未改變戶口。當時民風未開，村民很容易受騙操弄，我們搞不清楚為何當時幹部一定要我們改變戶口。後來才知道村要分光所有集體資產，當然愈少人分享愈好。當時許多已簽字改變戶口的村民非常氣憤，認為被村幹部騙了，就跑回來抗議。後來村發放每人三萬元作為補償，我也領了三萬元，自此與村切斷關係。

類似的事件也發生在溫州其他城中村，根據前述溫州 Feng 村退休幹部：[30]

---

29 作者 2006 年訪問溫州 Shui 村村民。
30 作者 2006 年訪問溫州 Feng 村退休老幹部。

當我們村土地被市政府徵收建工業園區時，園區應當要提供 200 個
工作機會給失地村民，但園區後來食言。於是園區採用現金補償使
村民轉變為城市居民戶口。起先每個村民可得 2 萬 4 千元的補償，
後來增加到 3 萬 6 千元，但是許多村民拿了錢並未轉變為居民戶
口。我們村在 2002 年進行村主任選舉，約有 140 人的投票資格有
爭議，因為他們獲得現金補償，已經喪失村民資格。但是他們發動
示威遊行，抗議投票資格被剝奪，又吸引本村 70 位外嫁婦女一起
加入，在溫州市鬧得轟轟烈烈。

　　第三類資格有爭議的是土地被徵用後搬到城市，並遷出戶口的男性
村民。他們過去雖在徵地單位中工作，但農民教育程度低，又缺乏專業
知識與技術，只能在單位中任職最低級的工友或清潔工，一旦國營企業
做私有化改革或政府單位精簡人事，他們便被裁員，失業在家。但他們
自認過去對村付出勞動貢獻，所以回到村落要求分享資產。這類人又包
括早先放棄承包地而進城務工的經商者，如今也都回到村裡要求「討回
公道」。[31]

　　在中國都市轉型中，還出現另一類位於城市底層的邊緣人，他們因
接受某種安置被農村剔除戶口，但又未被城市接受為居民，這些人像人
球被農村與城市相互推諉，不僅無法分享村落的社會主義集體租金和資
產，而且又被城市福利體系拒絕。[32] 他們失去制度附屬與連帶的權利，
一旦制度保護撤除，他們完全受制於市場變動與浮沈。更糟的是他們的
公民權益被剝奪，包括投票、受雇與福利，他們無處藏身，同時被城市
與農村邊緣化。

　　相對於溫州，無錫城中村也發生分享集體租金的分配衝突，但不像

---

31 作者 2006 年訪問溫州鹿城區政府官員。

32 作者 2006 年訪問溫州 Shui 村一位女性村民，她對自己的戶口身分十分困惑。這位村民
　在十年前因為購置村的補貼價公寓，切斷與村的關係，但她又未完全被城市居委會接受
　為城市居民。當她需要一份失業證明報考一項考試時，街道委員會拒開，反而要她回到
　原有村委會去開證明，但原有 Shui 村認定她因購置安置房已經不再具有村民身分，造成
　兩邊互相推諉。這位女村民十分困惑她的戶籍身分，不知自己屬於哪裡，因為兩個地方
　都拒絕她。

溫州如此激烈，因無錫基層政府力量相對強大，事先就擺平不同資格類型村民之間的紛爭。當村集體資產以股份合作公司形式進行私有化時，它區分集體股與個人股來涵蓋資格有爭議的前村民。根據無錫 Xiang 村前任幹部：[33]

> 我們村股份合作公司進行私有化時，分為集體股與個人股，各占集體資產的 50%，我們用集體股紅利支付村行政管理費與提供村民社會福利服務，個人股按不同加權量化到有資格分享的村民。每種不同資格的村民加權有所不同，得到的股份也不同。例如第一種資格是戶口在本村的現有村民。第二種是過去對村勞動貢獻較大的幹部、外調服務他鄉的幹部、非本村村民但曾在本村服務過的幹部，他們各有不同的加權。第三種是按年齡來加權。那些已改變為城市戶口，但對村有勞動貢獻的前村民是有資格分享的，嫁到城市的婦女也有資格分享，外村與本村民通婚者，不論男女，都有資格分享，只是加權不同罷了。

無錫許多城中村皆按照上級政府規定，壓制村內反對意見，去做集體資產股份化，涵蓋那些有爭議資格的前村民。溫州與無錫城中村的利益分配衝突，並不是發生在勞動過程中掌握生產工具或財富的有無，而是發生在村民戶口的身分認定上。村民為增加分享租金，必須縮減分享人數以及排除那些不具村民資格或資格有爭議的村民。無錫成立股份合作公司時，規定村民不得將股份賣給外人，股份買賣只限於村民之間或村內幹部，而且以固定出生與死亡日期來限制參與分紅的村民人數，[34]形成人數只會減少不會增加，做大每個村民分到的紅利，藉此將村民綑綁成集體意識濃厚的利益共同體。在此意義下，城中村內部租金分配的衝突與村民成員的戶口身分緊密相扣，農民收租階級已成為尋租與租金

---

33 作者 2005 年訪問無錫 Xiang 村前任幹部。

34 作者 2005 年訪問無錫 Xiang 村前任幹部。作者 2006 年訪問溫州市委政策研究室幹部時，也提到溫州市希望城中村資產能改制為股份合作制，來承擔村民變為居民時的社會福利。合作制的股份不能外流，只能在村民之間轉讓。

最大化的利益共生集團。

　　溫州與無錫城中村集體資產雄厚，尤其溫州村民每月所獲生活津貼與福利照顧甚至超過某些城市居民收入，故徵地招工與城市戶口喪失對農民的吸引力。一些經濟實力較強的城中村民反倒成為城市居民羨慕的對象，甚至城市高學歷的專業女性願意下嫁低學歷的城中村幹部。[35] 農民收租階級的經濟保障，扭轉甚至打破毛統治年代城鄉老死不相往來的隔離狀態。

（三）農民收租階級維護共同利益的集體行動

　　農民收租階級瞭解其利益是與農村戶口身分結合，這不僅增強村民間的集體意識，而且提倡最大化租金的集體利益。在此前提下，村幹部的錯誤投資決策與侵占資產都會引發村民抗爭，要求匡正與補償。溫州近年來村民抗爭幹部貪污腐敗的事件增多，有些是關於徵地賠償金分配不公正，有些是幹部侵吞資產與不智投資。為維護村集體資產，村民組織集體行動維護共同利益，透過街頭遊行的集體示威與抗爭，村民逐漸從傳統鄉民轉變為利益維護的收租階級，追求租金最大化。根據溫州 Shui 村村民：[36]

> 我們村在 2001 年發動罷免村主任，因為他涉及貪污醜聞，並使村資產遭受重大損失。此外他壟斷村決策，經常和書記及其他幹部長期對立。我們村民為維護村資產，起而抗議，並要求分享村集體資產的營利。

另一位 Shui 村村民也表示：[37]

> 在九〇年代當村委分配補貼價公寓給村民時，有些公寓悄悄被市裡

---

35 作者 2006 年訪問溫州 Jiu 村村民，當然這是少數案例。
36 作者 2006 年訪問溫州 Shui 村村民 A。
37 作者 2006 年訪問溫州 Shui 村村民 B。

幹部買去。市政府幹部不是村民，沒有資格享有我們村補貼價的公寓。為糾正村幹部的錯誤，我們村民發動遊行，佔領村委辦公室，向村委會要求已搬進公寓的市政府幹部必須支付市場價格購買公寓，他們必須補足差價。

相同的事件也發生在溫州 Feng 村。Feng 村村民在 2002 年發現村主任一個錯誤的投資決定，造成村集體資產重大損失，遂發起集體行動罷黜當時的村主任。[38] 最令人驚訝的是 Jiu 村所發生的事，村支部書記收到村民威脅生命的恐嚇信，指責他牽涉貪污，而且分配住房不公。由於擔心個人的人身安全，他便長期在村外流浪，不敢進入村內。當需要召開村務會議時，村支部書記便暗中通知其他村委幹部在秘密地點舉行會議。[39] 在這些案例中，村民早就採取集體行動維護他們的共同階級利益，保護他們的產權。但當集體資產不保時，溫州村民則要求將資產變賣成現金分光。

無錫城中村民如何維護村資產與抗議不公分配？前已述及，無錫市政府按照進度，每年必須吸納周邊 250 畝農村土地做都市建設，這已成為市政府的政策目標，必須定期達成。在時間壓力與政策粗糙執行過程中，村民自然為維護共同經濟利益而抗議幹部的貪污、蠻幹與錯誤決定。尤其當宅基地補償不公、[40] 安置房偷工減料與地點過於偏遠，都遭致村民抗議，[41] 甚至集體包圍鄉鎮政府表達憤怒與不滿。無錫村民與溫州相同，對幹部經營村集體資產的能力與廉潔缺乏信任，同樣要求在村解散成為城市居民前分光村集體資產。但無錫各級政府力量強大，尤其禁止農村集體資產變賣分光，[42] 主導將村集體資產組織成股份合作公

---

38 作者 2006 年訪問溫州 Feng 村退休幹部，他正巧是當時被罷黜下台的村主任。

39 作者 2004 年訪問 Jiu 村村幹部。

40 作者 2005 年訪問無錫市 Huang 鎮鎮委書記。

41 無錫市政府將市郊藕塘區規劃為教育園區，為了興建職技教育學院，必須拆遷當地村民房舍，但村民對後續的安置房建造有意見，不僅地點偏遠，且安置房建造太粗糙，偷工減料，有安全問題。村民相當不滿，拒絕遷入，並進行抗爭，與當地政府僵持兩年多時間。見陶逸駿（2008）。

42 無錫市嚴禁城中村資產分光，但在無錫下轄的江陰市，就有資產較少的城中村，將資產全部變賣完畢分光而解散。

司，肩負村民變居民與城市社會保障銜接的財政支出，作為無錫市達到
小康社會的政策目標。在村集體資產重組為股份合作公司之際，無錫較
少發生村民不滿與集體抗爭活動，因為村民分享的資格爭議問題，早就
被上級鄉鎮或街道搶先解決，不容村民意見介入。但不論溫州或無錫，
城中村民為維護共同利益而發起的集體抗爭行動，已引起各級政府的注
意，雖然這些集體抗爭具有傳染效果，引發鄰村起而傚之，但尚未引發
城市中大規模的社會動亂。主要原因在於城中村收租階級維護共同利益
的強烈集體意識是以村為邊界，因為村集體資產與紅利的分享只局限於
村，並且與村民身分綑綁，這些抗爭活動自然難以引起村外其他社會人
士的共鳴。如何解釋溫州村民的集體行為較無錫頻繁與強烈？

（四）地方政府主導與市場取向的社會政策

　　溫州與無錫的城中村今日仍在轉型當中，截至目前為止，無錫的都
市轉型似乎比溫州平穩，許多城中村已順利轉變為都市居民社區，接
受當地街道辦事處的管理。無錫各級政府也顯現較強的領導能力，從上
而下強制執行社會保障政策，推動普及於所有城市居民的養老（老人年
金）與醫療保險。無錫農村原有某些簡易的福利措施，保障農民基本生
存，但與城市福利照顧相比，差距頗大。在農民轉變為城市居民之際，
城市政府應將城市居民享有的社會保障權益延伸給新興居民，但是無錫
市以財政困難為由拒絕支付。換言之，農民必須自行支付轉變為城市居
民享有的社會權益，因此原有村委會必須承擔此一財政任務。根據無錫
Liu 村支部書記：[43]

> 我們村雖已轉變為城市居委會，但尚有 240 位村民仍為農民身分，
> 村必須為他們辦理城市養老保險，以便銜接無錫市較高規格的福利
> 待遇，和無錫市居民處於同等地位。村的農民養老金以前一個月只
> 有 60 元，現在增加到一個月 315 元，但城市居民養老金一個月近
> 800 元。為補中間的差價，每個農民必須繳交 53,000 元給市勞動

---

43 作者 2005 年訪問無錫 Liu 村黨支書與村幹部。

保障局。我們村要求每個村民自行負擔 10%，即繳交 5,300 元，村支付其餘的 90%，也就是 47,700 元。目前我們已經完成 180 位村民養老保險的銜接，光是這一部分，村就已經支出八百多萬元。此外，村還要支付村民醫療保險等其他許多費用，村哪裡去找這麼多的錢？……。

無錫的案例說明，市政府扮演聖誕老人慷慨發放禮物，要使每一個轉變為新興居民的農民都能享受城市居民的社會福利，但卻由村政府支付帳單。縱使財政困難，城中村也必須硬撐支付社會保障的差價，幫助市政府完成全面普及的福利政策（universal welfare coverage），邁向小康社會。

相較之下，廣州與溫州相同，都未強制村民轉變為城市居民時必須與城市居民享受等同的社會保障。然而廣州的城中村為村民提供大量公共財與設施，包括幼稚園、學校、老人與文化活動中心、宗族祠堂與辦公大樓，而且還有村辦合作醫療與養老津貼（每月 250 元）（藍宇蘊 2005: 175）。溫州的城中村也提供基本的社會服務與公共財，包括醫療保險與老年津貼，但這只局限於集體資產雄厚的城中村，一些資產薄弱的城中、城郊與偏遠農村，對村民社會保障則無以為繼，難以實現溫州市政府追求全面普及的社會福利。溫州城市轉型也常被城中村村民的集體抗爭打斷，因為村民享有資產的資格認定爭議不斷，使拍賣資產全數分光難以順利進行。溫州許多城中村已經開始制訂規則，進行資產評估、確認村民資格等程序，[44] 但是資產評估與變賣等過程十分緩慢，有些牽涉到外地投資的產權糾紛等，[45] 導致城中村轉變為社區居委會動作遲緩，延宕城市轉型的完成。不像無錫由村集體資產支付農民轉變為城市居民的社會權益，溫州市政府只能訴求於市場取向的商業保險，由個人按照自身財務狀況自行選擇。

根據大陸學者，在溫州 36.6 萬失地農民中，只有 2.1 萬（5.7%）村民參與村提供的養老保險，1.8 萬（4.9%）村民加入城鎮養老保險，

---

44 這是溫州市鹿城區 Shui 村的例子。

45 這是溫州市鹿城區 Feng 村的例子。

另外有 2.7 萬（7.4%）村民享有村提供的部分養老年金，而絕大多數是沒有養老與健康保險的（溫州市委黨校課題組 2006）。甚至已將村集體資產分光而解散的 Hong 村，村民只拿到現金而沒有辦理任何福利保險。[46] 顯然多數溫州城中村民缺乏社會安全網保護，暴露在市場波動的危險中。一些農村會推薦村民參與某些商業健康保險，但很少村民這麼做，因為無力自行負擔。[47] 如何解釋溫州與無錫不同的城市轉型路徑、社會政策的差異，以及村民集體抗爭的強弱？

五、溫州與無錫都市轉型、集體抗爭、福利政策選擇差異之解釋

當仔細觀察溫州與無錫在治理城中村轉型、解決農民集體抗爭、執行全民普及的社會政策時，無錫市政府似乎在治理效益與執行中央政策上超越溫州。為落實城市總體規劃的城鎮化目標，無錫市必須盡快掃除城中村的髒亂、擁擠與蕭條。為達到社會穩定，無錫必須壓制農民抗爭，排除村民偏好的集體資產變賣與分光的選項，癱瘓無錫城中村民作為收租階級的共同利益。為實現小康社會，無錫必須強制城中村將集體資產組織為股份合作公司，擔負農村與城市福利銜接的財務重任。在強勢政府領導下，無錫採取從上而下的壓制策略，迅速完成上級要求的政策目標。相較之下，溫州各級政府較無力強制執行與村民經濟利益不符的上級政策，也無法有效解決村民之間的分配衝突，更無力去推行全民普及的社會政策。上級政府似乎不願介入城中村內的衝突與糾紛，縱使被迫介入，也通常無力處理。如何解釋溫州與無錫地方治理的弱勢與強勢？

46　作者 2006 年訪問溫州鹿城區農村集體資產產權制度改革領導小組辦公室。
47　作者 2004 年訪問溫州瑞安市 Cau 村黨支書。

（一）溫州基層治理缺乏協調與監督機制

當無錫進行都市擴張，所有郊區農村的鄉鎮政府或者轉變為城市街道辦事處，或與其他城市街道合併，共同負責農村轉變為城市社區居委會的協調與監督工作。因為原有鄉鎮政府的行政協調機制仍存在，農村在城市轉型中發生的所有衝突與爭議都由原有行政機關出面解決與協調，雖然過去的鄉鎮政府現已改為街道，但仍由同一批人負責。作者在2005 年訪問無錫市 Huang 街道（原名稱是 Huang 鎮）時，街道書記與其他幹部晚間要去協調村民對宅基地拆遷補償與安置房分配的爭議，由於街道書記就是過去鎮裡的副書記，原本就熟識村民，透過既有的人際網絡與關係較為容易解決都市更新中的拆遷爭議，並獲得村民的讓步。由於原先的治理機制透過人際關係保留下來，街道較能有效協調村民對拆遷補償與分配安置房的不滿，故無錫的城市轉型較為順利。

溫州城中村進行轉型時，原有上級鄉鎮政府被解散與裁撤，村被置於完全陌生的城市街道管轄之下。[48] 街道是都市行政體系，不熟悉農村事務。當城中村爆發要求清算資產與分配的衝突時，城市街道不願也難以介入。一方面街道人事編制小，沒有多餘人手與精力去瞭解與處理農村內部複雜人事與紛爭，尤其農村內部的社會組織、宗族勢力與資產經營管理。另一方面街道也沒有與村民及村幹部建立任何人際網絡去有效協調這些紛爭。根據溫州鹿城區幹部，Guang 街道光是處理與協調下轄的兩個城中村內部糾紛與衝突，就花去三分之二的時間與精力。[49] 由於街道從未與農村有過任何接觸，不熟悉也不瞭解農村，一旦將農村納入其行政管轄範圍內，街道花在協調與管理農村的行政成本過高，也缺乏效率，這是為何溫州城市街道面對城中村內部產權爭議與糾紛時，相當被動低調與不願介入的重要原因之一。縱使有時市與區政府會派幹部作為指導員，進駐城中村指導村清算資產組建股份合作公司，並進行私有化讓村民變股民，但往往遭致村民批評無效與無用，曠日廢時並浪費

48　作者 2004 年訪問溫州市鹿城區前身為街道書記的人大代表，談到溫州市郊的城郊鄉在2000 年併入溫州市之後被裁撤，其下的 Hong、Xie 等村落直接交由街道管轄，令街道十分頭疼。

49　作者 2006 年訪問溫州鹿城區農村集體資產產權制度改革領導小組辦公室幹部。

村資產。[50] 由於城中村與上級政府之間缺乏有效人際網絡進行協調與折衝，城中村民不時上街遊行抗議，將內部衝突外部化。與無錫相比，溫州過早撤除鄉鎮政府，在城市擴張中立即將城中村的行政管理置於城市街道之下，在過去城鄉二元結構下，城鄉老死不相往來，城市街道在原有不足的人事編制下，如何去處理複雜有如燙手山芋的城中村？在基層治理中缺乏有效協調與監督機制，造成溫州城市轉型停滯不前，難以平息城中村內的分配衝突，更難壓制村民要求資產分光的集體抗爭，因此全民普及的社會保險就此流產。

（二）溫州歷史遺產的務實主義

相較於無錫各級政府對地方基層事務的頻繁干預，溫州市向來對地方事務就比較自由放任，不太干預地方事務與強加中央政策。縱使溫州市政府支持中央政策，贊成保留村集體資產用以支付村民變居民的社會福利，但溫州市政府不像無錫那樣強制執行，反而默許資產分光，沒有進行打壓。[51] 溫州各級政府的行事風格可向上追溯到 1949 年以前溫州地下黨與游擊隊遺留下來的務實傳統。不同於無錫，溫州在 1949 年是靠地方游擊隊與地下黨自行解放，在毛的正規三野紅軍抵達之前，溫州地下黨就已經接收地方政權，建立起自己的黨政軍行政體系，阻擋三野二十一軍團進入溫州奪權（Liu 1992）。更重要的是，溫州地下黨與游擊隊長期以山區為活動基地，需要糧餉與資源，在抗戰時期的生存之計，就是與地方商人、資本家、地主仕紳合作，取得同情與信任。當時地下黨更在山區與地方商賈共同經營木材生意，取得利潤得以生存。溫州地下黨的務實作風，偏離毛的延安激進政策，其來有自。溫州地下黨的務實精神一直影響地方政府作為，可以解釋在毛時代地方之所以偏袒私營經濟，對農業集體化與人民公社建立缺乏興趣，以致溫州數次被打擊為走資本主義道路而遭整肅。正因為這種務實態度形成的非正式制度，使地方政府較少伸手干預地方基層事務，隨遇而安、無為而治，使

---

50 作者 2006 年訪問溫州 Feng 村上級政府下派的指導員與村民。
51 作者 2006 年訪問溫州鹿城區農村集體資產產權制度改革領導小組辦公室。

溫州成為中國經濟改革以來第一個以私營企業發跡，並主導地方經濟發展的地區（Liu 1992）。

　　無錫地方幹部並不具備溫州官員這種凡事務實，而且同情地方利益的傳統。不像溫州，無錫在 1949 年並沒有強大的地下黨與游擊隊做自我解放，反而是毛渡江南下的第三野戰軍解放無錫，並接收地方政權（當代中國叢書編輯部 1989〔上〕：41）。由於地方政權掌握在外來幹部手中，並未與地方利益糾結，無錫幹部自始擁抱上級政策，認真推動農業集體化與人民公社的社會主義轉型，在上海的嚴格監督與地方強制執行中央政策下，無錫不惜犧牲地方利益與傳統民營企業，成為社會主義集體經濟的重鎮。當經濟改革開啟，無錫仍擁抱集體經濟的鄉鎮企業，堅持走社會主義正統道路，反而視溫州的私營經濟為旁門左道。[52] 然而當九〇年代鄉鎮企業在私營經濟與外資企業夾攻之下無法繼續存活，才被迫進行私有化以回應市場經濟轉型，但政府主導地方發展的傳統沿襲至今。正因為無錫市政府要確保中央政策在農村落實，鄉鎮政府務必要能有效監督，故在農村轉型中，鄉鎮政府的監督與協調不可廢除，因此在都市轉型中由鄉鎮直接轉型為街道或與城市街道合併成為必然。相較之下，溫州城中村民不斷以集體行動向地方政府施壓，不僅抗議村幹部的貪污腐敗，而且要求清算資產，分光了事。從下而上的村民集體抗爭，在癱瘓溫州的城中村轉型之餘，並迫使溫州採行市場取向的商業保險，偏離中央政府要求的全民社會保障。

六、農民收租階級受益或受害？

　　在利益分配紛爭中，農民收租階級是受益者或受害者？由於收租階級不必參與勞動過程，靠收租就能維生，他們多數隔離於社會，失業在家。更由於平均教育程度低，欠缺專業知識與技能，收租階級的第二代很難在城市正式經濟部門找到正規工作，因此收租階級及其下一代難

---

52 作者 1987 年訪問無錫縣幹部，所遇鄉鎮幹部幾乎異口同聲批判溫州資本主義的歪路，認為只有蘇南地區的鄉鎮集體企業才是社會主義正統。

以在城市社會階梯中向上爬升。由於城中村收租階級的封閉性，他們多半與家人或鄰居來往，又因多數沒有工作，缺乏與大社會中次級團體接觸來往，生活圈狹窄單調。由於無所事事、遊手好閒，收租階級的第二代很容易尋找刺激而誤入歧途。溫州城中村許多年輕人，參與賭博、吸毒、甚至幫派犯罪。[53] 溫州 Shui 村村民談到：[54]

> 我們村村民失業率高達 80%，凡是工作不具保障，不在政府部門或事業單位工作的，都算失業。那些開小店與經營攤販的自由度高，可做可不做，實在算不上正式就業。溫州人寧願失業在家，也不願屈就做那些低工資的工作。溫州的低薪工作都是外地打工者在做，如踩三輪車、清潔工、開出租車等。許多年輕村民失業在家，並以賭博、吸毒、參與幫派為樂。

　　無錫城中村民也面臨相同失業問題，但無錫城中村民的失業率只有溫州的一半，在 2002 年大約 40.3%（張壽正 2006）。縱使如此，無錫和溫州一樣，城中村民多半從事城市低階工作。雖然城中村民受益於城市擴張的地價上漲，成為收租階級，但是農民安置房地區房價低廉、房租便宜，吸引許多外來民工聚居，他們教育程度低，多數從事低收入的下層工作，生活習性與城市居民不同，製造許多噪音，行為粗魯，並匯集髒亂與貧窮，甚至犯罪，無錫市民避之唯恐不及。對城中村民而言，他們雖然重新註冊為城市居民，但是居民身分並未提升他們的社會地位，帶給他們期待的向上流動，反而不少淪為城市下層階級。城中村的收租階級並未在城市轉型中變成都市居民而受益，社會主義的福祉反而帶來社會底層的歧視，與偏差犯罪同流，這是誰也意想不到的結果。

---

53 作者 2004 與 2006 年先後訪問溫州 Jiu 村、Shui 村、Feng 村等村幹部與村民，皆聽到年輕村民的賭博、吸毒等犯罪行為。作者 2006 年田野調查時，於白天時間進入某城中村地界，就看見街頭不少年輕人三三兩兩聚賭，有賭撲克牌，也有聚桌打麻將。但當遠處有人高喊公安或某個暗語，聚賭的年輕人立即做鳥獸散。作者在城中村街頭常見的布條標語是反吸毒口號，驗證了村幹部與村民的說法。

54 作者 2006 年訪問溫州 Shui 村村民。

七、結論

本文建構以租金為基礎的收租階級理論，強調中國都市化過程中，地價暴漲促使各城鎮均出現「城中村」與「農民收租階級」。農民收租階級建立在村集體資產所衍生的社會主義租金分享上，收租者的階級意識又被村民身分的戶籍制度所強化。集體產權與戶籍制度不僅增強村民的集體認同，而且引發維護階級共同利益的集體行動。集體資產的經濟利益，遠超過城市戶口的吸引力，並將村民緊密綑綁，中國社會主義政權從未出現過農民收租階級如此強烈的集體主義。

中國自 1950 年代實行農業集體化，在農村集體資產基礎上，建立統一勞動、管理與分配的人民公社，藉此消滅中國農村長期以來地主對佃農的階級剝削，追求社會主義的公平正義。縱使如此，農業集體化斲喪農民生產的積極性，長期飽受中國農民抵制，因此當中國於 1970 年代末推動農業去集體化的家庭聯產承包責任制，將農地分給個別農戶，恢復傳統的小農經營時，受到中國農民由衷歡迎。反諷的是，在二十一世紀中國都市化過程中出現的「城中村」與「農民收租階級」，卻是以村集體資產衍生出的社會主義租金與村的集體認同為基礎。

本文比較溫州與無錫都市化過程中的城中村轉型與農民收租階級，發現兩地城中村轉型路徑、農民集體抗爭強度、社會政策實踐的差異。溫州城中村轉型遲滯，村民集體抗爭行動激烈，要求變賣與分光所有村集體資產，拒絕政府要求以集體資產組建股份合作公司去擔負村民的社會保障支出，癱瘓溫州市政府追求的全民普及社會政策。相較之下，無錫在地方政府強勢領導下，快速推動城中村轉型，使農村與城市融合，落實無錫市的城市總體規劃，並壓制村民要求的資產變賣與分光，強制將城中村集體資產原封不動組織成股份合作公司，承擔村民的社會福利支出，以全民普及的社會保障與小康社會為目標。

本文採制度論觀點解釋溫州與無錫在都市轉型中呈現的差異。本文強調溫州 1949 年自我解放的歷史路徑，導致較為務實的地方治理傳統，彈性解釋與處理上級的高壓政策，以致地方政府向來較少直接干預農村生活，呈現「無為而治」。在都市轉型中，溫州市政府無所用心，

直接撤銷農村基層且居於政策協調的鄉鎮政府，轉由城市街道接手農村事務，然而街道卻無力處理與化解城中村內部的分配衝突與紛爭，以致溫州城中村轉型停滯，村民集體抗爭激烈，走向由下而上的市場取向之福利政策。對照於無錫，由於 1949 年外來幹部接收無錫地方政權，徹底執行中央政策，無懼於農村反抗，在基層治理中地方政府時時干預並有效監督農村治理，鞏固社會主義體制。因此在城市治理中，無錫市政府依循由上而下的強勢作風，直接將管轄農村的鄉鎮轉變為城市街道，負責城中村轉型中的拆遷、補償等事務。由於原有鄉鎮的政策協調與人際網絡仍繼續運作，致使無錫城中村轉型較為順暢，壓制農民集體抗爭，強行貫徹全民覆蓋的福利政策。由於地方政府治理模式的不同，導致兩地都市轉型、農民抗爭與社會政策顯現差異。

在中國城鎮發展中，縱使城中村民已轉變為城市居民，但是城市戶口並未改善多數城中村民的社會地位，符合他們向上流動的期待。雖有少數成功者爬上社會階梯頂端，但多數收租階級流於失業、待業，並陷入偏差犯罪，使他們從城市戶口的雲端跌入谷底，備受歧視，社會主義的福祉似乎變成恥辱，這是中國都市化發展帶來的一刀兩刃效果，使城中村民既受益又受害。

在中國城市轉型中，只要集體資產保存，收租階級就會存在，縱使他們戶口身分已改變，農民收租階級的集體記憶長存。因此集體產權制度持續複製社會主義的集體性，形構收租階級維護共同利益的集體抗爭行動，造成中國市場與都市轉型中的再集體化現象。

參考文獻

一、中文書目

中華人民共和國國家統計局編（2008）**中國統計年鑑 2008**。北京。中國統計出版社。

方勇、張二震（2007）分報告 5：經濟國際化與新蘇南模式。載於楊衛澤、洪銀興編，**創新蘇南模式研究：無錫的實踐與探索**，頁 172-206。北京：經濟科學。

王安岭（2007）**關於惠山地區地方政府治理結構階段改革實驗報告**。西安：西北大學。

朱康對（2003）**來自底層的變革：龍港城市化個案研究**。杭州：浙江人民。

李培林（2003）**村落的終結**。北京：個人出版。

金浩、王春光（2008）**2008 年溫州經濟社會形勢分析與預測**。北京：社會科學文獻。

政協無錫市委員會（2008）關於制訂"城中村"改造相關政策的建議，見**政協無錫市委員會網頁**。無錫：政協無錫市委員會。 http://zx.wuxi.gov.cn/zxkw/2006nd6q/jyxc/883595.shtml 。亦見無錫政協，2006 年第 6 期，**提案追踪**。

唐岳良、陸陽（2006）**蘇南的變革與發展**。北京：中國經濟。

張壽正（2006）**三農問題**。無錫：個人出版。

陶逸駿（2008）釘子戶的財產權──中國農村徵地補償協商成就案例分析。**國立清華大學社會學研究所碩士論文**。新竹：國立清華大學。

無錫市統計局（2000-2007）無錫市國民經濟和社會發展統計公報，2000 年至 2007 年，見**無錫市統計局網頁**。無錫：無錫市統計局。 http://big5.wuxi.gov.cn/xxgk/jhgh/index.shtml 。

溫州市委黨校課題組（2006）溫州市被徵地農民社會保障問題研究。**溫州論壇** 1: 74-78。

當代中國叢書編輯部（1989）**當代中國的江蘇**。北京：中國社會科學。

談鎮（2007）新蘇南模式與溢出效應和根植經濟。載於黃文虎、王慶五等著，**新蘇南模式：科學發展觀引領下的全面小康之路**，頁 117-138。北京：人民。

鄭孟煊、黃紹汪編（2006）**城市化中的石牌村**。北京：社會科學文獻。

謝健、奚從清、方立明等（2004）**城市社區建設研究──溫州模式的一個新視角**。杭州：浙江大學。

藍宇蘊（2005）**都市裡的村莊**。北京：三聯。

二、英文書目

Breen, Richard (2005) "Foundations of a neo-Weberian Class Analysis." Pp. 31-50 in

Approaches to Class Analysis, edited by Eric Olin Wright. New York: Cambridge University Press.

Buchanan, James M. (1981) "RentSeeking and Profit Seeking." Pp. 3-15 in *Toward a Theory of the Rent-Seeking Society*, edited by James M. Buchanan, Robert D. Tollison, and Gordon Tullock. College Station: Texas A & M University Press.

Eyal, Gil (2003) *The Origins of Post-Communist Elites*. Minneapolis: University of Minnesota Press.

Hsing, You-tien (2008) "Socialist Land Masters: The Territorial Politics of Accumulation." Pp. 57-70 in *Privatizing China: Socialism from Afar*, edited by Li Zhang and Aihwa Ong. Ithaca, NY: Cornell University Press.

King, Lawrence Peter, and Ivan Szelenyi (2004) *Theories of the New Class: Intellectuals and Power*. Minneapolis: University of Minnesota Press.

Liu, Yia-Ling (1992) "Reform from Below: The Private Economy and Local Politics in Rural Industrialization of Wenzhou." *China Quarterly* 130 (June): 293-316.

Lu, Xiaobo, and Elizabeth J. Perry (1997) *Danwei: The Changing Chinese Workplace in Historical and Comparative Perspective*. Armonk, NY: M. E. Sharpe.

Siu, Helen F. (2007) "Grounding Displacement: Uncivil Urban Spaces in Post-reform South China." *American Ethnologist* 34 (2): 329-350.

Sorensen, Aage B. (2005) "Foundations of Rent-Based Class Analysis." Pp. 119-151 in *Approaches to Class Analysis*, edited by Eric Olin Wright. New York: Cambridge University Press.

Wright, Eric Olin (2005) "Foundations of a Neo-Marxist Class Analysis." Pp. 4-30 in *Approaches to Class Analysis*, edited by Eric Olin Wright. New York: Cambridge University Press.

Zhang, Li (2008) "Private Homes, Distinct Lifestyles: Performing a New Middle Class." Pp. 23-40 in *Privatizing China: Socialism from Afar*, edited by Li Zhang and Aihwa Ong. Ithaca, NY: Cornell University Press.

由上而下的統治，自下而上的改革：
論劉雅靈學術論文集的歷史意義

林宗弘（中央研究院社會學研究所副研究員）

　　2017 年 6 月，上海大學出版的《社會》期刊 37 卷第 3 期，針對曹正漢教授對中國歷史上帝國中央集權與地方分權變化的《風險論》，展開了一場近年來華人社會科學界極其少見學術大辯論，既有中國特色、又有一般理論意義，中國大陸海內外學者劉世定、蔡永順、尤怡文等人都加入了此一論戰，各自對中國歷朝的中央地方關係歷史發展，提出了評論或另類分析框架。

　　就在震撼中國大陸學界的《風險論》之爭來臨時，筆者接下了一個有意義的任務，即是回顧芝加哥大學博士、政治大學社會學系劉雅靈教授的著作選集《自下而上的改革》並為該書撰寫評述。在重讀了劉雅靈論文集裡的作品之後，筆者深深體會到劉雅靈教授過去作品裡曖曖含光：即是洞察中國大陸改革開放以來由上而下的統治、與自下而上的變革的矛盾與互動，對當代中國大陸社會學界熱門議題《風險論》之爭，仍有其重要性與啟發性。

由上而下的帝國治術

　　《風險論》大辯論是重新檢視中國歷朝自上而下、威權統治難題的爭論。曹正漢（2017）引用美國理性選擇學派 Bueno de Mesquita et al.（2003, 2011）等人的分析框架，認為中華帝國獨裁者的分權與集權兩難，環繞著治理效率與統治風險這兩個問題，他批評周黎安（2008）的行政分包制與周雪光（2014）的軟預算約束等研究，過於著重有關治理效率的討論，而這個議題對於獨裁者來說只是次要的，首要問題仍然是政治風險，亦即「穩定壓倒一切」，在這種統治偏好約束之下，統治者若能採取中央集權的郡縣制，就不會採取地方分權。確實，隨著秦帝國發展出中央集權的官僚體制，中世紀隋唐兩朝創立科舉制度，直到明清兩代廢除宰相、最後集權於軍機處，以及軍事佔領新疆與改土歸流的過程，中華帝國的國家建構（state building），似有隨歷史日益以中央集權取代間接統治的趨勢。

　　《風險論》的分析框架是隨後幾位學者爭論的核心。北京大學社會學系劉世定教授（2017）對本文的評論較類似於經濟學公共選擇學派的分析。首先，他對治理效率一詞提出了疑問，認為治理效率本來就是統治風險的一環，帝國治理仍然要設法提供一部分公共財給民眾；其次，他認為公共財的有效提供規模或範圍、與其財政邊際成本或效益，仍可能決定中央集權與地方自主權的事權劃分均衡點。劉世定的評論的脈絡，或許可以回溯到地方分權有助改革開放初期經濟成長的文獻（Weingast 2009），反映對中央集權影響幹部與民間經濟動力的疑慮，這是不少組織社會學或經濟社會學分權派的關懷（周雪光 2014；周飛舟 2012）。

　　目前任職於香港科技大學的著名政治社會學者蔡永順（2017）則認為，無論集權或分權，威權政體始終無法擺脫政治經濟利益的委託代理問題，如同其先前有關中國幹部懲處的著作所關注的，官員的獎賞、處罰機制與其獲益的期望值與下台風險，影響了這群統治代理人的行為模式（Cai 2014），雖然蔡永順沒有明說，其評論暗示民主更可能限制代理人的行為，既然選民無法約束地方官員，由上而下的賞罰函數與中央地方權力範圍，只是統治者與代理人周期性的博弈結果。筆者先前有關政治貪腐與中國財政的研究裡表達過類似的觀點，認為威權統治仍偏

好中央集權來約束代理人，而分稅制中央集權之後，國家財政收支仍是貧富逆向分配（林宗弘 2009）。

來自台灣政治大學的政治學博士、目前任職於浙江大學的尤怡文（2017）對《風險論》一文的理性選擇模型提出歷史制度論的補充觀點，在評論裡認為中華帝國歷朝的中央集權制度，其實是內亂與外患之下由機遇（contingency）促成的國家建構，與美國政治學者 Milan Svolik（2012）的威權政治分析架構類似，尤怡文認為帝國統治者面對三個不可能同時達成的任務：收買（朝貢）或武裝對抗外患、豢養官僚與貴族集團並監控之、以及鎮壓或提供民眾少數公共服務（例如治理水旱災），這三件事都可能造成統治風險，而前現代帝國財政無法同時應付三者。通常，統治者是以豢養官僚與貴族集團、建立特務機構防止統治集團內部的叛亂，作為減少威權政治風險的首要目標，隨著財富集中於權貴與貧富差距惡化，在統治末期導致財政虧空而為外患與內亂所滅。尤怡文的分析框架並未直接挑戰《風險論》的獨裁者理性選擇邏輯，卻指出了利益集團與制度建構的歷史限制。

《風險論》之爭著重由上而下、中央對地方的帝國治術（statecraft）與其歷史限制，參與各方不僅著重歷史經驗、也隱諱地評論當朝世道，然而，劉雅靈與不少經濟社會學者曾關注過的中國大陸改革開放路徑：《自下而上的改革》，似乎已經成為過往雲煙，沒有受到充分的重視。而資本主義世界體系、或甚至是氣候變遷等由外而內的衝擊，仍未進入這場爭辯的核心。

自下而上、由外而內的變革

在劉雅靈的文集裡，可以發現她的早期作品已經提出許多後進中國經濟學者所接納的主流觀點——中國大陸改革開放以來的經濟成長是「計畫之外」、「自下而上」，由東南沿海如溫州的私營中小企業主帶頭冒險前進的過程，相對於其他毛時代國家投資重點地區，在計畫經濟時

代面對冷戰前線邊緣化的溫州，意外成為中國大陸資本主義重返、與新興資產階級與中產階級擴張的重鎮。她的博士論文修訂後，1992年刊登於著名的《中國季刊》（*The China Quarterly*）。在當時，經濟社會學界關注的仍是產權看似模糊的鄉鎮企業與社會「關係」，甚至將之視為中國大陸經濟發展的優勢。此後大約十年間，鄉鎮企業摘紅帽子冰消瓦解，她的結論才逐漸成為學界共識。

綜觀劉雅靈的著作，她認為中國改革開放的成就絕非統治者天縱英明、或「中國模式」黨國發展主義領導有方的結果，甚至不是地方統合主義之成就，而是民眾自下而上的改革「倒逼」地方與中央政策開放。在她後來探討中國大陸地方政商關係的系列著作中，地方政府通常扮演汲租食利的掠奪角色，雖然蘇南鄉鎮企業在改革開放過程裡搶得市場機會，幹部為趨避政治風險遲遲不願推動企業產權改革，直到無法持續時才將企業私有化（劉雅靈 2001）。總之，地方幹部主要考慮自身利益與政治生存風險，與私有產權的保障並無直接或明確的關聯，一個地區的私營企業若無法得到發展空間，外資就成為該地的主要投資與經濟成長來源，即便是披著三資企業的外衣卻仍是外資主導。這就是蘇南吳江與閩南晉江的發展結局（劉雅靈 2000, 2003）。

在政商關係之外，與北京大學社會學者周飛舟（2012）等人的著作類似，劉雅靈很快留意到地方政府從招商引資到土地財政的重大改變。自1996年起，她的著作就發現中國大陸國家基層行政能力薄弱的事實，以及稅收與土地之間的關聯性。在溫州、無錫與建始的追蹤調查裡，劉雅靈（2010）發現這些地方政府不約而同地走向土地財政，而且鄉鎮官員明顯變得更短視近利，更像是獲取之手（grabbing hand），導致政商勾結與村委會幹部掠奪農村土地的結果。然而，這個都市化的過程也創造出所謂的「農民收租階級」，她認為這是中國大陸轉向資本主義市場經濟過程裡，維持著準計畫經濟的行政結構與幹部目標責任制、與模糊的農地集體產權互動之下的後果。

　　對中國大陸的中央與地方關係以及國家與社會關係，劉雅靈（2007）亦著墨甚深，其成名作用「間歇性的極權主義」概念來說明中共政權的特徵。如她所言，中國大陸的中央與地方關係變化，迄今仍深陷在「一放就亂、一收就死」的怪圈裡。胡溫時期（2002-2011），由於中國大陸經濟與社會相對走向開放，曾經出現所謂「碎裂性的威權主義2.0版」（Mertha 2009）或是威權韌性（authoritarian resilience）的說法，甚至暗示中共政權有能力也有意願吸納公民社會，這是民眾參與公共政策改革的機遇。就我所知，劉雅靈從未接受過這類看法。事實證明，習近平上台之後大力推動中央集權、政治動員及派系清算，「間歇性的極權主義」重現世人面前。

　　此外，劉雅靈亦不斷以中國大陸研究成果挑戰發展社會學的傳統理論邊界，例如本書開篇的〈中國準世界經濟的形成與發展〉（1998）一文裡，她從中華帝國晚期白銀經濟或東亞納貢經濟圈得到靈感（Frank 1997；濱下武志 1983），認為1949年後中共計畫經濟創造出一個高度獨立的次世界體系，建構出核心、半邊陲與邊陲的剩餘價值流動與交換關係（Wallerstein 1979），同時條塊分割的計畫經濟制度遺產，也造成國內市場的分裂狀態（劉雅靈 1999）。1978年改革開放之後，原有的計畫經濟體制逐漸瓦解，某些地區如沿海的溫州在這個次世界體系裡往核心移動，原先的核心或半邊陲地區例如寶雞往邊陲下滑，造成了中國大陸東南沿海與中西部日益嚴重的區域發展不平等，即使是分稅制改革與西部大開發等政策實施之後，國家並未有效地調整區域或城鄉差距，區域與社會貧富分化日益明顯。

　　劉雅靈教授的諸多作品宛如靈光乍現，在中國大陸研究追逐理論流行的一次次風潮裡，獨排眾議，突破重重意識型態與政治宣傳的迷障，直指中共政權與改革開放後經濟發展的實質內涵，當時卻沒有獲得充分重視。如今，她不幸罹患帕金森氏症，無法替自己的學術作品做個總結，或是延伸到當下的爭論。幸運的是，其所培養多位優秀學者合作編成此書，並將一部分文獻回顧工作委託與筆者。我也得以藉整理其著作

的機會，試著以劉雅靈教授的眼光來看待當下的辯論。

深化市場改革：第四個不可能？

　　明眼人都看得出《風險論》之爭是託古喻今，但也構成對中華帝國歷史變遷的一種內生性的解釋。在這場辯論之中，很大程度忽略經濟社會史的發展、與近年來突飛猛進的全球史視角（Burbank and Cooper 2011）。無須否認，全球史學家仍會尊重中華文明變遷有其相對的自主性與內生動力，然而將全球市場與環境變遷排除在外，很難完整解釋帝國或黨國的興衰。

　　劉雅靈教授的著作或許對我們看待《風險論》之爭有所幫助。《風險論》本身似乎太過重視由上而下的帝國治術對帝國興衰的影響，少了自下而上、由外而內的改革視角（尤怡文 2017）。中國歷史上多次帝國興衰的動力，可能來自民眾由下而上的市場經濟發展與群眾集體行動、以及由外而內衝擊與互動的地緣政治或全球金融事件，甚至來自氣候變遷（Bruckner and Ciccone 2011）——許多證據顯示，至少在過去一千年以來，唐、蒙古、明、清帝國都受到當時的環境變遷衝擊甚大（Hsiang 2013; Zang et al. 2006; Goldstone 1993; Pomeranz 1993），唐、明兩朝在氣候衝擊下的地緣政治衝突中垮台，蒙古帝國受全球暖化與瘟疫影響，而清朝則苦於黃淮與漕運惡化所導致的太平天國與捻亂。總之，環境惡化可能是帝國最大的統治風險之一（Lin 2015）。

　　由下而上的市場經濟變遷與環境地理因素對中國政治的影響，最明顯的文獻傳統來自施堅雅（G. Willian Skinner 1977）發現的帝國疆域內各大經濟區的內部整合與彼此分化、與彭慕蘭有關腹地建構或大分流——自然資源分佈與經濟地理變遷的研究（Pomeranz 1993, 2000），無論如何替東亞科技發展的條件辯護，市場或科技發展並未受帝國統治者重視。雖然，全球史學界早已不再視中國為一個停滯的帝國（Wong 1997），如同許多科技史學家所意識到的，中國市場改革與創新一直是

由下而上的力量，而新興工商業資產階級或城市中產階級，通常被統治者視為危害政治穩定的風險來源（Maddison 2007; Goldstone 2008; Morris 2013）。這些研究暗示，中華帝國的威權統治無法成為經濟創新的來源，甚至通常是阻礙。筆者亦認為，穩定的威權統治往往帶來經濟停滯，朝代滅亡與眾多統治菁英開放競爭下的國家重建與科技創新，才會為帝國治術與市場發展帶來突破（Acemoglu and Robinson 2012）。

此外，劉雅靈始終對威權政體由上而下的治術保持警戒與懷疑。毛時代以政治力量建構遺世獨立的計畫經濟體系、導致數千萬人死於大饑荒這種災難性的後果，其危害決不下於外國侵略者。然而，毛澤東或今天北韓的金氏王朝並沒有垮台，如同曹正漢偏愛《獨裁者手冊》一書的副標題所言，壞的經濟政策經常是好的政治策略（Bueno de Mesquita and Smith 2010）。尤怡文（2017）用不可能的三角——財政無法同時應付地緣政治競爭、菁英派系的內鬥與民眾抗爭來說明帝國治術的困境，然而在現代主權國家的世界裡，更嚴重的問題或許是威權主義中央集權引起的第四個不可能——改革開放初期的成功經驗告訴我們，經濟發展與創新需要民眾由下而上的市場參與動力，而政治菁英為求自身生存可以扼殺這種動力。

今日中國大陸財政已經面對不可能的三角——地緣政治競爭（國防支出與一帶一路）、派系鬥爭（反腐造成的官僚不作為）與收編中產階級（建成小康社會）、以及鎮壓民眾抗爭（維穩支出擴張）的挑戰，然而更根本的問題是，習近平上台後的中央集權，對個人來說或許會是個成功的政治生存策略，卻不太可能是經濟成長或創新動力的來源，而目前各級政府強烈依賴的土地財政恐怕難以持續。重新檢視劉雅靈往日著作裡的靈光乍現——《自下而上的改革》裡的諸多精闢著作與研究發現，相信仍然對社會科學界理解中國大陸當下的經濟發展與政治困境，有相當大的啟發。

參考文獻

尤怡文（2017）中華帝國治理的"不可能三角"與治亂週期：從"風險論"出發。**社會** 37 (3): 85-102。

林宗弘（2009）威權主義與國家財政能力：以中國大陸財政改革為例之分析。**政治學 報** 47: 105-155。

周飛舟（2012）**以利為利：財政關係與地方政府行為**。上海：上海三聯書店。

周雪光（2014）從"黃宗羲定律"到帝國的邏輯：中國國家治理邏輯的歷史線索。**開 放時代** 4: 108-132。

周黎安（2008）**轉型中的地方政府：官員激勵與治理**。上海：格致出版社。

曹正漢（2017）中國治理體制的形成邏輯："風險論"與歷史證據。**社會** 37 (3): 1-45。

劉世定（2017）歷史的理論研究路徑和理論模型對《中國的集權與分權："風險論"與 歷史證據》一文的幾點評論。**社會** 37 (3): 46-66。

劉雅靈（1996）薄弱的國家基層行政能力：大陸稅收與土地政策。**現代化研究** 5: 37-46。

——（1998）中國準世界經濟的形成與發展：1949-1990s。**「國科會84-86學年度社會 組專題計畫補助成果發表會」論文**。台北：台灣大學。

——（1999）中國國內市場的分裂性：計畫經濟的制度遺產。**國立政治大學社會學報** 29: 1-32。

——（2000）**私營企業中的假三資企業：晉江經濟發展與財政部收入**。

——（2001）強制完成的經濟私有化：蘇南吳江經濟興衰的歷史過程。**臺灣社會學刊** 26: 1-54。

——（2003）經濟轉型的外在動力：蘇南吳江從本土進口替代到外資出口導向。**臺灣 社會學刊** 39: 89-133。

——（2007）國家社會關係研究途徑：理論與實例。載於李英明、關向光編，**中國研 究的多元思考**，頁45-72。台北：巨流圖書公司。

——（2009）中國都市化過程中「農民收租階級」的興起：溫州與無錫「城中村」的 轉型路徑、集體抗爭與福利政策。**台灣社會學** 18: 5-41。

——（2010）中國準計畫行政體制：鄉鎮政府從企業經營到土地收租的軟預算財政。 **臺灣社會學刊** 45: 163-212。

——（2011）經濟轉型中的應對策略與制度分歧：溫州與無錫。**台灣社會學** 22: 59-110。

蔡永順（2017）代理人困境與國家治理：兼評"風險論"。**社會** 37 (3): 67-84。

濱下武志（1983）**中國近代經済史研究——清末海関財政と開港場市場圏**。東京：東京大學東洋文化研究所。

Acemoglu, Daron, and James A. Robinson (2012) *Why Nations Fail: the Origins of Power, Prosperity, and Poverty*. New York: Crown.

Bruckner, Markus, and Antonio Ciccone (2011) "Rain and the Democratic Window of Opportunity." *Econometrica* 79 (3): 923-947.

Bueno de Mesquita, Bruce, and Alastair Smith (2011) *The Dictator's Handbook: Why Bad Behavior Is Almost Always Good Politics*. New York: Publicaffairs.

Bueno de Mesquita, Bruce, Alastair Smith, Randolph. M. Siverson, and James D. Morrow (2003) *The Logic of Political Survival*. Mass. The MIT Press.

Burbank, Jane, and Frederick Cooper (2011) *Empires in World History: Power and the Politics of Difference*. Princeton University Press.

Cai, Yongshun (2014) *State and Agents in China: Disciplining Government Officials*. Stanford: Stanford University Press.

Frank, Andre Gunder (1998) *ReORIENT: Global Economy in the Asian Age*. Oakland, CA: University of California Press.

Goldstone, Jack A. (1993) *Revolution and Rebellion in the Early Modern World*. Oakland, CA: University of California Press.

—— (2008) *Why Europe? The Rise of the West in World History 1500-1850*. McGraw-Hill Education.

Hsiang, S. M., M. Burke and E. Miguel (2013) "Quantifying the Influence of Climate on Human Conflict." *Science* 10.1126/science.1235367.

Lin, Thung-Hong (2015) "Governing Natural Disasters: State Capacity, Democracy, and Human Vulnerability." *Social Forces* 93 (3): 1267-1300.

Liu, Y. L. (1992) "Reform from Below: The Private Economy and Local Politics in the Rural Industrialization of Wenzhou." *China Quarterly* 130: 293-316.

Mertha, Andrew (2009) "Fragmented Authoritarianism 2.0: Political Pluralization in the Chinese Policy Process." *The China Quarterly* 200: 995-1012.

Maddison, Angus (2007) *Contours of the World Economy 1-2030 AD: Essays in Macro-Economic History*. New York: Oxford University Press.

Morris, Ian (2013) *The Measure of Civilisation: How Social Development Decides the Fate of Nations*. NJ: Princeton University Press.

Pomeranz, Kenneth (1993) *The Making of a Hinterland: State, Society and Economy in Inland North China, 1853-1937*. University of California Press.

—— (2000) *The Great Divergence: China, Europe, and the Making of the Modern World Economy*. Princeton University Press.

Skinner, G. William (1977) *The City in Late Imperial China*. Stanford: Stanford University Press.

Svolik, Milan W. (2012) *The Politics of Authoritarian Rule*. Cambridge New York: Cambridge University Press.

Wallerstein, Immanuel (1979) *The Capitalist World Economy*. Cambridge University Press.

Weingast, Barry R. (2009) "Second generation fiscal federalism: The implications of fiscal incentives." *Journal of Urban Economics* 65 (3): 279-293.

Wong, Roy Bin (1997) *China Transformed: Historical Change and the Limits of European Experience*. Cornell University Press.

Zhang, David D., C. Y. Jim, G. C. S. Lin, Y. Q. He, J. J. Wang, and H. F. Lee (2006) "Climatic Change, Wars and Dynastic Cycles in China over the Last Millennium." *Climatic Change* 76 (3): 459-477.

附錄
田野工作挖掘真相

在社會科學中不論採用問卷調查的量化研究或田野工作的深入訪談，研究者均面臨方法論科學實證要求的考驗，必須確認所蒐集資料的真實性──效度與信度。在中國研究領域中，原始資料蒐集所面臨的真實性挑戰特別大，重要原因在於截至目前為止，中國仍然缺乏言論自由與民主法治的人權保障，而且台海之間的政治緊張與敵對，更使中國研究的原始資料蒐集困難加重，更遑論資料內容的真實性。

回想早年（1987 年）在溫州做農民私營企業發展的研究時，原始資料真實性問題成為田野工作者的困擾之一。溫州私營經濟發展是我的博士論文題目，主要探索地方政府所採取的治理政策，如何扶持溫州私營經濟發展，導致農民自發的私營經濟不僅在溫州居主導地位，而且領先全中國。

1987 年抵達溫州之前，我對溫州私營經濟發展的瞭解，來自當時既有文獻的參考與閱讀，認為溫州農民家庭企業與工廠的興起，均始於 1978 年改革之後，但這與日後田野考察所得截然相反。在正式田野工作開展之前，我曾在浙江社科院幾位學者陪同下，以兩星期左右時間將溫州從北至南走過一遍，對溫州整體發展有了大致瞭解後，才正式選定南、北各一個農村地區作為田野地點。當時溫州市政府對外來學術調查者採限制態度，許多窮困農村不得進入，再加上那時大陸學術界對溫州走資本主義道路的爭論不休，導致我的田野調查時間被迫緊縮，並限制農村活動範圍。由於我選擇的田野地點皆無旅店，或不適合我的境外身

分，溫州市政府外事辦公室負責把我送去當地後，便安置在當地幹部家中暫住，就近監視。

在第一個田野地點與當地鄉鎮幹部的訪談中，包括鎮委書記、副書記、鄉鎮企業管理站站長、工商局幹部、農技站站長等，均一一告知當地農民家庭作坊與小工廠均在1978年之後興起，雖然有幹部曾提到溫州在毛時期的發展歷史，尤其在五〇年代與六〇年代曾因短暫發展「分田單幹」與家庭個體經營而遭政治整肅與打擊，但自此之後，溫州便嚴守中央政策走向集體農業，壓制個體經營。而且在個體經營被強制除根之後，溫州經濟即被集體農業鎖住，一蹶不振，直到經濟改革，允許個體經濟發展，溫州經濟才開始扭轉，並在地方政府善意支持下迅速成長。

從鄉鎮幹部口中得到溫州私營經濟發展的圖像，與後來個別農民訪談得到的故事是不一樣的。在大陸的田野調查中，如何得到真實答案而不被政治口號所掩蓋是相當困難的。如訪問農民個體戶與企業家，一定都有地方幹部陪同，往往受訪者在幹部現場的震懾下，多不敢暢所欲言，甚至害怕所吐真言，日後成為政治把柄遭受迫害，故多以政府政策為替代答案，明哲保身，而研究者往往因得不到真實回答而暗自叫苦。由於當時我住在地方幹部家中，日常生活自由度受到限制，四方鄰居村民多不敢前來造訪，甚至不敢與我在厝旁路邊交談，而且他們事先已被村、鎮幹部告知不得隨便與我談話，以致我的田野工作孤獨無助，隔離大眾，備受官方限制。

為突破政治藩籬，研究者必須在田野地點設法擺脫幹部陪同所帶來的政治困擾。我曾嘗試與陪同幹部溝通，請他不必作陪，讓我獨自前往農民家中訪問，但是屢遭拒絕。然而有一次因陪同幹部忙碌，遂指派其他幹部陪我前往調查，而此一幹部對監督我調查訪問的興趣明顯差一截，往往在我訪談當中離席外出透氣，這就成為我把握時機探索真相的時候。溫州農民也相當機靈，也就在幹部缺席之時，告訴我剛才幹部在

場所言不必當真，因為幹部都已事先交代他們只能說好話給我聽，因此他們許多話是說給現場幹部聽的，而不是回答我的問題。故當幹部不在場之際，才真正開始回答我的問題。有此經驗之後，我遂要求主事幹部改派其他小幹部或女幹部陪我去作訪問，降低訪談中的政治困擾，以便我能獲得地方發展的真相。

　　從溫州農民斷斷續續的口述中，我逐漸拼湊出溫州發展的形貌。根據他們的敘述，溫州個體經營的家庭工廠與小作坊遠在1978年改革之前就一直存在，有些農民早在六〇年代初就經營地下工廠，累積相當豐富的做生意經驗。有些農民坦白承認在文革期間溫州國營企業被迫停工之際，他們就將部分生產承包下來，帶回農村家中進行代工。有些農民甚至外出，從事產品推銷，賺取產品差價。而且這些農民供銷員是得到公社允許，與公社發放的集體供銷員執照外出經商，他們與傳統商人一樣，到農村中挨家挨戶收購產品，以集體工廠名義銷售到外地。從農民口中得知，溫州個體私營經濟早在改革之前就普遍存在，而且融入農民日常生活，成為重要的經濟收入補充。農民口中描述的溫州私營經濟發展，與幹部告知個體私營被強制除根而走向農業集體的圖像，相距太遠。兩個完全不同的故事，何者為真？對中國政治社會有所理解的人，當然知道官方一向追求「政治正確」，企圖掩飾真相，甚至假造虛構，謊情上報。

　　在中國研究中挖掘真相成為研究者最大樂趣，然而官方阻撓與受訪者因政治顧忌不願正面回答，成為真相挖掘的障礙。解決障礙方法之一是想辦法減少幹部的陪同。其次是延長田野時間，與受訪者熟識，結交朋友，取得他們的信任，降低他們對陌生人訪問的防衛。其實這是所有田野工作的鐵律，不限於中國大陸。回想當初溫州田野經驗，鑑於第一個田野地點有無幹部陪同造成訪談結果的差異，遂特別用心經營與第二個田野地點陪同幹部及當地村民的關係。在初始前幾天幹部仍然全程陪同，而且每天聽我陳述相同問題，倍感煩瑣，因此在我努力勸說下，他終於在最後幾天軟化，放手讓我一人前往村中的個體工廠與農戶企業

訪問。自此，我從農民口中得到溫州私營經濟發展的圖像更為清楚。個體經營的發展，在第二個村落小商品生產中重演，不僅在毛時期就已打下基礎，甚至地方幹部不願執行上級政策打壓農戶的小商品生產。為何地方幹部如此縱容農民家庭工廠與地下經營？難道幹部不怕一旦上級查出，不僅烏紗帽難保，可能還會遭到嚴懲與整肅？然而地方農民卻說，幹部當然清楚一般農民在家的經營生計，不僅如此，幹部家屬也同樣加入個體經營，幹得轟轟烈烈更為積極，因為幹部享有政治特權，藉特權經營比普通農民賺得更多。過去如此，八〇年代也如此。果然，在我借住的幹部家中，晚間飯後常有鄉鎮政府其他部門幹部前來閒聊，雖然限於溫州方言，不知所云，但經由與隔壁村民的日漸熟識與閒聊，得知這些幹部利用晚上時間來談生意。他們投資鎮經營的供銷社，做物資倒賣生意，大賺其錢。因此，我的結論是：由於幹部與農民在個體經營中的利益是一致的，他們便睜一隻眼閉一隻眼，消極放任農民的個體經營，以便從中獲得更大利益。因此，一旦改革開始，早已經營有年的溫州民間地下工廠與企業，便於一夕之間冒出地面，欣欣向榮，導致溫州的私營經濟發展領先全中國各地。因此溫州私營經濟不是改革之後的新生事物，而是早先的歷史制度遺緒。

　　最令我好奇的是，溫州的幹部從五〇年代起，因背離中央政策，遭受許多重大血腥整肅與衝擊，割除「資本主義尾巴」，但為何溫州的私營經濟仍然呈現「野火燒不盡，春風吹又生」？而且根據文獻資料，溫州 R 縣某村曾在改革前的十幾年內被上級派駐工作組十三次進行整肅，為何這些幹部如此大膽抗拒中央政策，寧願犧牲個人政治前途，偏袒個體經營的地方利益？

　　被此問題困擾之際，我回憶起在溫州南部山區曾見過當地共黨游擊隊抗日犧牲的紀念碑，顯然溫州共黨組織發展甚早，而且擁有軍事武力，自行發展地下游擊隊，這在抗日時期的中國南方是少見的。根據此一田野線索，遂於日後開始圖書館文獻資料閱讀，尋找有關抗日戰爭前後中國紅軍發展歷史與解放軍將領傳記，果然從文獻中發現溫州特殊的

「解放」歷史。原來早在共產黨從江西瑞金北上長征延安之際，有紅軍與毛理念不和，其中一支流竄到浙江南部，便與溫州共產黨結合，成為地方游擊隊。雖然這支游擊隊後來在抗戰期間北上參加新四軍，但部分人員留下成為溫州地方黨的主幹。這批黨員遠離延安，不但未接受延安指揮，而且為尋求生存，獲得地方資源與支持，採因地制宜策略。例如溫州自清末開埠以來，貿易通商發達，農村副業興盛，以致地下黨難以在溫州平原地區推行財產公有的社會主義政策，更遑論實行土地改革。為與地方國民黨競爭，溫州地下黨甚至與當地資本家及地主合作，共同經營山區木材生意，取得地方菁英份子的好感與支持。因此溫州地下黨自始為適應地方，擴大生存機會，奠立與資本家合作的基礎。這也是為什麼日後溫州在毛統治時期，一直不熱心推行中央政府的社會主義集體改造政策，反而同情農民的分田單幹與地方私營經濟。

　　田野調查與文獻研究結合，逐漸解開我對溫州幹部行為的困惑。溫州地下黨為求生存與現實妥協，不僅與延安關係不深，而且在經濟政策上同情資本主義，溫州儼然為延安之外的獨立王國，自成一派。當 1949 年共軍三野渡江南下之際，溫州地下黨就已經靠自身游擊隊力量，策動國民黨投降而奪取溫州地方政權，達到自我解放。當三野二十一軍抵達溫州之前，溫州地下黨早就接收並掌握地方政權，為阻擋二十一軍奪權，兩者之間還發生嚴重衝突。由此可知溫州的叛逆與獨立自主其來有自，浙江日後為剷除地方山頭主義，曾數度整肅溫州幹部，並以北方南下幹部取而代之，但縣以下的公社基層幹部仍掌握在溫州地下黨手中，成為地方抗拒中央的主力。由此可以解釋為何溫州基層幹部歷經多次政治打擊與整肅，資本主義式的個體經營依然故我難以動搖，使溫州成為改革之後中國資本主義的大本營。

　　田野工作的資料蒐集是挖掘真相，取其信度與效度。然而真相的呈現除靠當時當地的調查訪問資料外，研究者必須瞭解，現今的發展是先前歷史與制度的遺產，任何現象都具有路徑依附（path dependence）性質。因此，結合田野調查與歷史探索，成為挖掘真相的利器。